Driebanden biljart: Op en neer de bergpatronen

Van professionele kampioentoernooien

Vergelijk jezelf met professionele spelers

Allan P. Sand
PBIA Gecertificeerde biljartinstructeur

ISBN 978-1-62505-268-1
PRINT 7x10

ISBN 978-1-62505-411-1
PRINT 8.5x11

First edition

Copyright © 2019 Allan P. Sand

All rights reserved under International and Pan-American Copyright Conventions.

Published by Billiard Gods Productions.
Santa Clara, CA 95051
U.S.A.

For the latest information about books and videos, go to: http://www.billiardgods.com

Acknowledgements
Wei Chao created the software that was used to create these graphics.

Inhoudsopgave

Invoering 1
    Over de tabelconfiguraties 1
    Tabel opstelling instructies 2
    Doel van de twee tabellen 2

A: De heuvel af, kleine hoekhaak 3
    A: Groep 1 3
    A: Groep 2 8
    A: Groep 3 13
    A: Groep 4 18

B: De heuvel af, grote hoekhaak 23
    B: Groep 1 23
    B: Groep 2 28
    B: Groep 3 34
    B: Groep 4 39

C: Volledige tafel (kort biljartbanden) 44
    C: Groep 1 44
    C: Groep 2 49
    C: Groep 3 54

D: Hoekterugkeer, standaard lang biljartbanden 59
    D: Groep 1 59
    D: Groep 2 64
    D: Groep 3 69
    D: Groep 4 74

E: Hoekterugkeer, verlengd lang biljartbanden 79
    E: Groep 1 79
    E: Groep 2 84
    E: Groep 3 89

F: Ondiepe hoek, de heuvel af 94
    : Groep 1 94
    F: Groep 2 99
    F: Groep 3 104
    F: Groep 4 109

G: In de hoek (kort biljartbanden) 114
    G: Groep 1 114
    G: Groep 2 119
    G: Groep 3 124

H: Elementaire dubbele haak 129
    H: Groep 1 129
    H: Groep 2 134
    H: Groep 3 139

I: Verlengde dubbele haak 144
    I: Groep 1 144

I: Groep 2	149
I: Groep 3	154
I: Groep 4	159
J: Dubbele haak (met diagonale retour)	**164**
J: Groep 1	164
J: Groep 2	169
J: Groep 3	174
J: Groep 4	179
K: Dubbele top van de heuvel	**184**
K: Groep 1	184
L: Buiten retourhaak	**189**
L: Groep 1	189
L: Groep 2	194
M: Buitenhoek retour (kort biljartbanden)	**199**
M: Groep 1	199

Other books by the author …

- 3 Cushion Billiards Championship Shots (a series)
- Carom Billiards: Some Riddles & Puzzles
- Carom Billiards: MORE Riddles & Puzzles
- Why Pool Hustlers Win
- Table Map Library
- Safety Toolbox
- Cue Ball Control Cheat Sheets
- Advanced Cue Ball Control Self-Testing Program
- Drills & Exercises for Pool & Pocket Billiards
- The Art of War versus The Art of Pool
- The Psychology of Losing – Tricks, Traps & Sharks
- The Art of Team Coaching
- The Art of Personal Competition
- The Art of Politics & Campaigning
- The Art of Marketing & Promotion
- Kitchen God's Guide for Single Guys

Invoering

Dit is een van de driebanden biljart die laten zien hoe professionele spelers beslissingen nemen, gebaseerd op de tafelindeling. Al deze tabelconfiguraties zijn afkomstig van internationale wedstrijden.

Deze tabelconfiguraties plaatsen je in het hoofd van de speler, te beginnen met de balposities (weergegeven in de eerste tabel). De indeling van de tweede tabel laat zien wat de speler heeft besloten te doen.

Over de tabelconfiguraties

Elke configuratie heeft twee tabelconfiguraties. De eerste tafel is de balposities. De tweede tafel is hoe de ballen op de tafel bewegen.

Dit zijn de drie ballen op tafel:

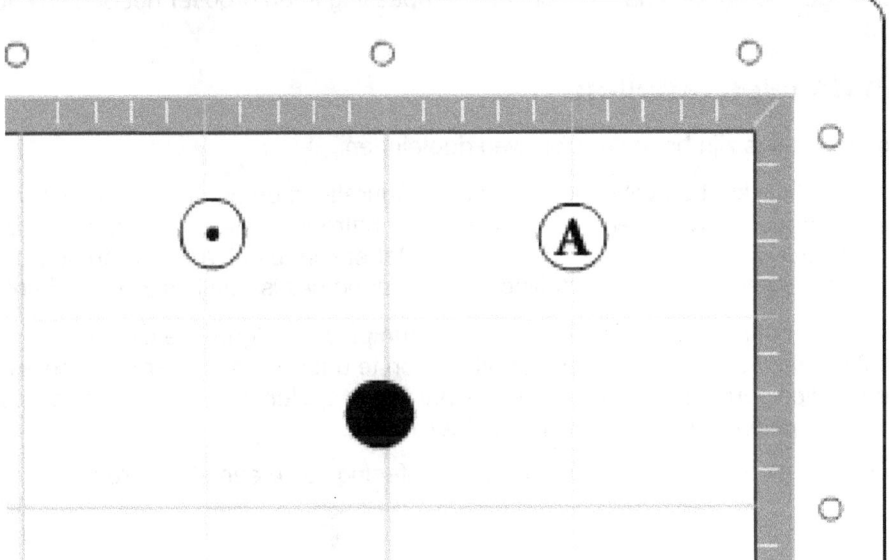

Ⓐ (CB) (uw biljartbal)

⊙ (OB) (tegenstander biljartbal)

● (OB) (rode biljartbal)

Tabel opstelling instructies

Gebruik papierbandringen om de balposities te markeren (koop bij een kantoorwinkel).

Plaats een munt op elk biljartbanden dat de (CB) zal aanraken.

Vergelijk uw (CB) pad met de configuratie van de tweede tabel. Om te leren, hebt u mogelijk meerdere pogingen nodig. Stel na elke fout een aanpassing in en probeer het opnieuw totdat je succesvol bent.

Doel van de twee tabellen

Deze tabelconfiguraties zijn bedoeld voor twee doeleinden.

- Uw analyse - thuis kunt u overwegen hoe de configuratie in de eerste tabel moet worden afgespeeld. Vergelijk uw ideeën met het werkelijke patroon op de tweede tafel. Denk aan uw oplossing en overweeg opties. Vanuit de tweede tabel kunt u ook analyseren hoe u het patroon moet volgen. Speel de opstelling mentaal af en beslis hoe je succesvol kunt zijn.

- Oefen de tafelconfiguratie - plaats de ballen op hun plaats, volgens de eerste tabelconfiguratie. Probeer het tweede tabelpatroon te dupliceren. Je hebt misschien veel pogingen nodig voordat je de juiste manier vindt om te spelen. Dit is hoe je deze opstellingen kunt leren en spelen tijdens competities en toernooien.

De combinatie van mentale analyse en praktische oefening zal je een slimmere speler maken.

A: De heuvel af, kleine hoekhaak

De (CB) komt van de eerste (OB) en gaat naar het midden van het lange biljartbanden. De (CB) gaat naar de verre hoek - in het korte biljartbanden en het lange biljartbanden.

Ⓐ (CB) (uw biljartbal) – ⊙ (OB) (tegenstander biljartbal) – ● (OB) (rode biljartbal)

A: Groep 1

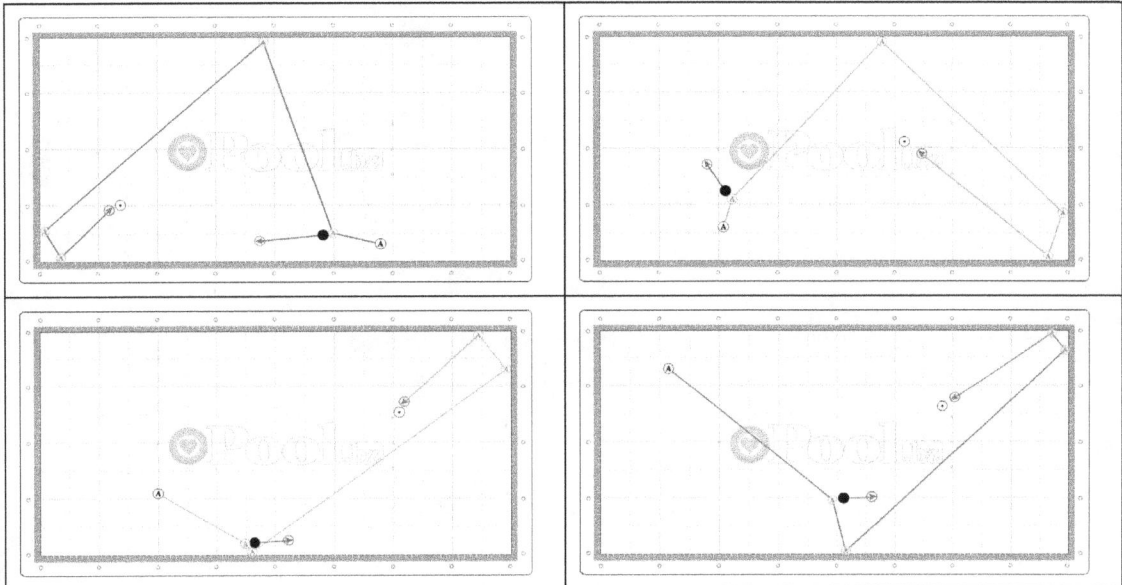

Analyse:

A:1a. _____

A:1b. _____

A:1c. _____

A:1d. _____

A:1a – Opstelling

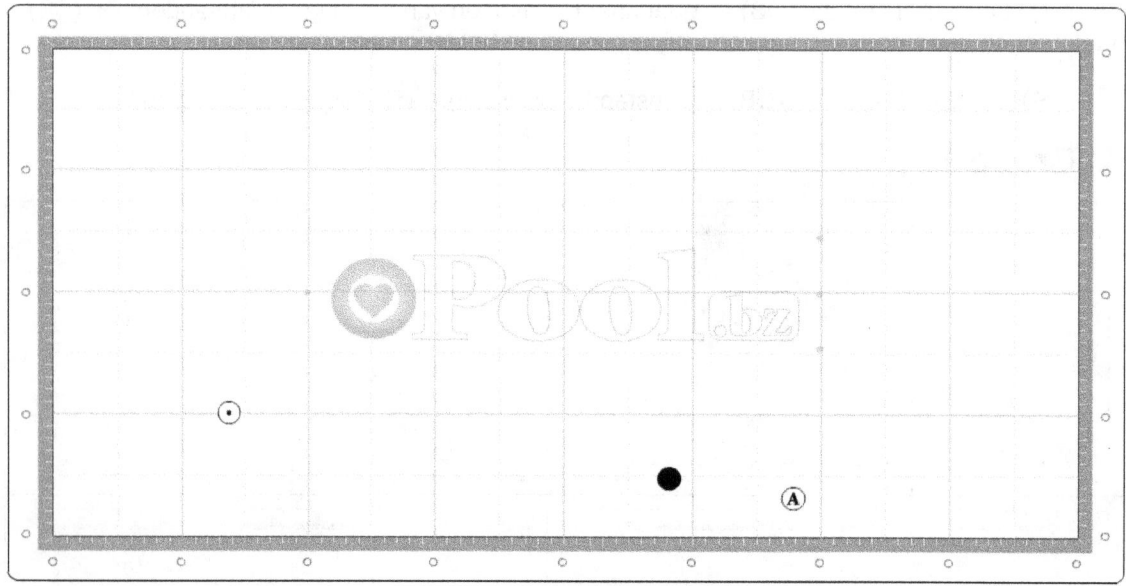

Opmerkingen en ideeën:

Schotpatroon

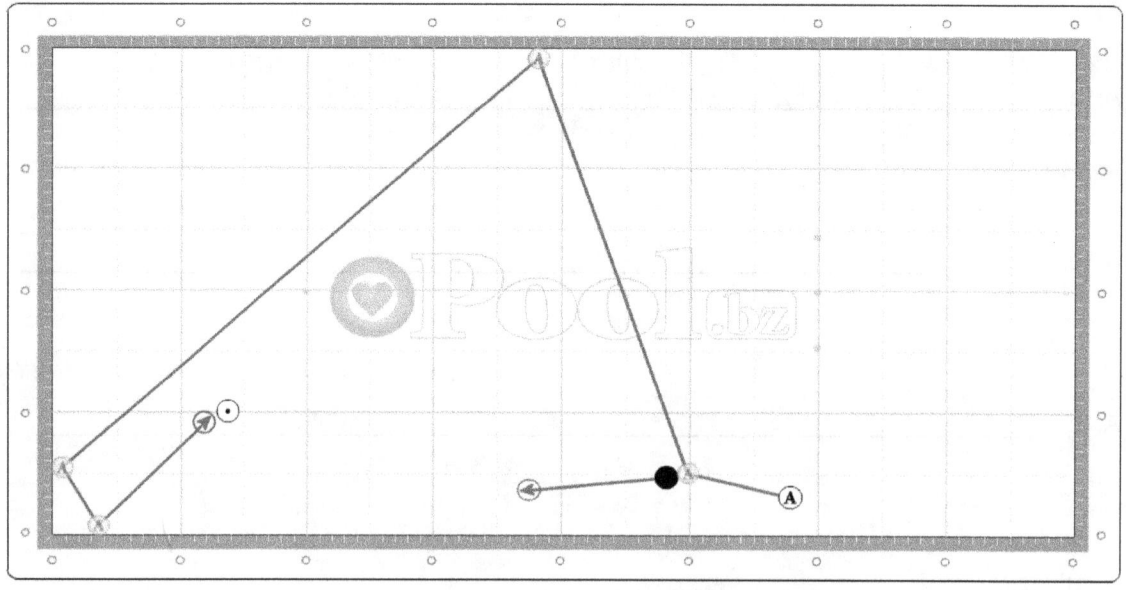

A:1b – Opstelling

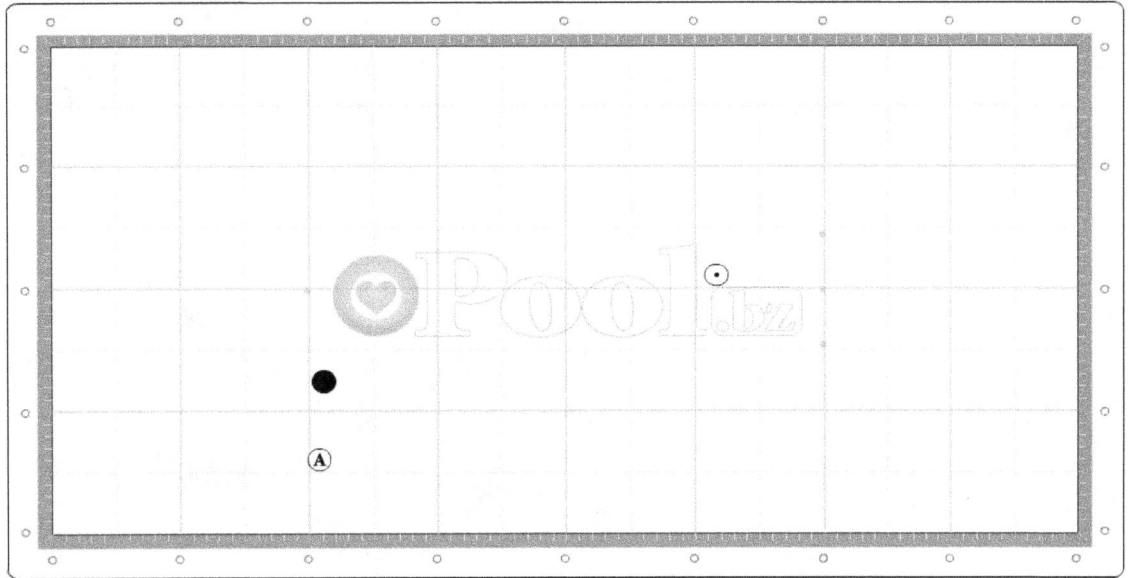

Opmerkingen en ideeën:

Schotpatroon

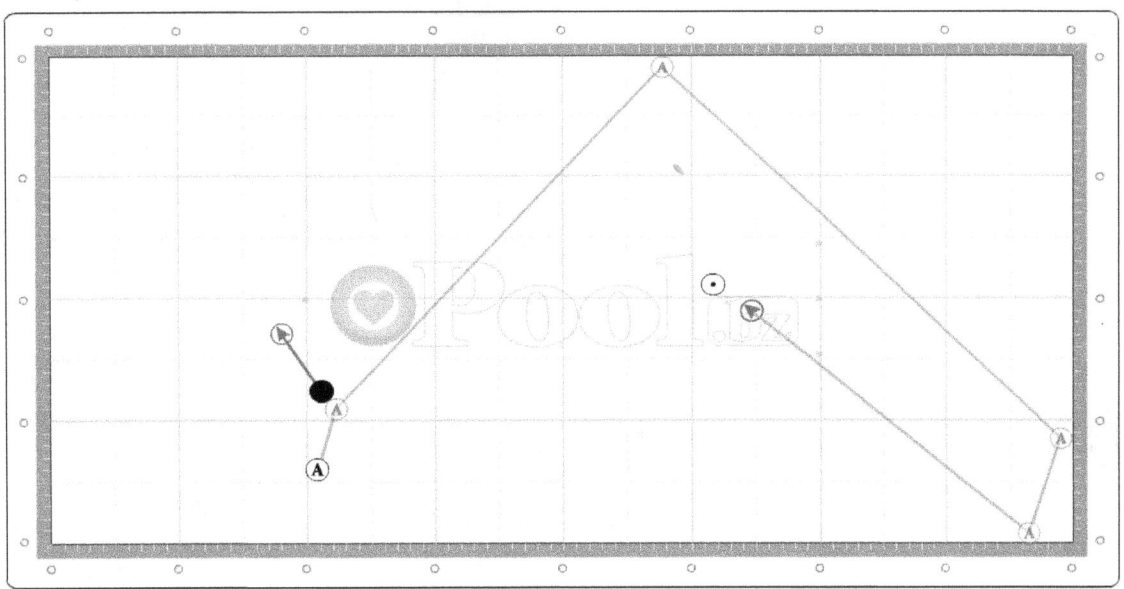

A:1c – Opstelling

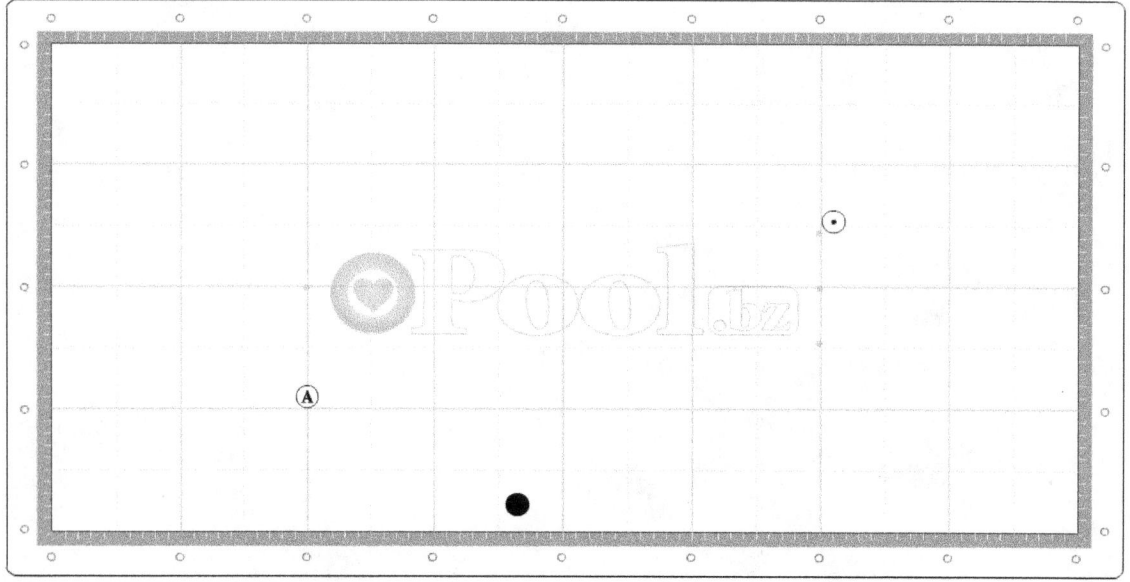

Opmerkingen en ideeën:

Schotpatroon

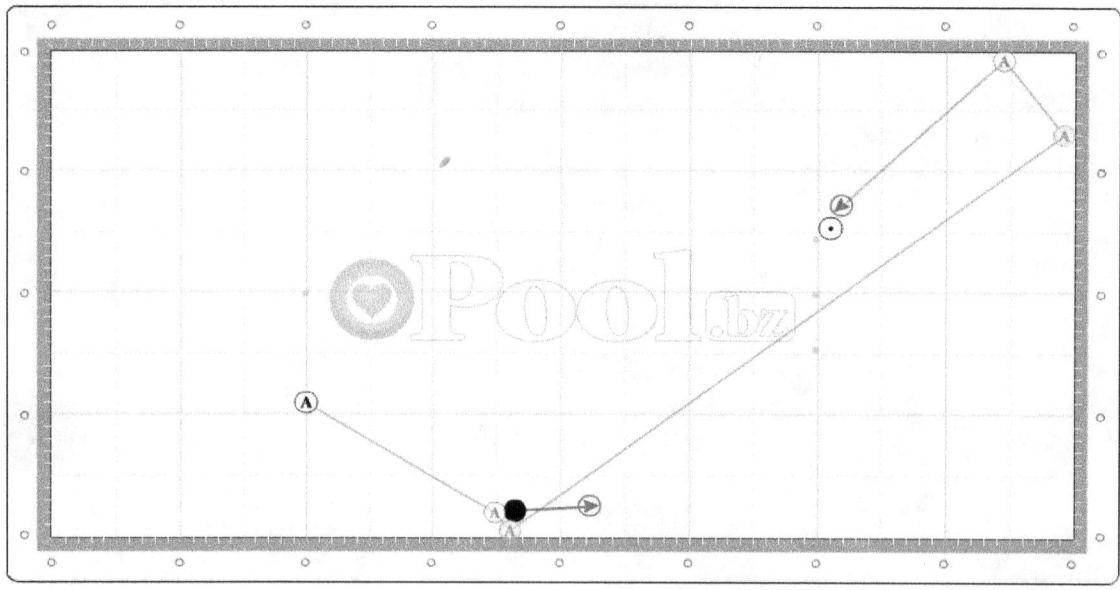

A:1d – Opstelling

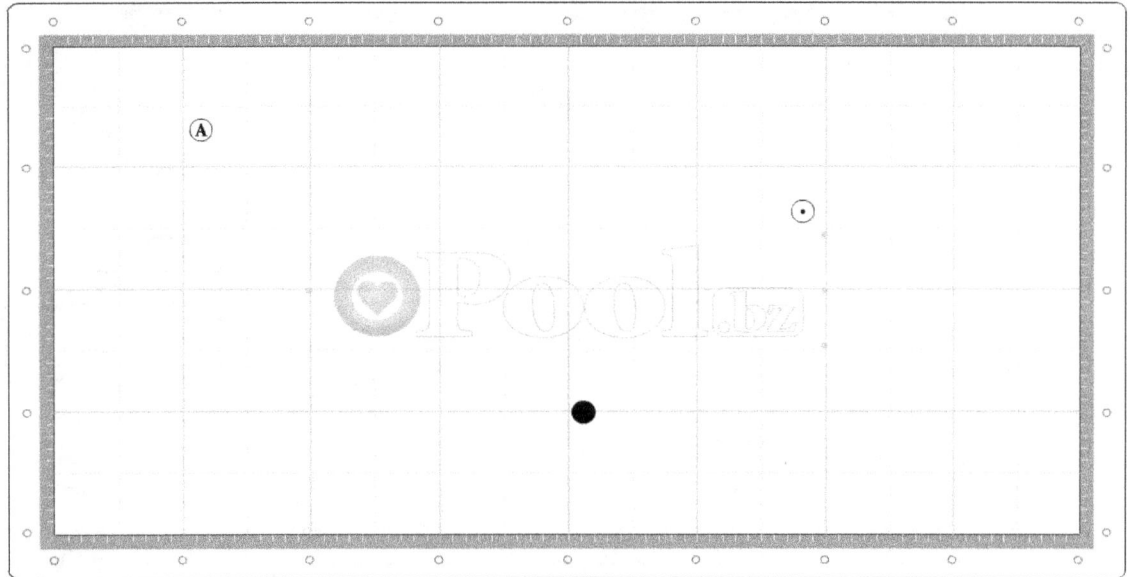

Opmerkingen en ideeën:

Schotpatroon

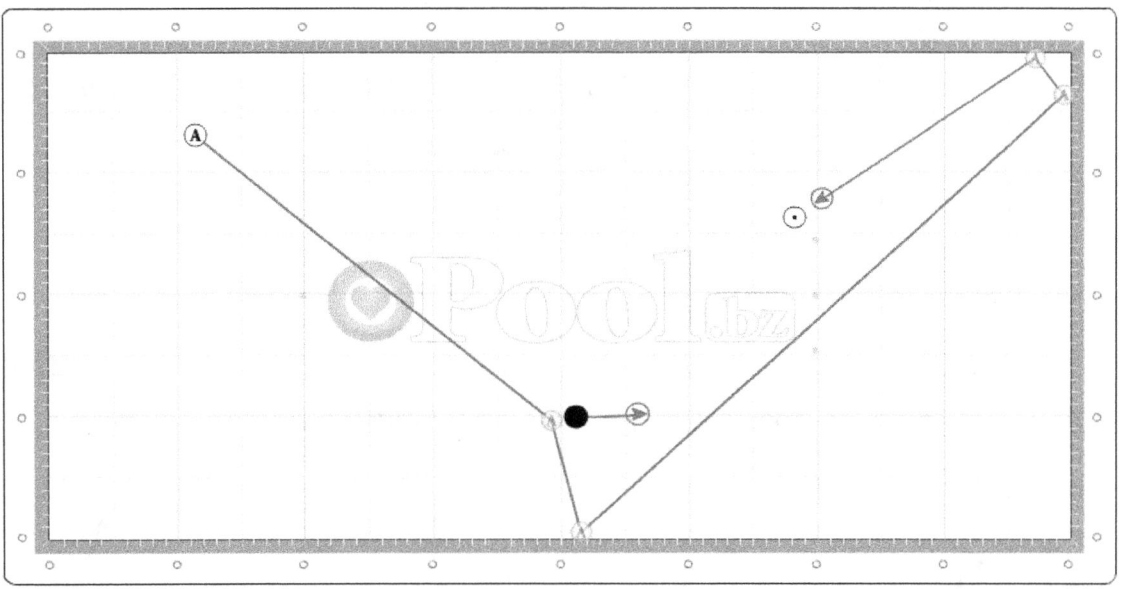

A: Groep 2

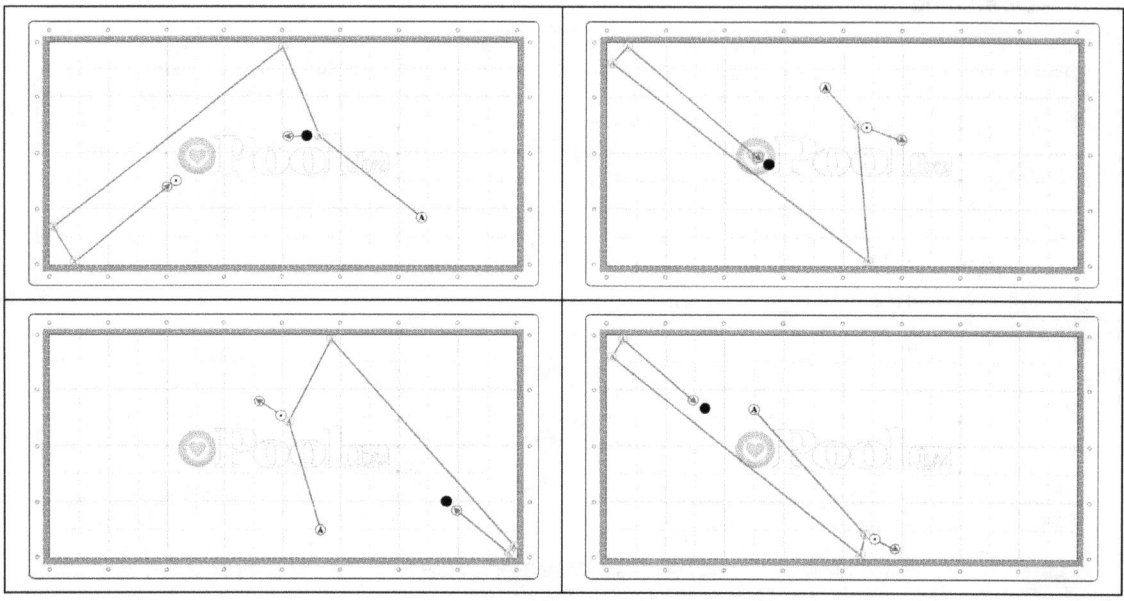

Analyse:

A:2a. _____

A:2b. _____

A:2c. _____

A:2d. _____

A:2a – Opstelling

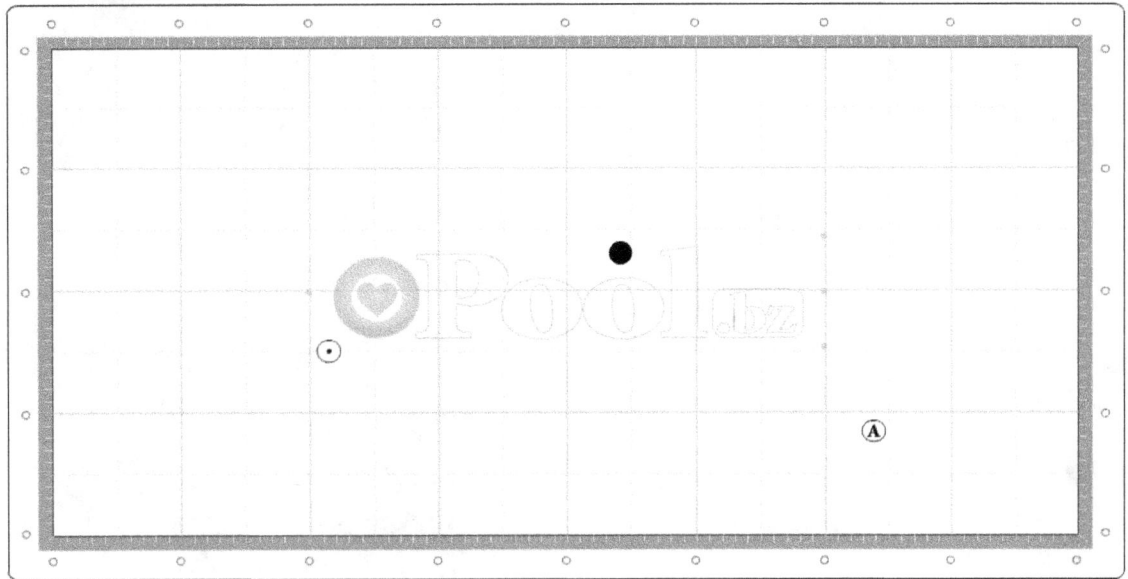

Opmerkingen en ideeën:

Schotpatroon

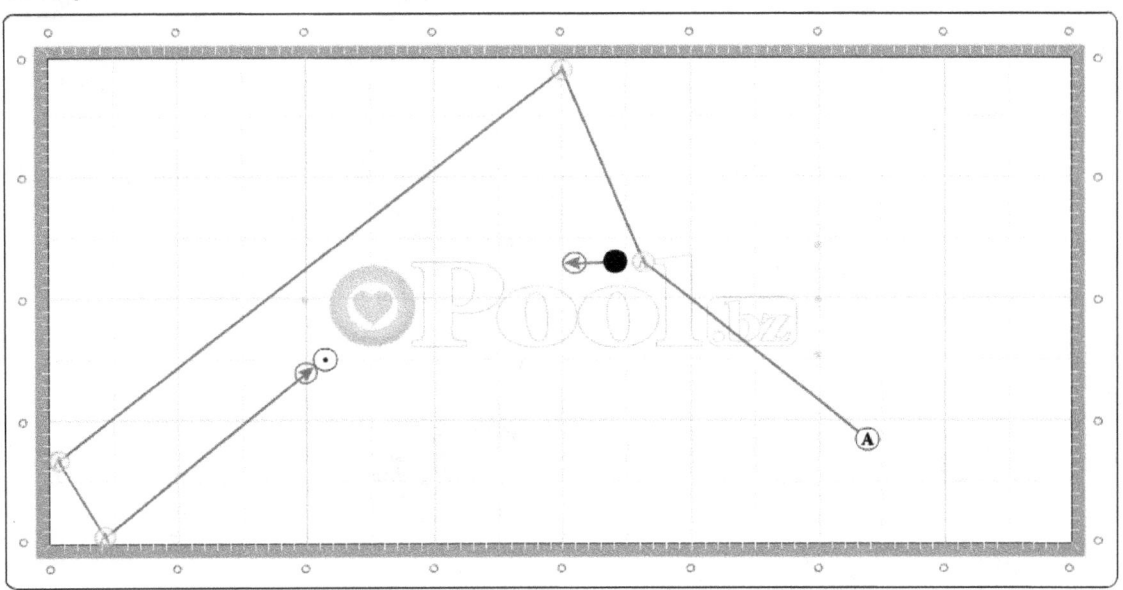

A:2b – Opstelling

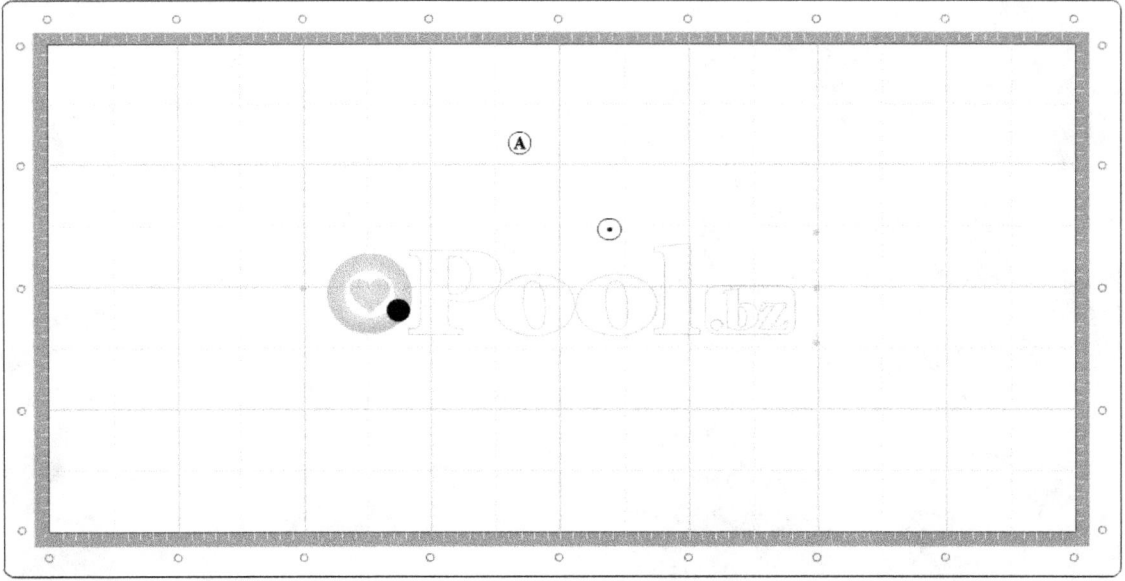

Opmerkingen en ideeën:

Schotpatroon

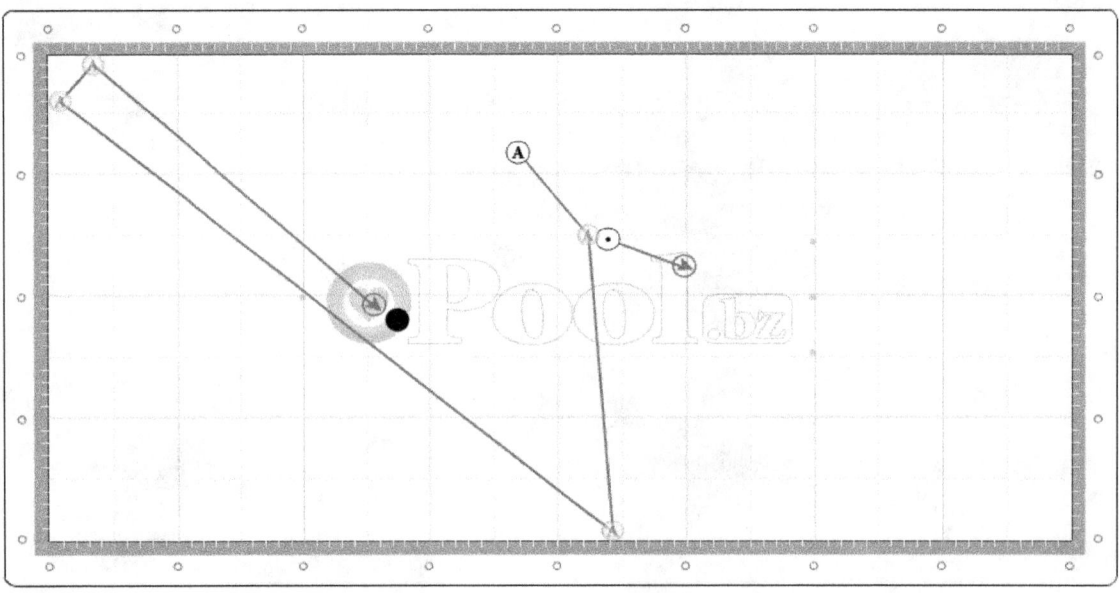

A:2c – Opstelling

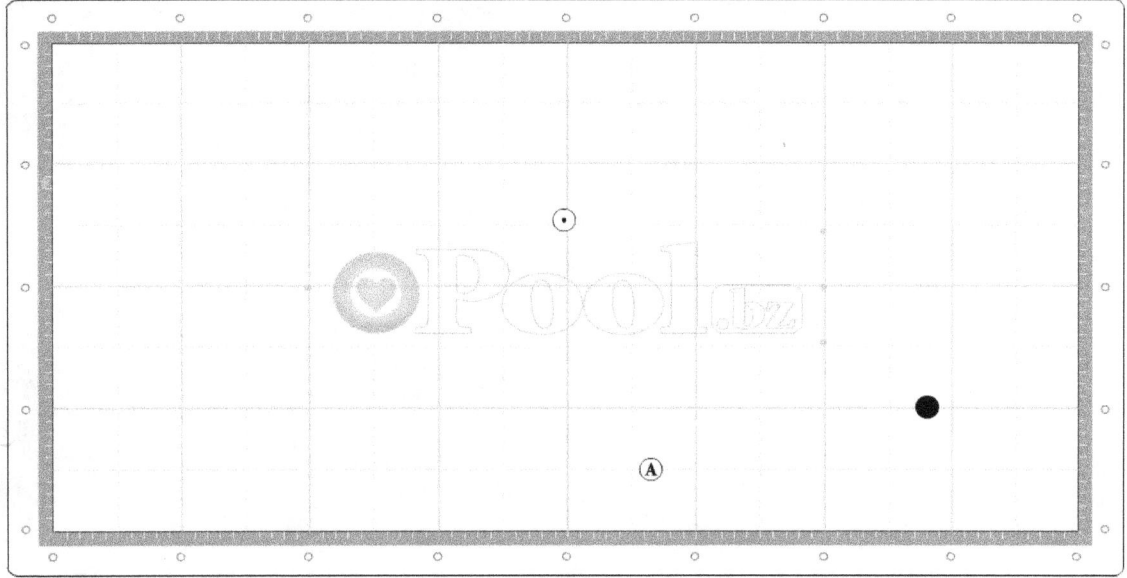

Opmerkingen en ideeën:

Schotpatroon

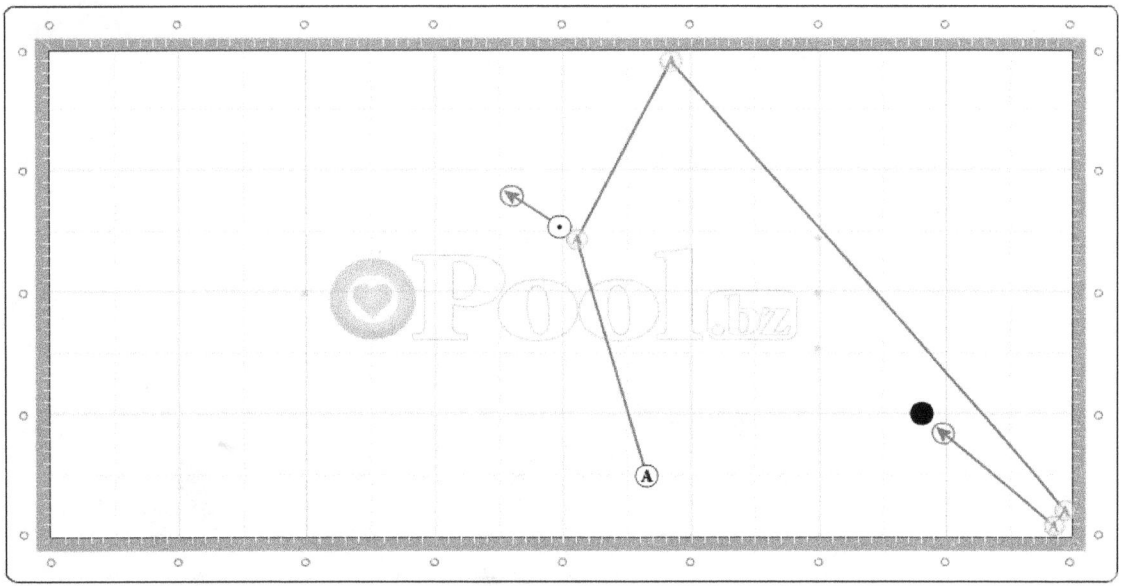

A:2d – Opstelling

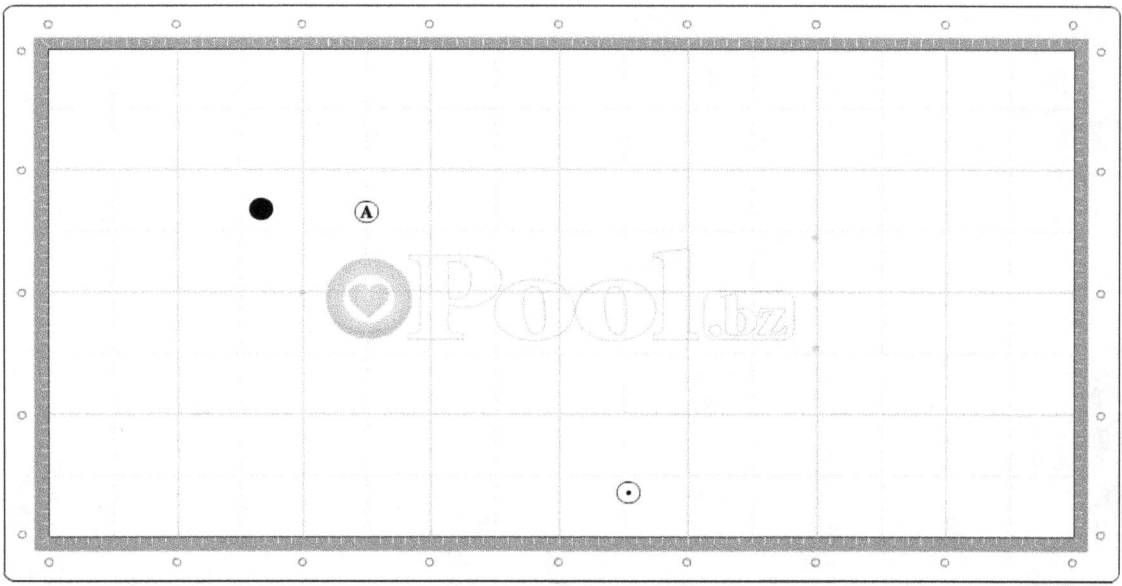

Opmerkingen en ideeën:

Schotpatroon

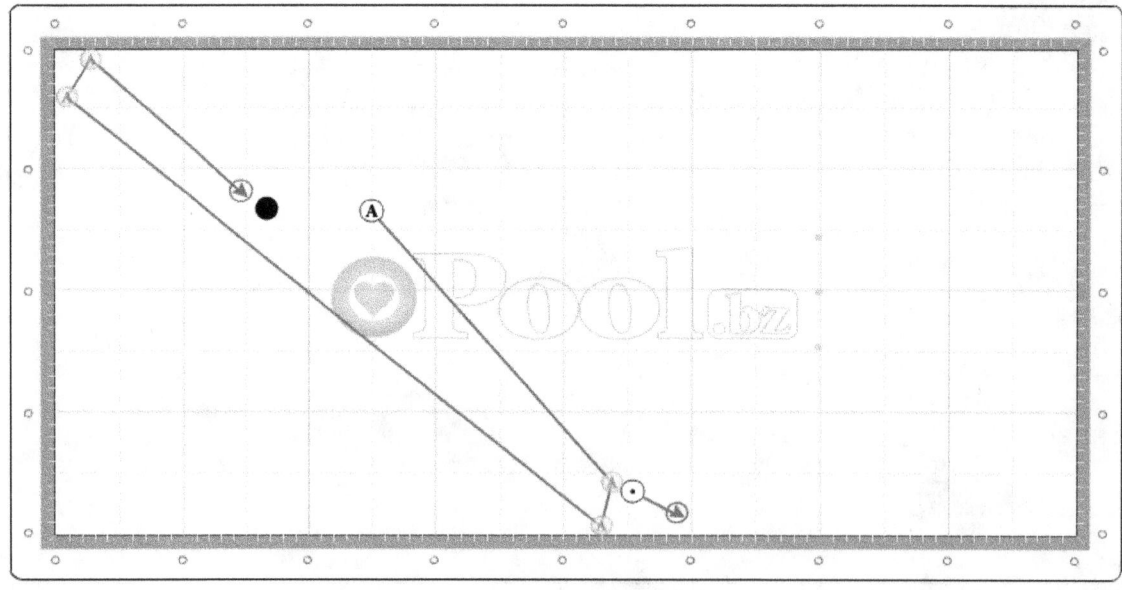

A: Groep 3

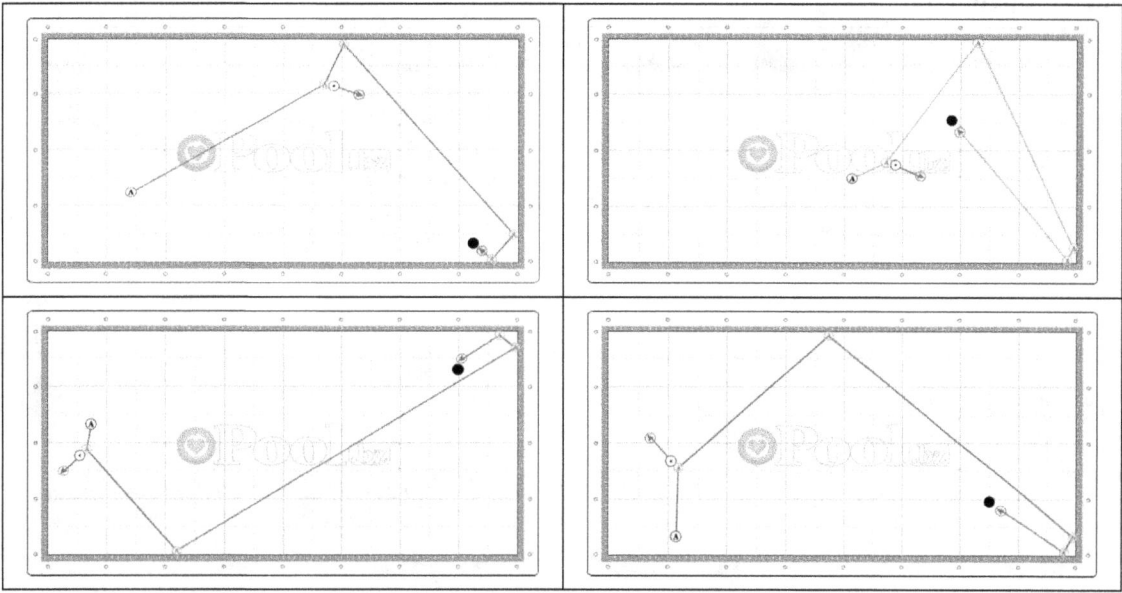

Analyse:

A:3a. _____

A:3b. _____

A:3c. _____

A:3d. _____

A:3a – Opstelling

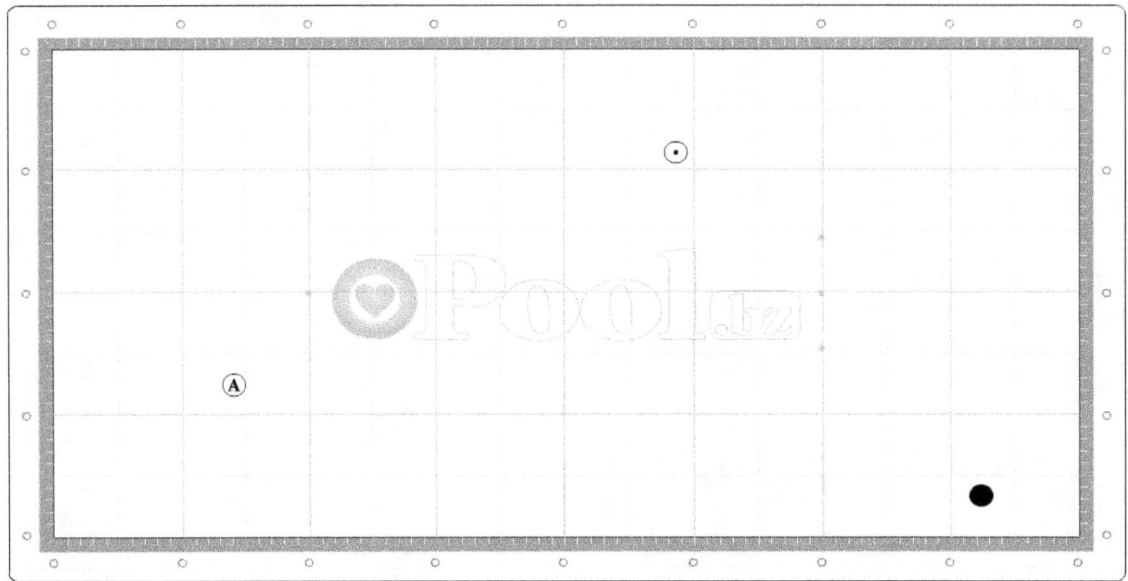

Opmerkingen en ideeën:

Schotpatroon

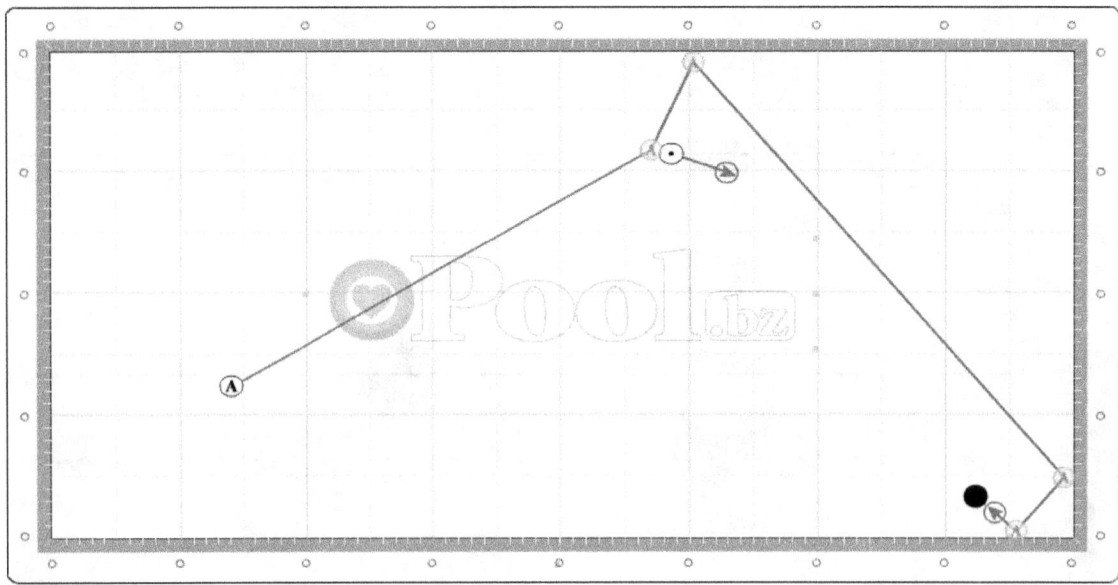

A:3b – Opstelling

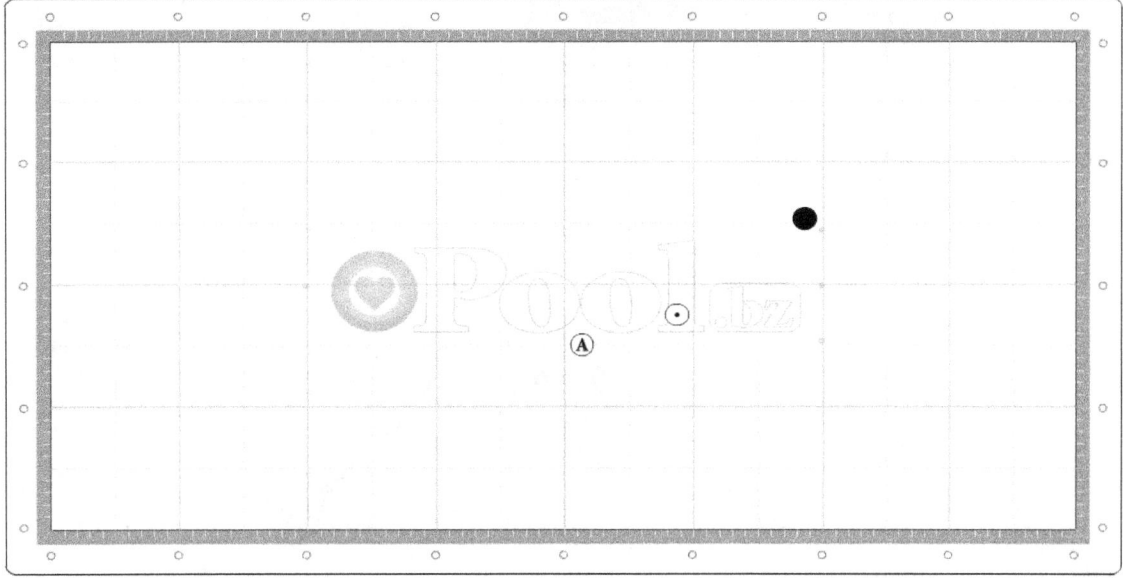

Opmerkingen en ideeën:

Schotpatroon

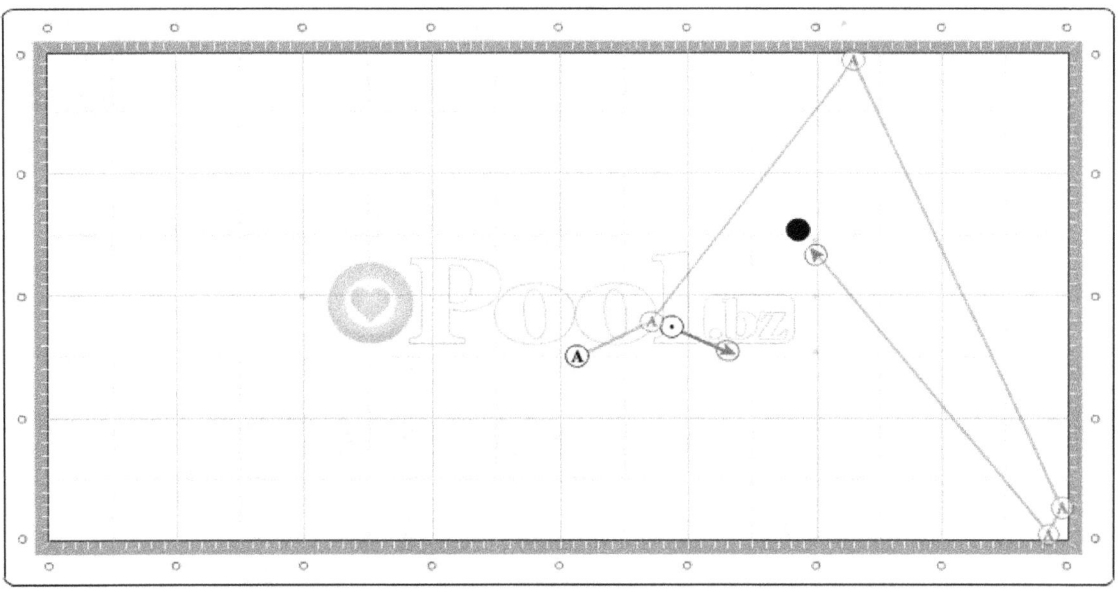

A:3c – Opstelling

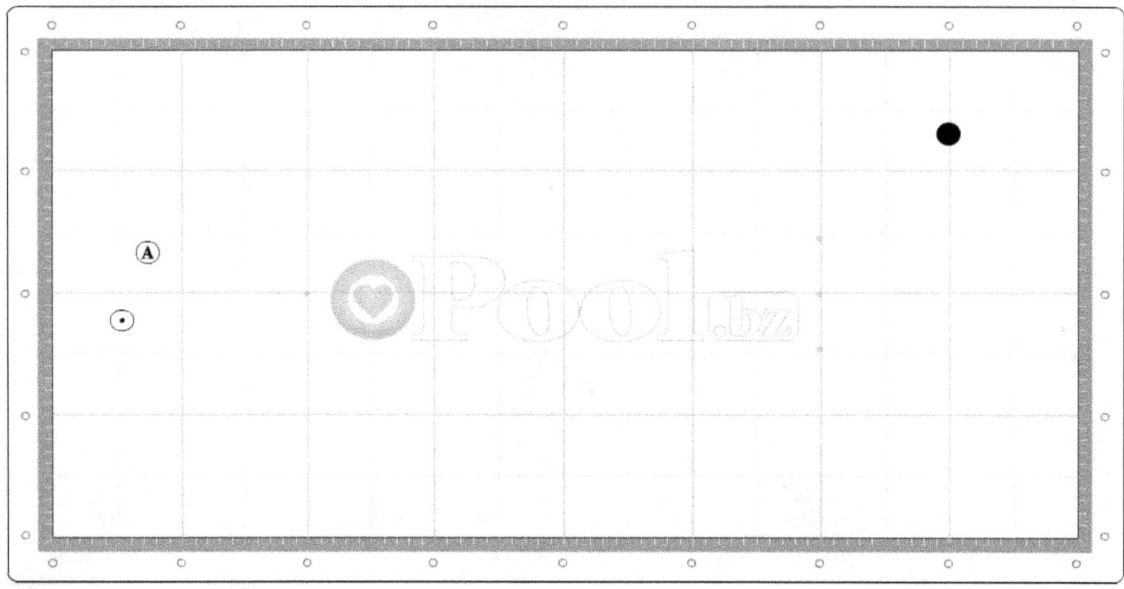

Opmerkingen en ideeën:

Schotpatroon

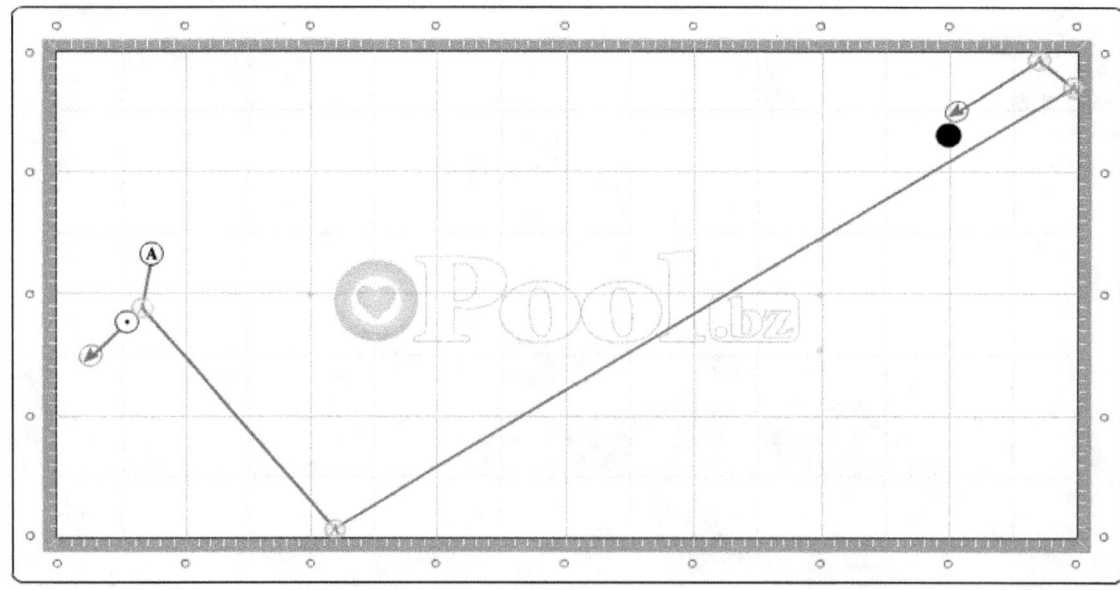

A:3d– Opstelling

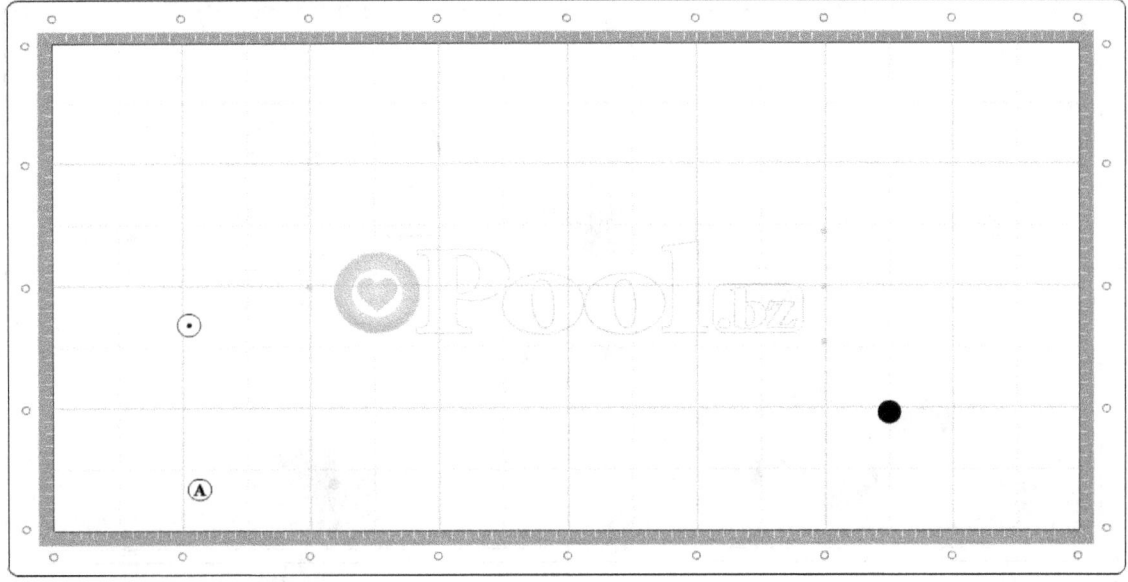

Opmerkingen en ideeën:

Schotpatroon

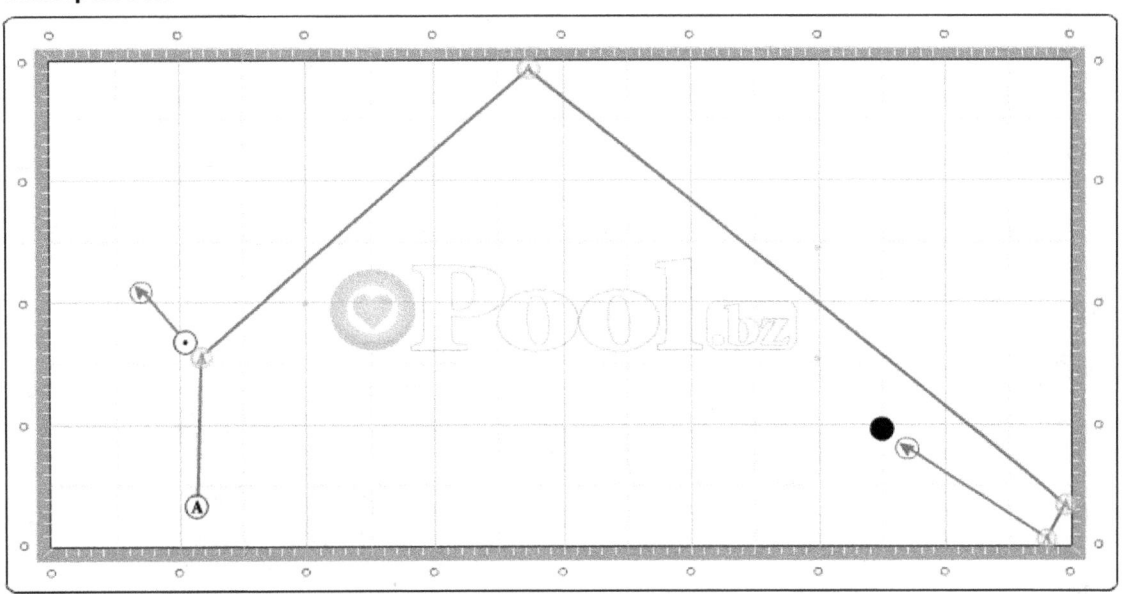

A: Groep 4

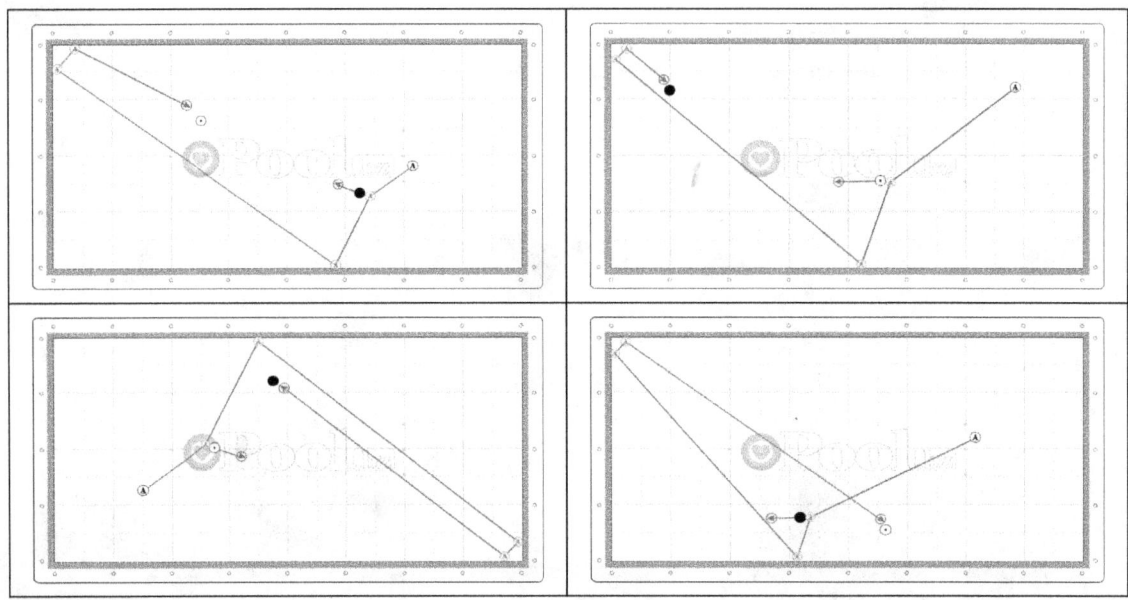

Analyse:

A:4a. _____

A:4b. _____

A:4c. _____

A:4d. _____

A:4a – Opstelling

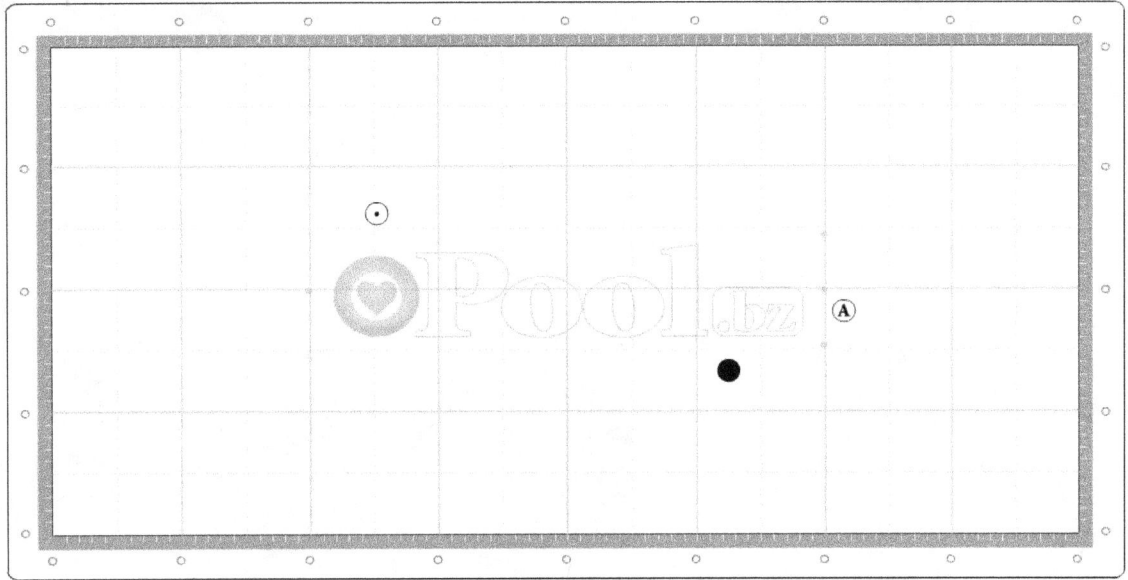

Opmerkingen en ideeën:

Schotpatroon

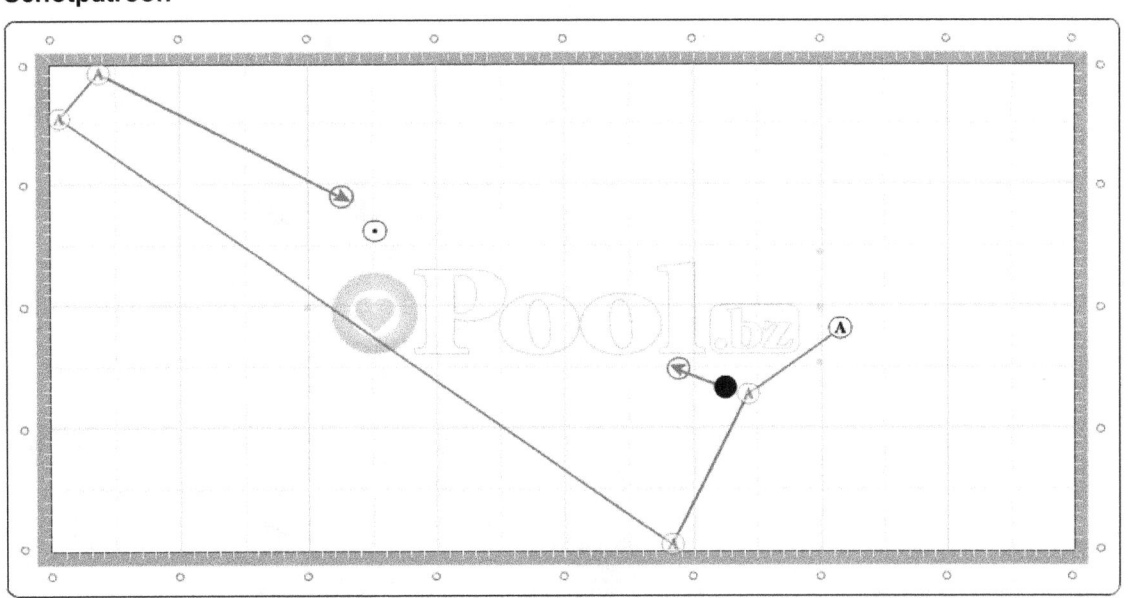

A:4b – Opstelling

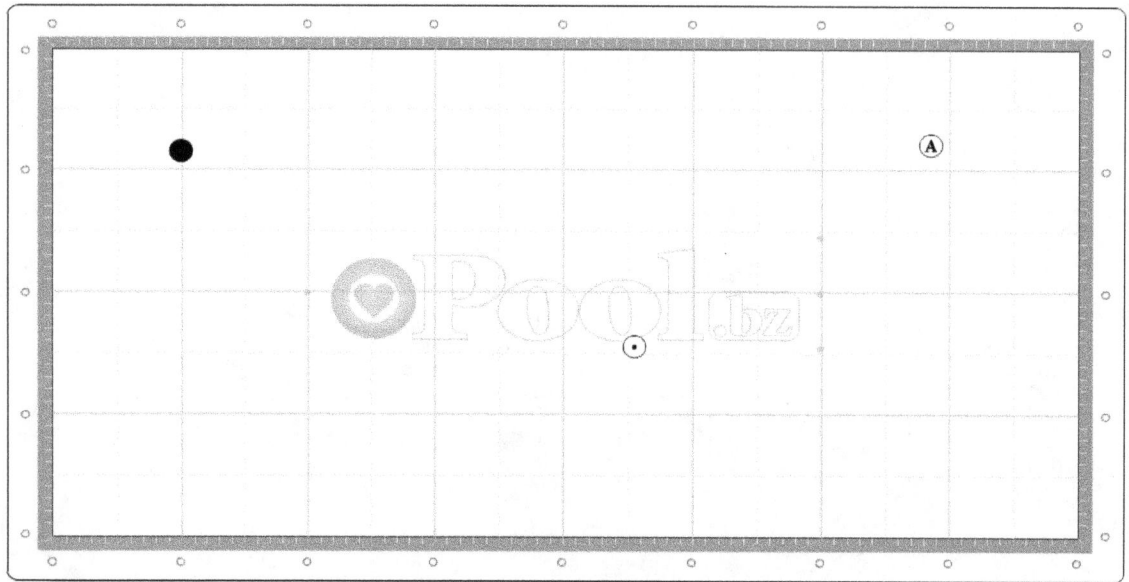

Opmerkingen en ideeën:

Schotpatroon

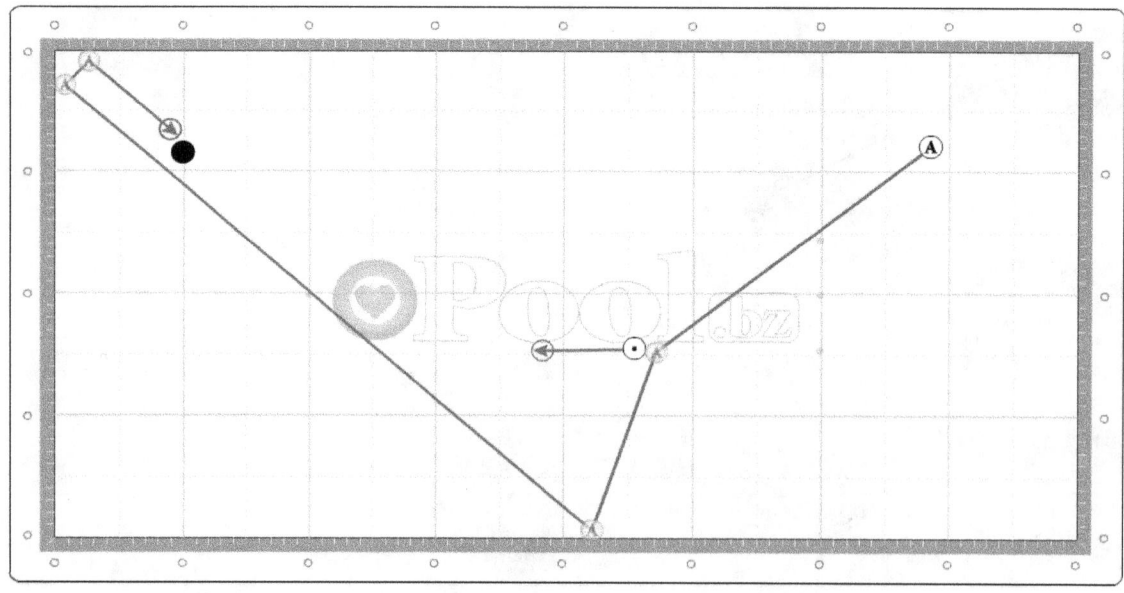

A:4c – Opstelling

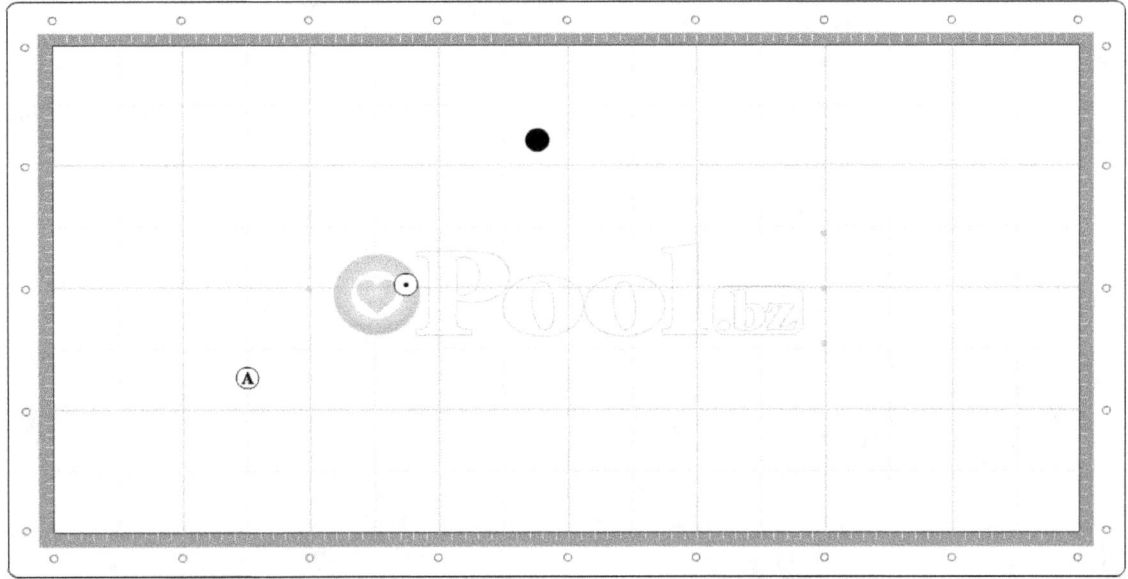

Opmerkingen en ideeën:

Schotpatroon

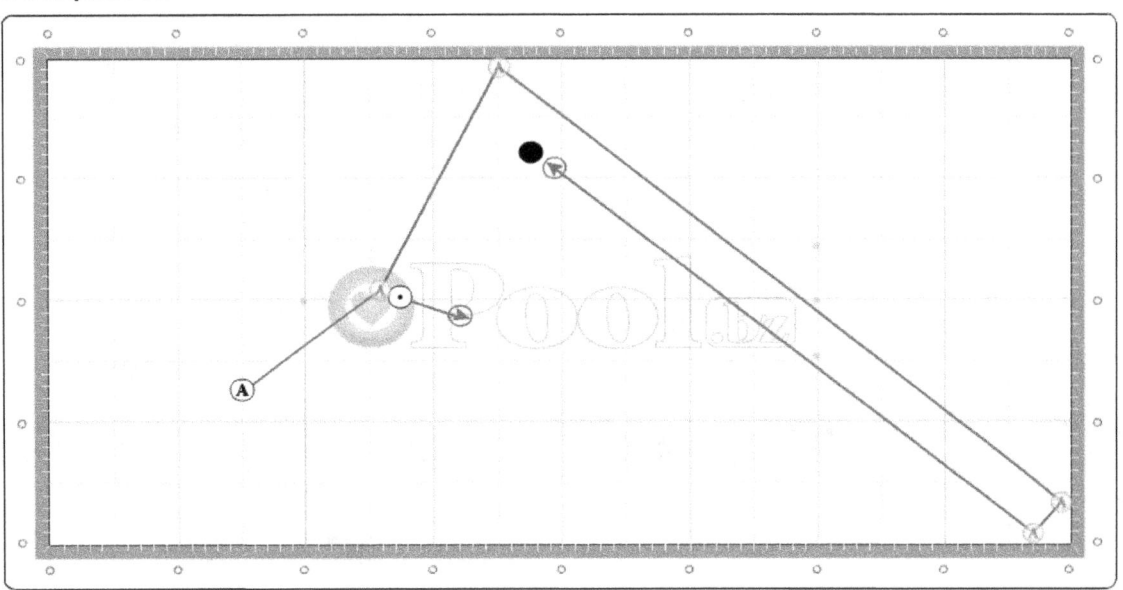

A:4d – Opstelling

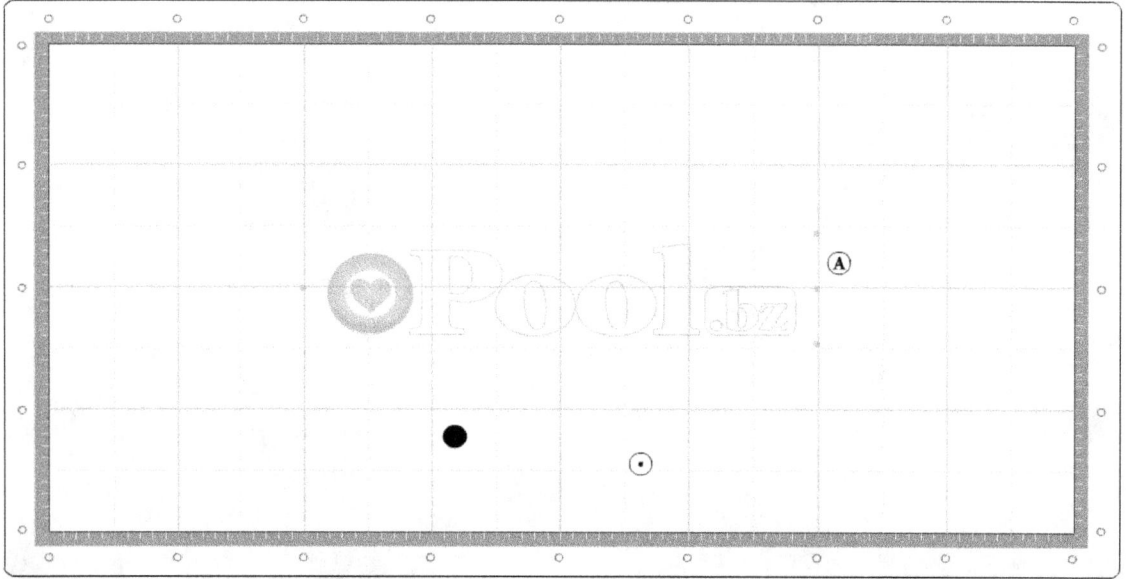

Opmerkingen en ideeën:

Schotpatroon

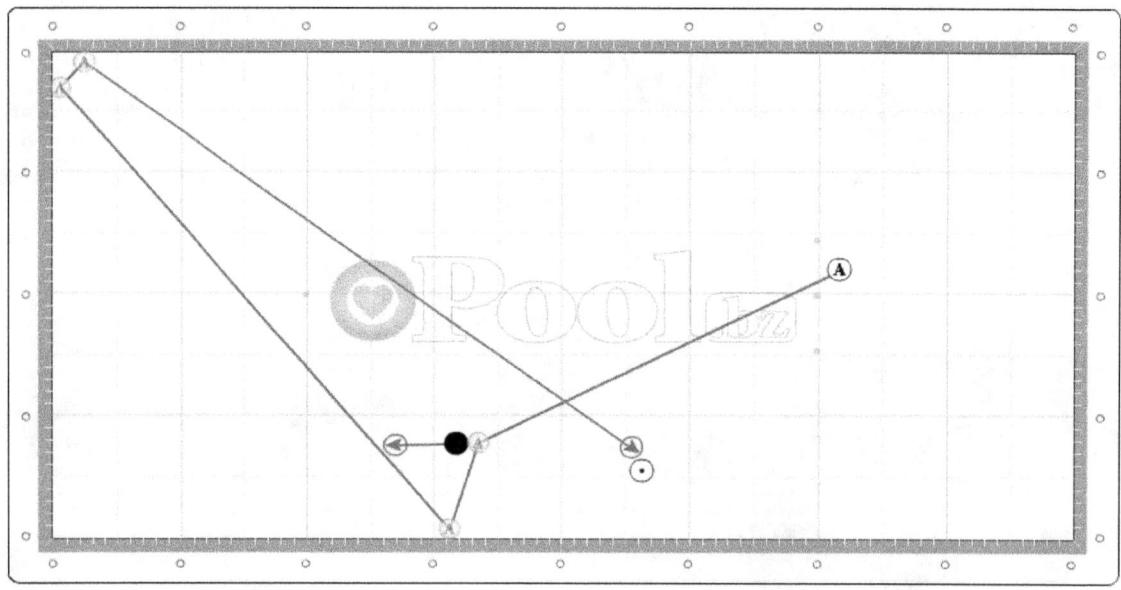

B: De heuvel af, grote hoekhaak

De (CB) komt van de eerste (OB) en gaat dwars op het midden van het lange biljartbanden. Daarna gaat het de andere hoek in. Hier maakt het contact met het korte biljartbanden en het lange biljartbanden en neemt dan contact op met de tweede (OB).

Ⓐ (CB) (uw biljartbal) – ☉ (OB) (tegenstander biljartbal) – ● (OB) (rode biljartbal)

B: Groep 1

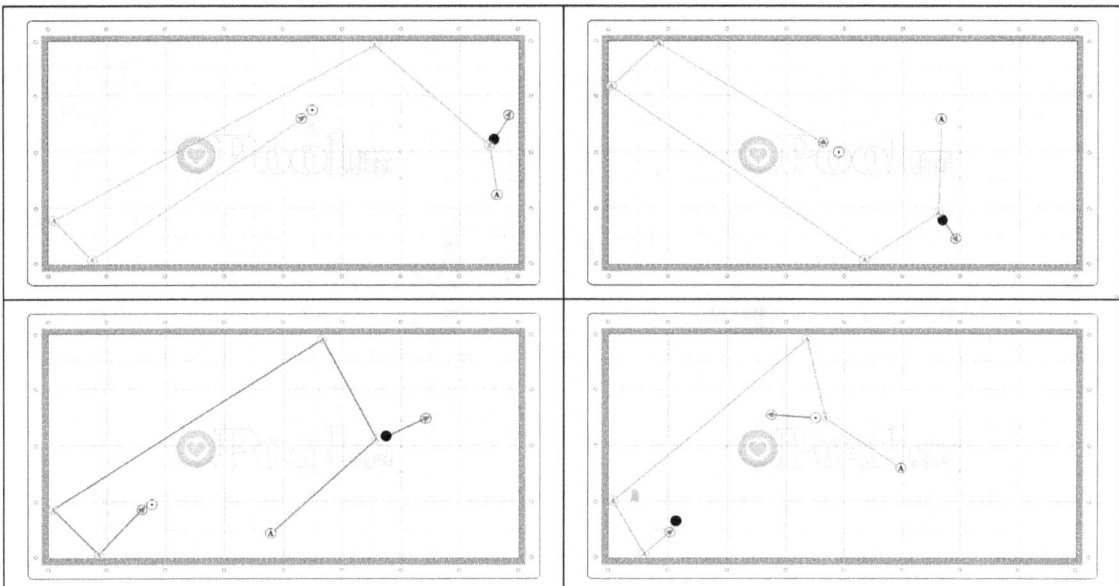

Analyse:

B:1a. _____

B:1b. _____

B:1c. _____

B:1d. _____

B:1a – Opstelling

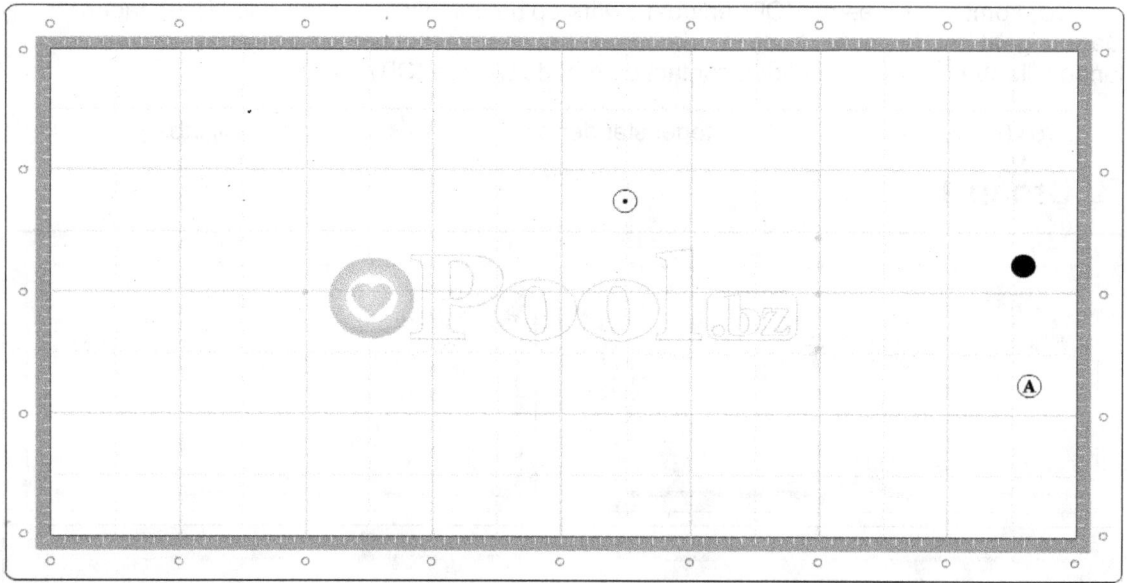

Opmerkingen en ideeën:

Schotpatroon

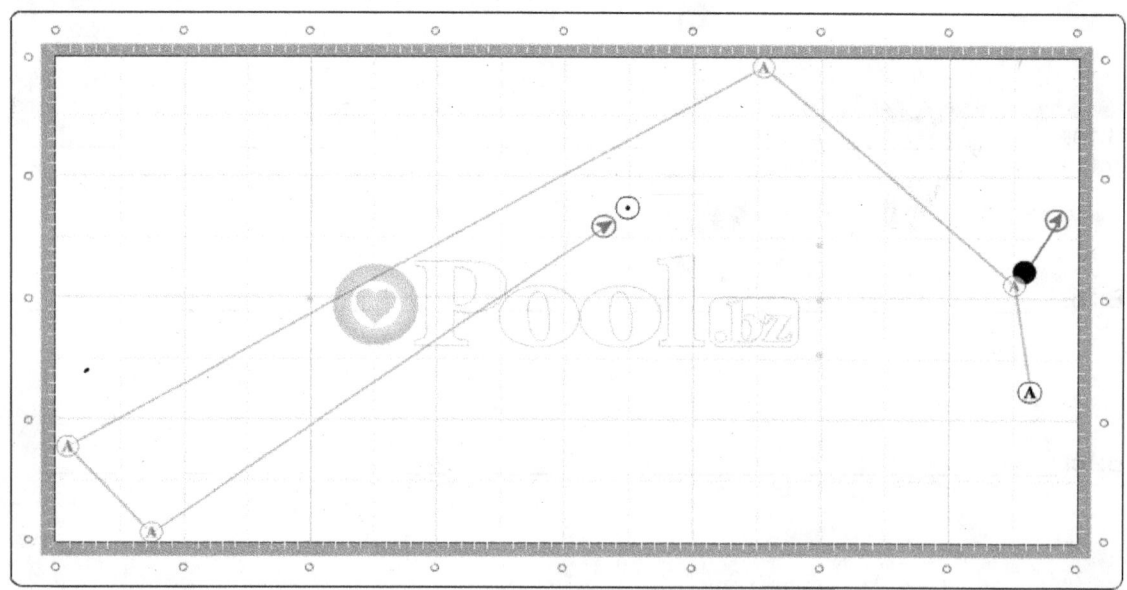

B:1b – Opstelling

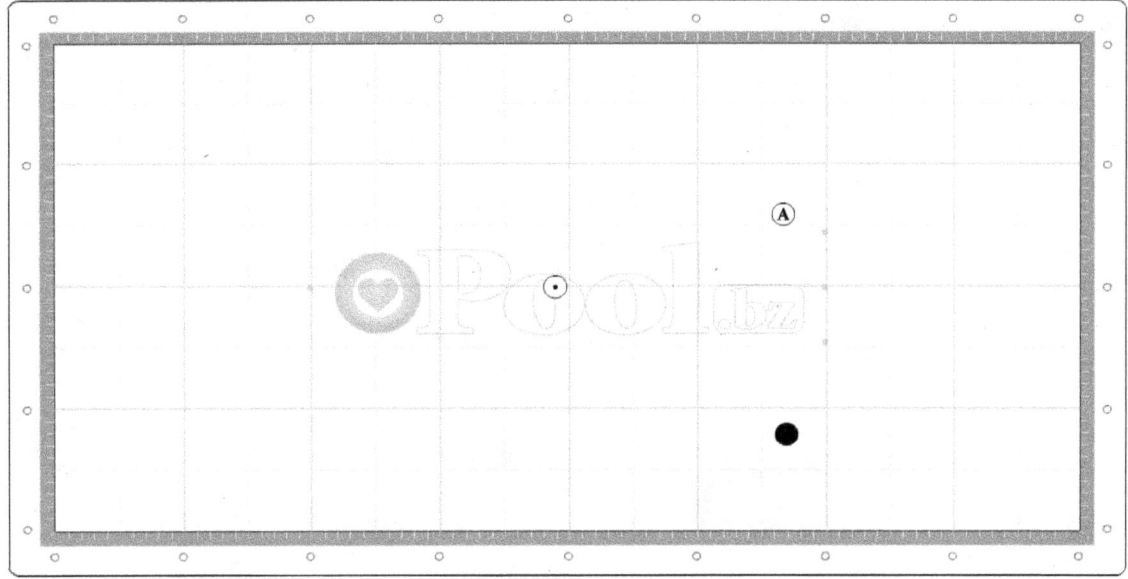

Opmerkingen en ideeën:

Schotpatroon

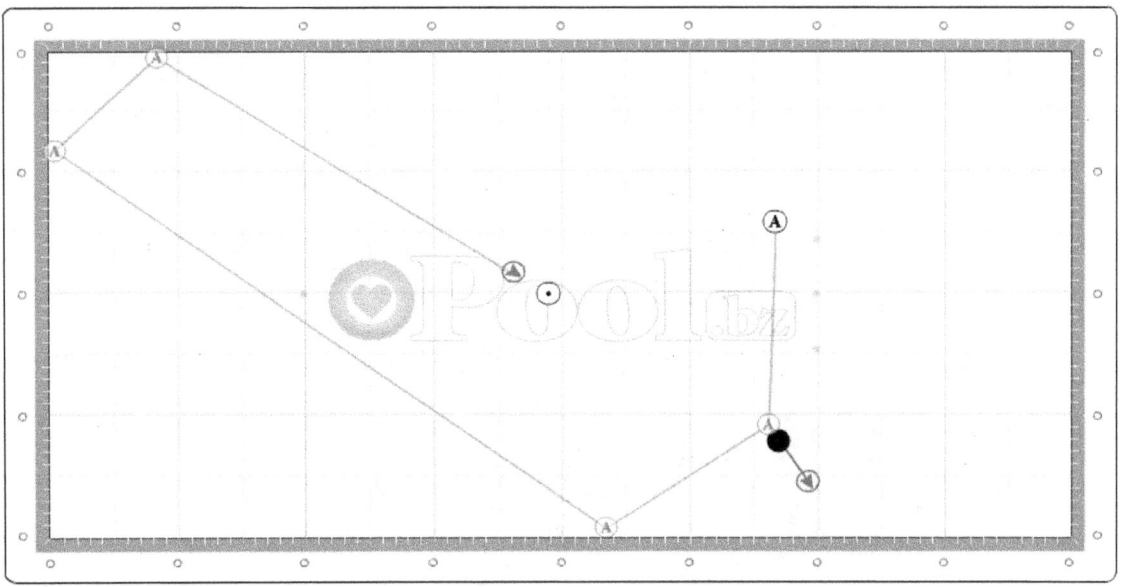

B:1c – Opstelling

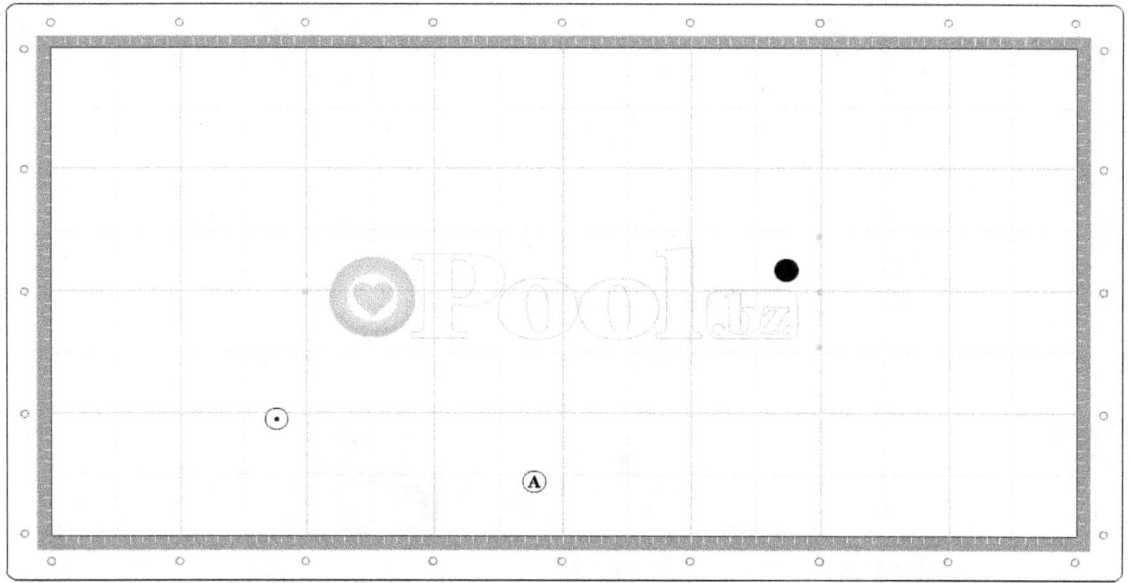

Opmerkingen en ideeën:

Schotpatroon

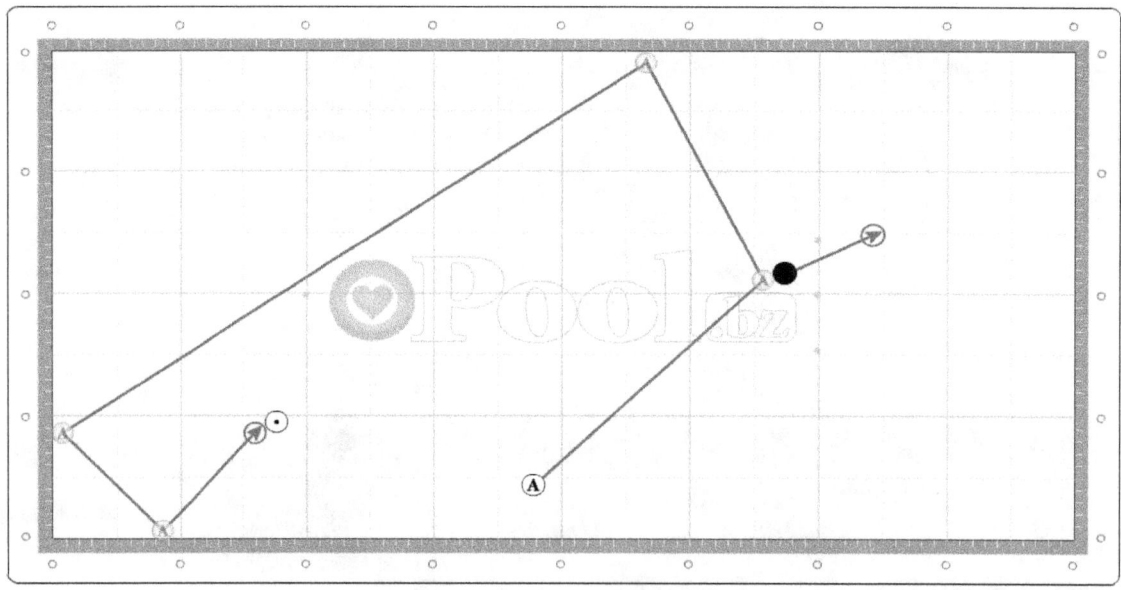

B:1d – Opstelling

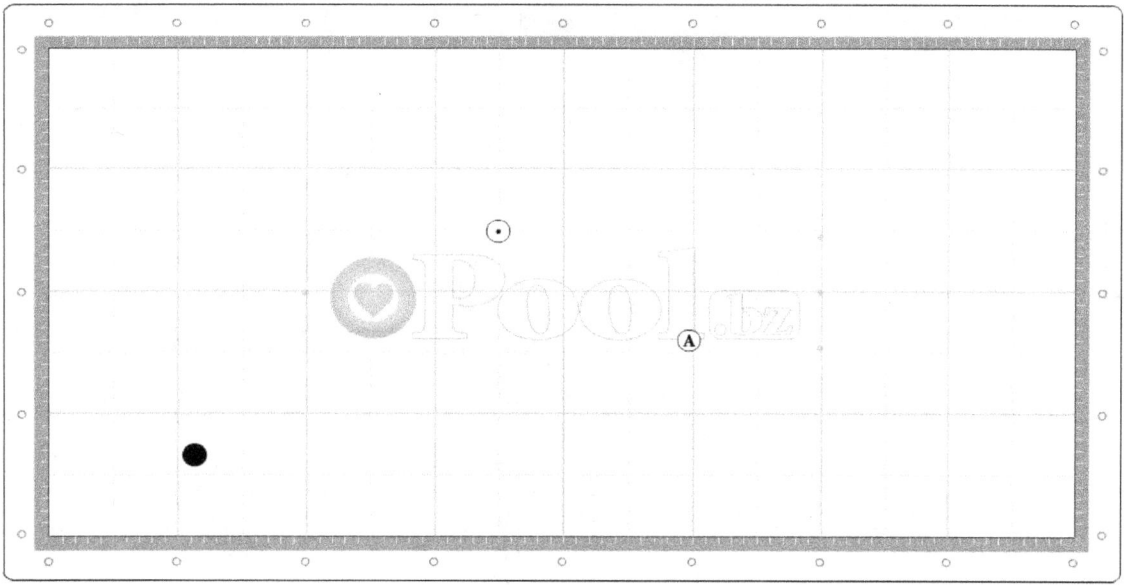

Opmerkingen en ideeën:

Schotpatroon

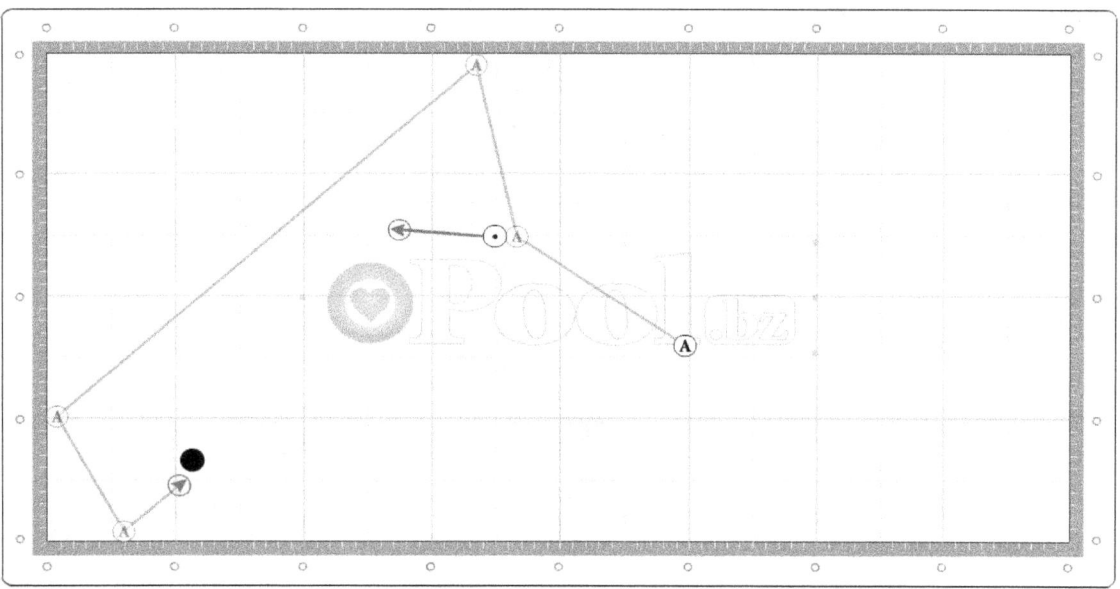

B: Groep 2

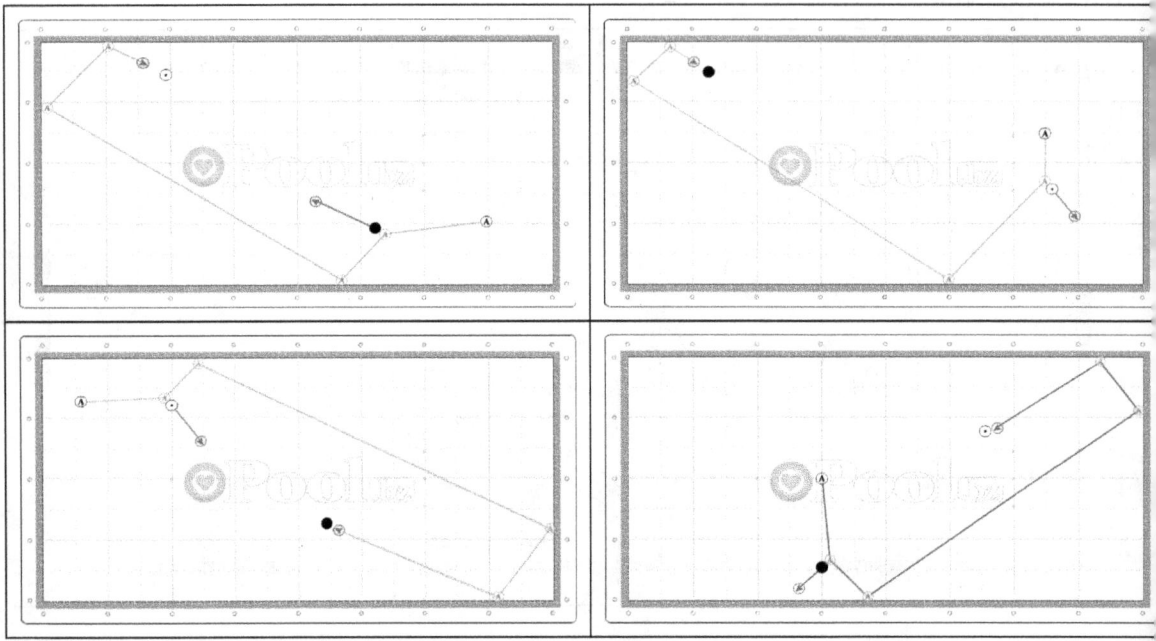

Analyse:

B:2a. _____

B:2b. _____

B:2c. _____

B:2d. _____

B:2a – Opstelling

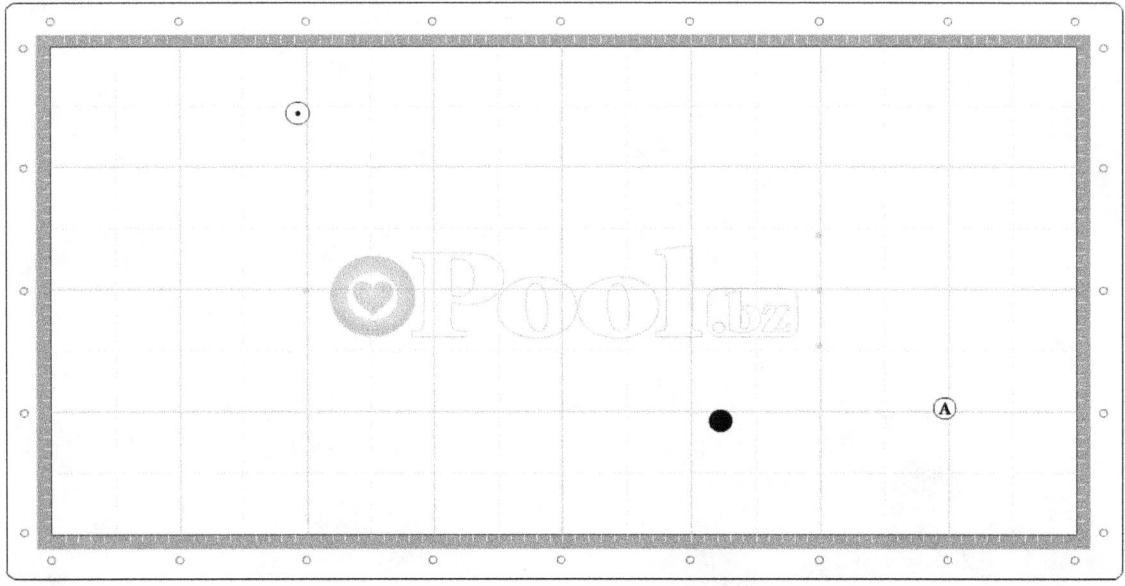

Opmerkingen en ideeën:

Schotpatroon

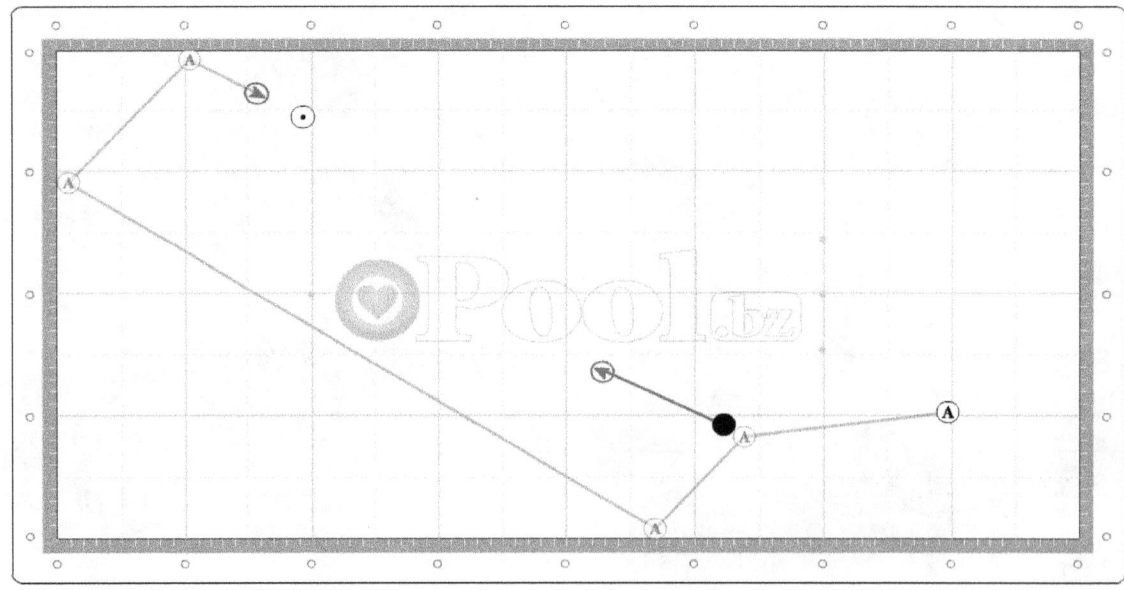

B:2b – Opstelling

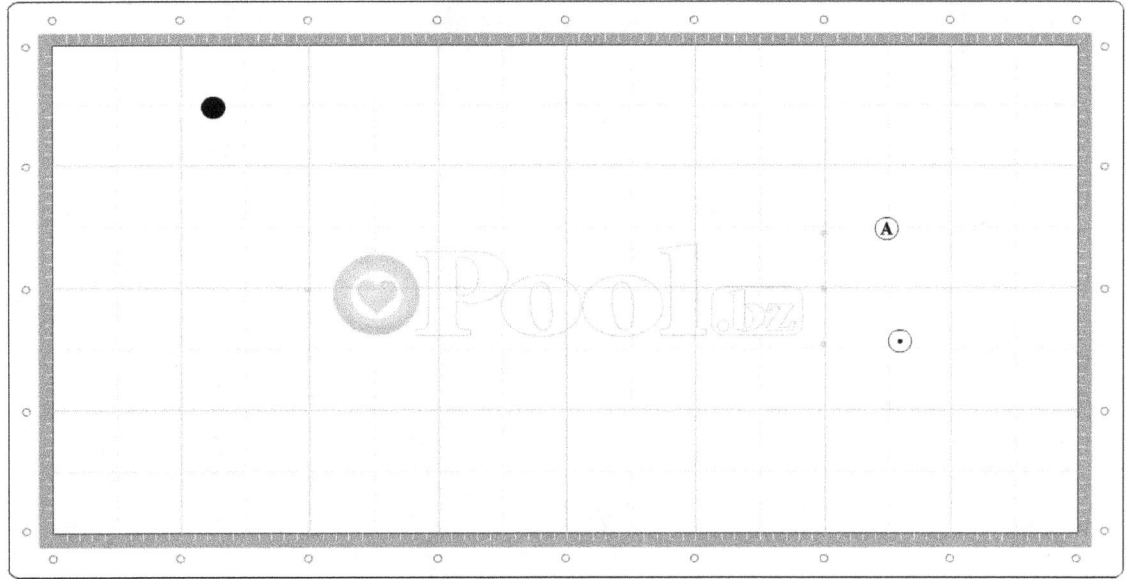

Opmerkingen en ideeën:

Schotpatroon

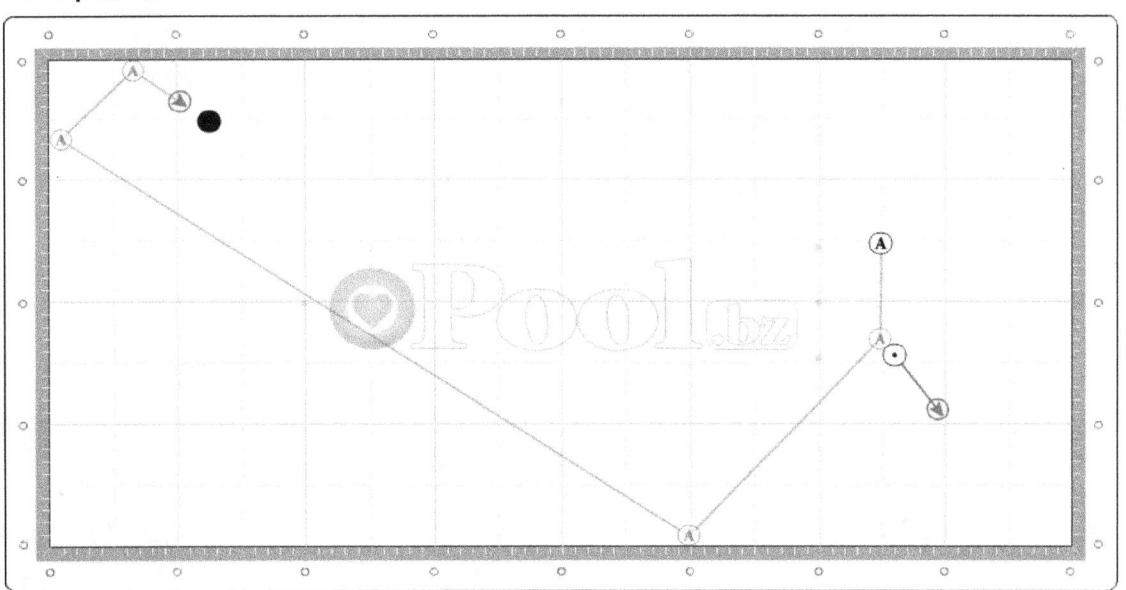

B:2c – Opstelling

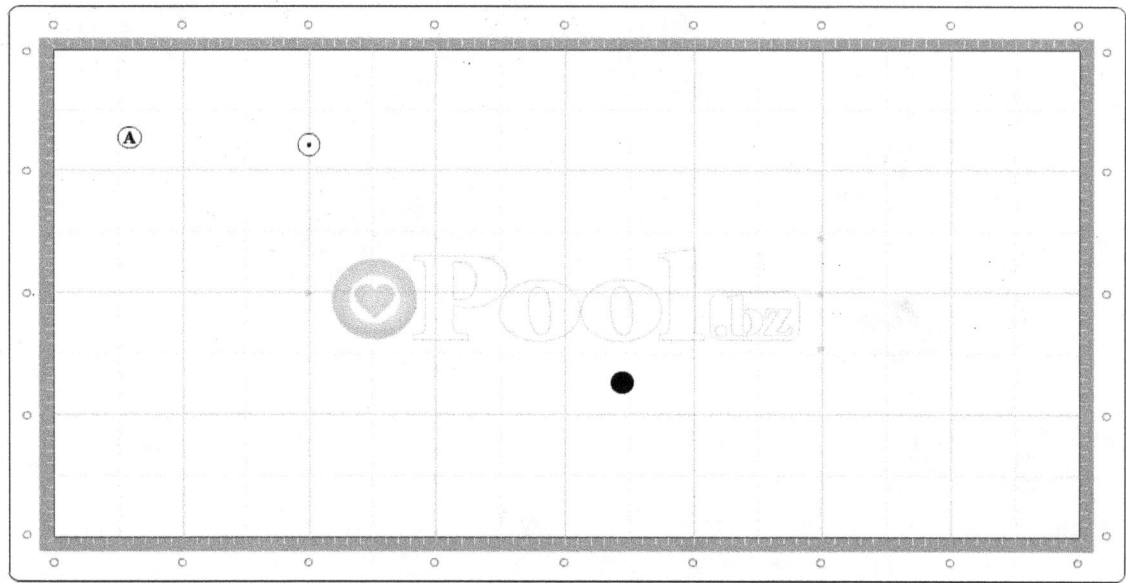

Opmerkingen en ideeën:

Schotpatroon

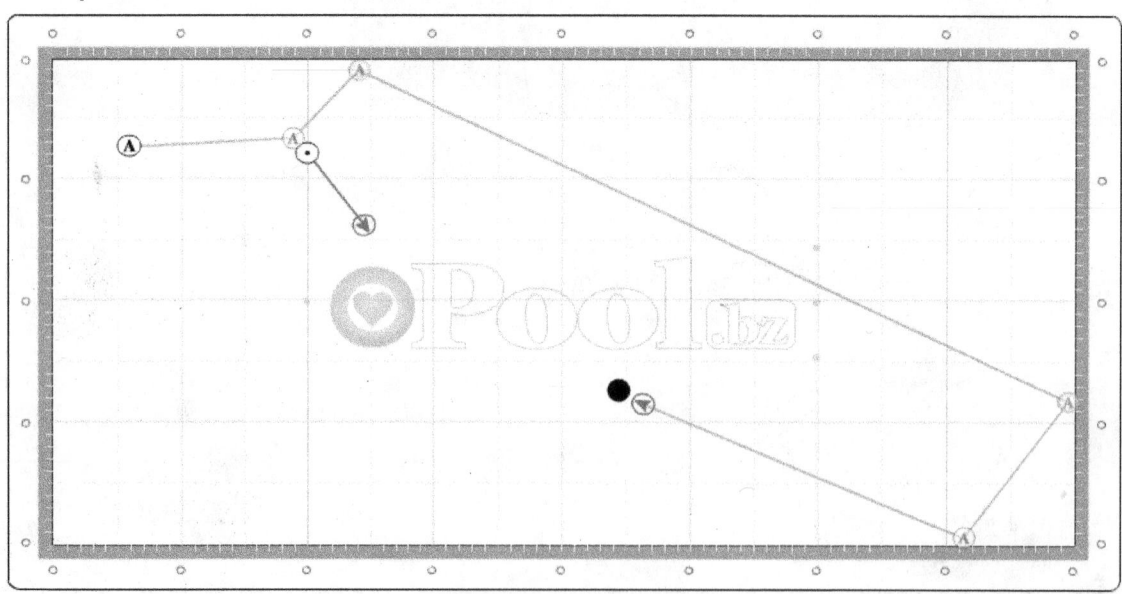

B:2d – Opstelling

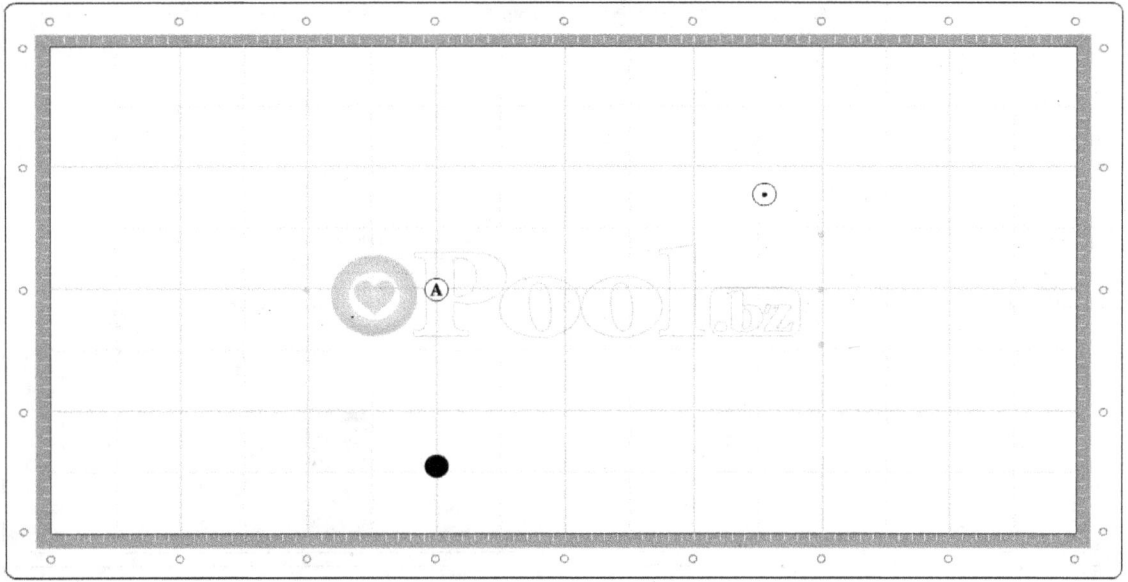

Opmerkingen en ideeën:

Schotpatroon

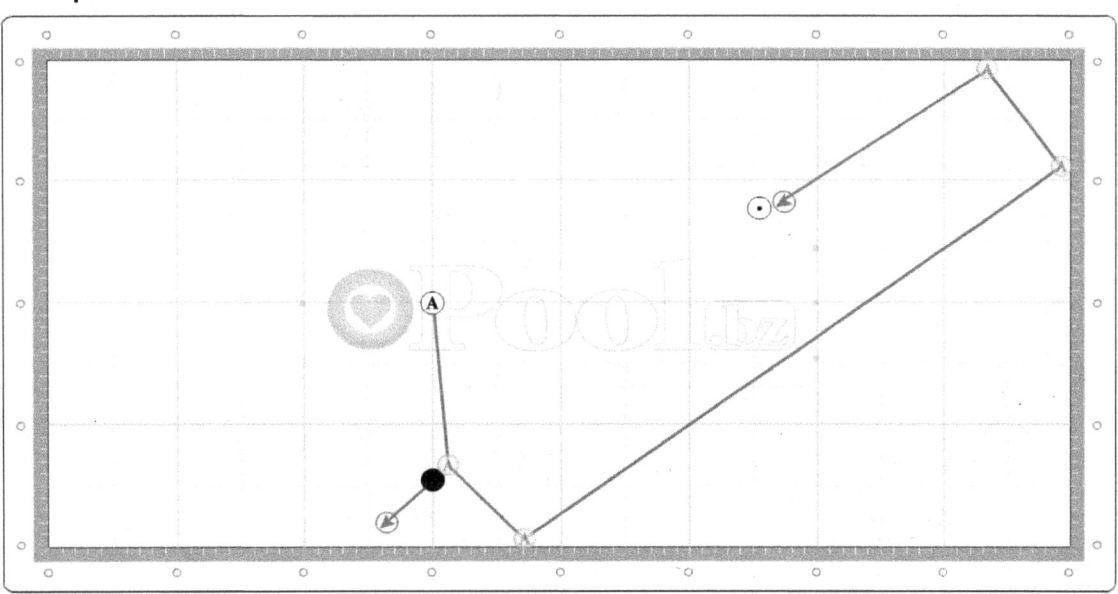

B: Groep 3

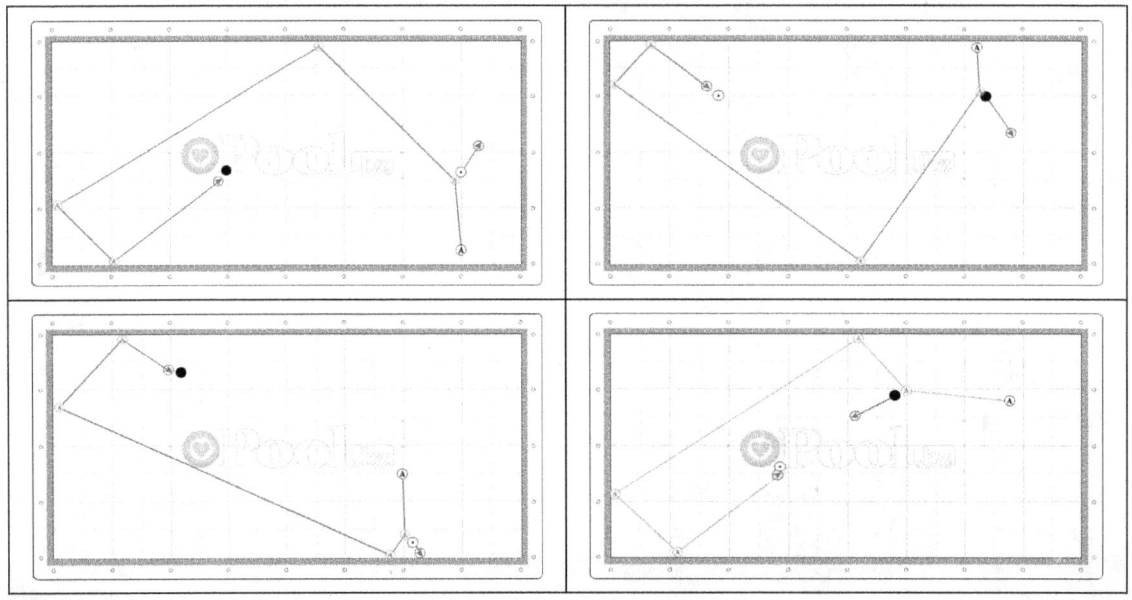

Analyse:

B:3a. _____

B:3b. _____

B:3c. _____

B:3d. _____

B:3a – Opstelling

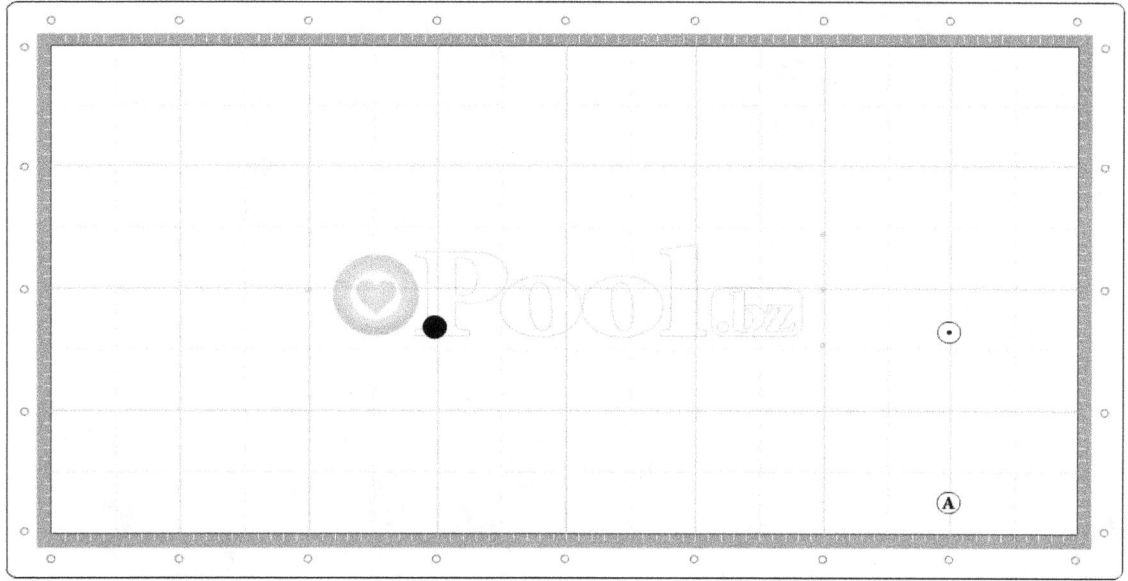

Opmerkingen en ideeën:

Schotpatroon

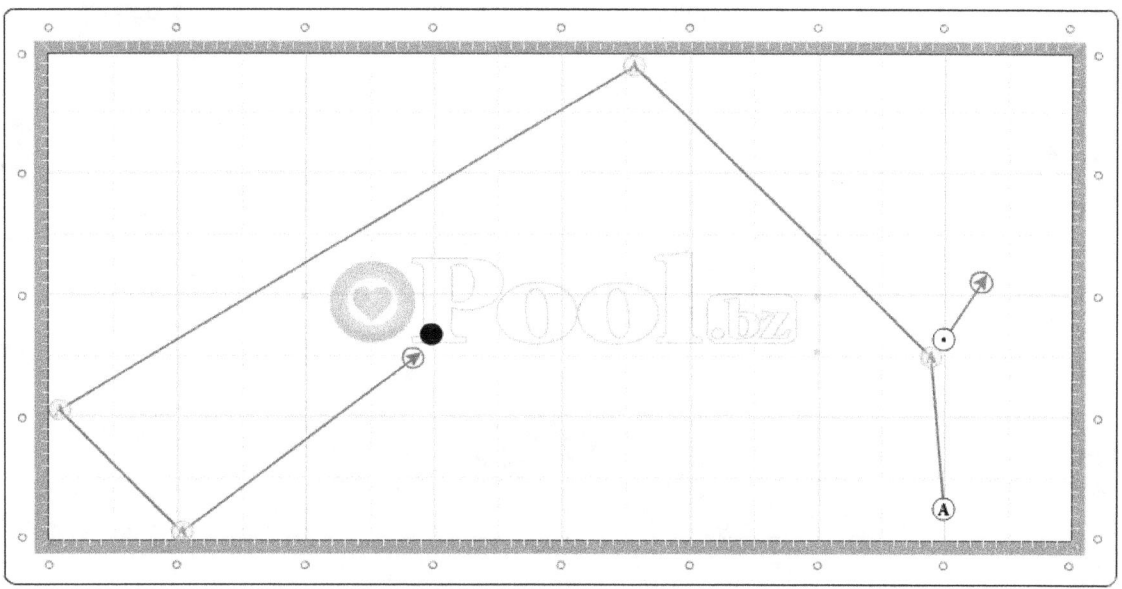

B:3b – Opstelling

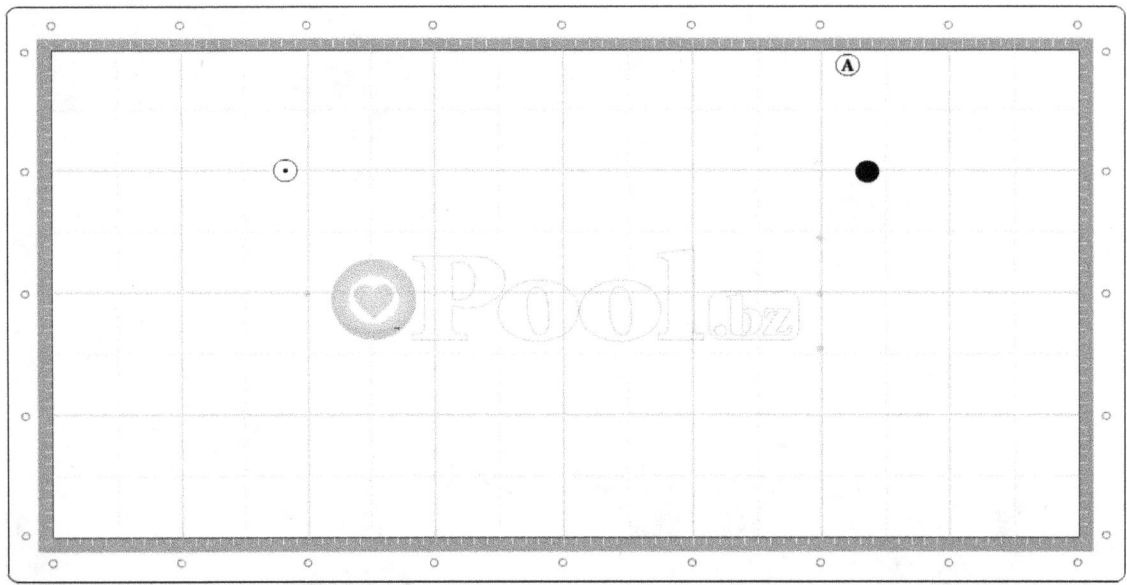

Opmerkingen en ideeën:

Schotpatroon

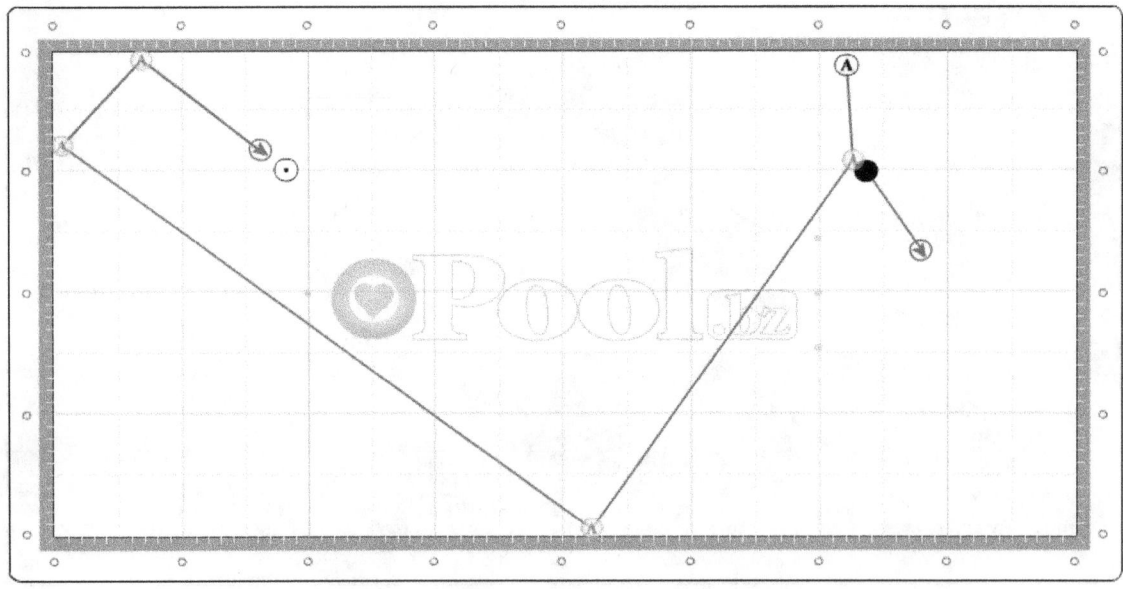

B:3c – Opstelling

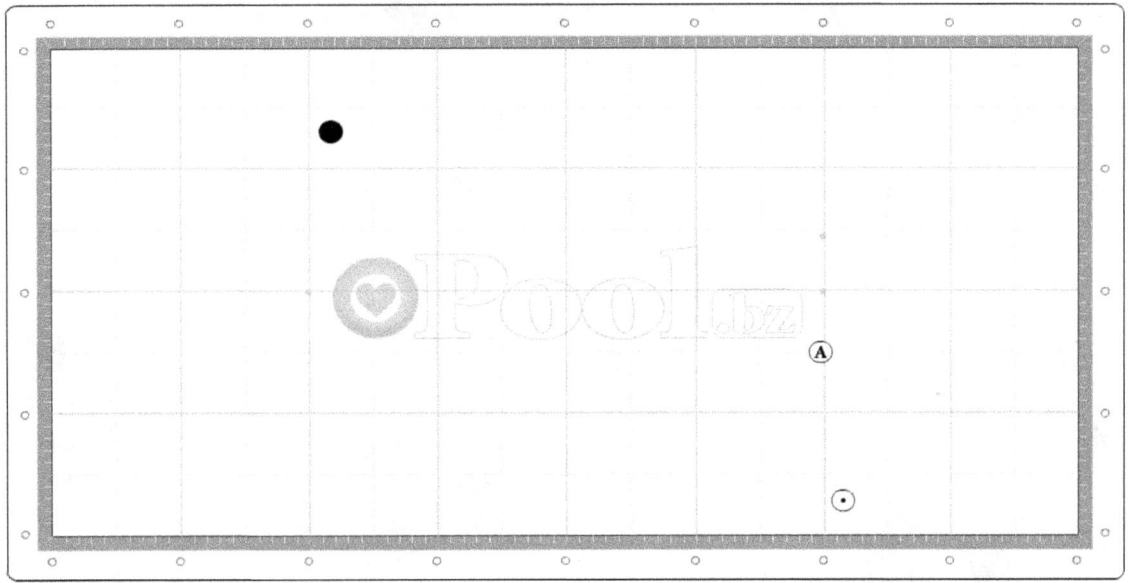

Opmerkingen en ideeën:

Schotpatroon

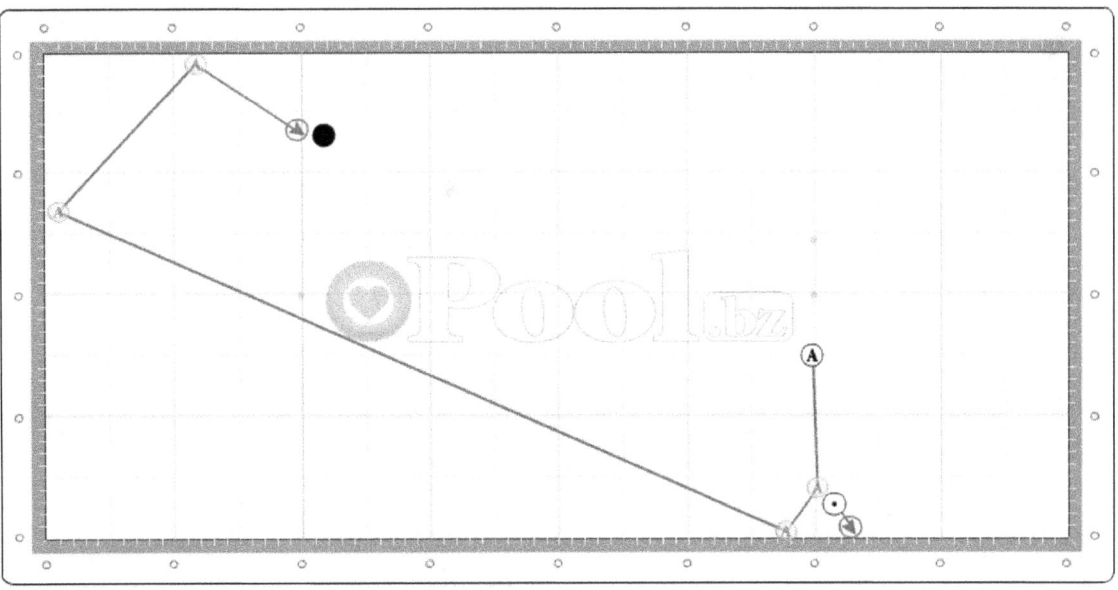

B:3d – Opstelling

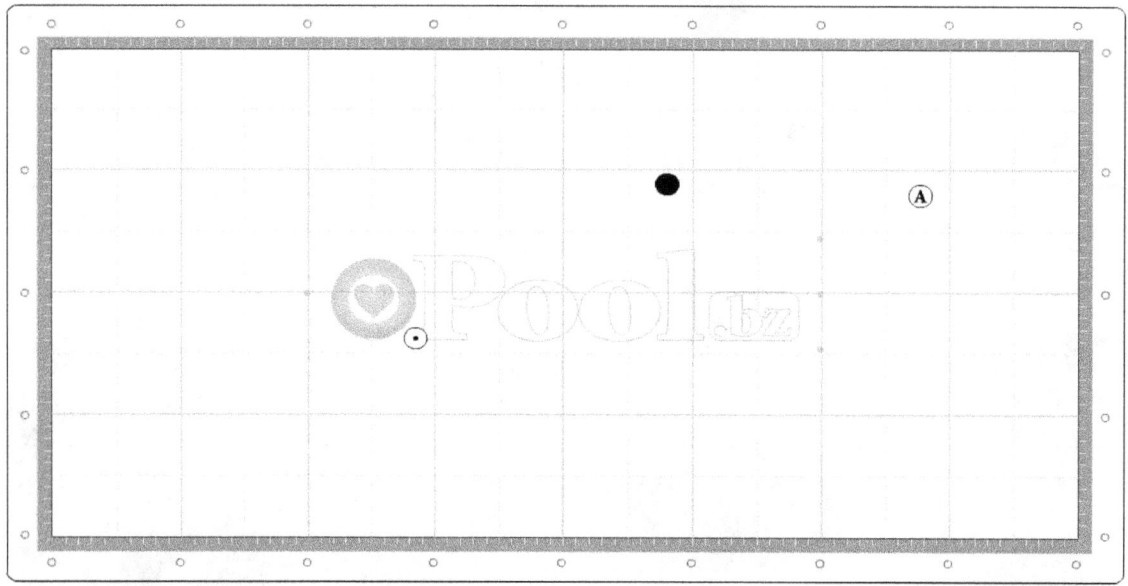

Opmerkingen en ideeën:

Schotpatroon

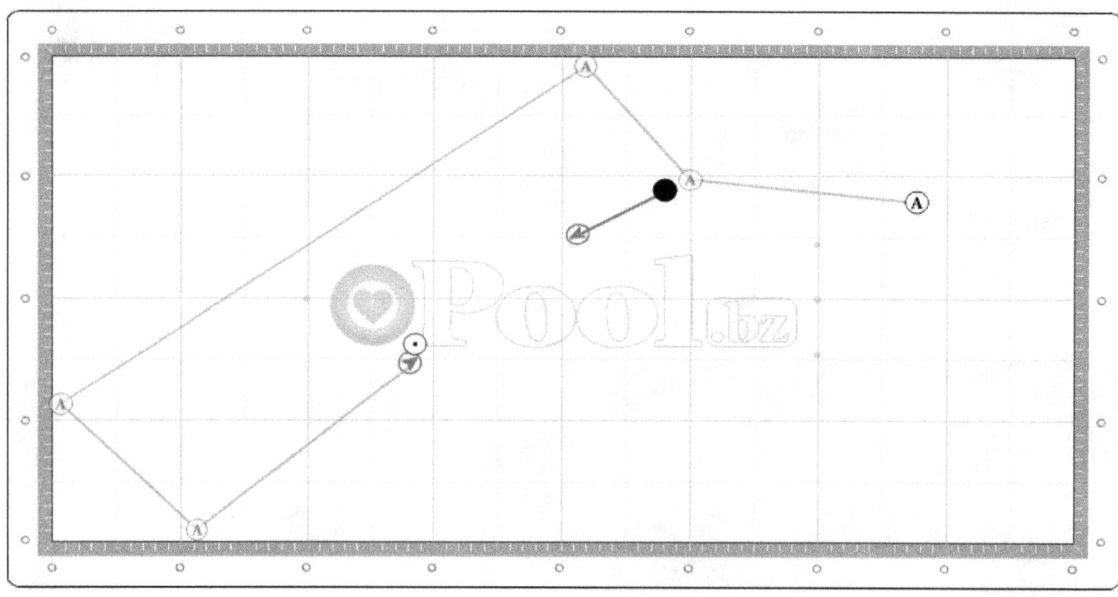

B: Groep 4

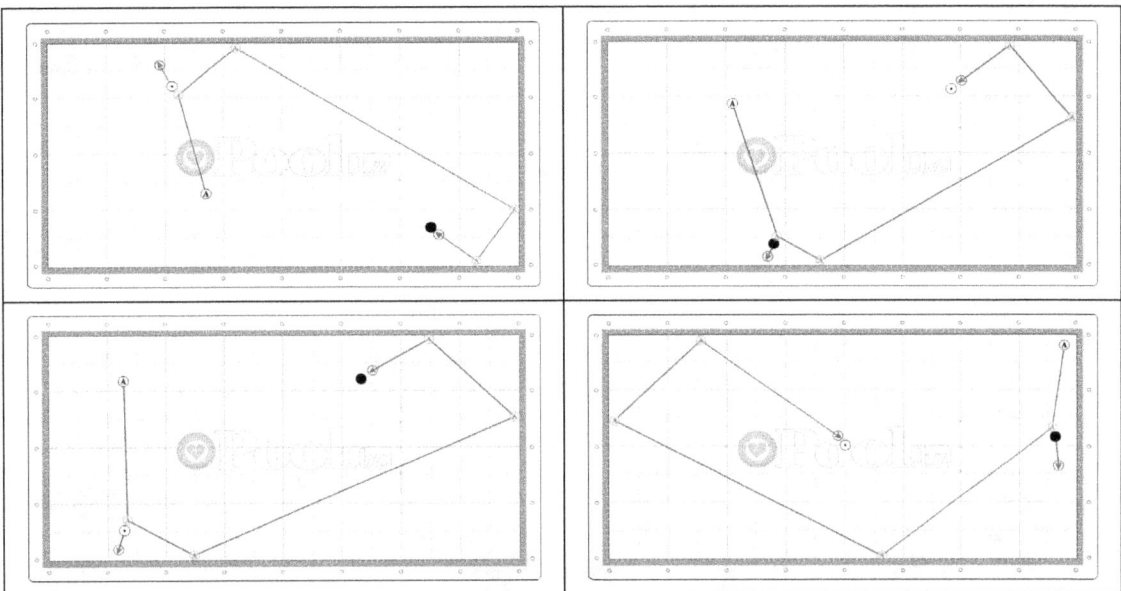

Analyse:

B:4a. _____

B:4b. _____

B:4c. _____

B:4d. _____

B:4a – Opstelling

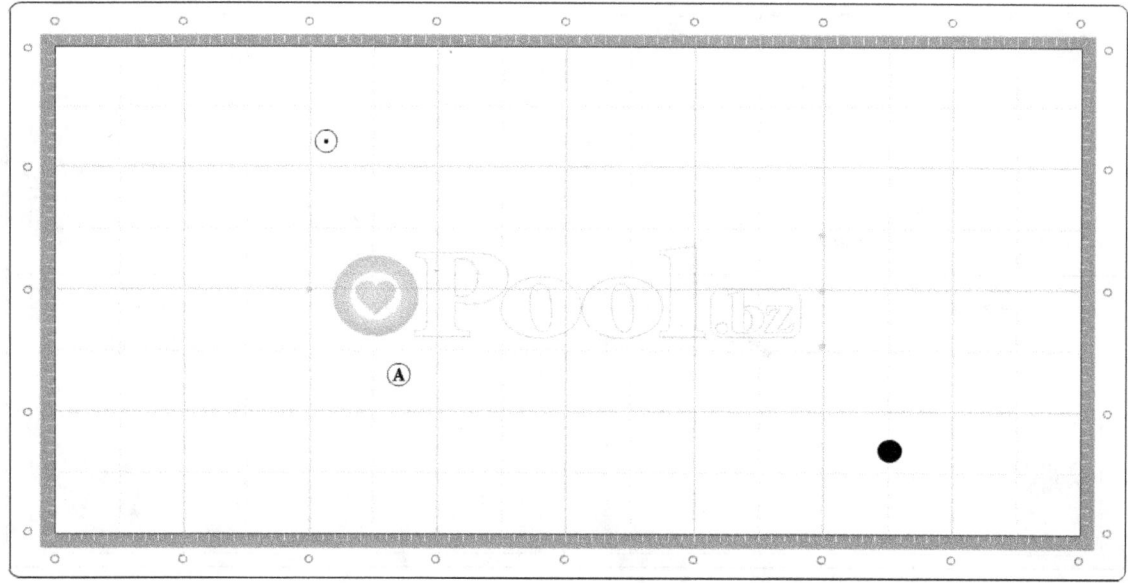

Opmerkingen en ideeën:

Schotpatroon

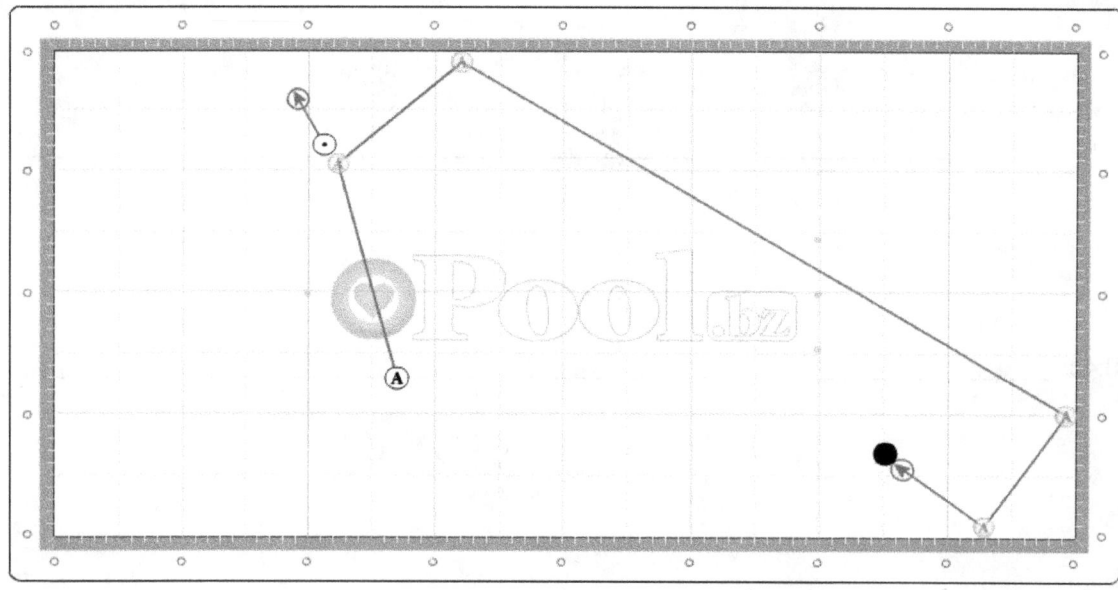

B:4b – Opstelling

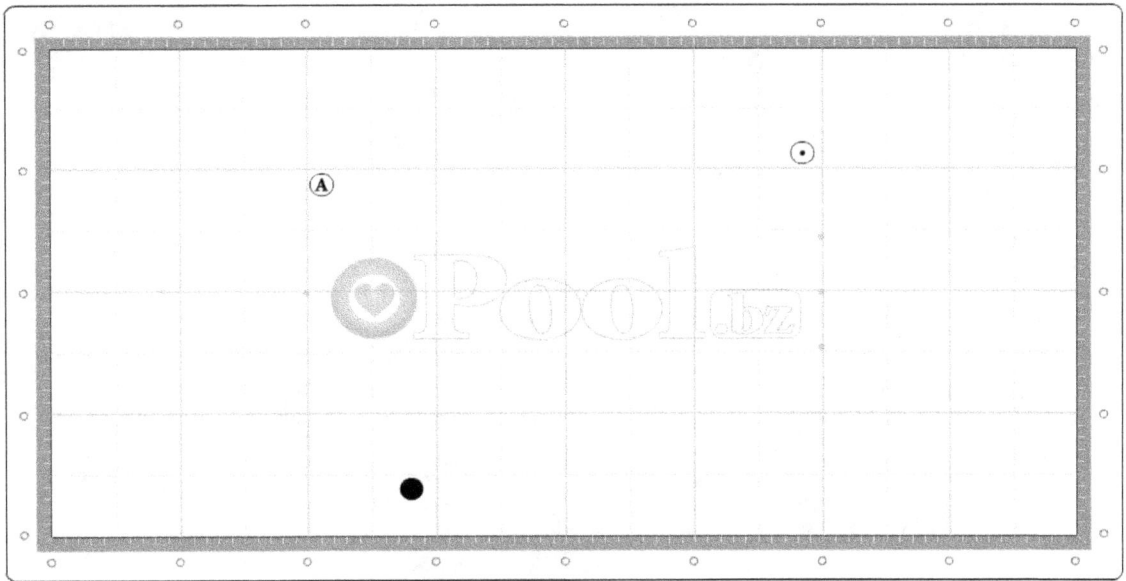

Opmerkingen en ideeën:

Schotpatroon

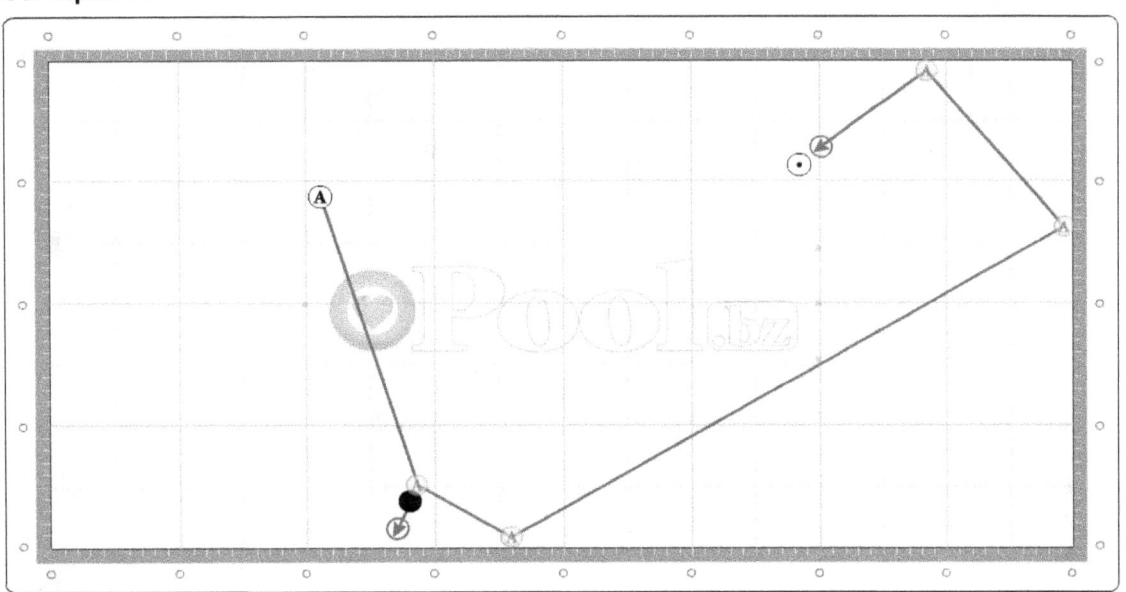

B:4c – Opstelling

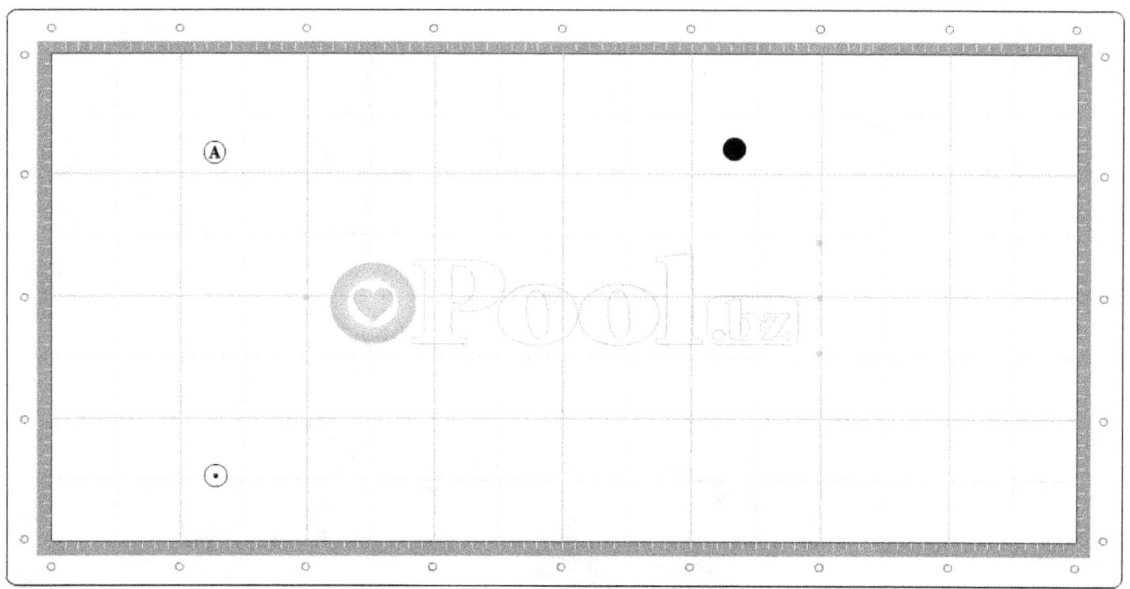

Opmerkingen en ideeën:

Schotpatroon

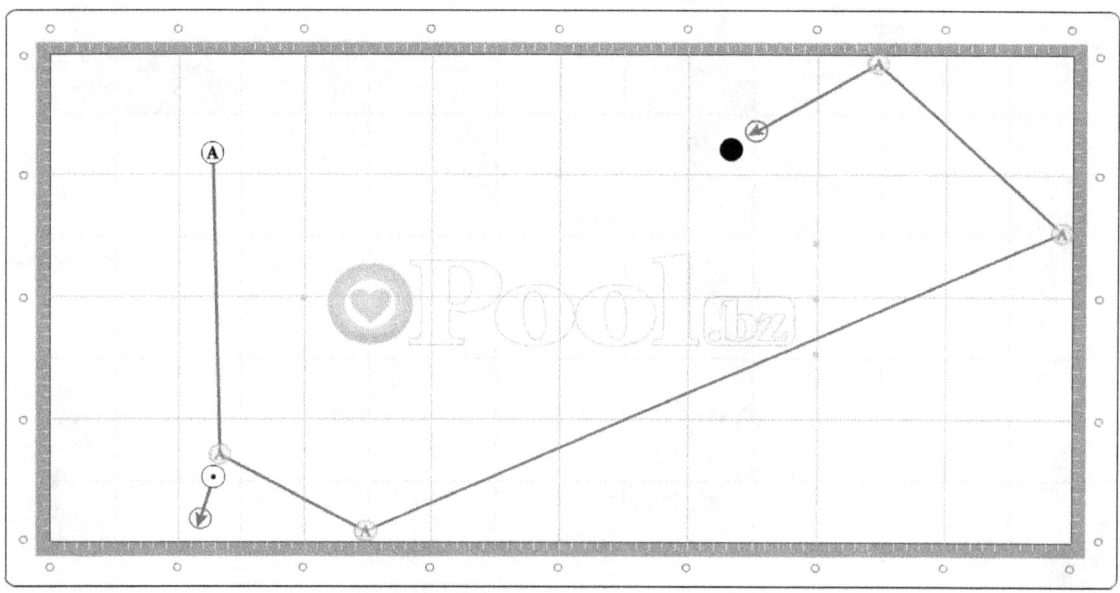

B:4d – Opstelling

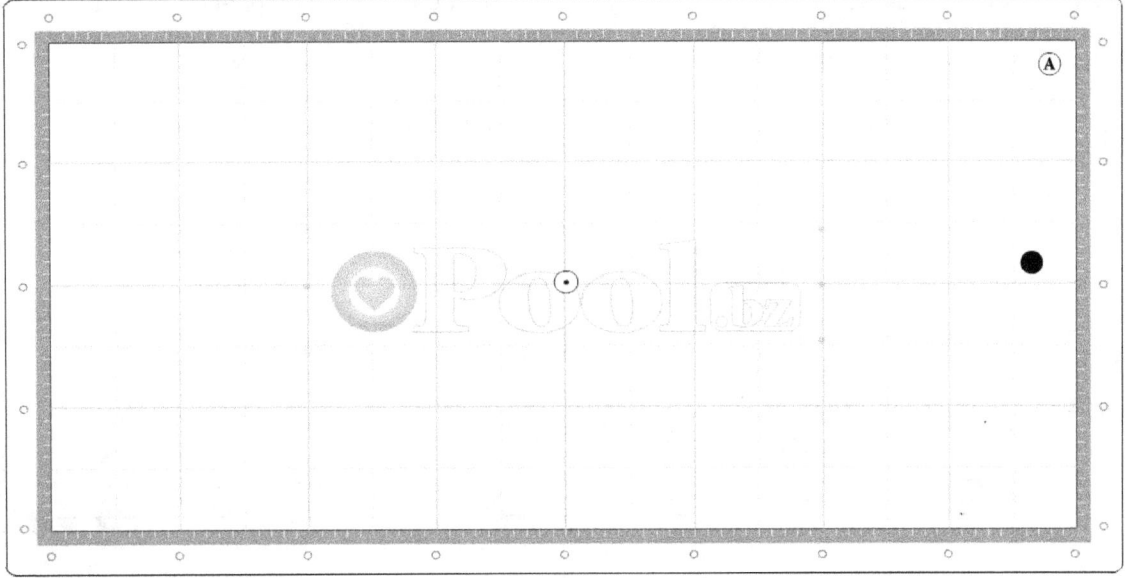

Opmerkingen en ideeën:

Schotpatroon

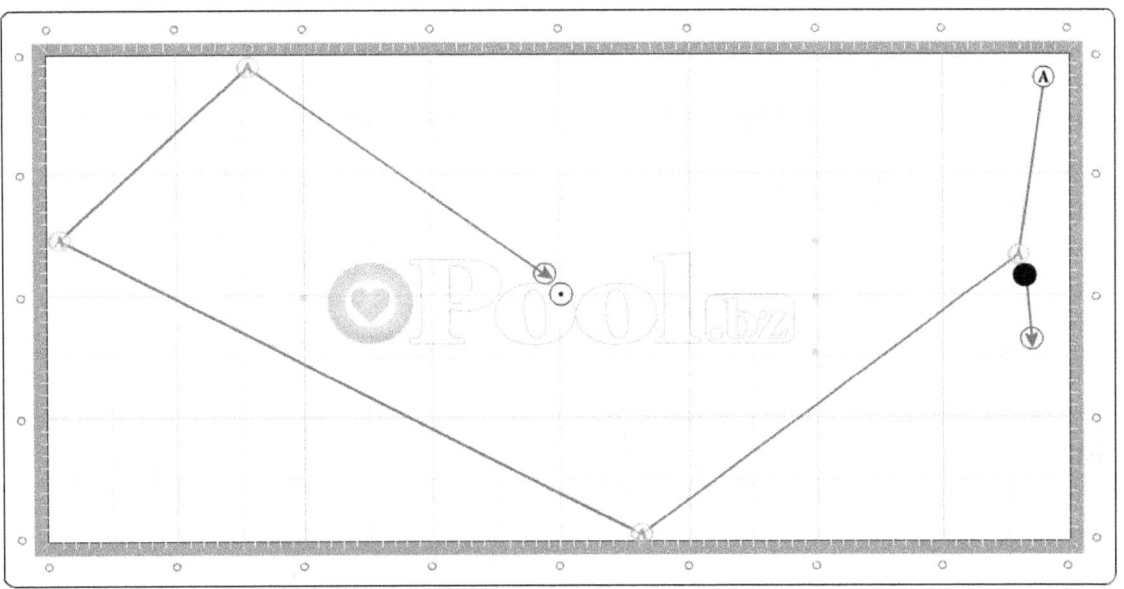

C: Volledige tafel (kort biljartbanden)

De (CB) komt van de eerste (OB) en in het korte biljartbanden. Vanaf daar gaat de (CB) naar het middengebied van het tegenoverliggende lange biljartbanden. De (CB) reist naar de andere hoek, eerst een kort biljartbanden. Op weg naar buiten, raakt de (CB) de tweede (OB).

Ⓐ (CB) (uw biljartbal) – ⊙ (OB) (tegenstander biljartbal) – ● (OB) (rode biljartbal)

C: Groep 1

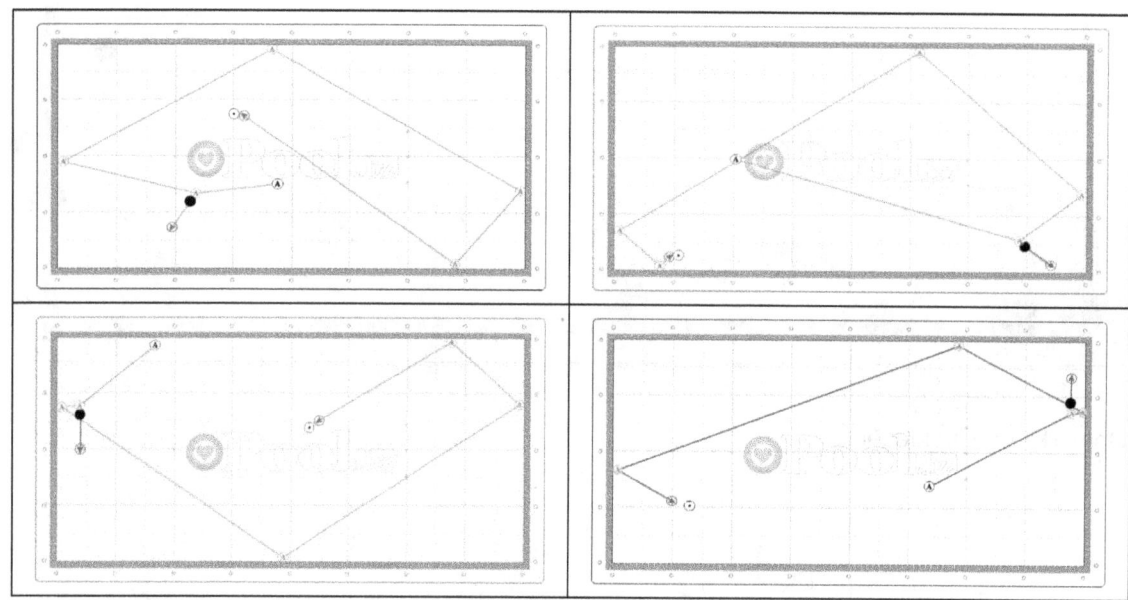

Analyse:

C:1a. _____

C:1b. _____

C:1c. _____

C:1d. _____

C:1a – Opstelling

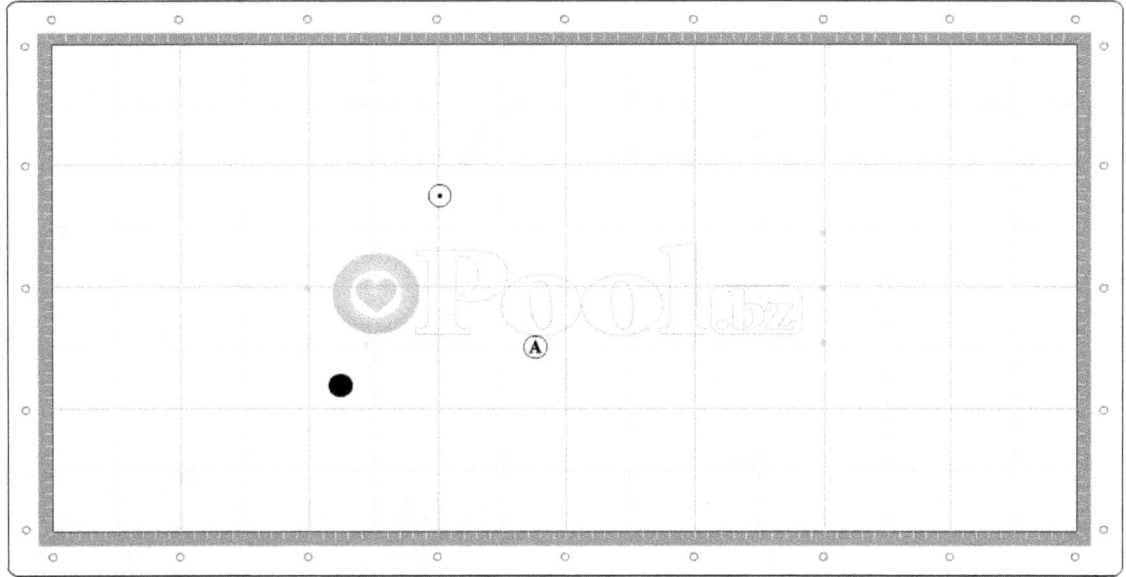

Opmerkingen en ideeën:

Schotpatroon

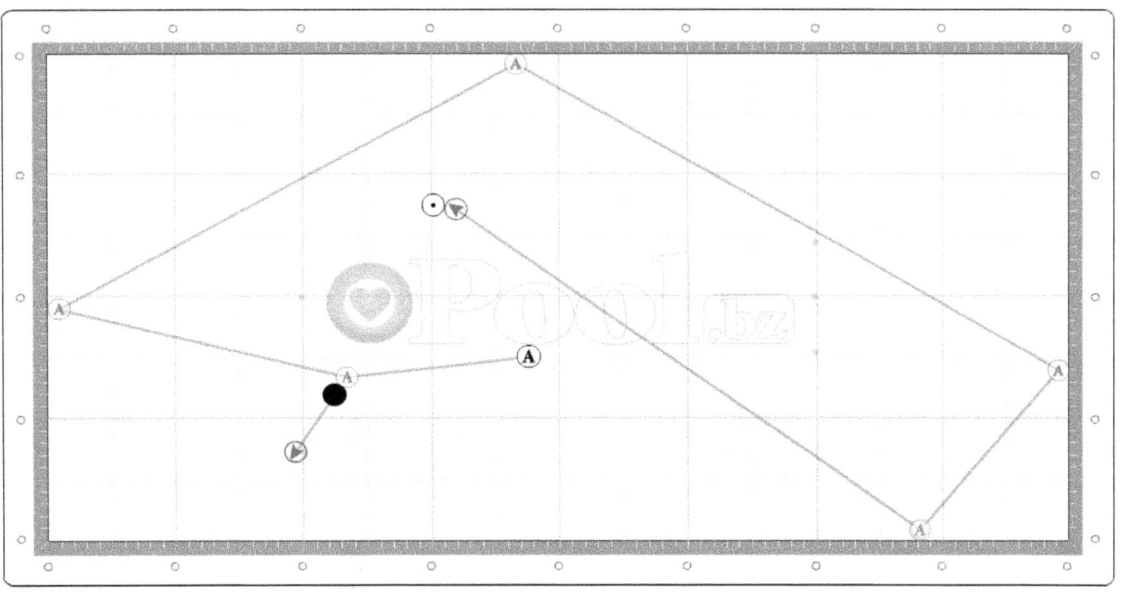

C:1b – Opstelling

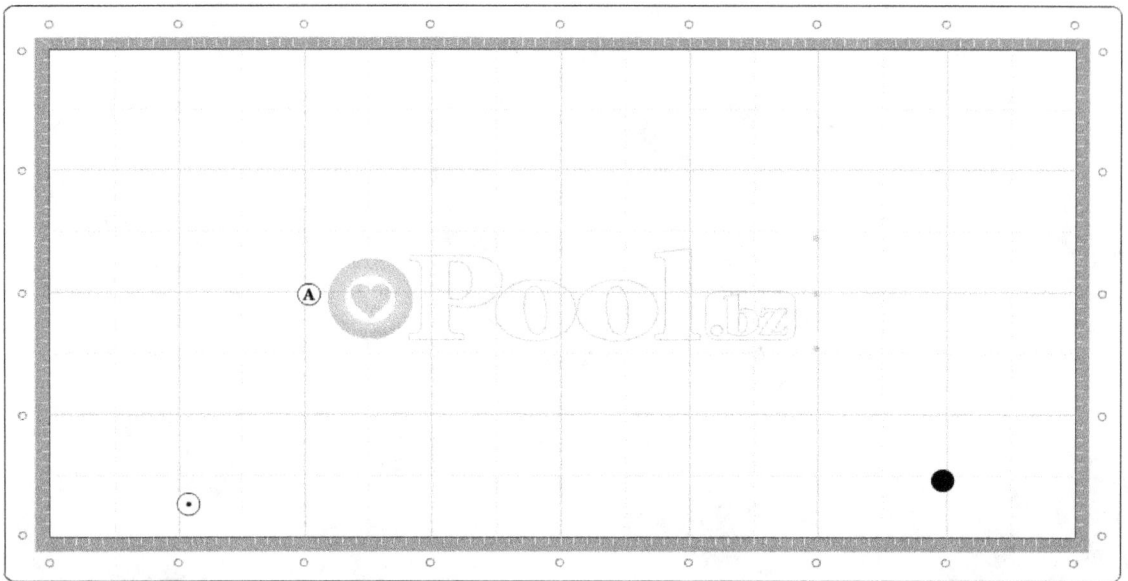

Opmerkingen en ideeën:

Schotpatroon

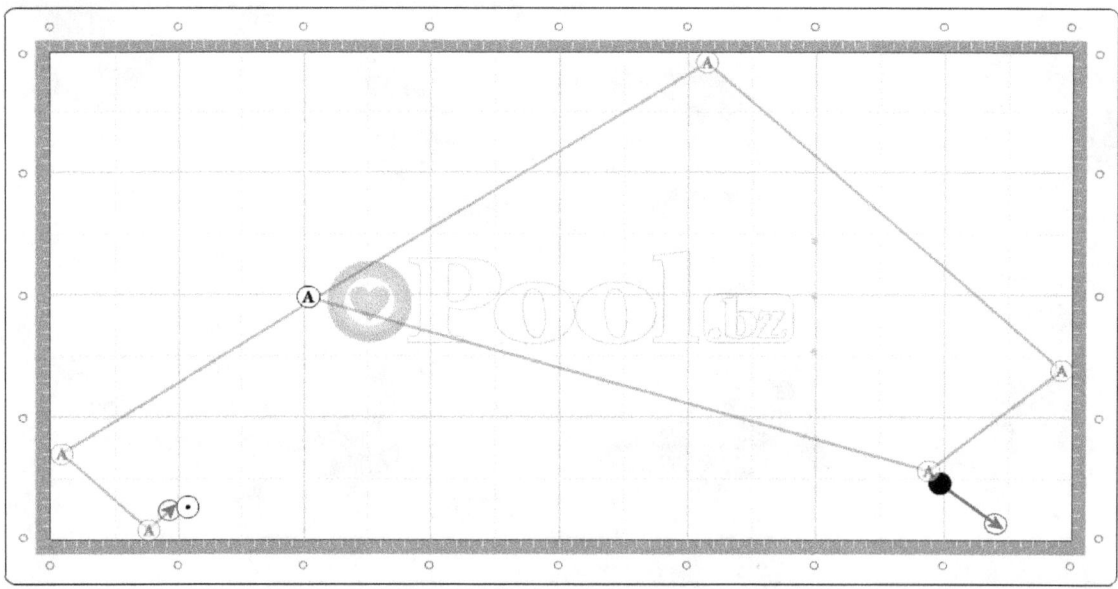

C:1c – Opstelling

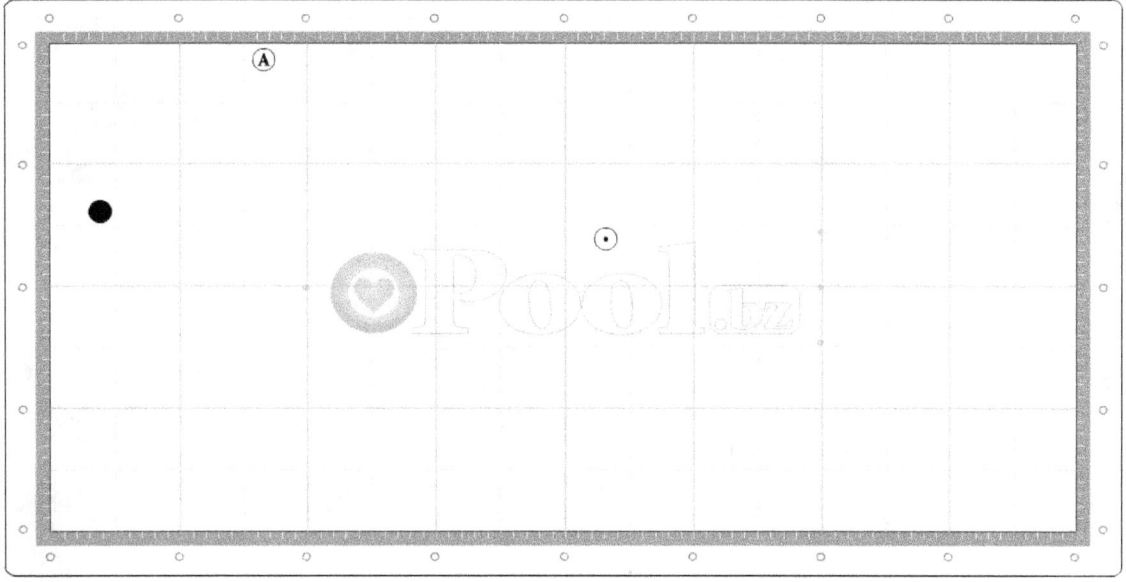

Opmerkingen en ideeën:

Schotpatroon

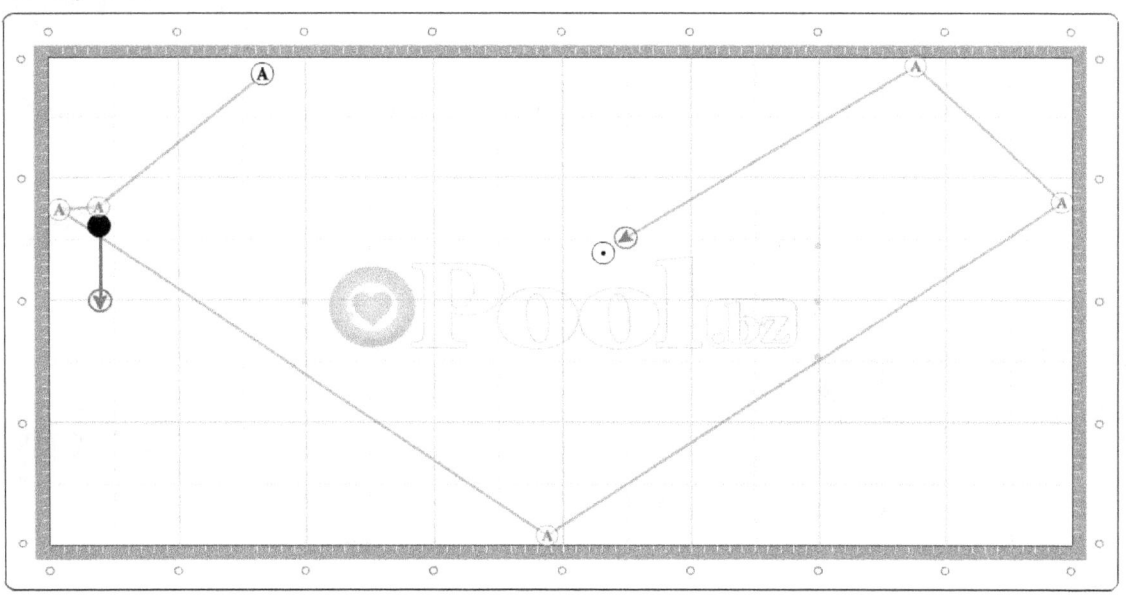

C:1d – Opstelling

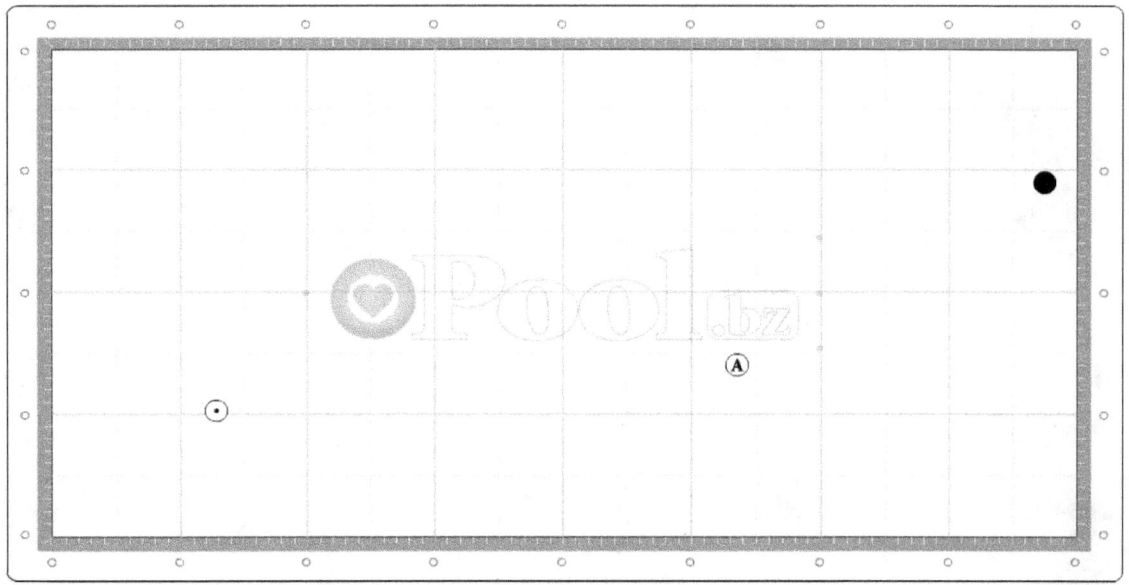

Opmerkingen en ideeën:

Schotpatroon

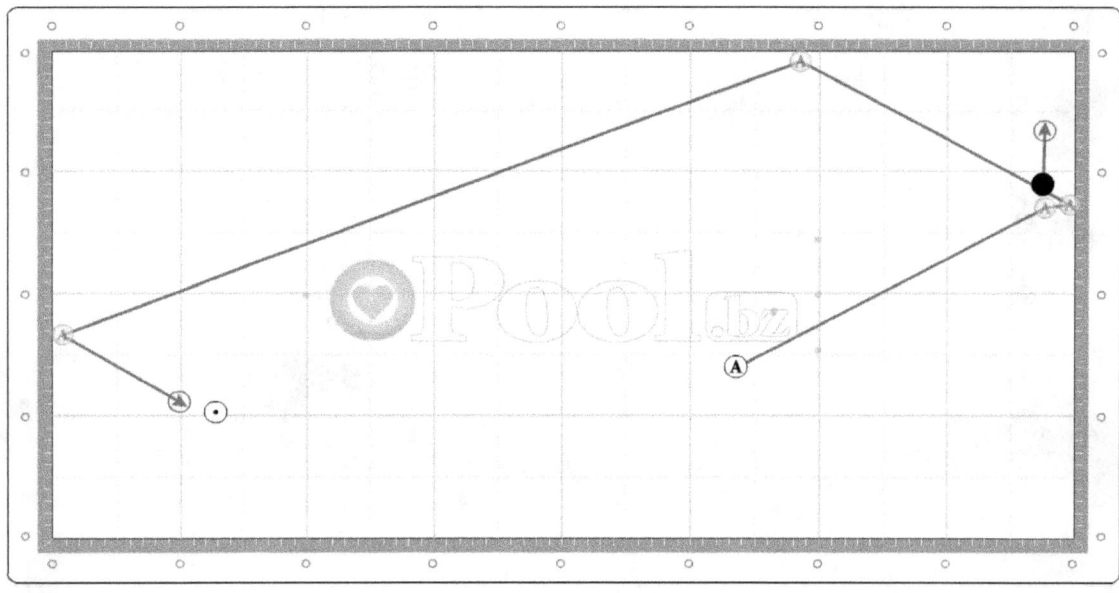

C: Groep 2

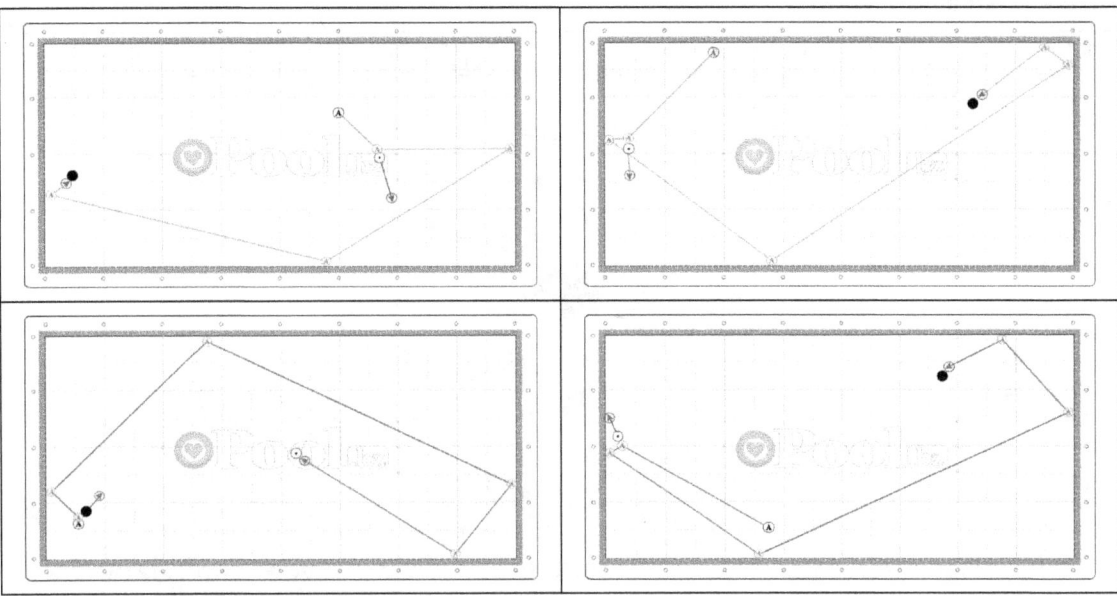

Analyse:

C:2a. _____

C:2b. _____

C:2c. _____

C:2d. _____

C:2a – Opstelling

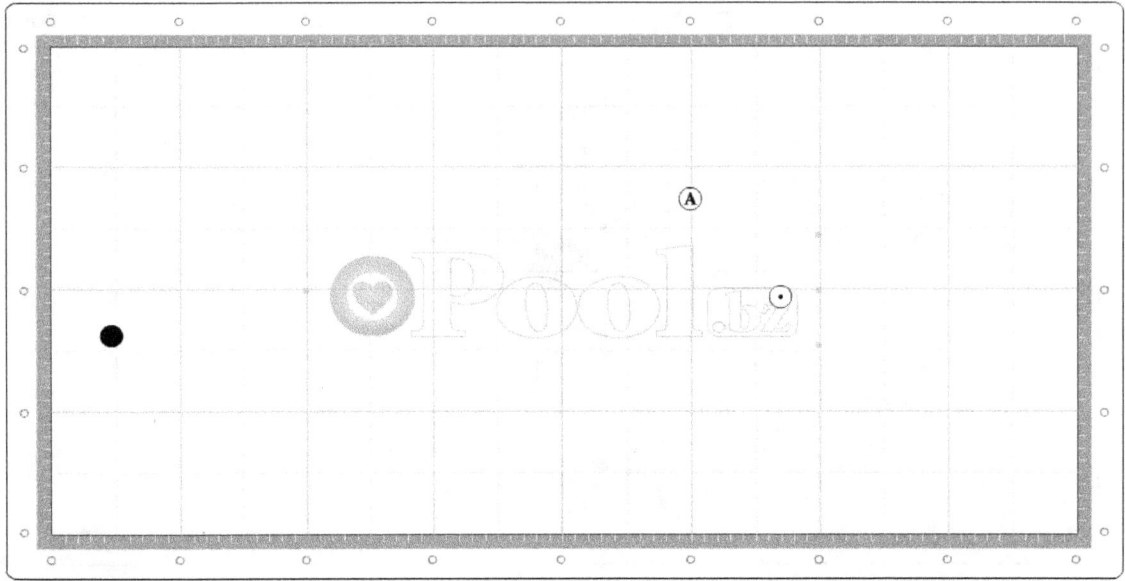

Opmerkingen en ideeën:

Schotpatroon

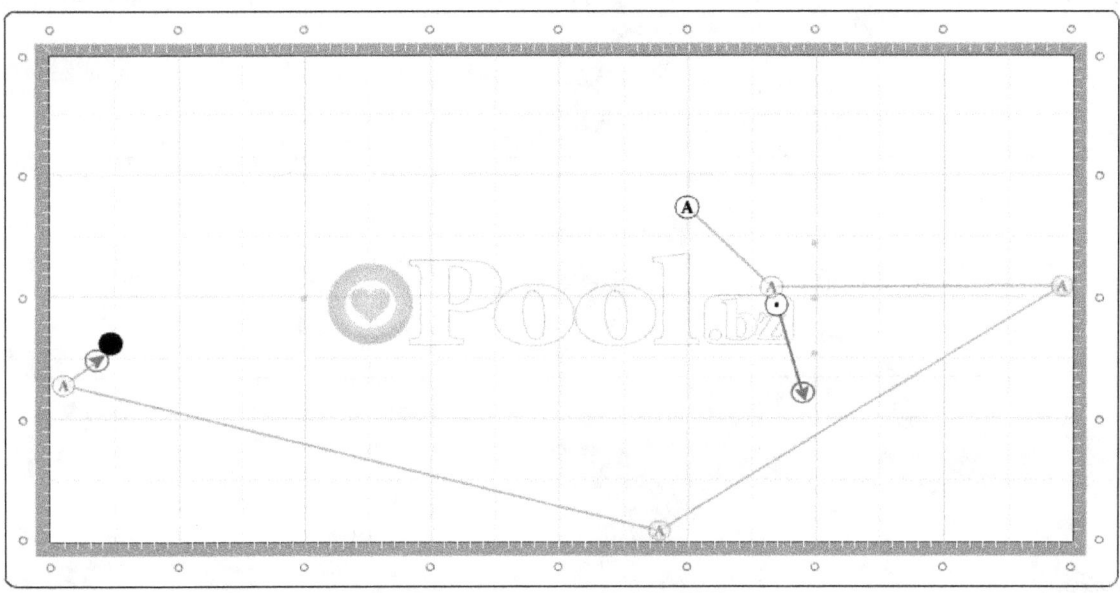

C:2b – Opstelling

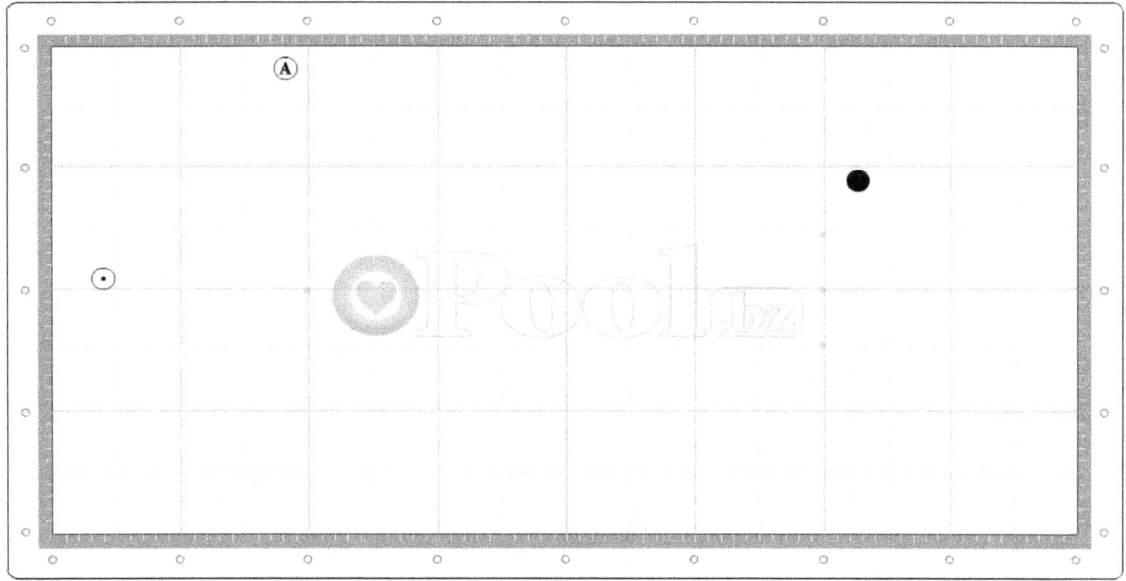

Opmerkingen en ideeën:

Schotpatroon

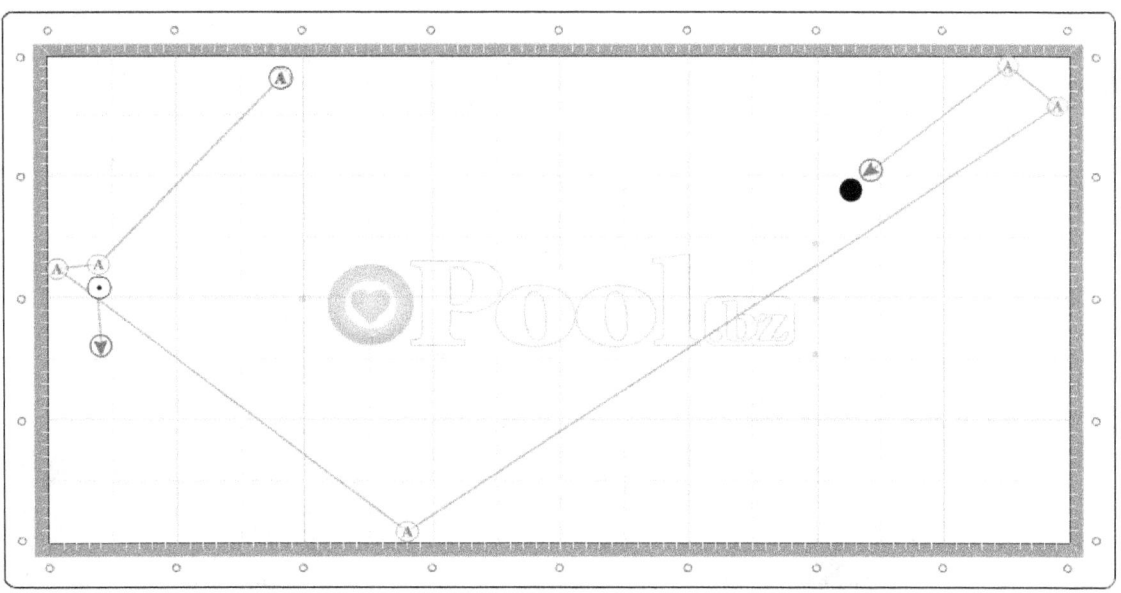

C:2c – Opstelling

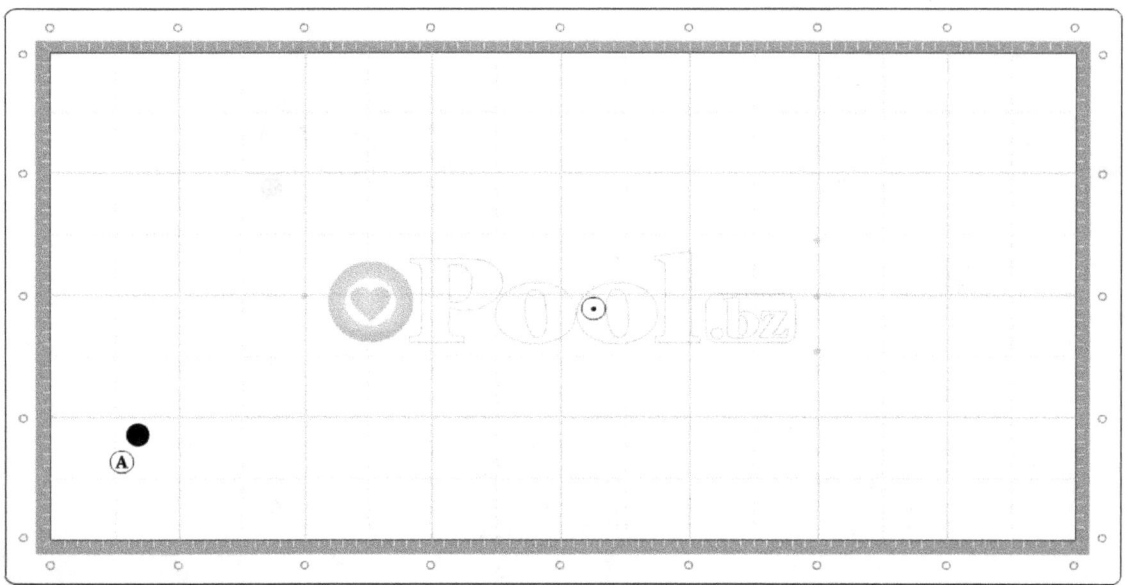

Opmerkingen en ideeën:

Schotpatroon

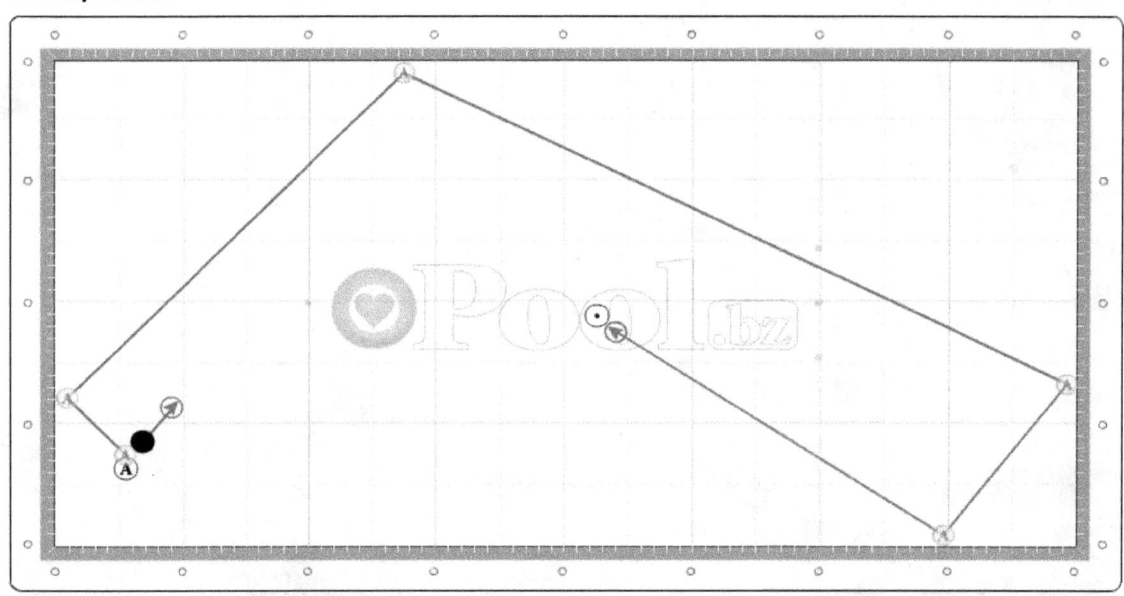

C:2d – Opstelling

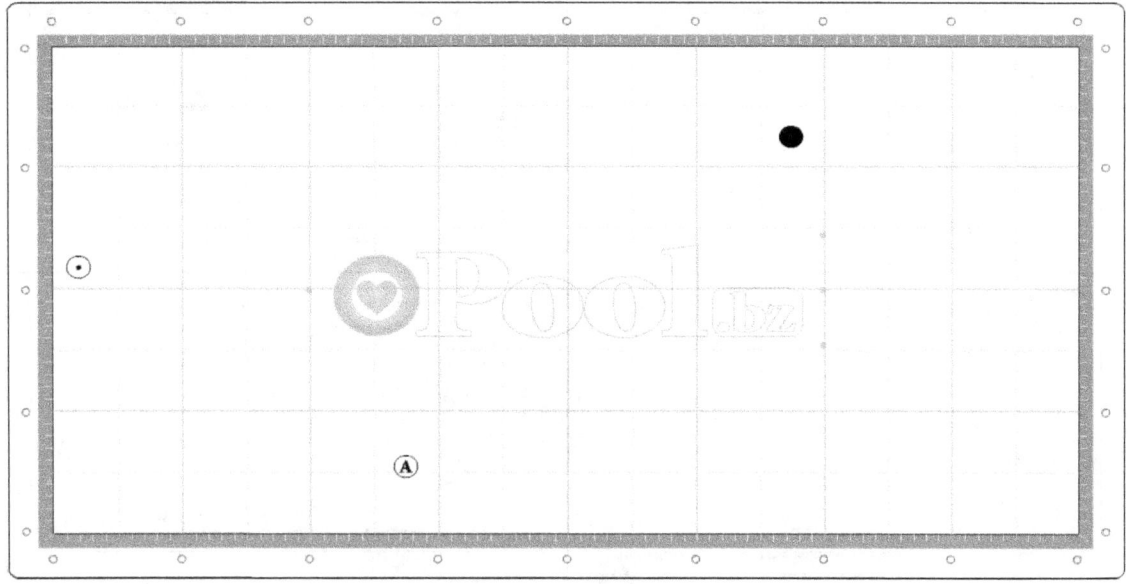

Opmerkingen en ideeën:

Schotpatroon

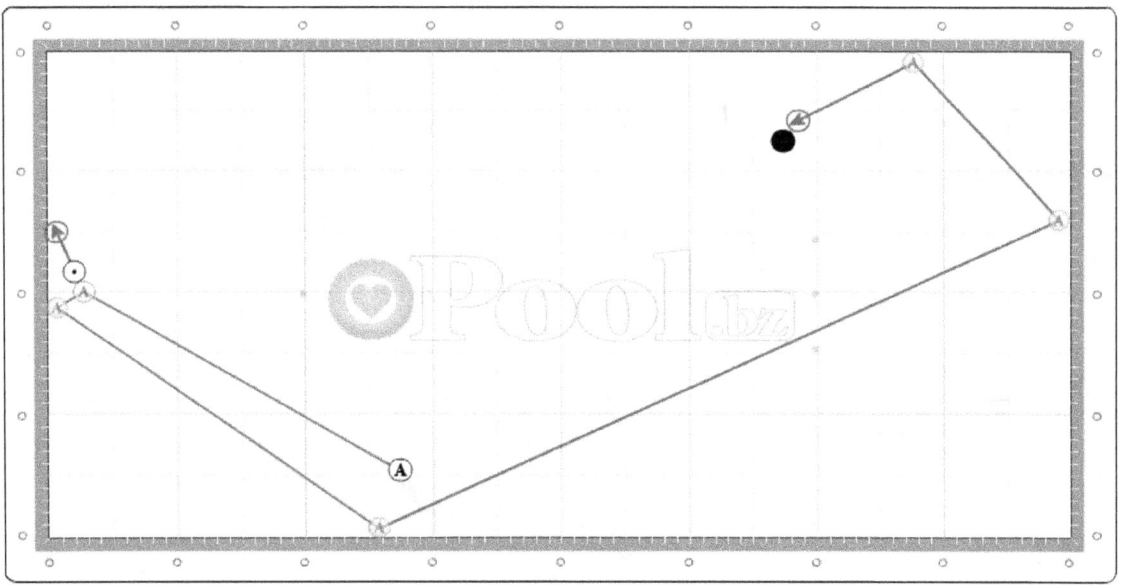

C: Groep 3

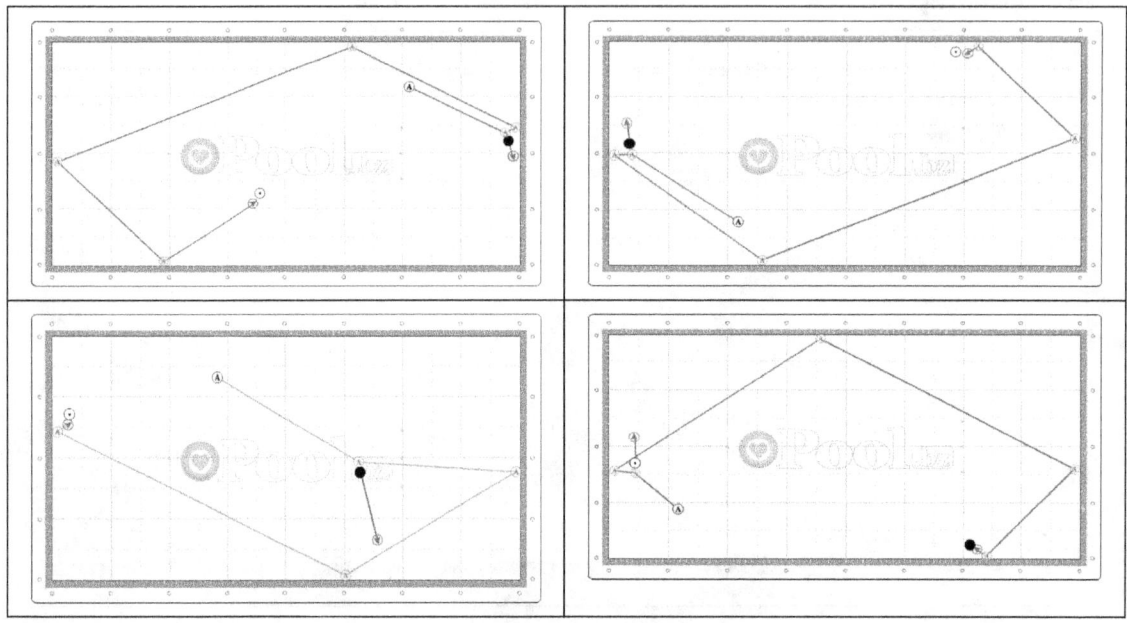

Analyse:

C:3a. _____

C:3b. _____

C:3c. _____

C:3d. _____

C:3a – Opstelling

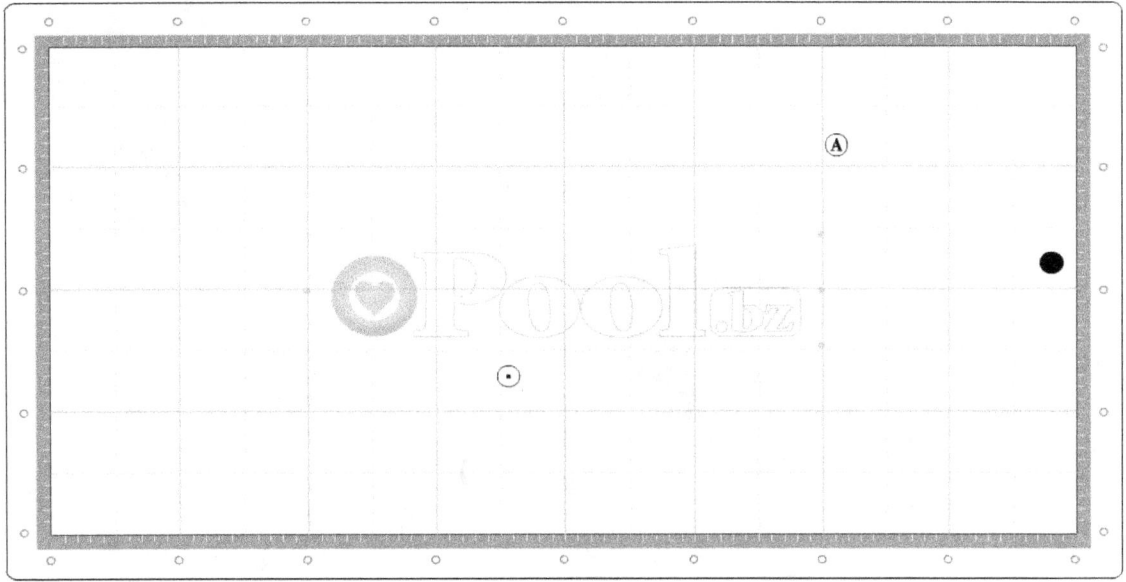

Opmerkingen en ideeën:

Schotpatroon

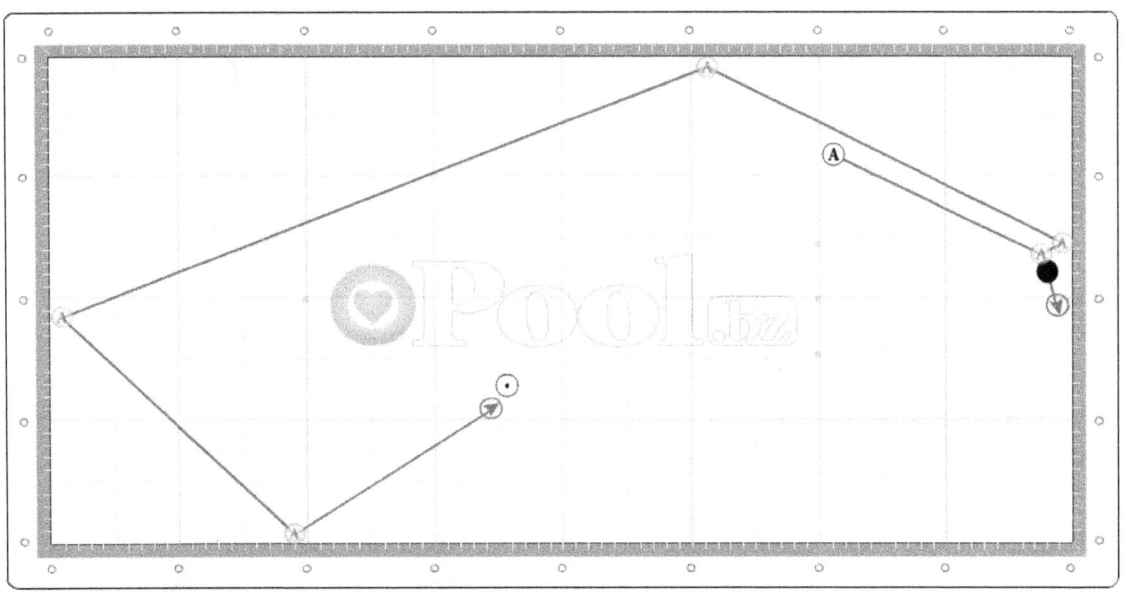

C:3b – Opstelling

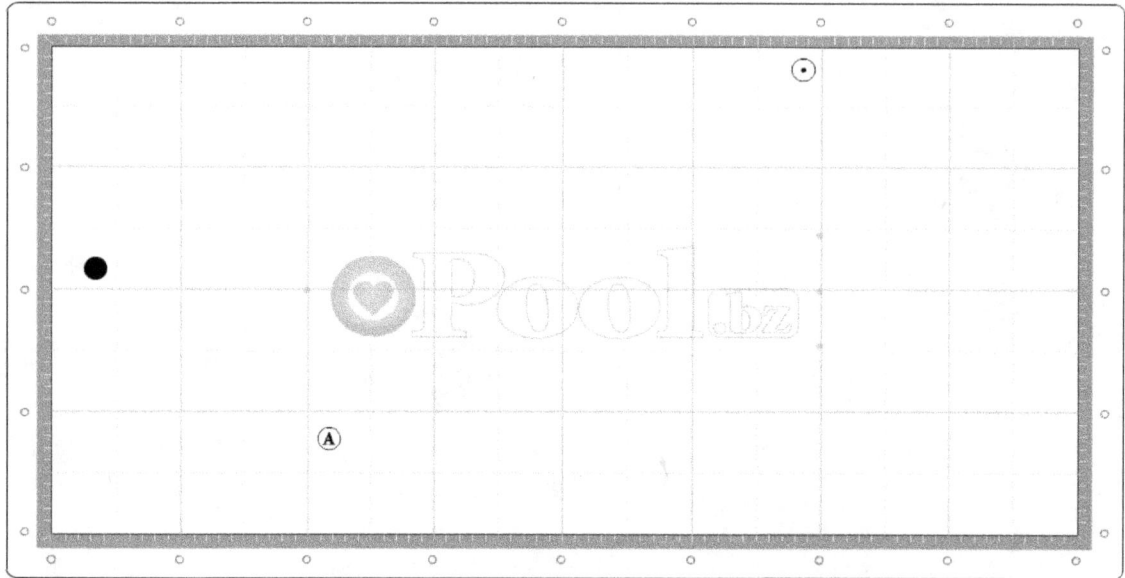

Opmerkingen en ideeën:

Schotpatroon

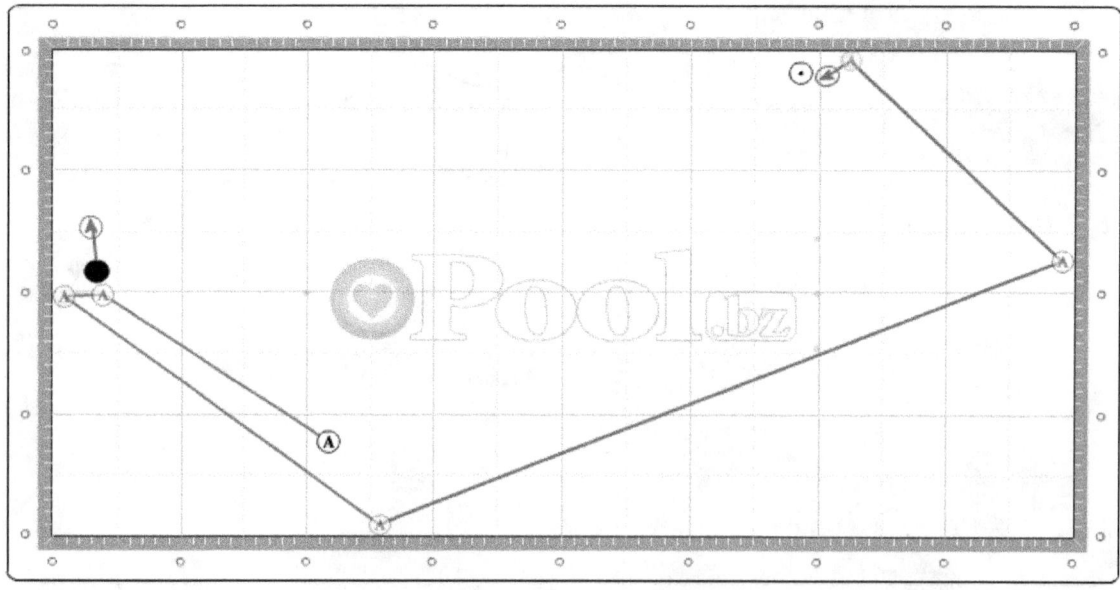

C:3c – Opstelling

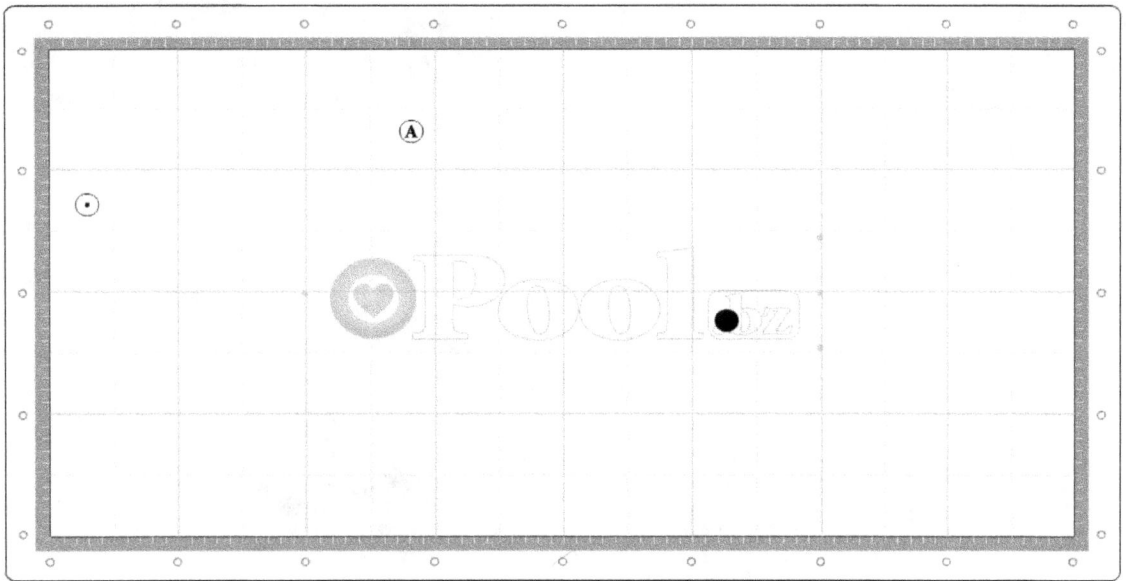

Opmerkingen en ideeën:

Schotpatroon

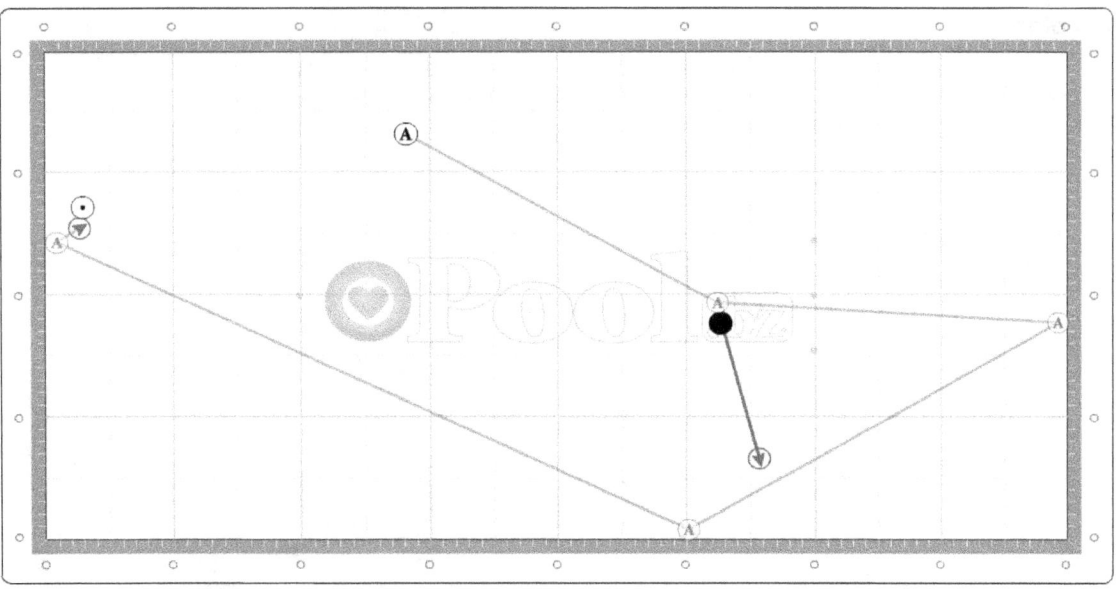

C:3d – Opstelling

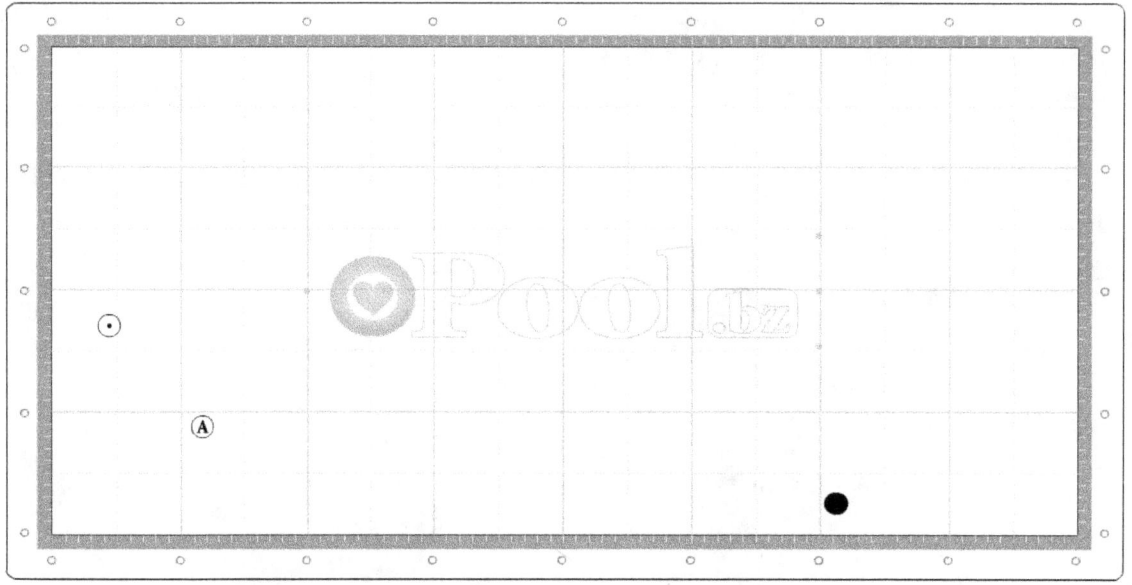

Opmerkingen en ideeën:

Schotpatroon

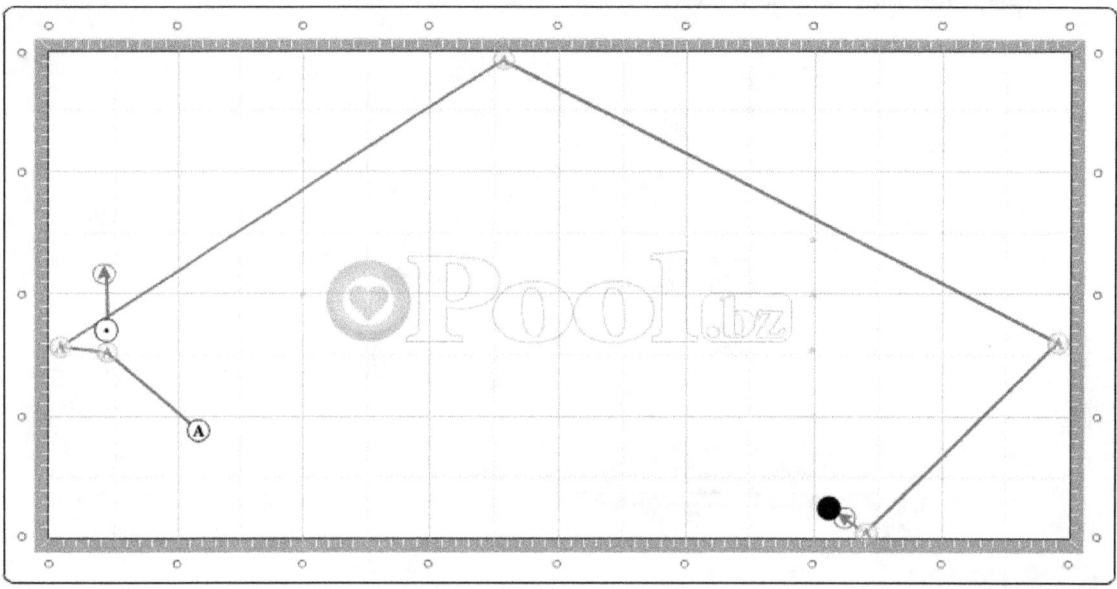

D: Hoekterugkeer, standaard lang biljartbanden

De (CB) komt van de eerste (OB) en gaat de hoek in. Het komt uit de hoek van het korte biljartbanden. De (CB) gaat dan naar het middengebied van het tegenoverliggende lange biljartbanden. Vanaf daar neemt de (CB) contact op met de tweede (OB).

Ⓐ (CB) (uw biljartbal) – ☉ (OB) (tegenstander biljartbal) – ● (OB) (rode biljartbal)

D: Groep 1

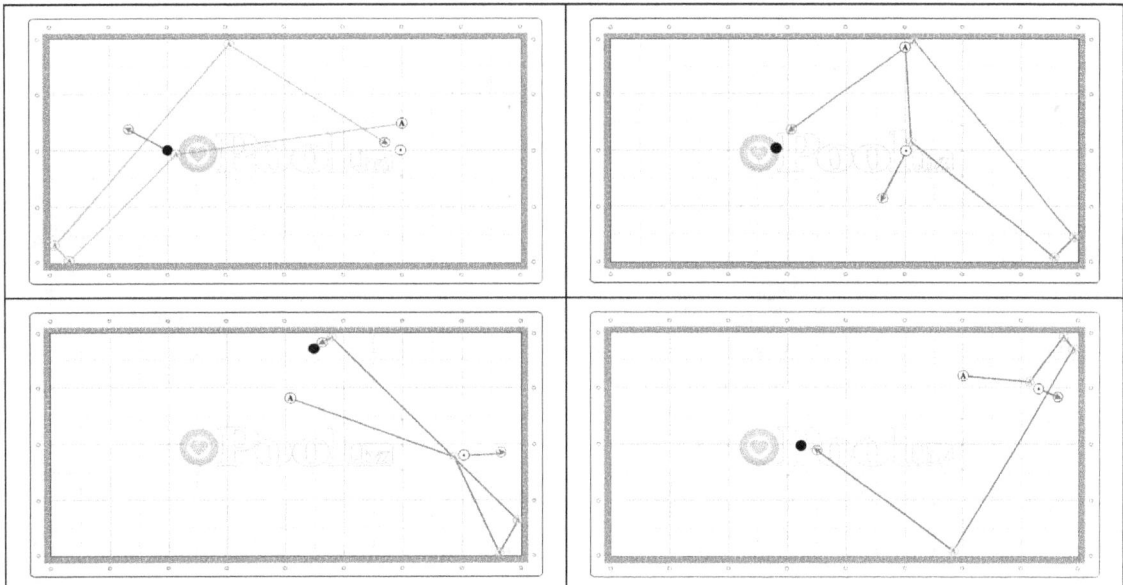

Analyse:

D:1a. _____

D:1b. _____

D:1c. _____

D:1d. _____

D:1a – Opstelling

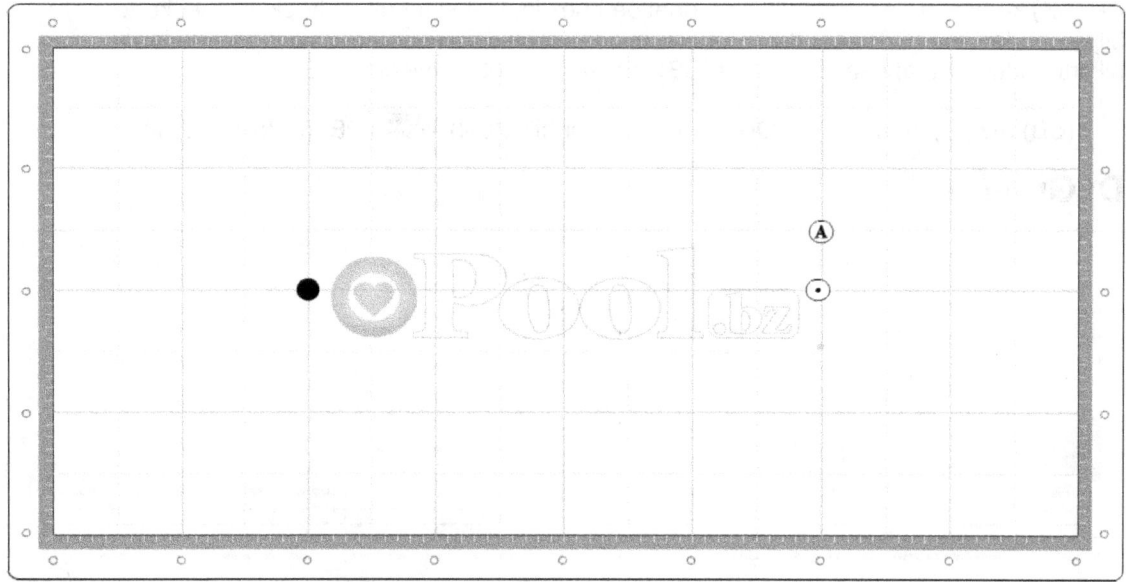

Opmerkingen en ideeën:

Schotpatroon

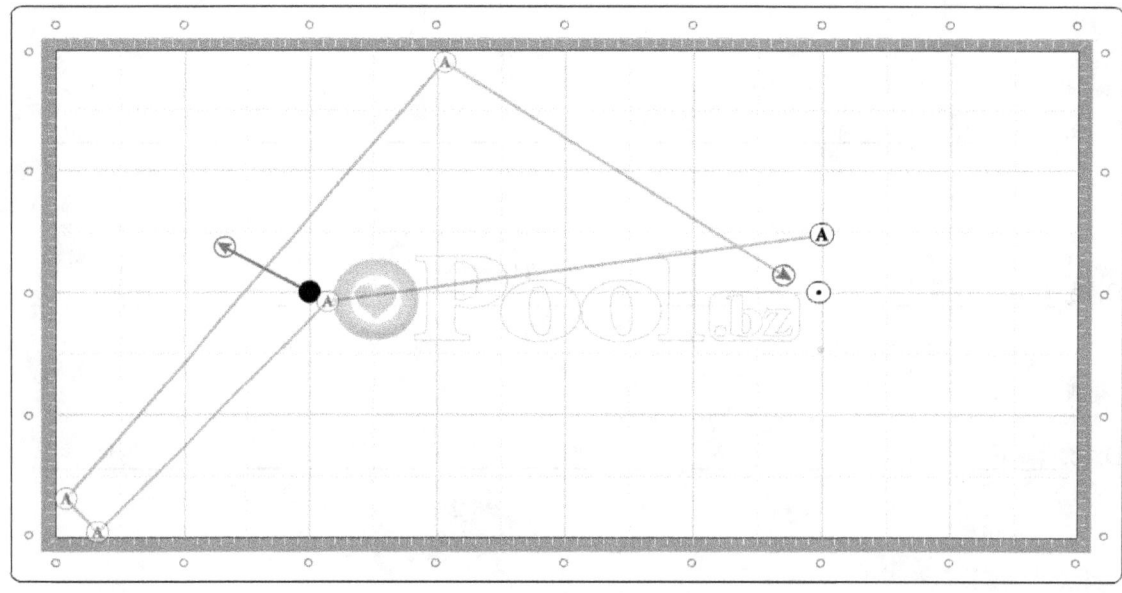

D:1b – Opstelling

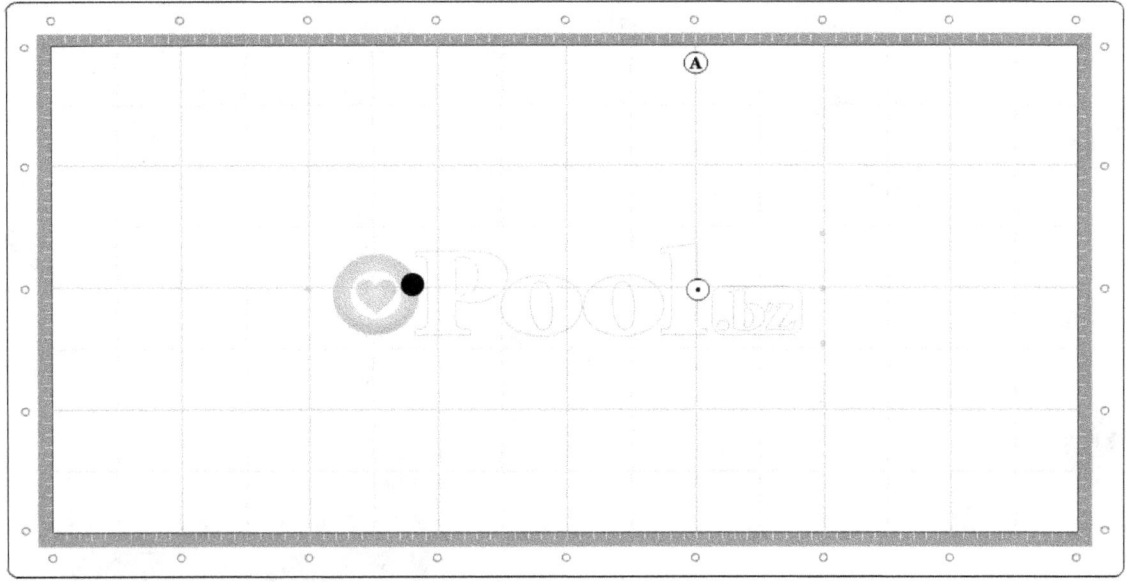

Opmerkingen en ideeën:

Schotpatroon

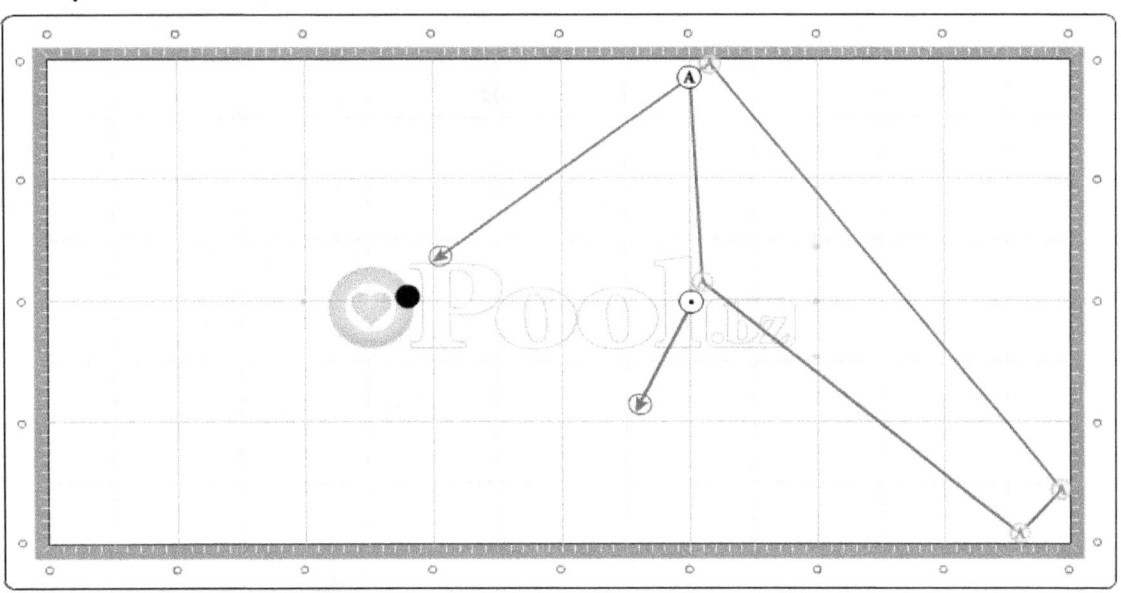

D:1c – Opstelling

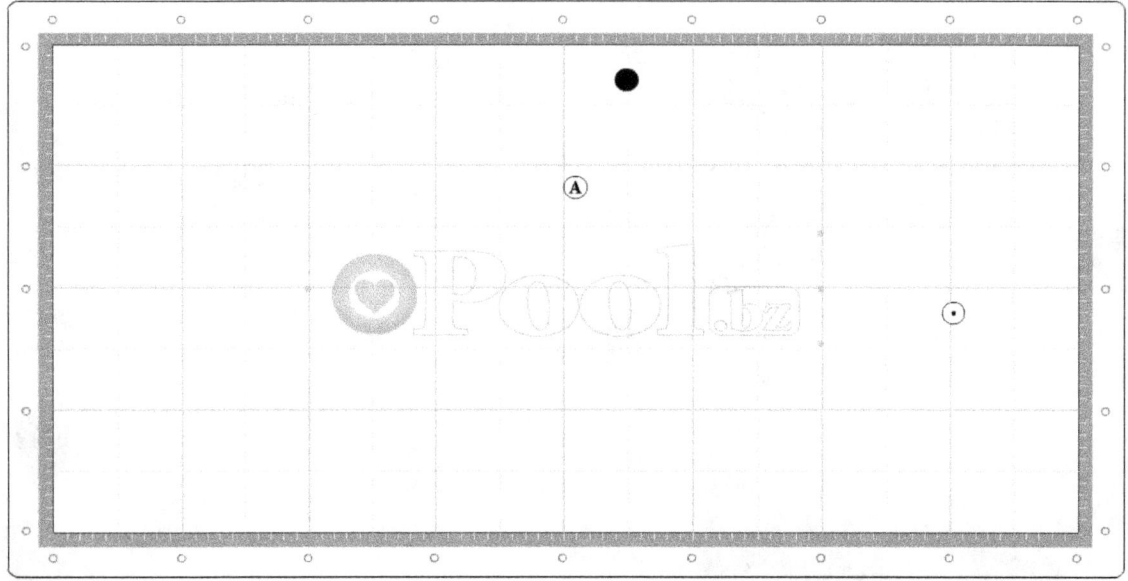

Opmerkingen en ideeën:

Schotpatroon

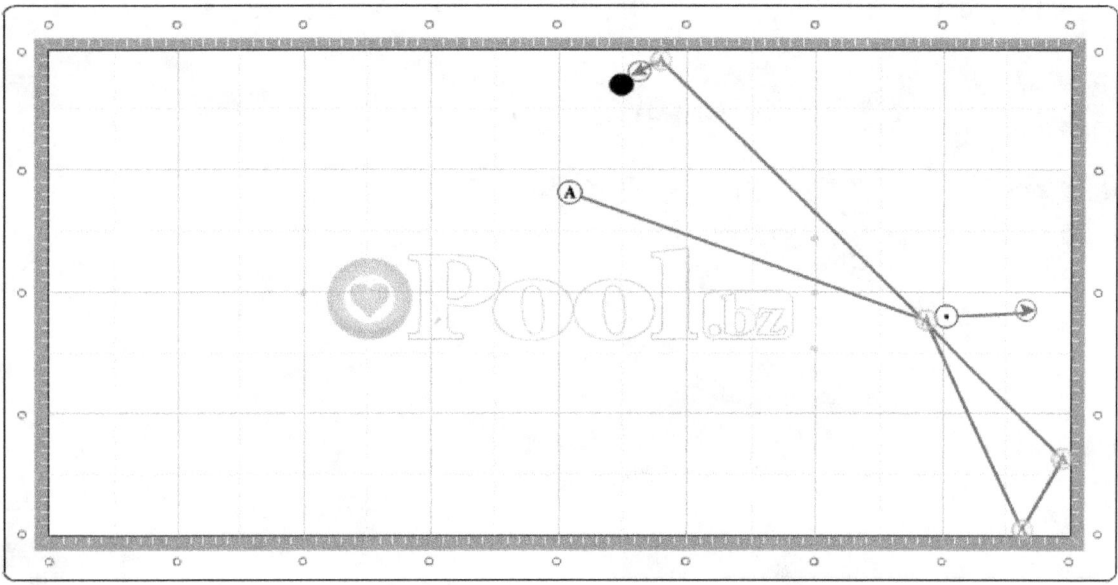

D:1d – Opstelling

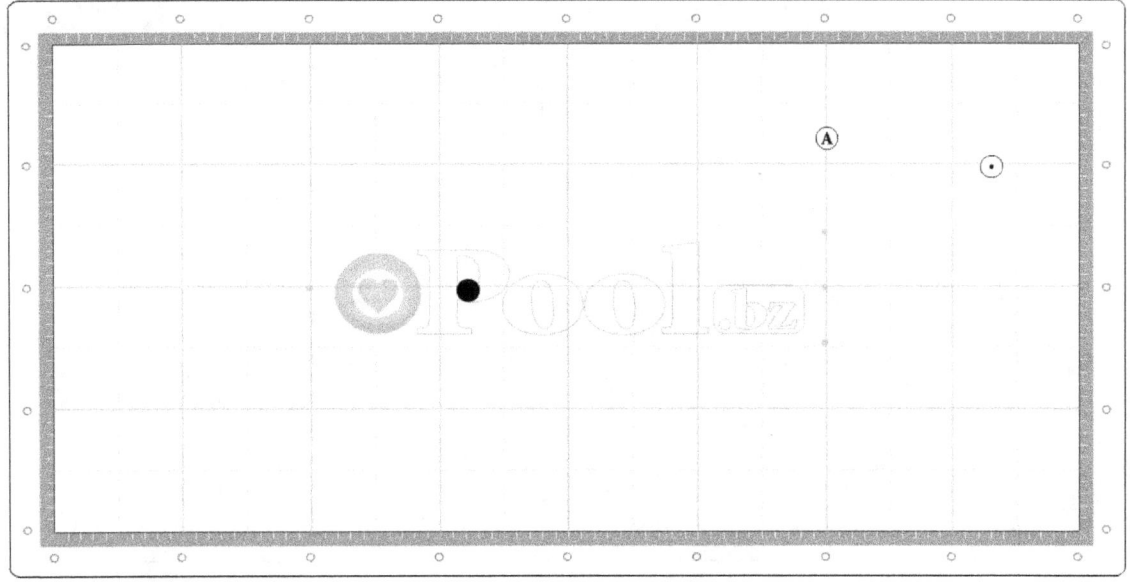

Opmerkingen en ideeën:

Schotpatroon

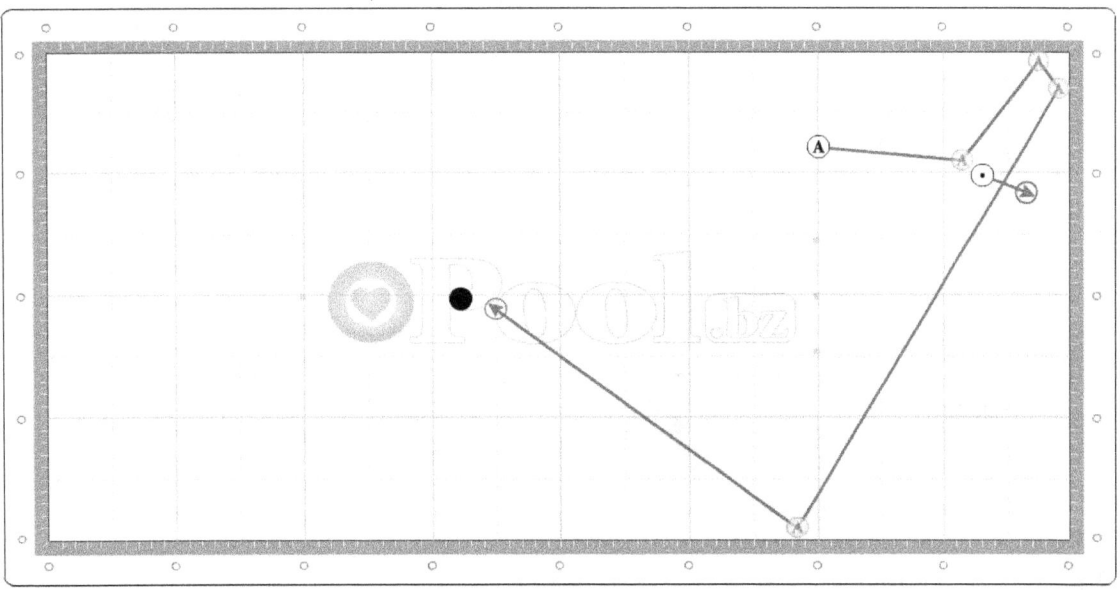

D: Groep 2

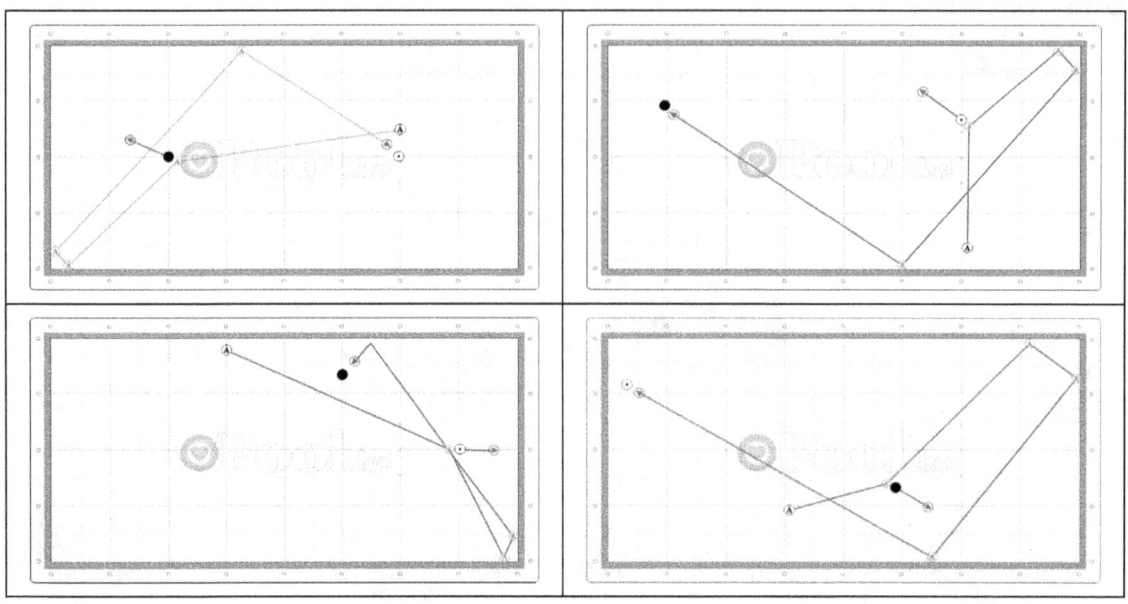

Analyse:

D:2a. _____

D:2b. _____

D:2c. _____

D:2d. _____

D:2a – Opstelling

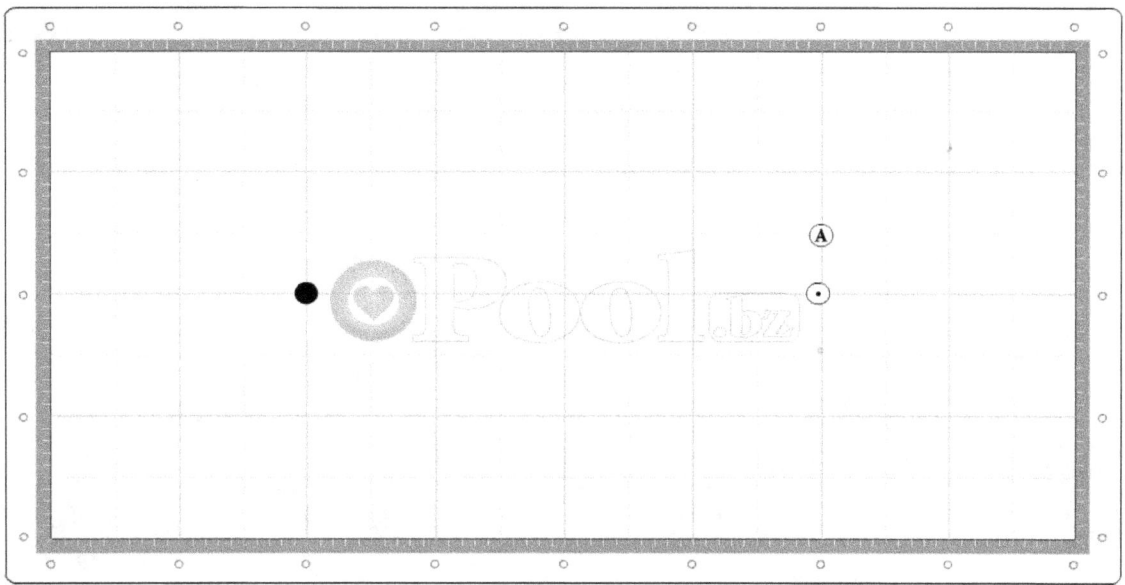

Opmerkingen en ideeën:

Schotpatroon

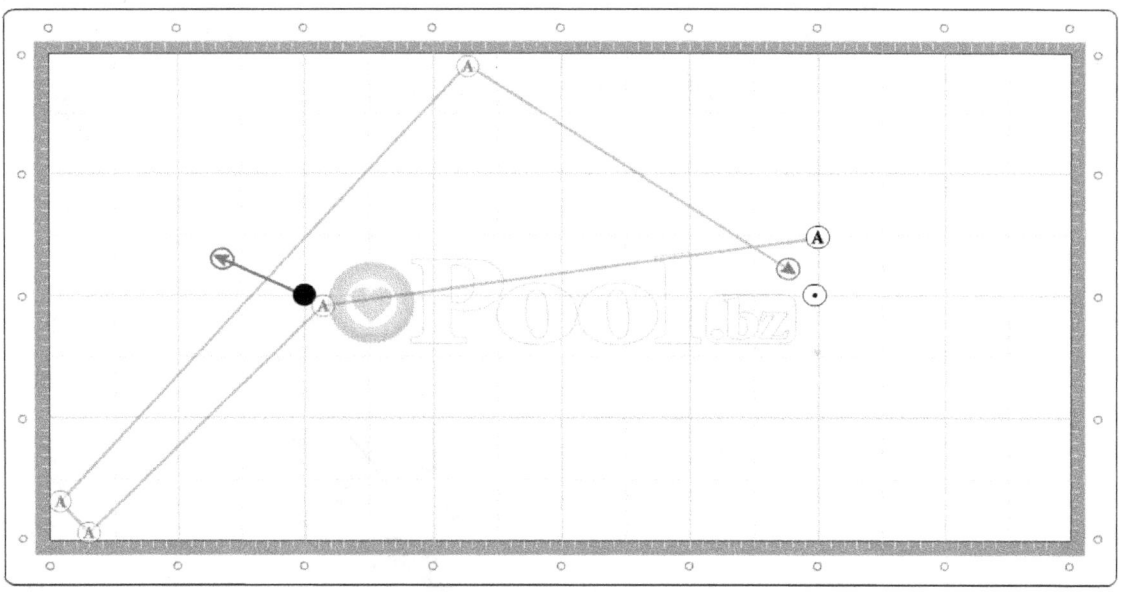

D:2b – Opstelling

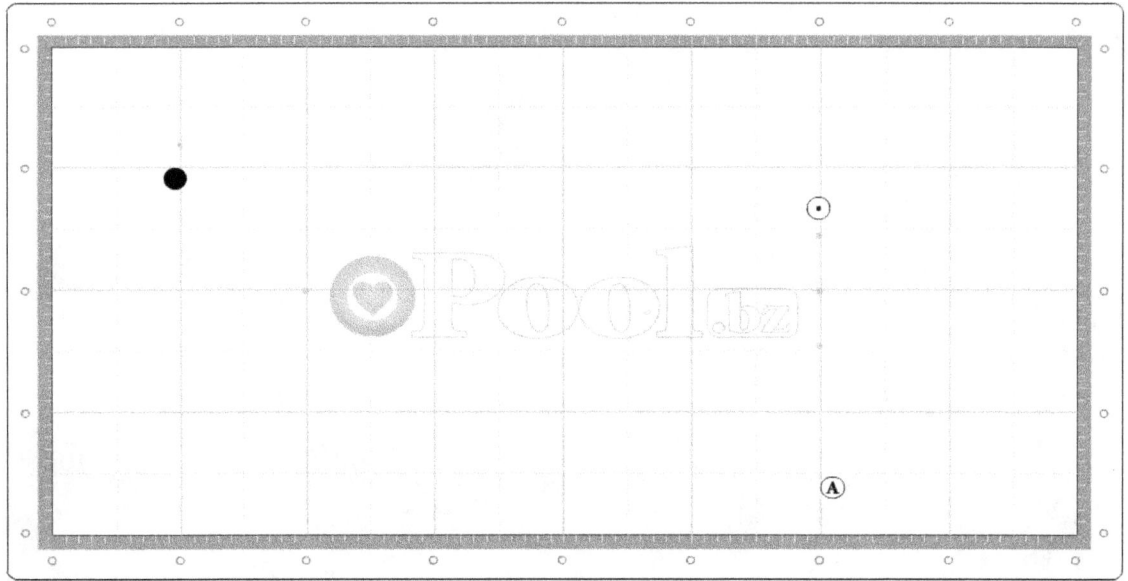

Opmerkingen en ideeën:

Schotpatroon

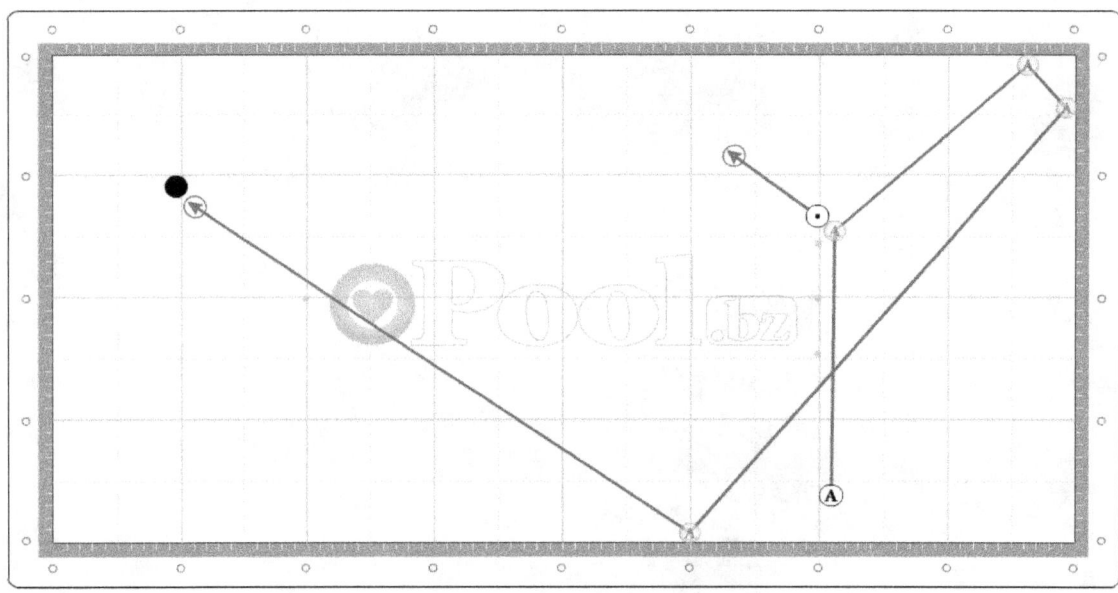

D:2c – Opstelling

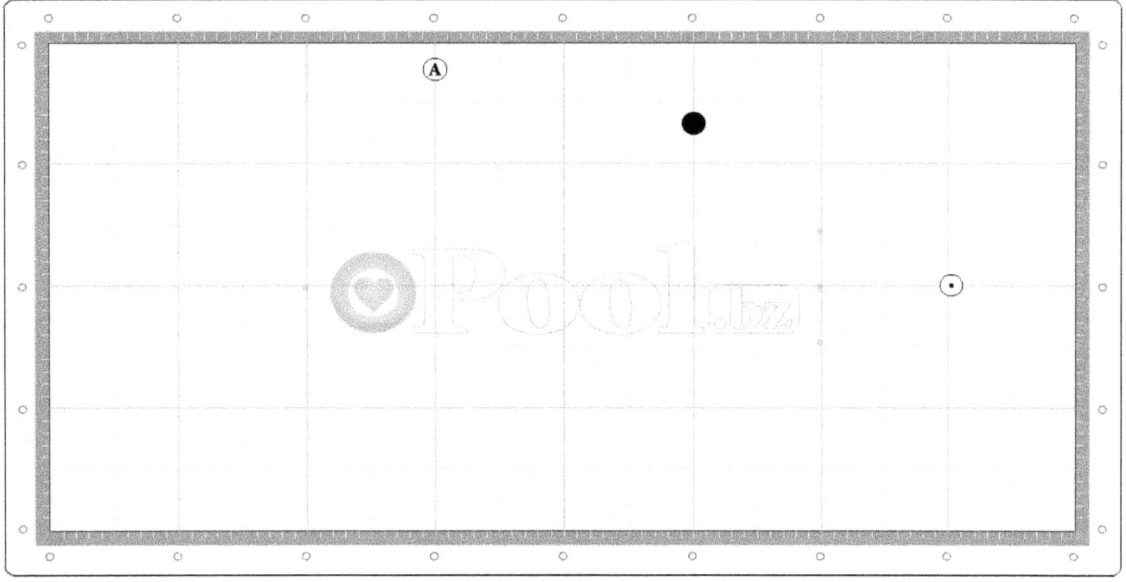

Opmerkingen en ideeën:

Schotpatroon

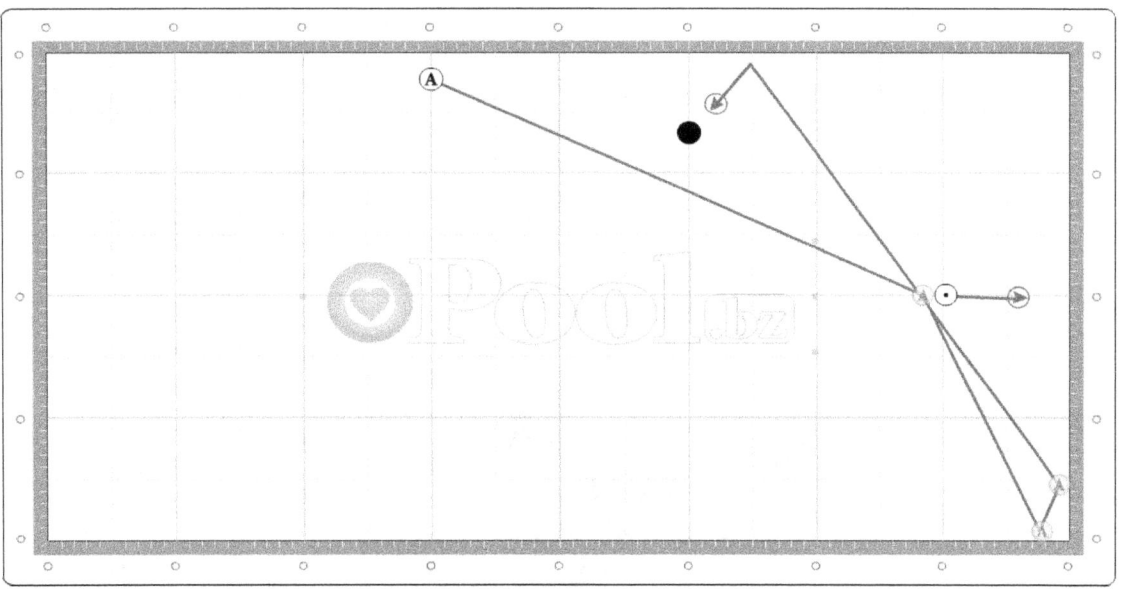

D:2d – Opstelling

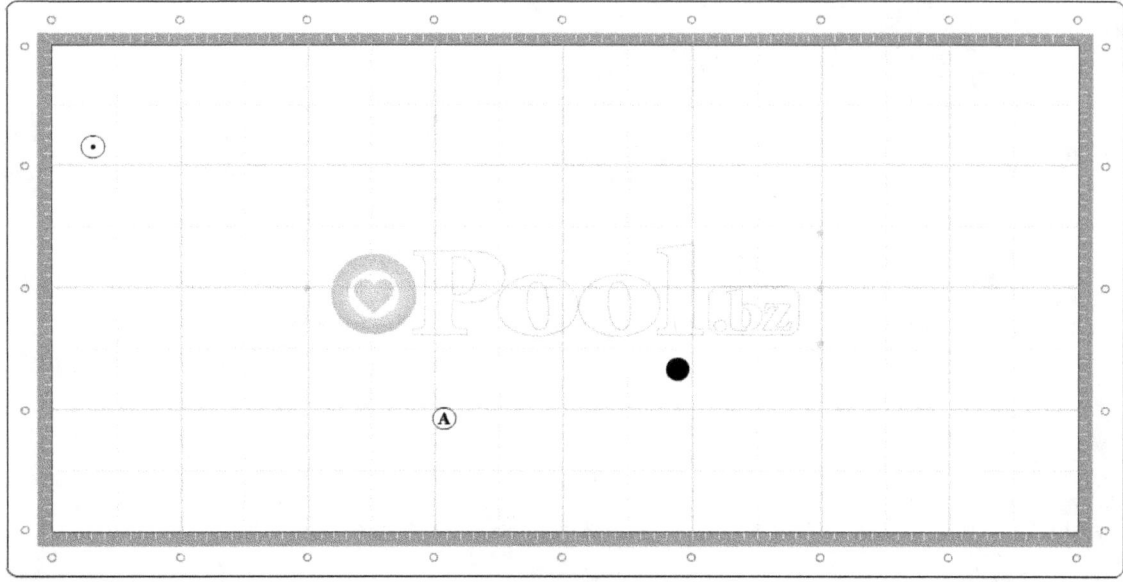

Opmerkingen en ideeën:

Schotpatroon

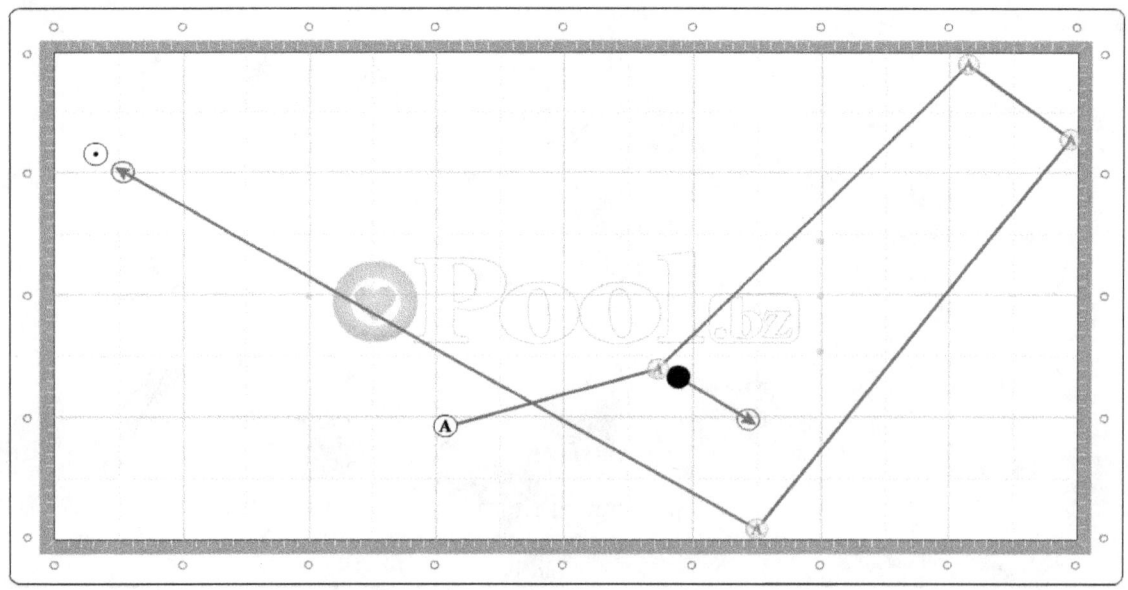

D: Groep 3

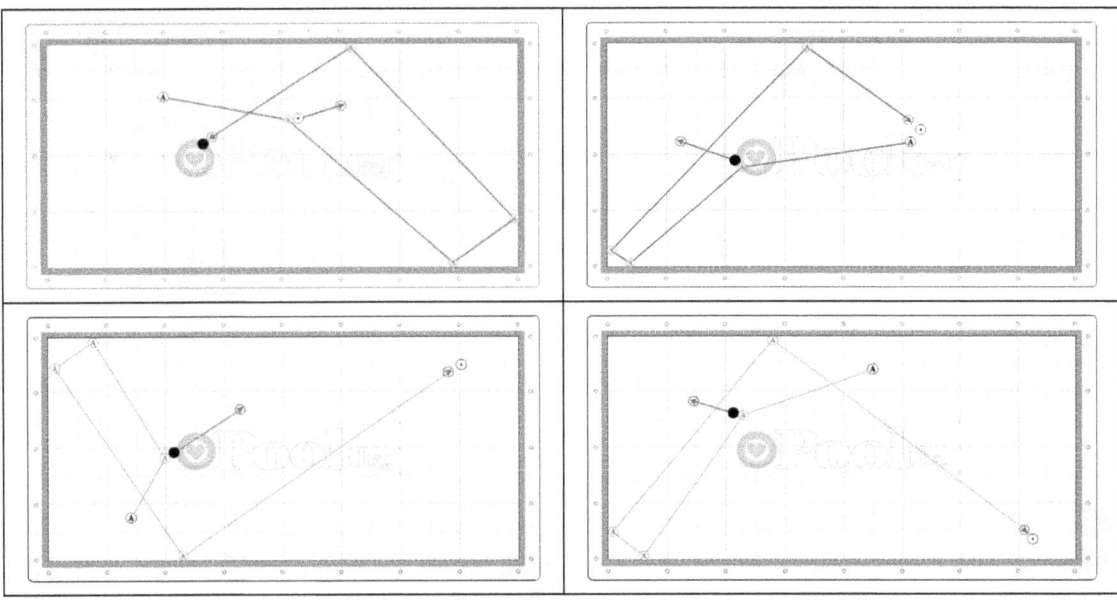

Analyse:

D:3a. _____

D:3b. _____

D:3c. _____

D:3d. _____

D:3a – Opstelling

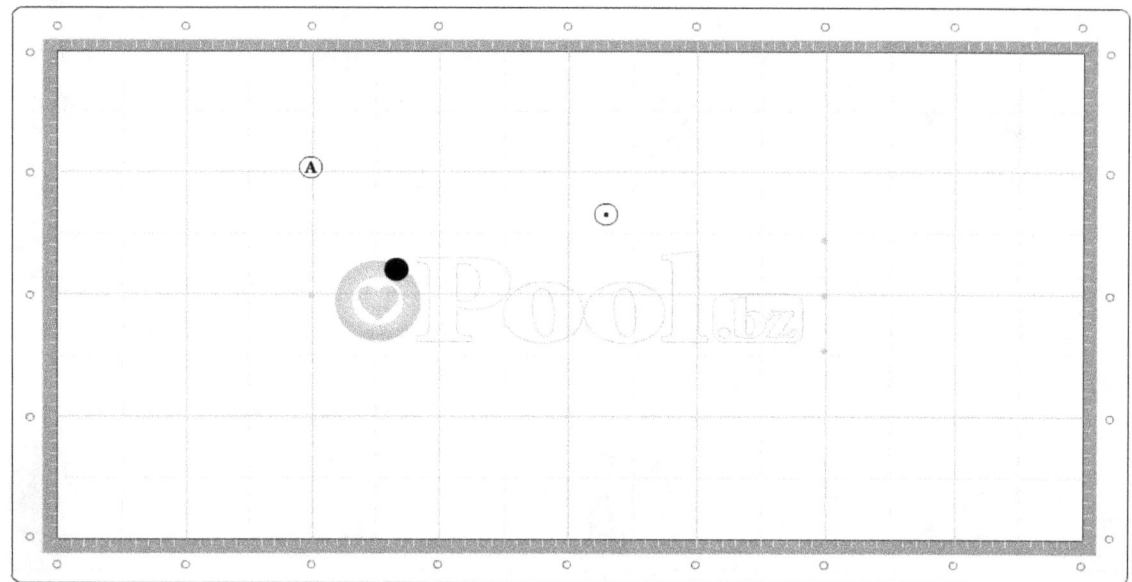

Opmerkingen en ideeën:

Schotpatroon

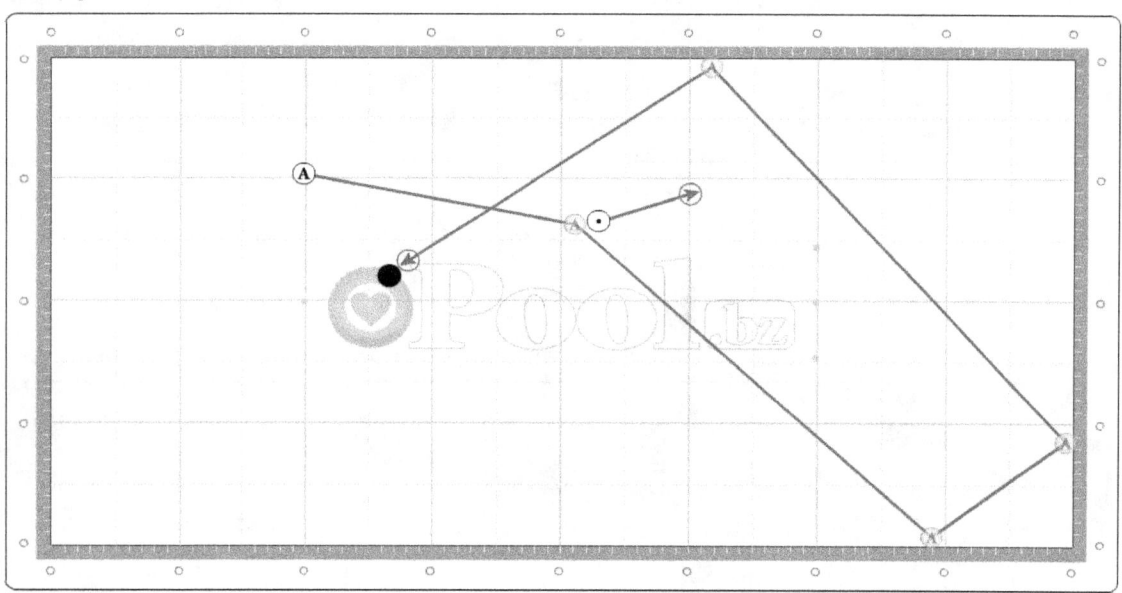

D:3b – Opstelling

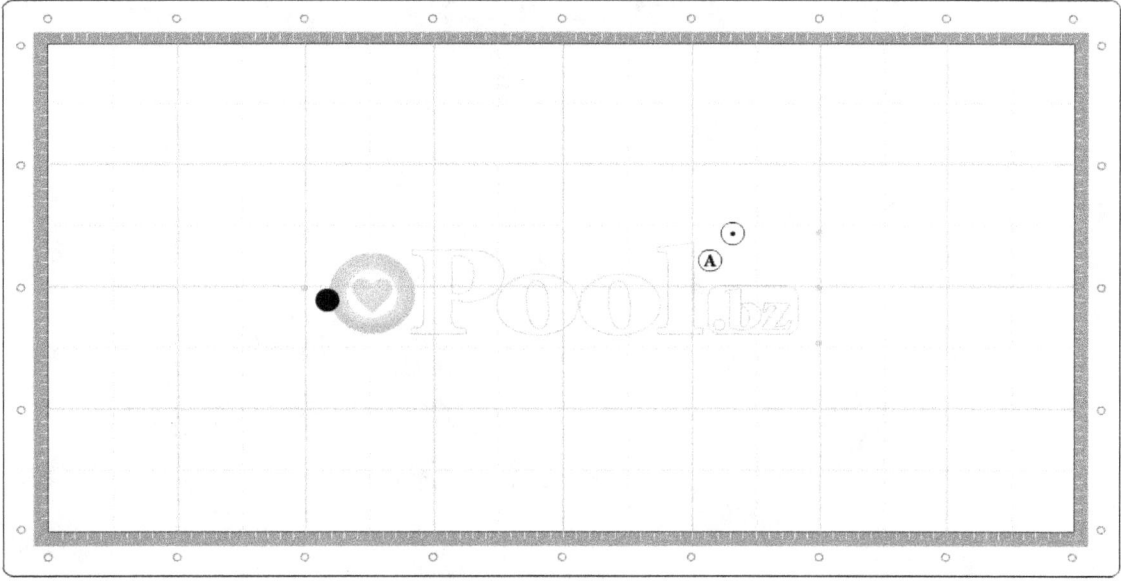

Opmerkingen en ideeën:

Schotpatroon

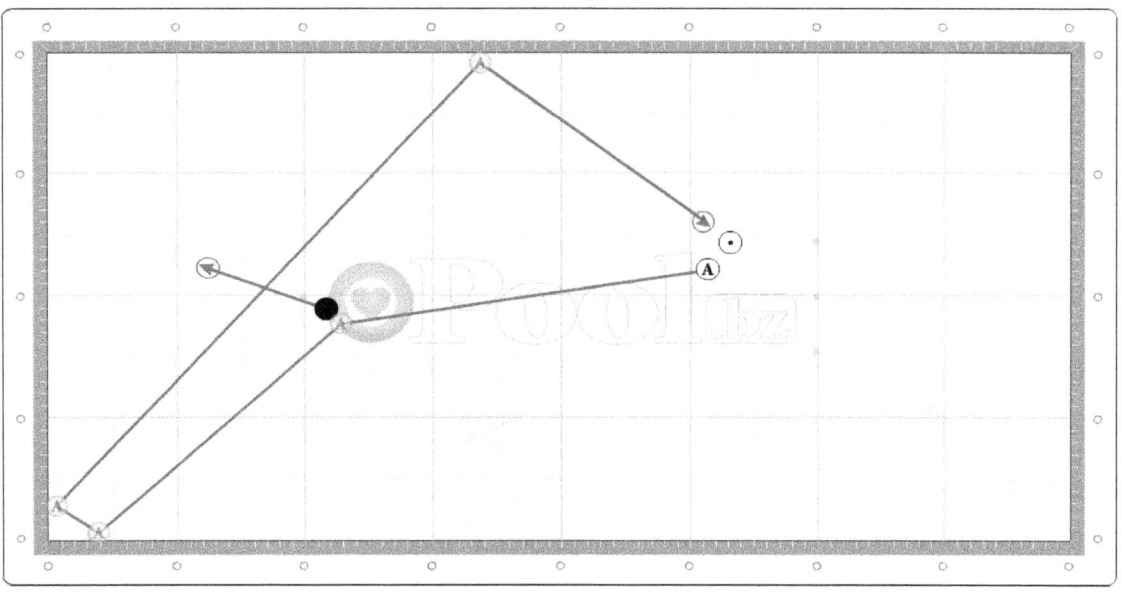

D:3c – Opstelling

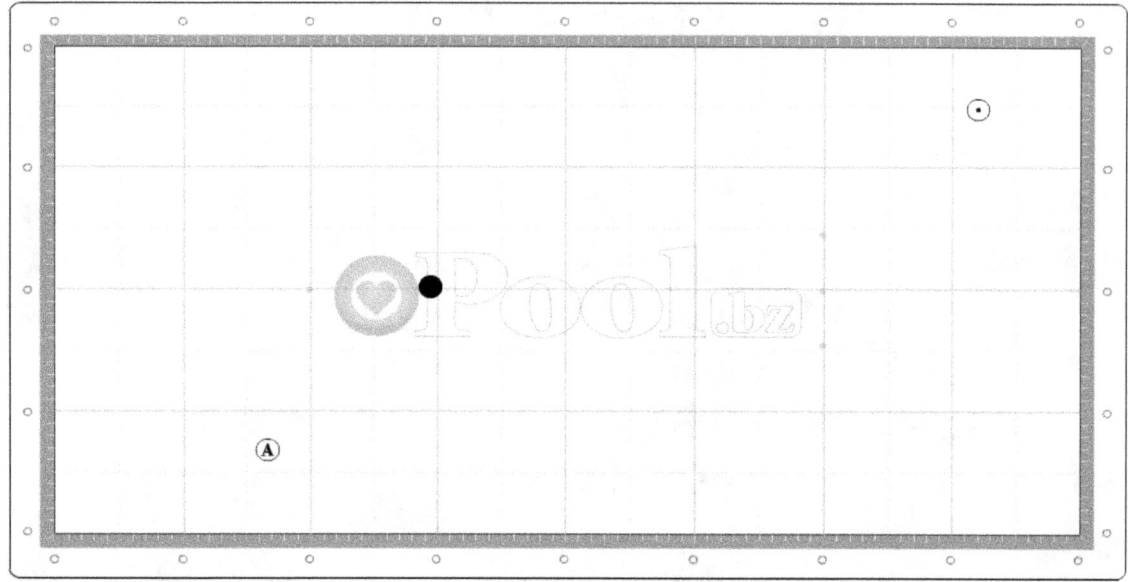

Opmerkingen en ideeën:

Schotpatroon

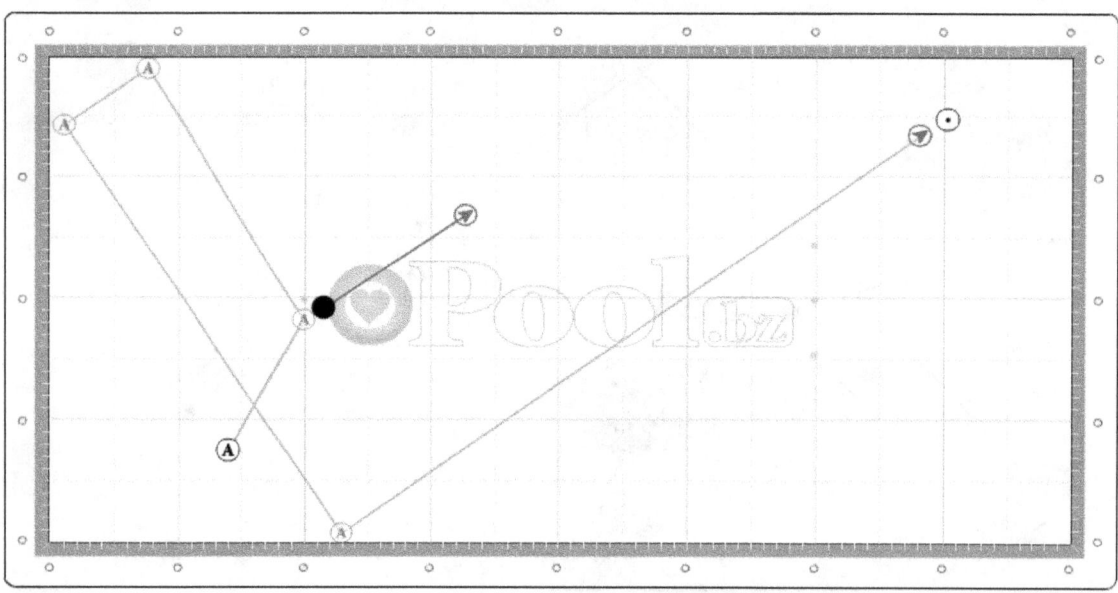

D:3d – Opstelling

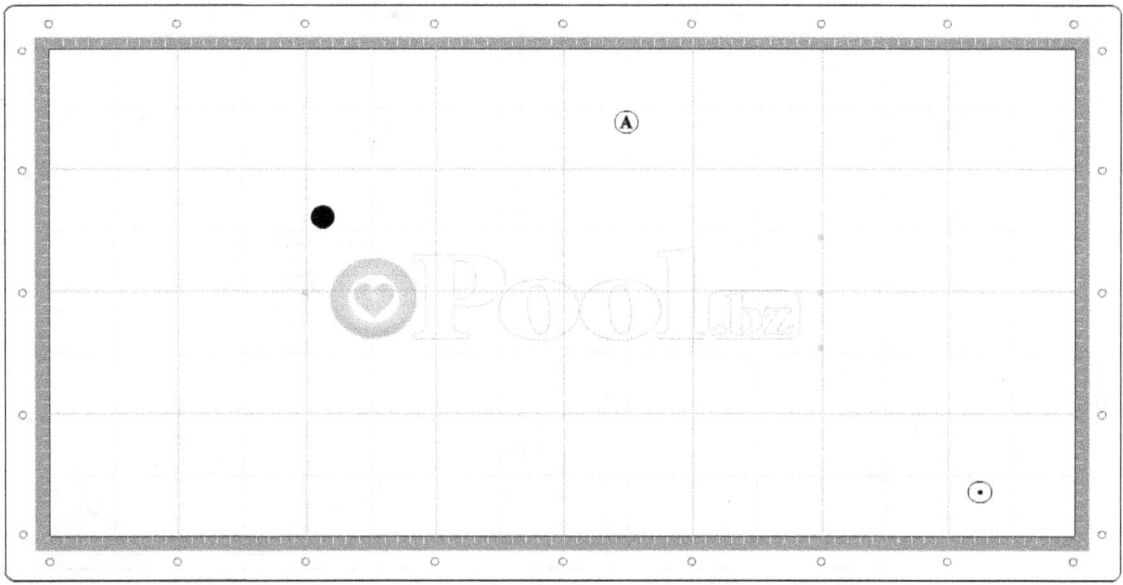

Opmerkingen en ideeën:

Schotpatroon

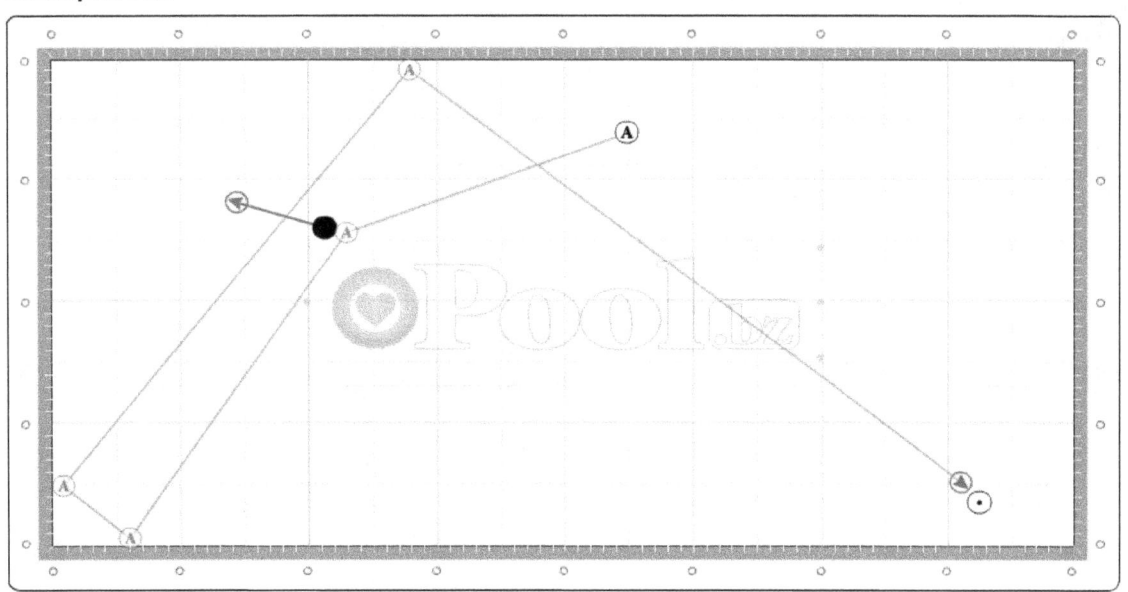

D: Groep 4

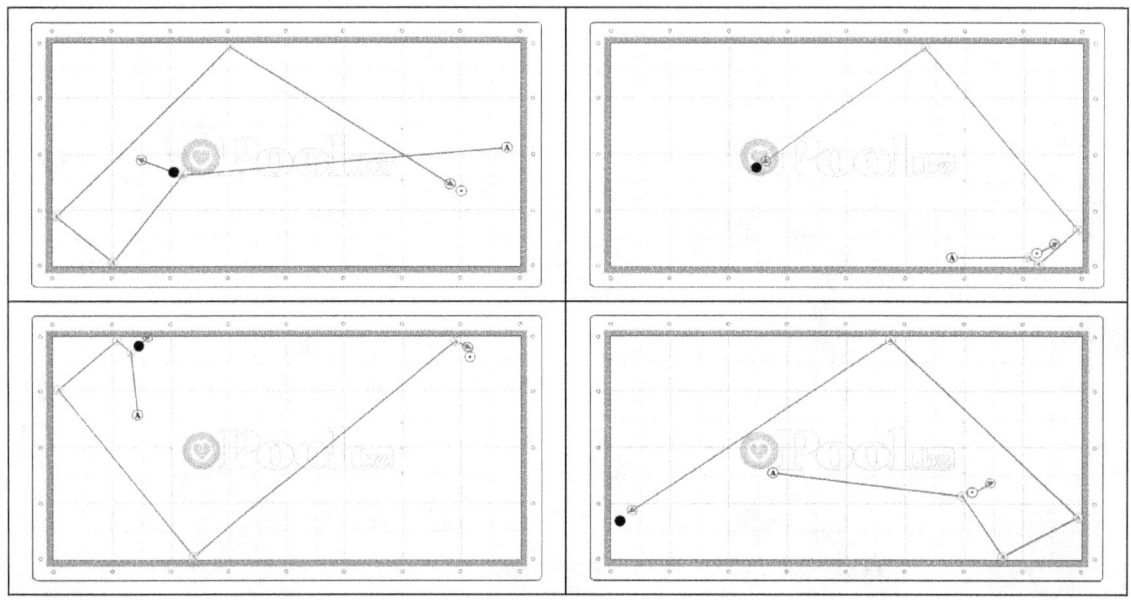

Analyse:

D:4a. _____

D:4b. _____

D:4c. _____

D:4d. _____

D:4a – Opstelling

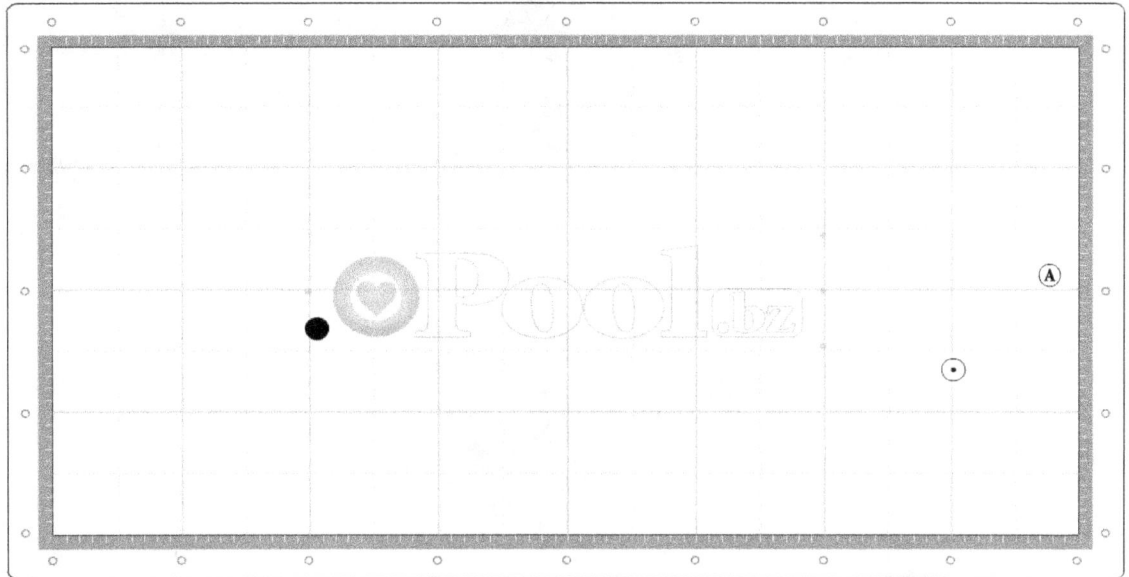

Opmerkingen en ideeën:

Schotpatroon

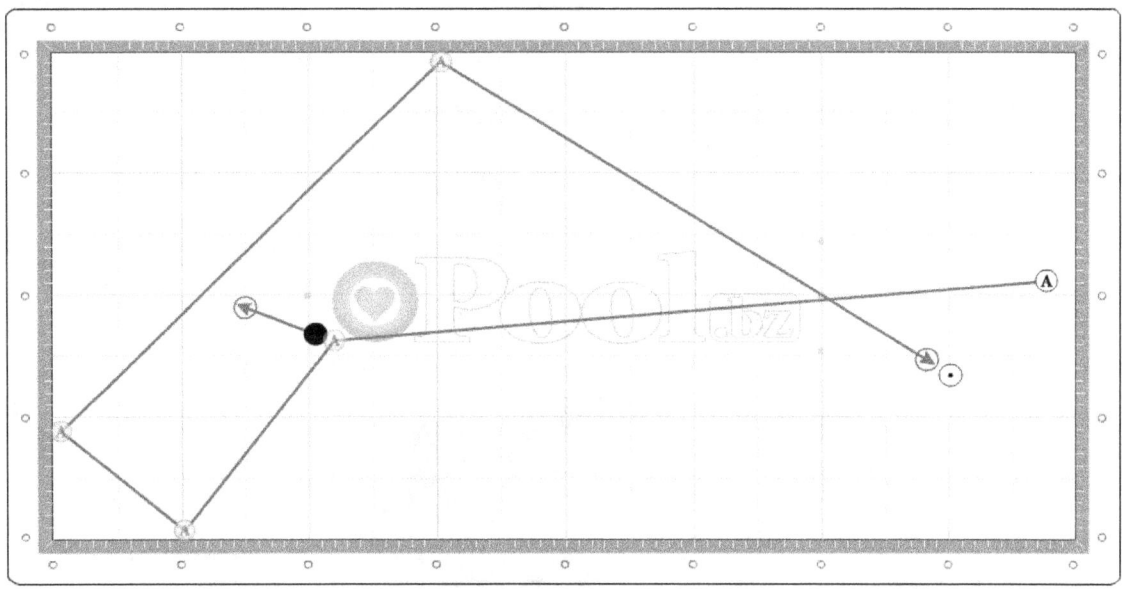

D:4b – Opstelling

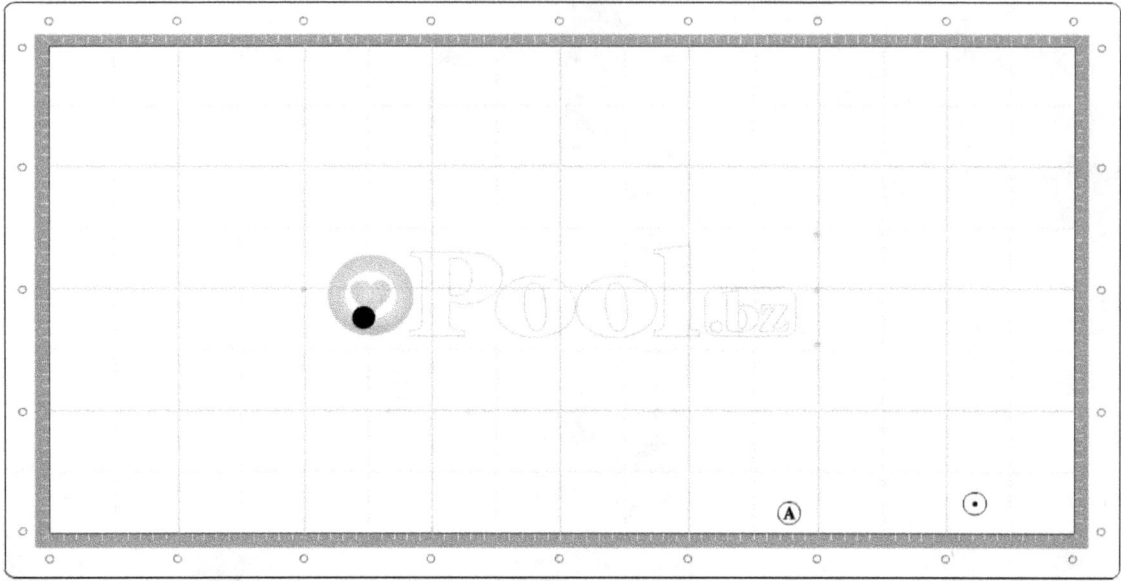

Opmerkingen en ideeën:

Schotpatroon

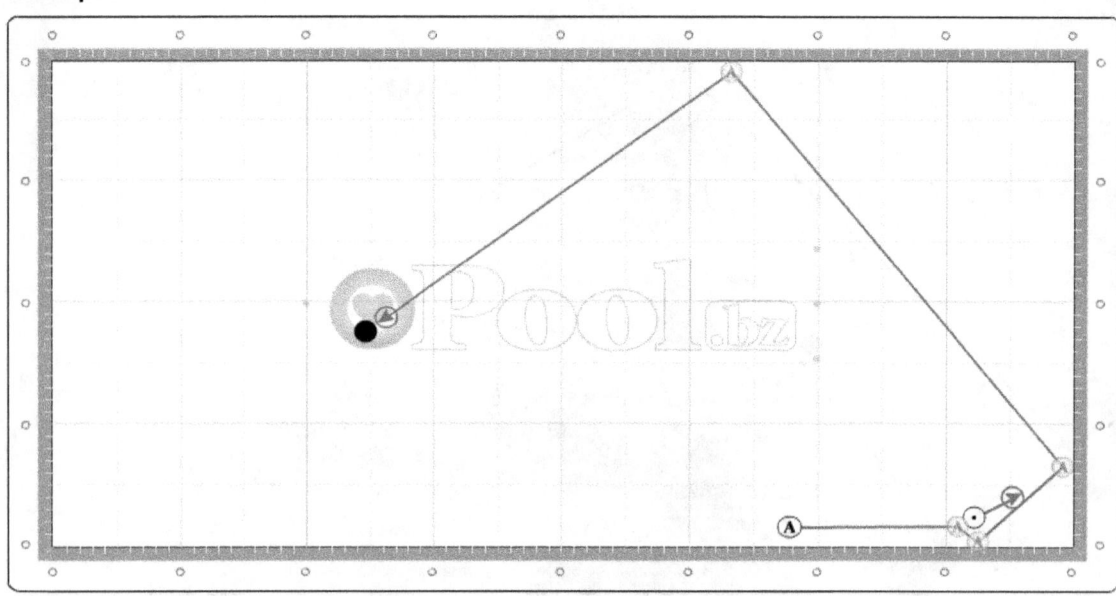

D:4c – Opstelling

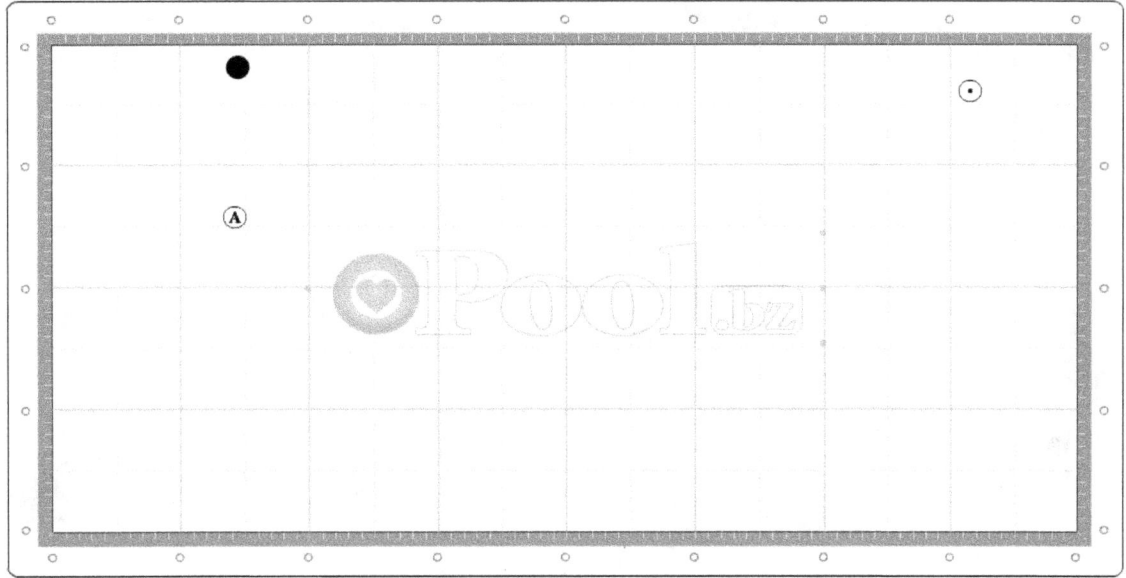

Opmerkingen en ideeën:

Schotpatroon

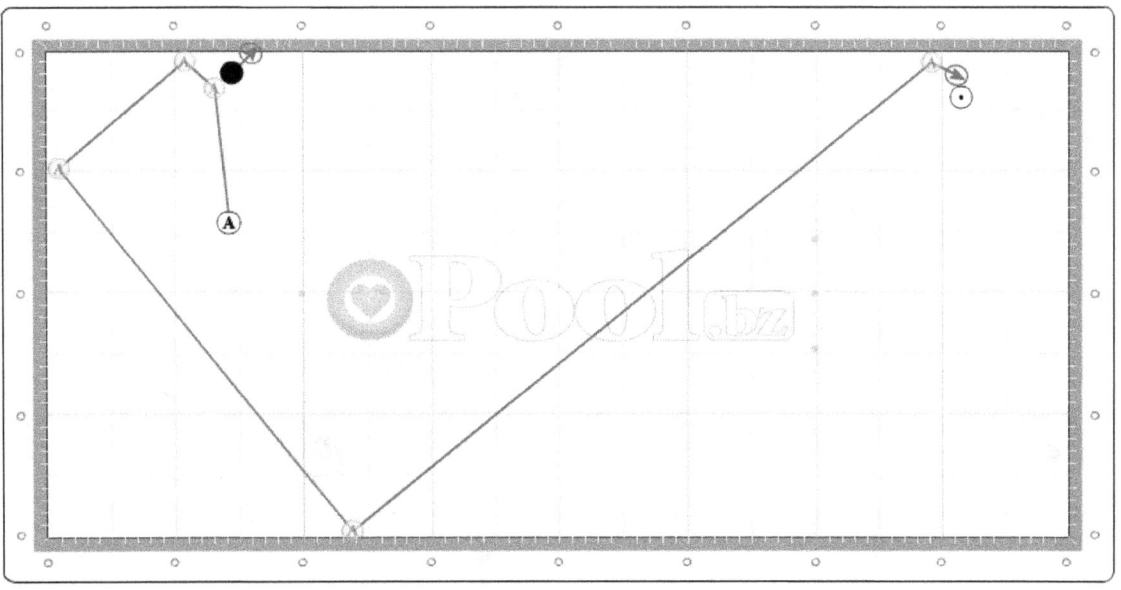

D:4d – Opstelling

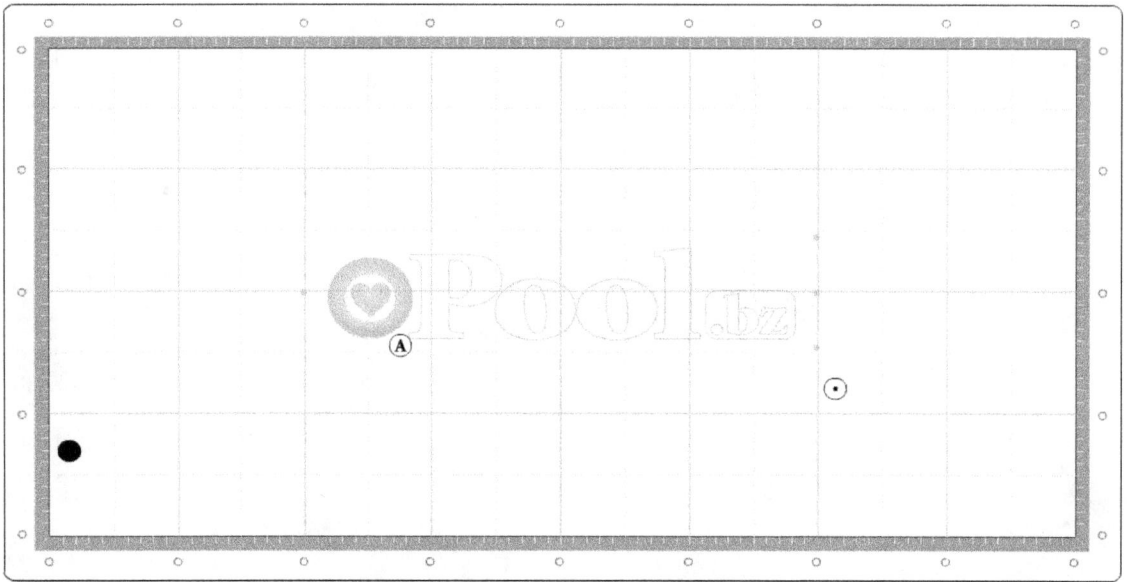

Opmerkingen en ideeën:

Schotpatroon

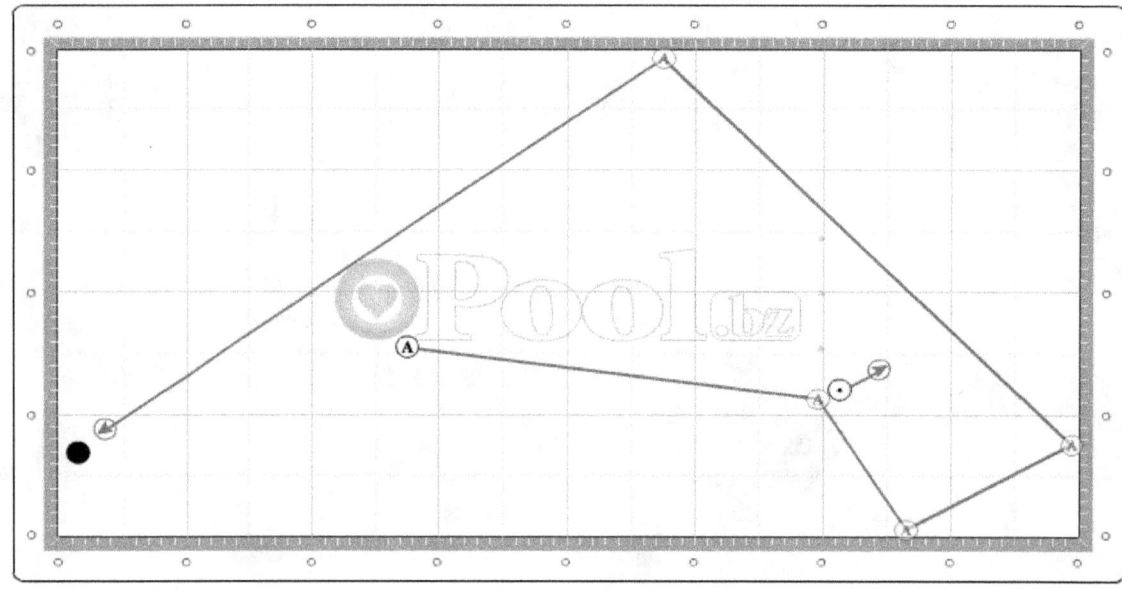

E: Hoekterugkeer, verlengd lang biljartbanden

De (CB) reist een lange afstand naar de eerste (OB). Daarna gaat de (CB) de hoek in, lang biljartbanden eerst. De (CB) kruist de tafel in het midden van het lange biljartbanden. Uiteindelijk neemt de (CB) contact op met de tweede (OB).

Ⓐ (CB) (uw biljartbal) – ⊙ (OB) (tegenstander biljartbal) – ● (OB) (rode biljartbal)

E: Groep 1

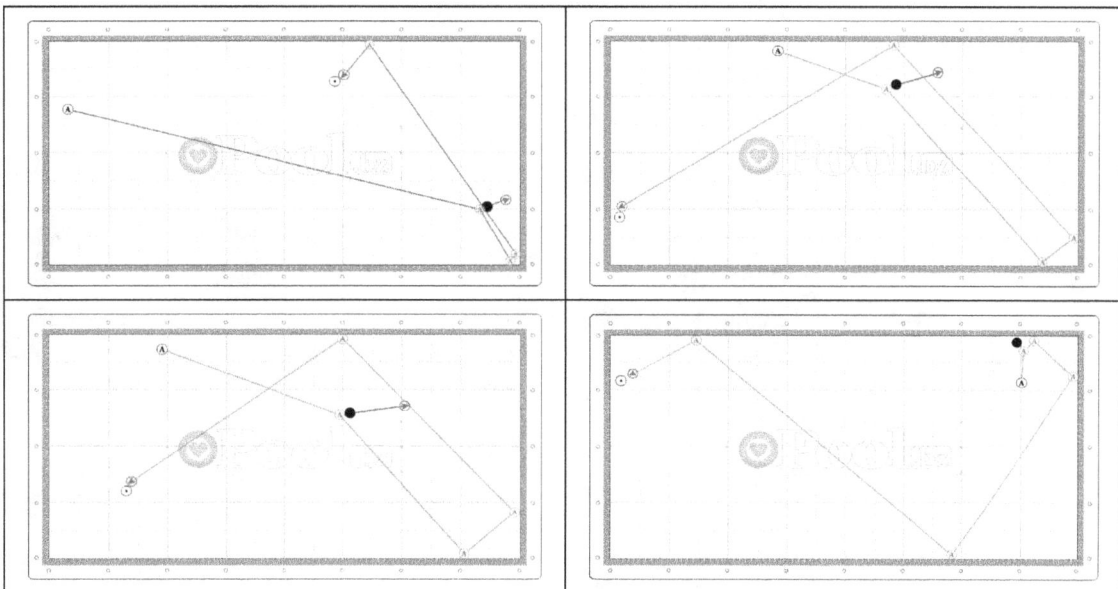

Analyse:

E:1a. _____

E:1b. _____

E:1c. _____

E:1d. _____

E:1a – Opstelling

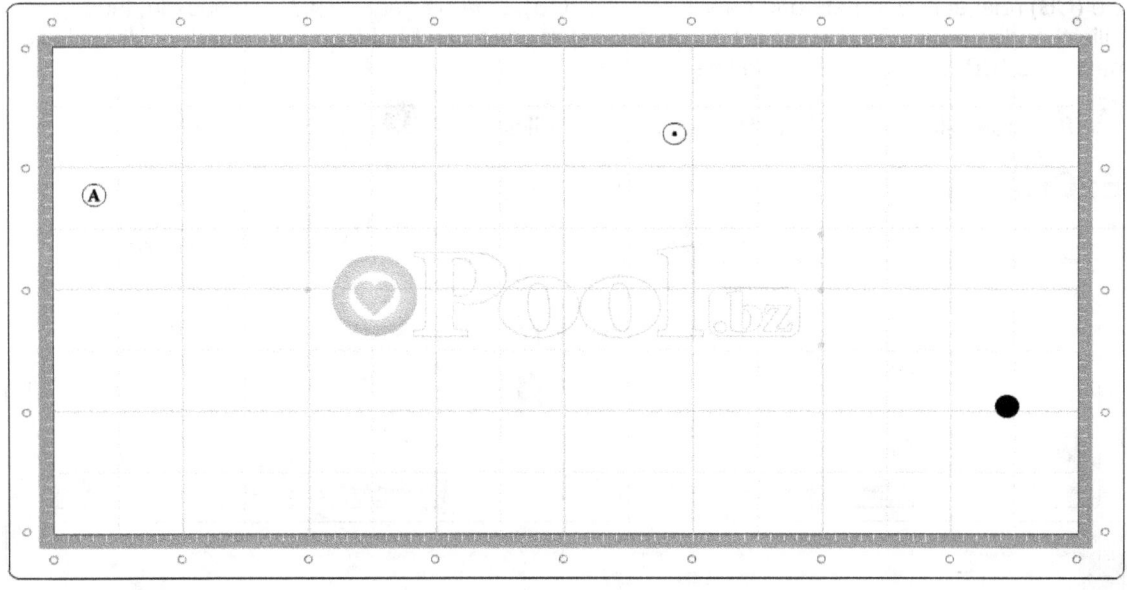

Opmerkingen en ideeën:

Schotpatroon

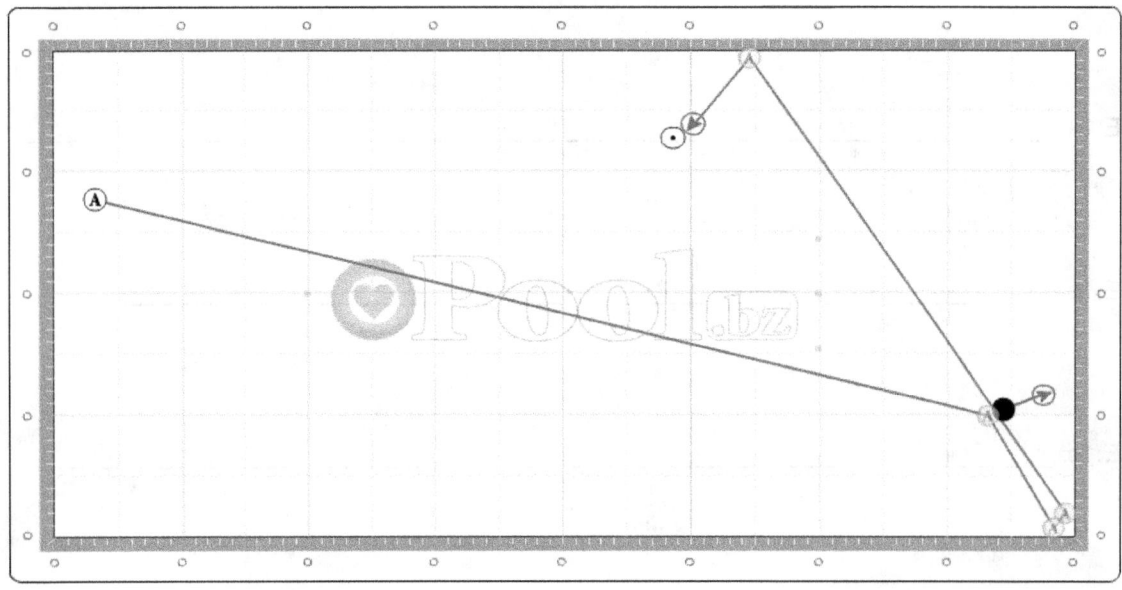

E:1b – Opstelling

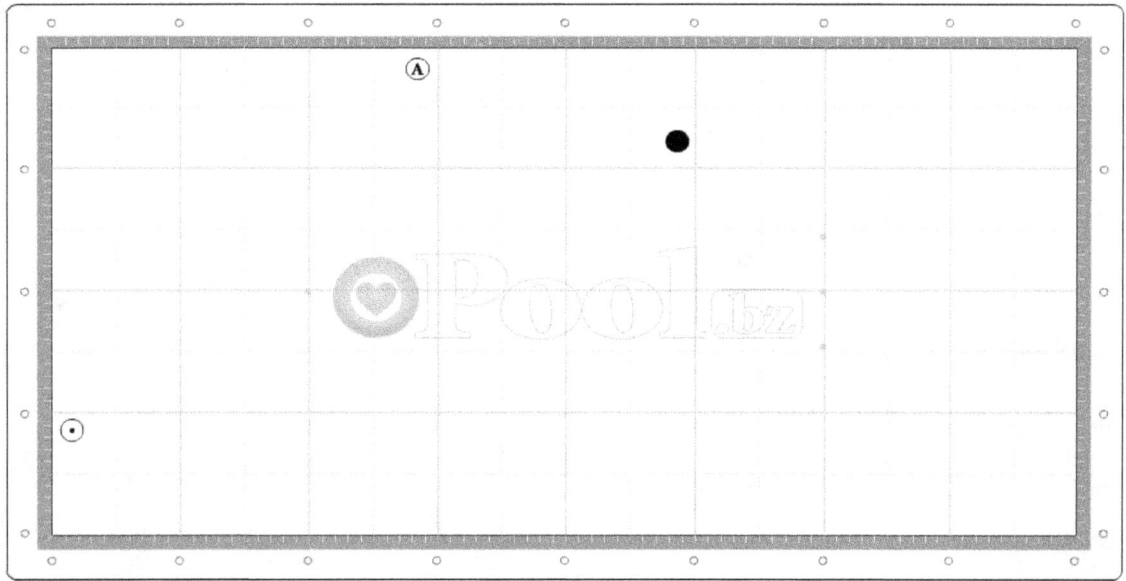

Opmerkingen en ideeën:

Schotpatroon

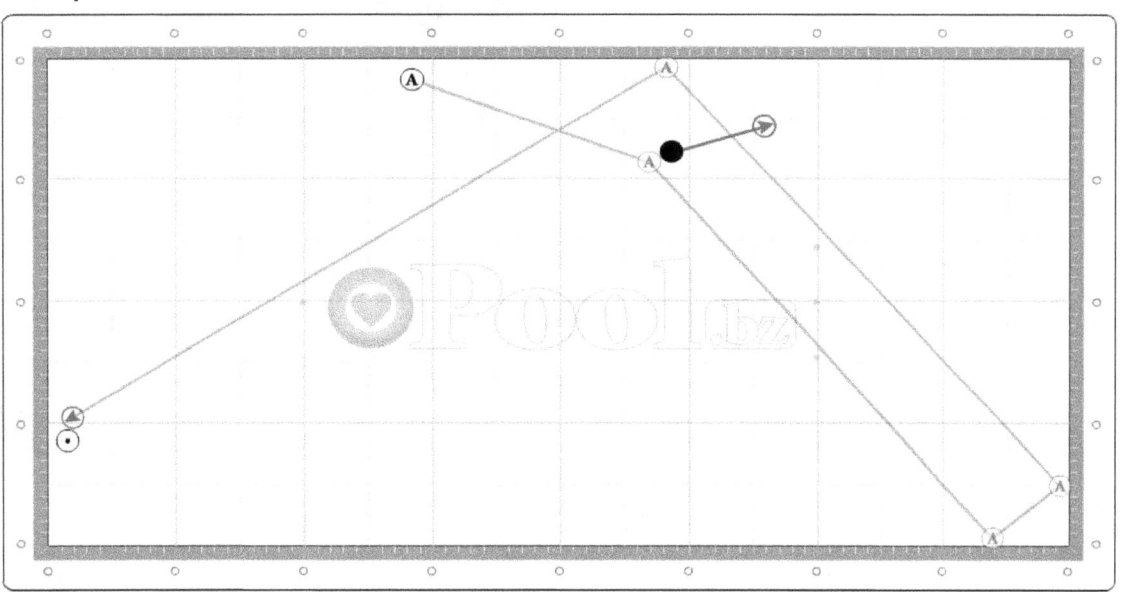

E:1c – Opstelling

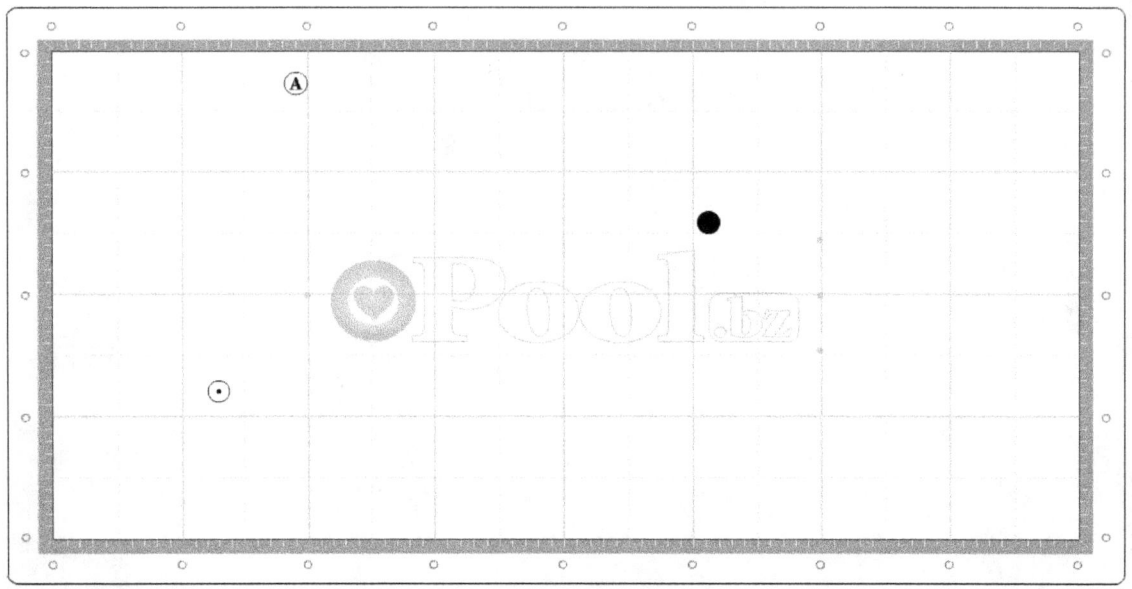

Opmerkingen en ideeën:

Schotpatroon

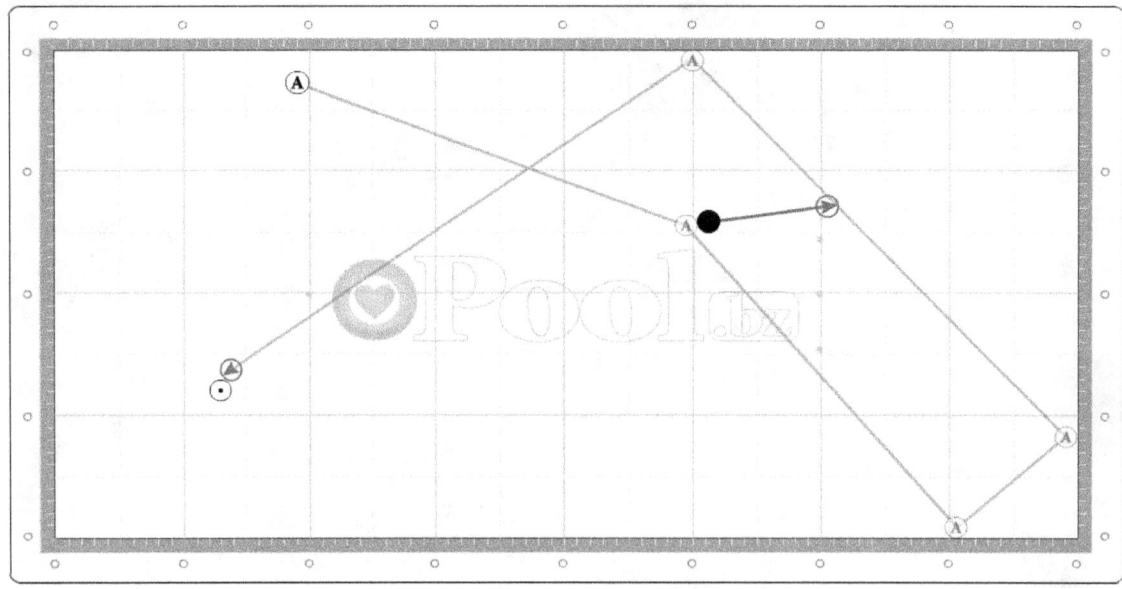

E:1d – Opstelling

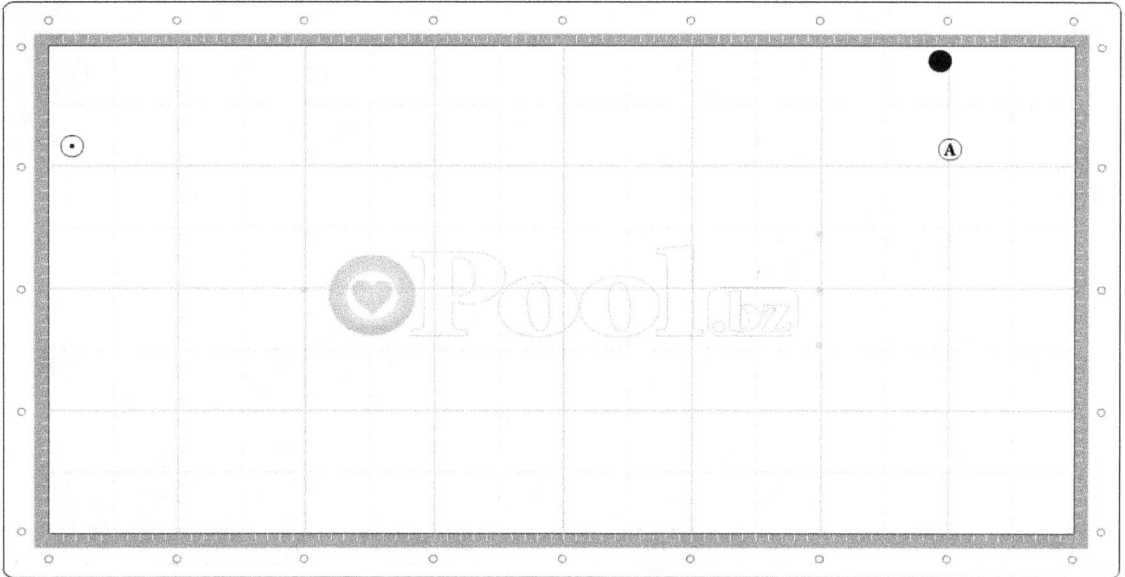

Opmerkingen en ideeën:

Schotpatroon

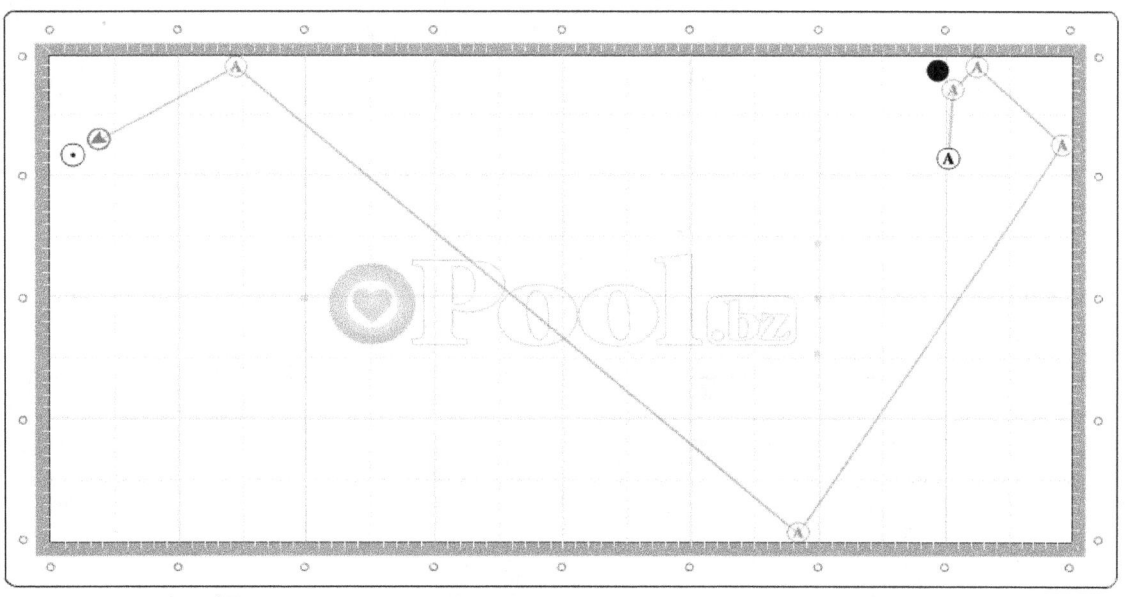

E: Groep 2

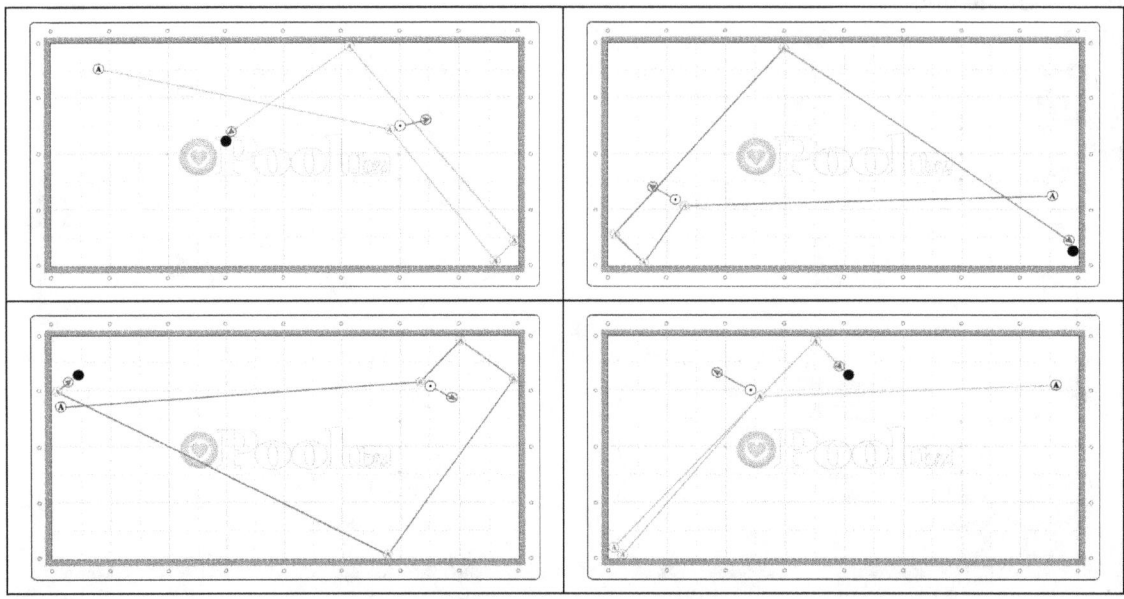

Analyse:

E:2a. _____

E:2b. _____

E:2c. _____

E:2d. _____

E:2a – Opstelling

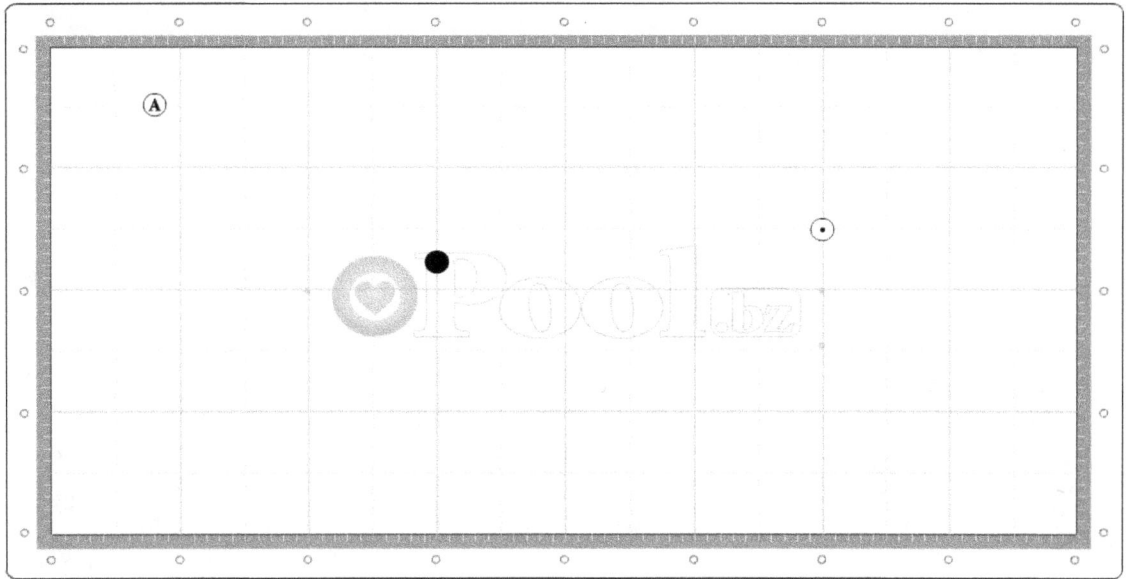

Opmerkingen en ideeën:

Schotpatroon

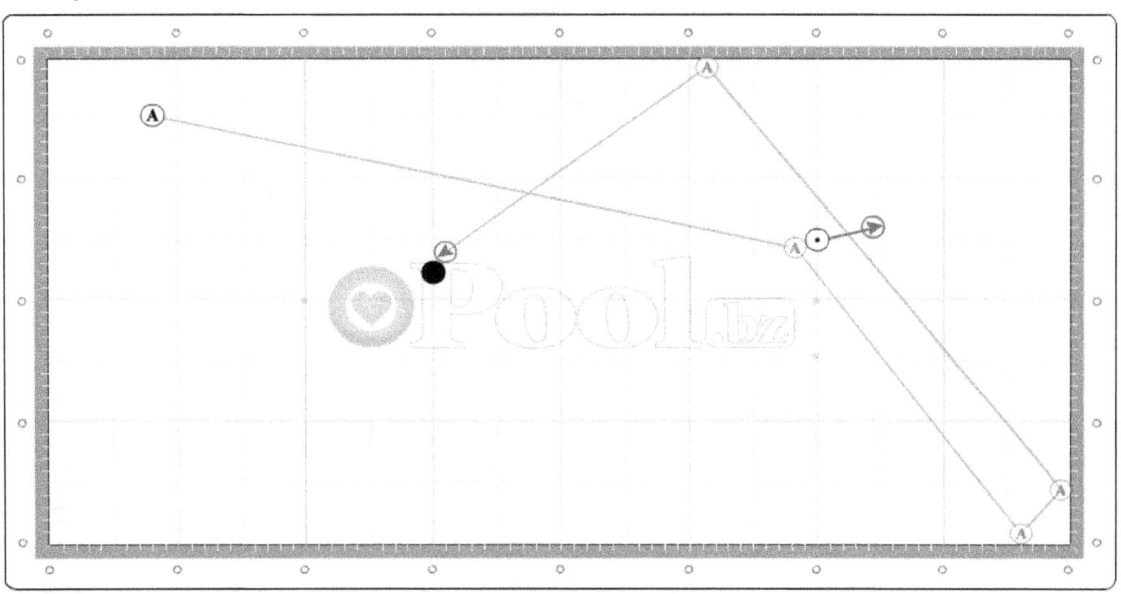

E:2b – Opstelling

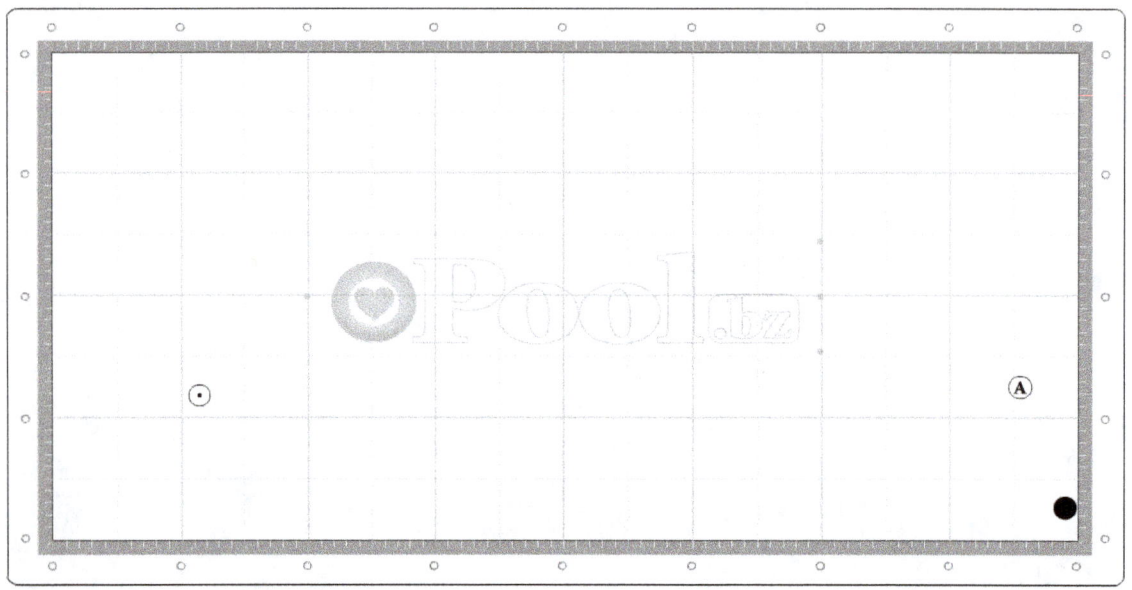

Opmerkingen en ideeën:

Schotpatroon

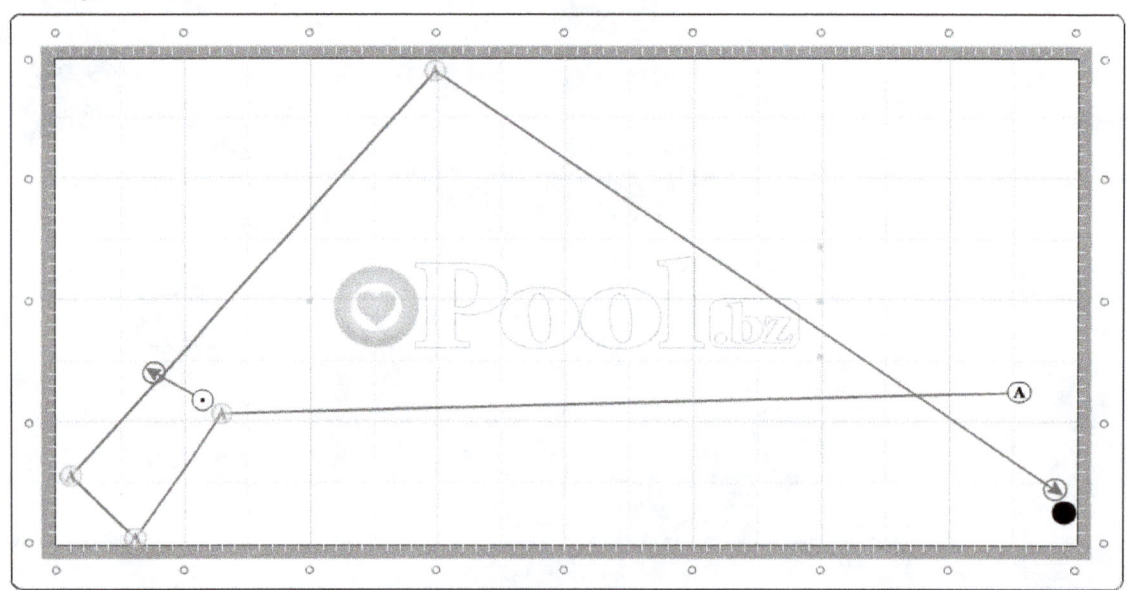

E:2c – Opstelling

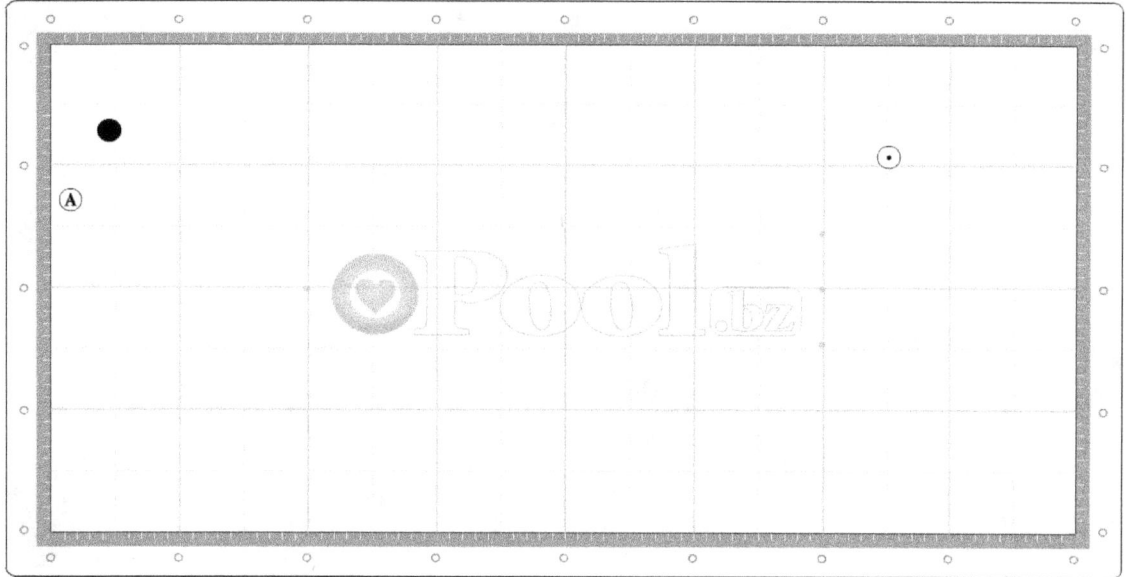

Opmerkingen en ideeën:

Schotpatroon

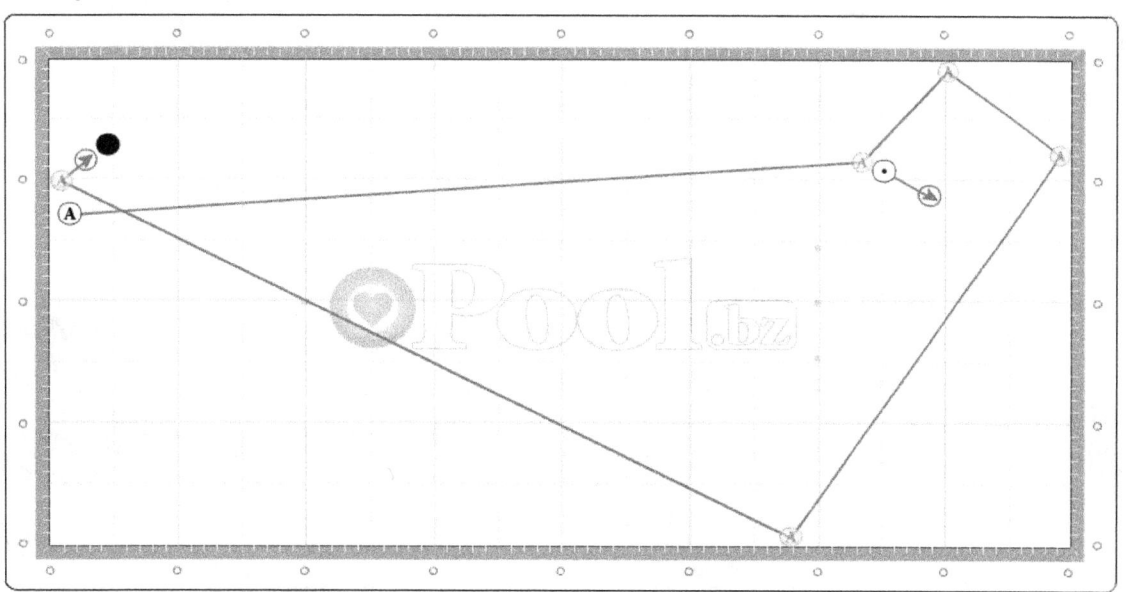

E:2d – Opstelling

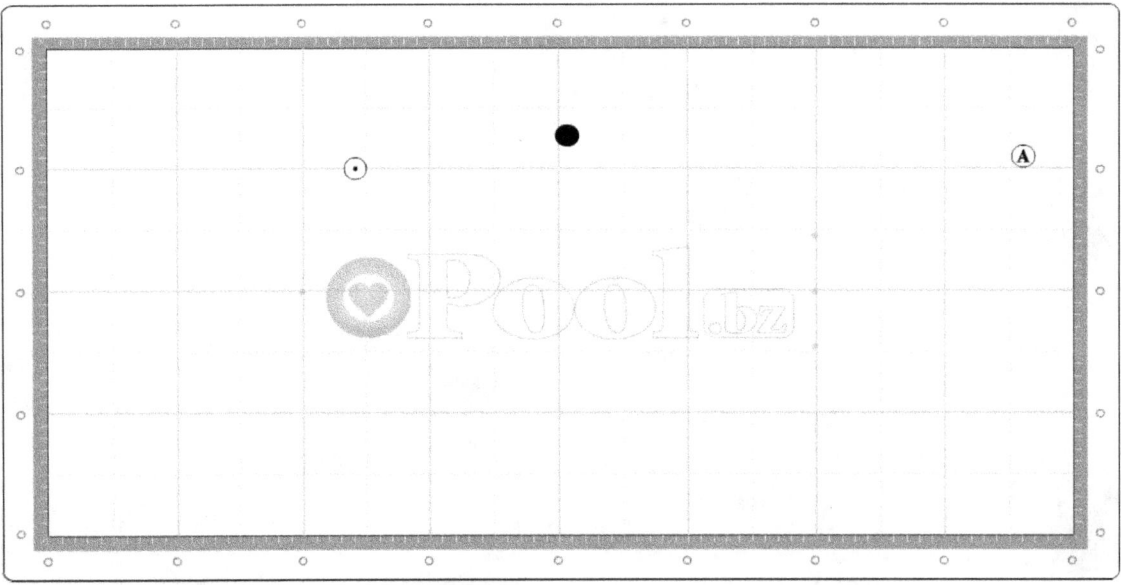

Opmerkingen en ideeën:

Schotpatroon

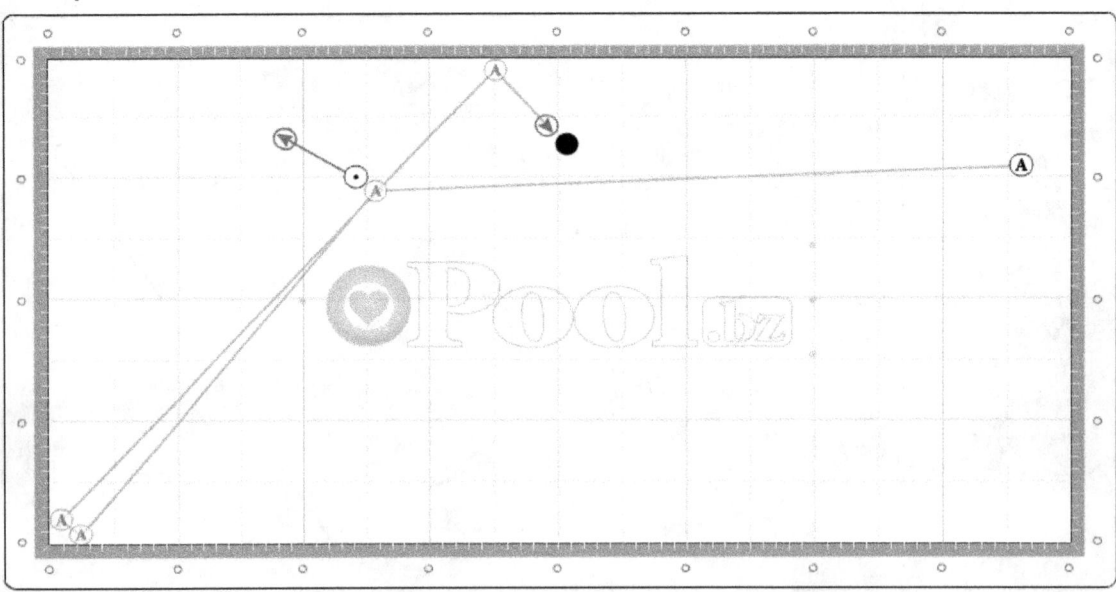

E: Groep 3

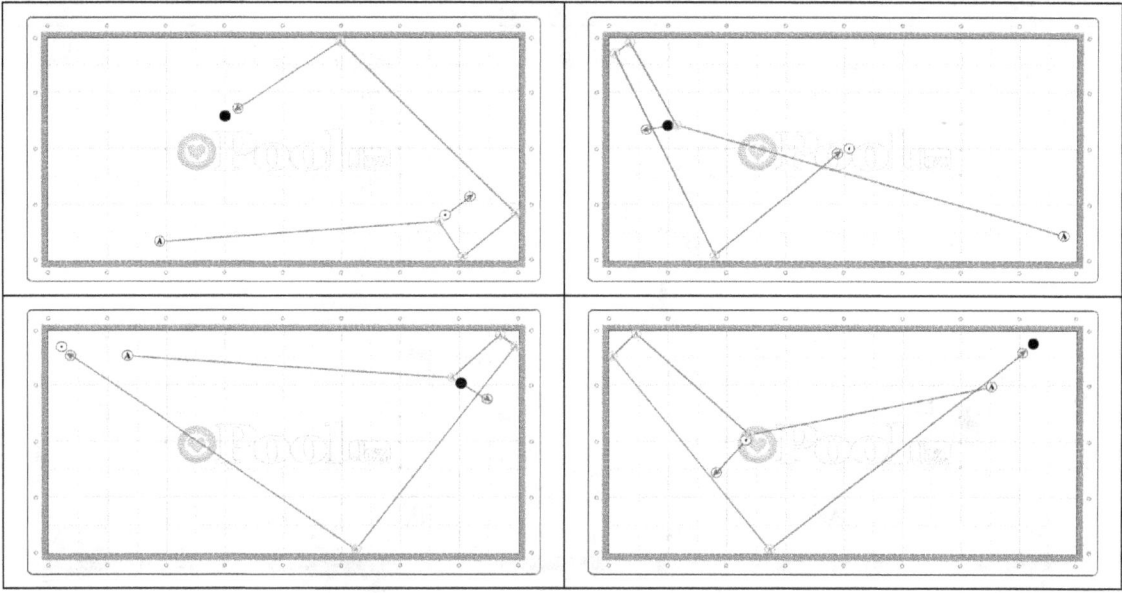

Analyse:

E:3a. _____

E:3b. _____

E:3c. _____

E:3d. _____

E:3a – Opstelling

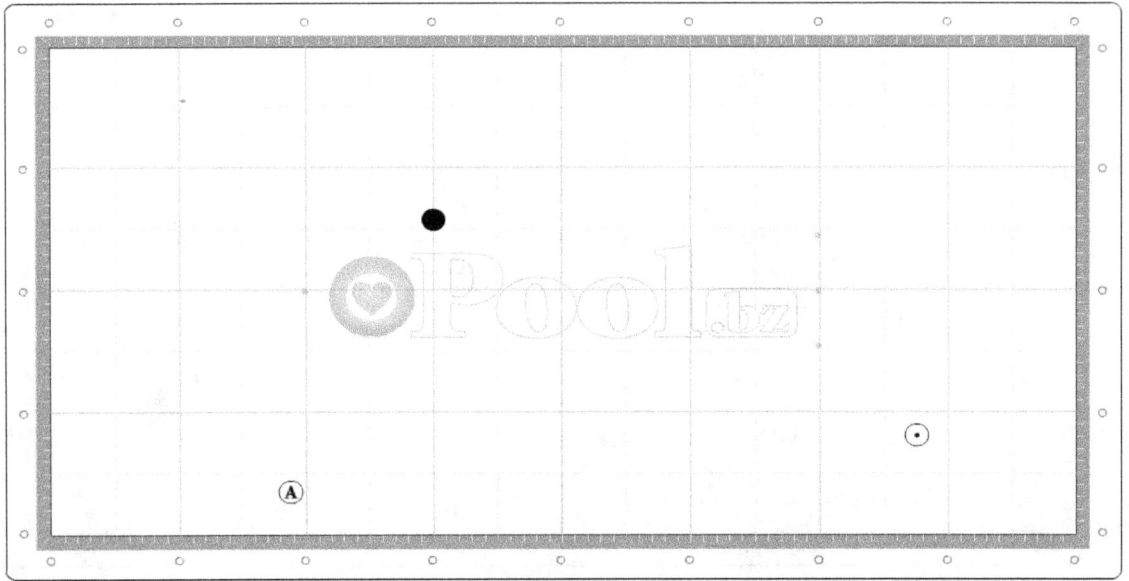

Opmerkingen en ideeën:

Schotpatroon

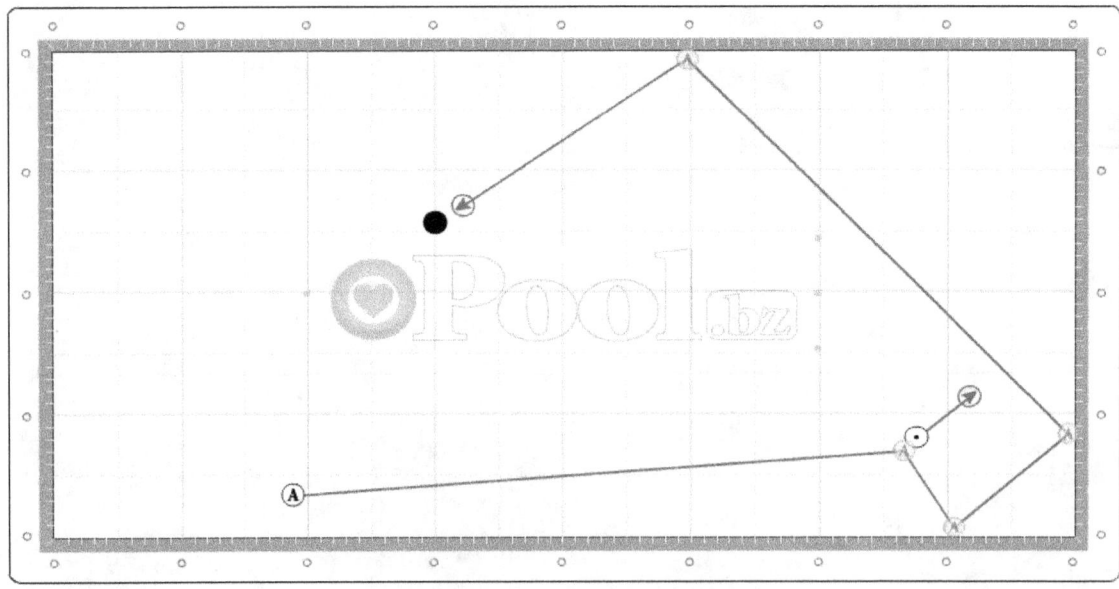

E:3b – Opstelling

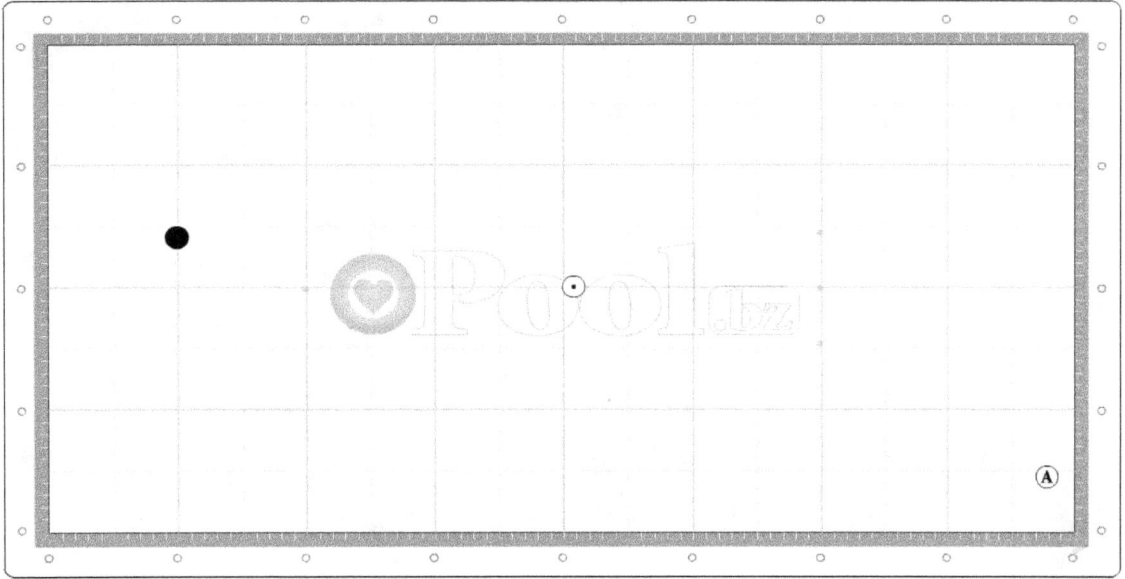

Opmerkingen en ideeën:

Schotpatroon

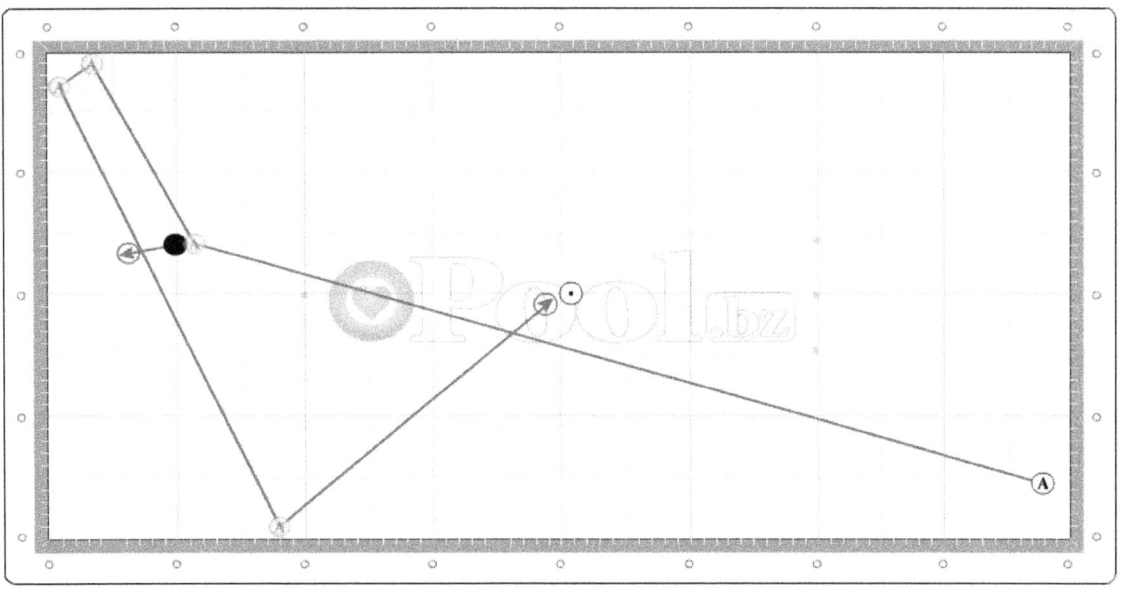

E:3c – Opstelling

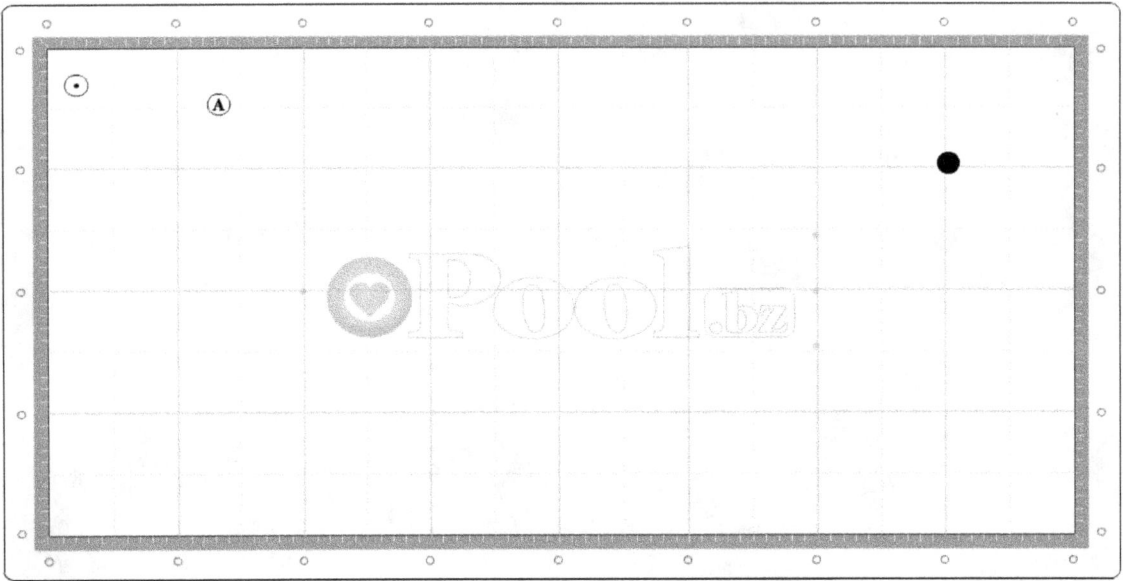

Opmerkingen en ideeën:

Schotpatroon

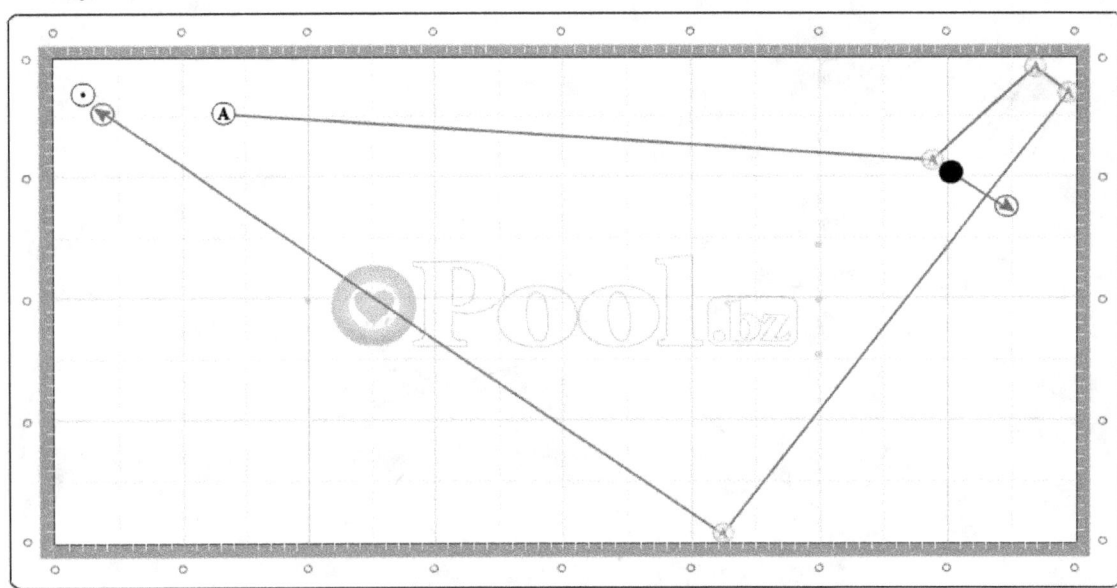

E:3d – Opstelling

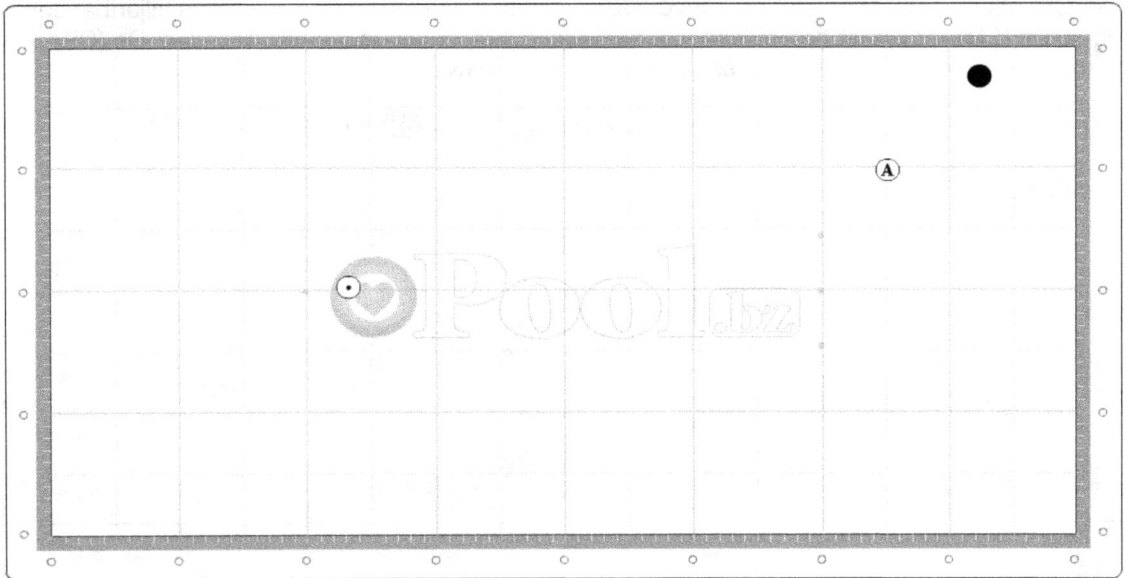

Opmerkingen en ideeën:

Schotpatroon

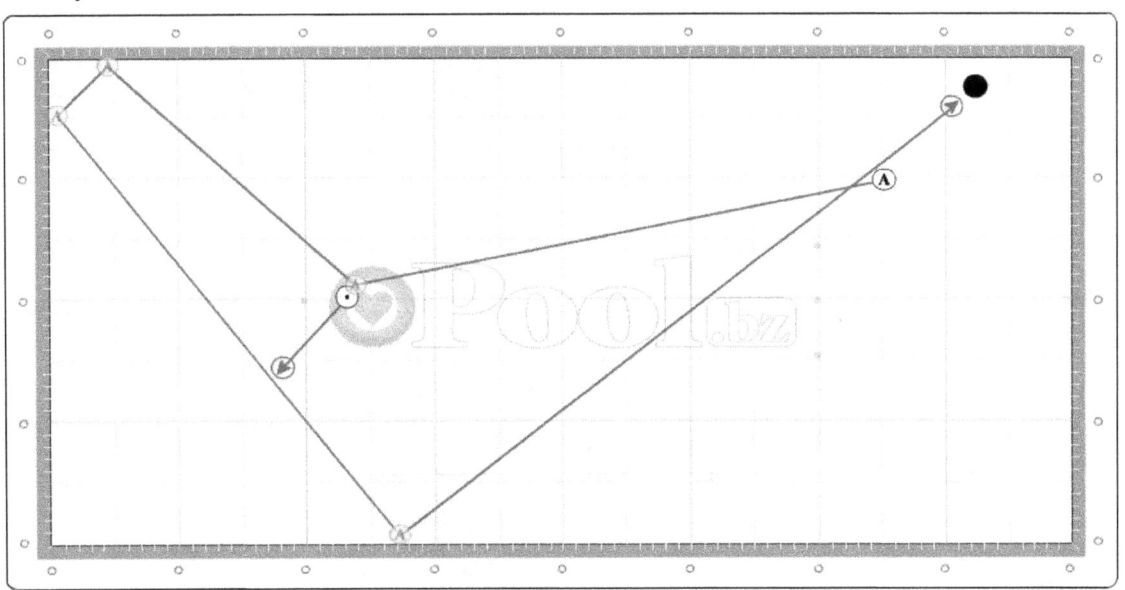

F: Ondiepe hoek, de heuvel af

De (CB) neemt contact op met de eerste (OB) en gaat vervolgens de hoek in, lang biljartbanden eerst. De (CB) komt naar het midden van het tegenoverliggende lange biljartbanden. De (CB) komt uit op een ondiepe lijn en neemt contact op met de tweede (OB).

Ⓐ (CB) (uw biljartbal) – ⊙ (OB) (tegenstander biljartbal) – ● (OB) (rode biljartbal)

: Groep 1

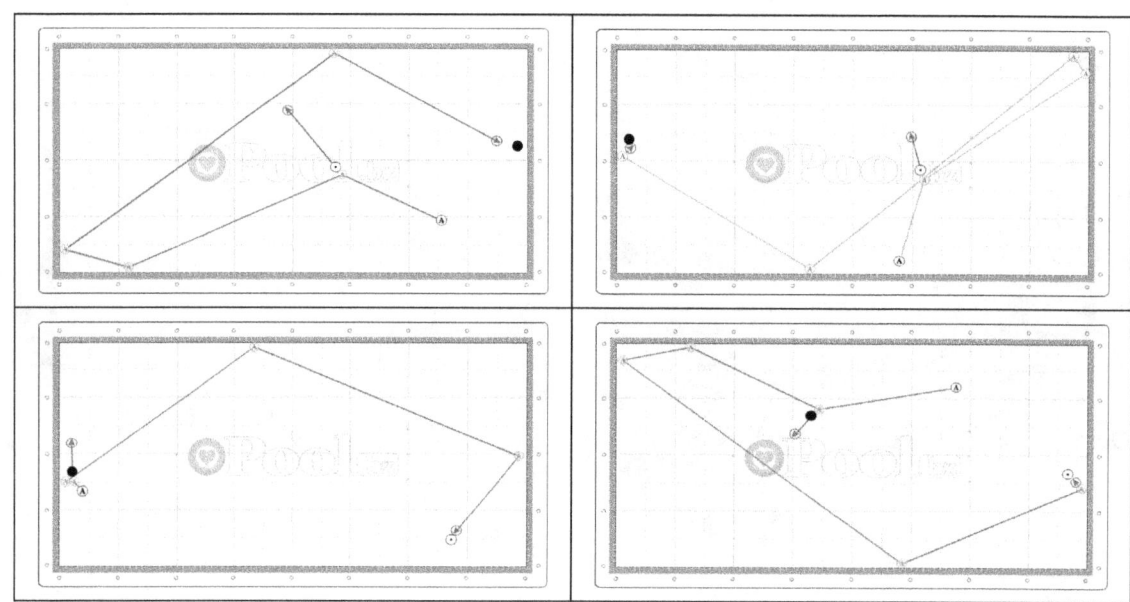

Analyse:

F:1a. _____

F:1b. _____

F:1c. _____

F:1d. _____

F:1a – Opstelling

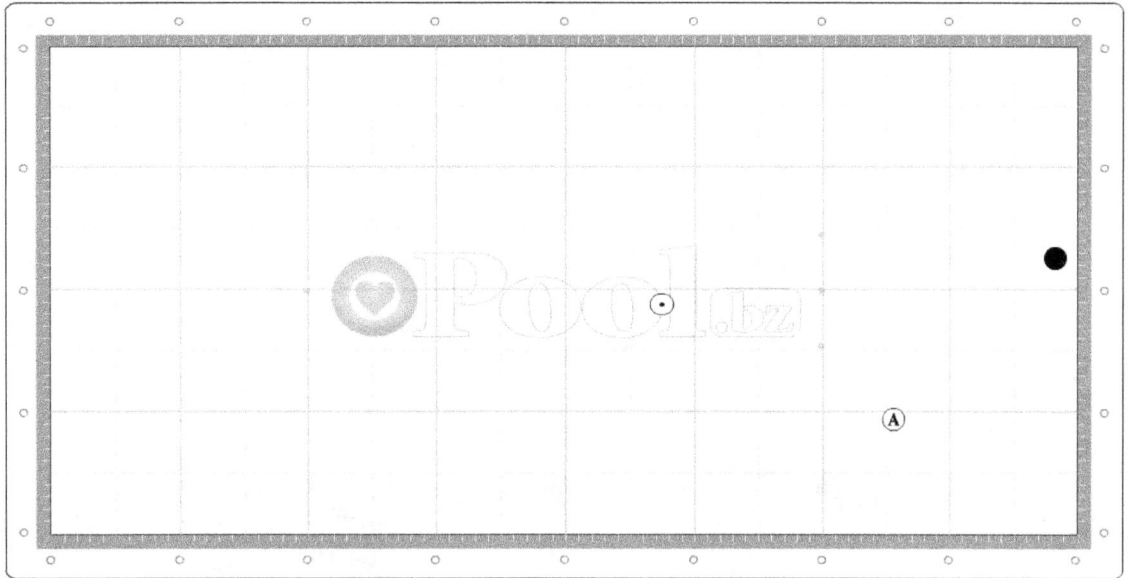

Opmerkingen en ideeën:

Schotpatroon

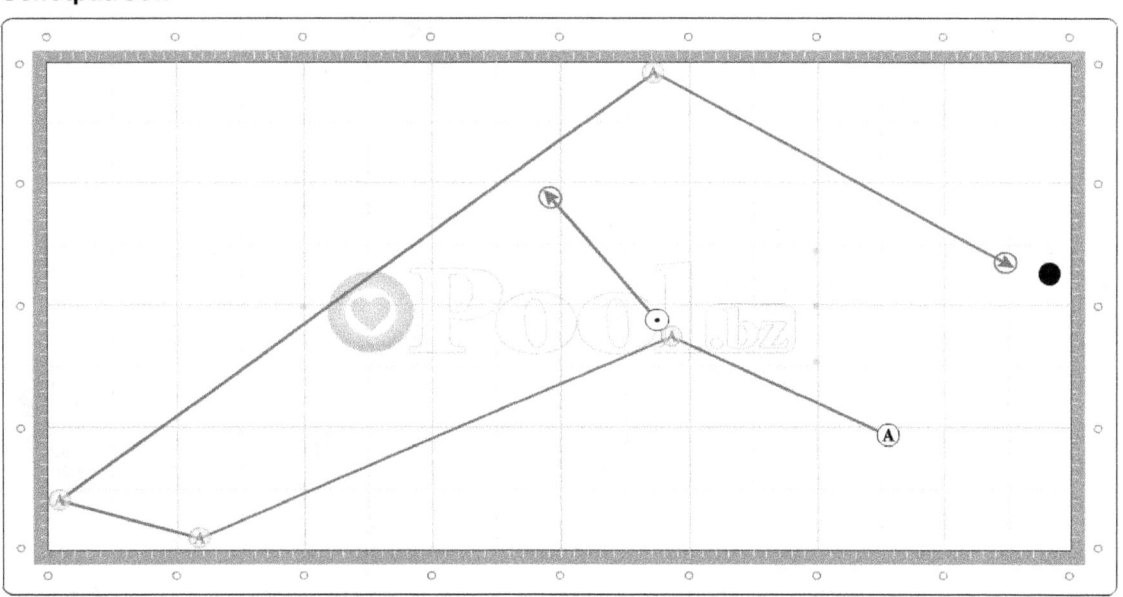

F:1b – Opstelling

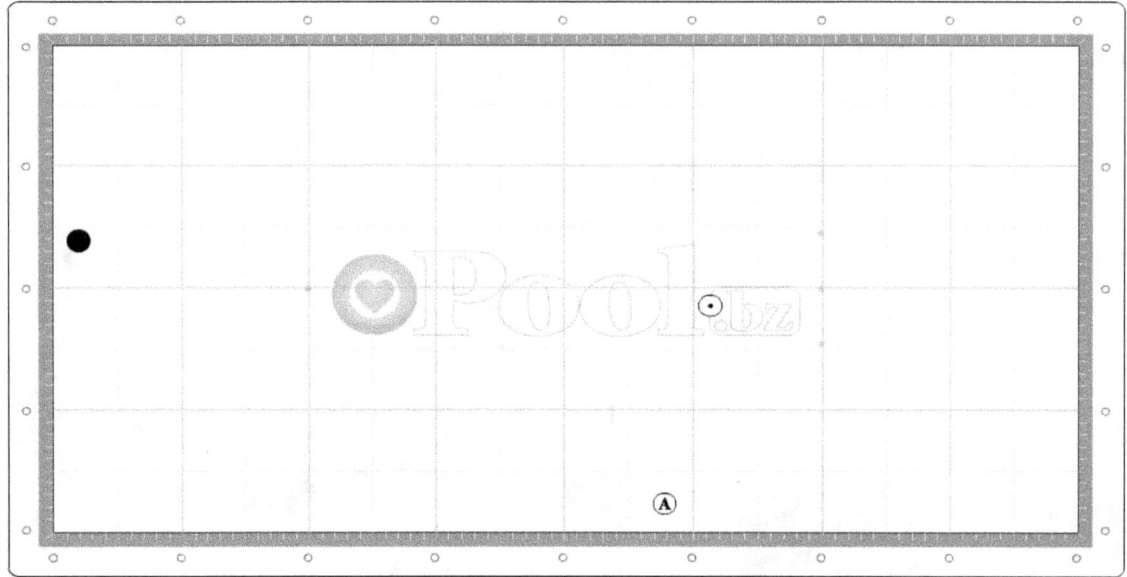

Opmerkingen en ideeën:

Schotpatroon

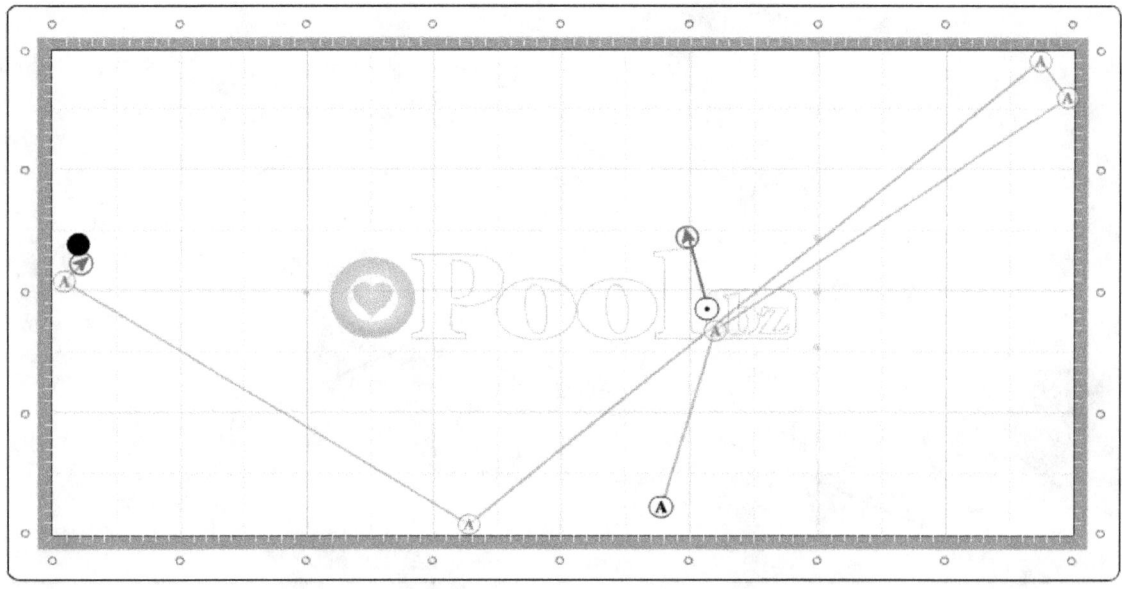

F:1c – Opstelling

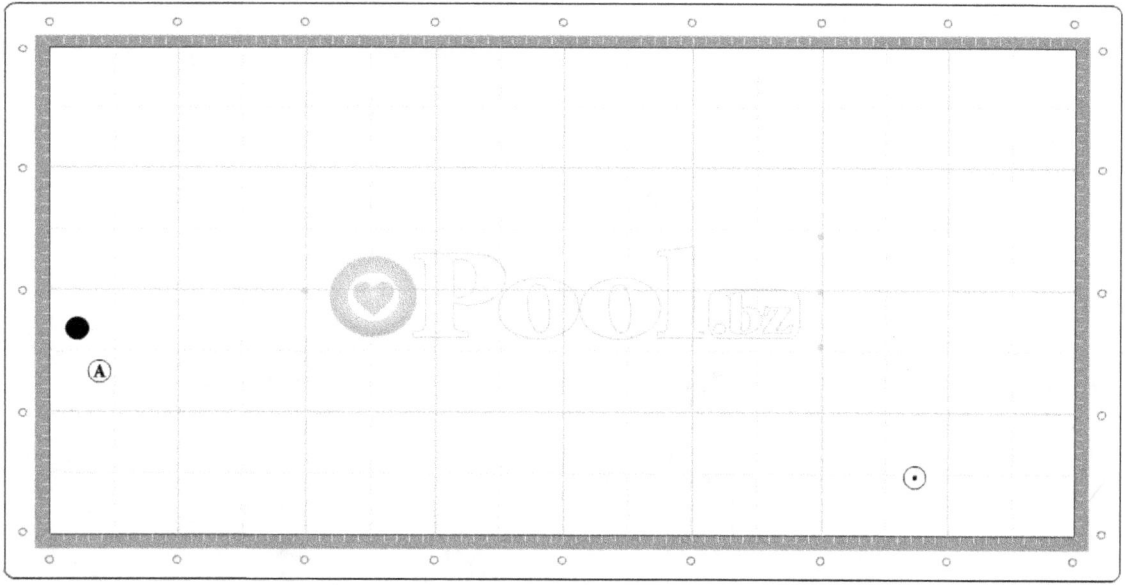

Opmerkingen en ideeën:

Schotpatroon

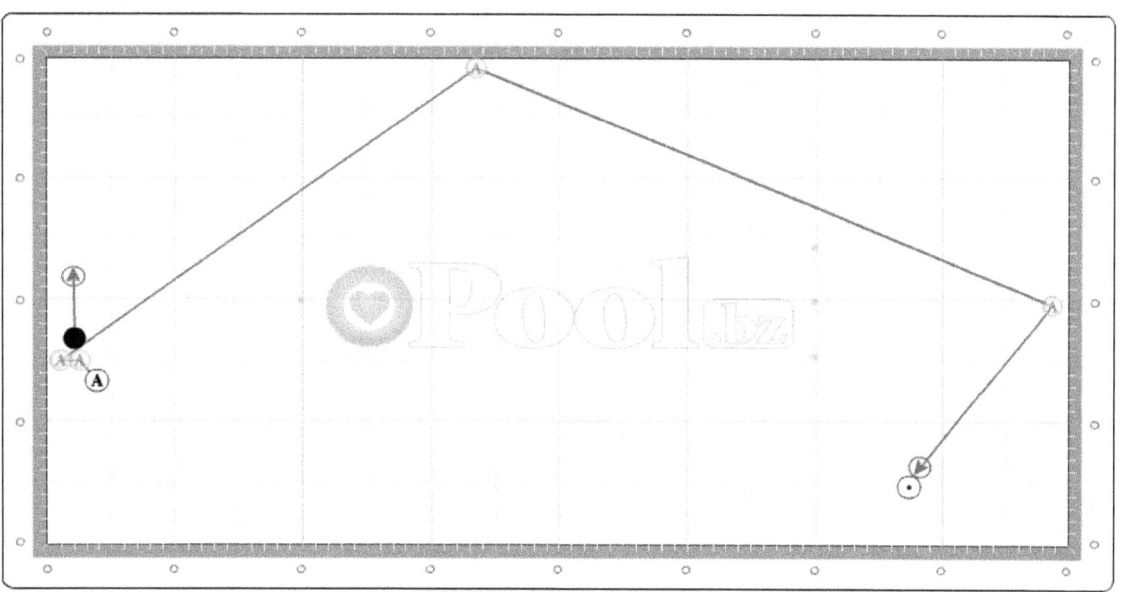

F:1d – Opstelling

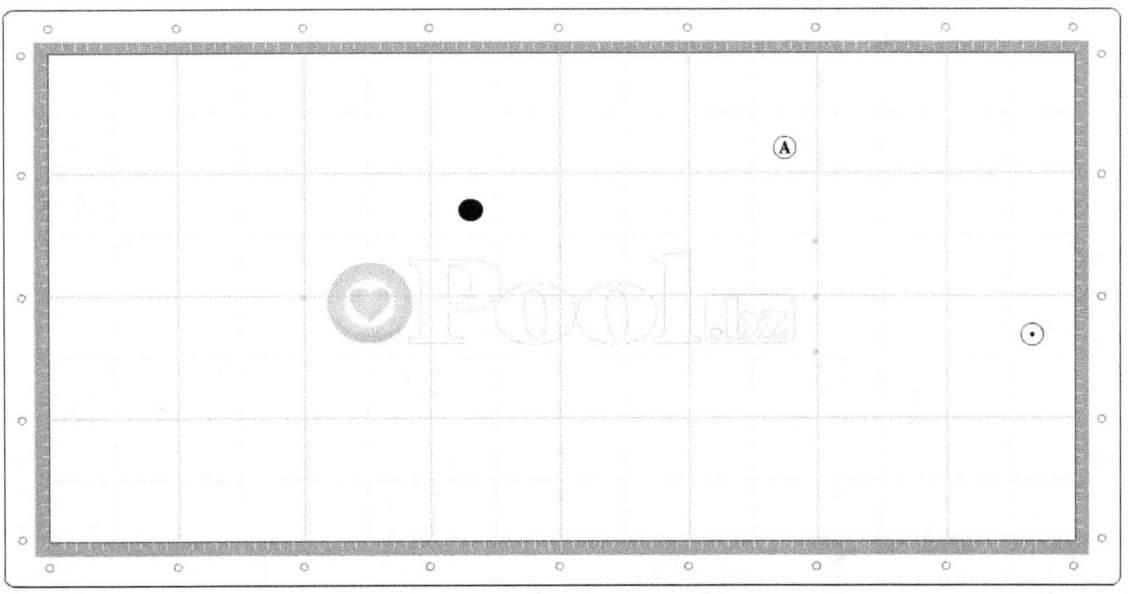

Opmerkingen en ideeën:

Schotpatroon

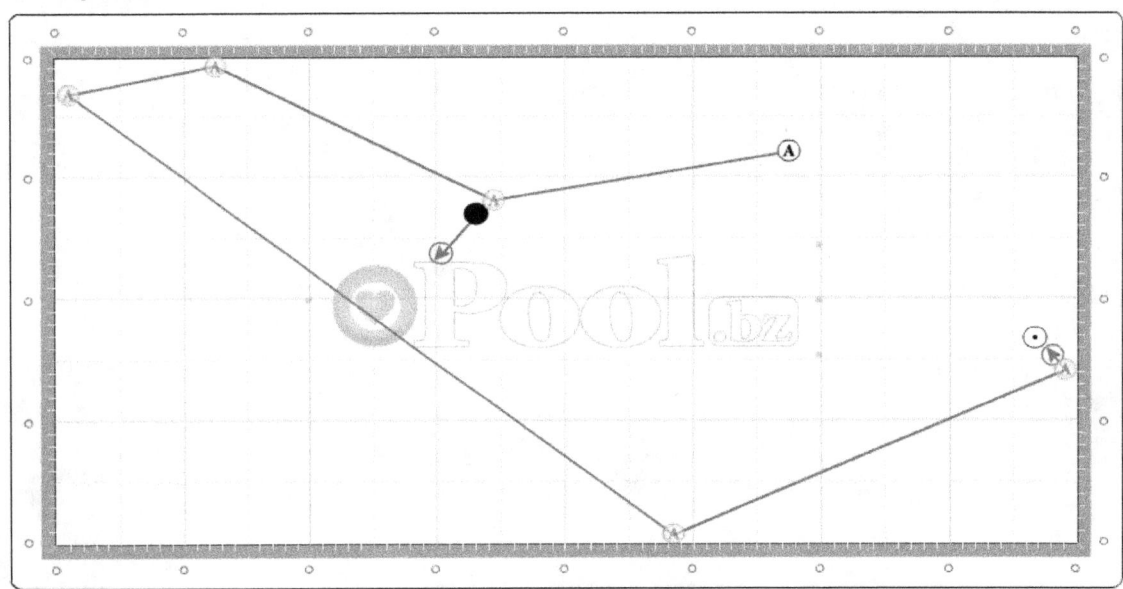

F: Groep 2

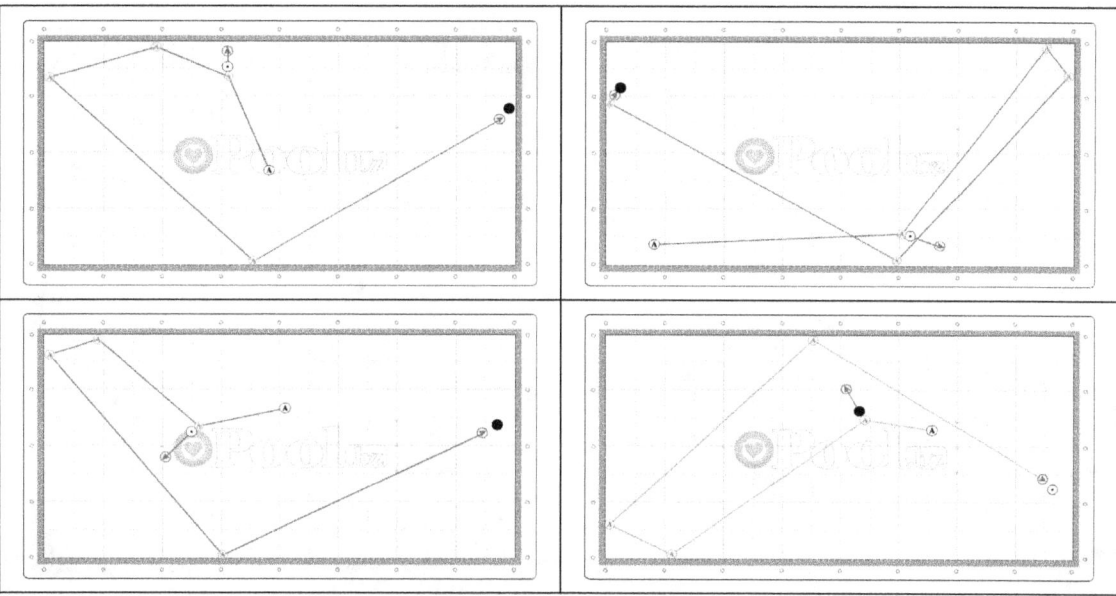

Analyse:

F:2a. _____

F:2b. _____

F:2c. _____

F:2d. _____

F:2a – Opstelling

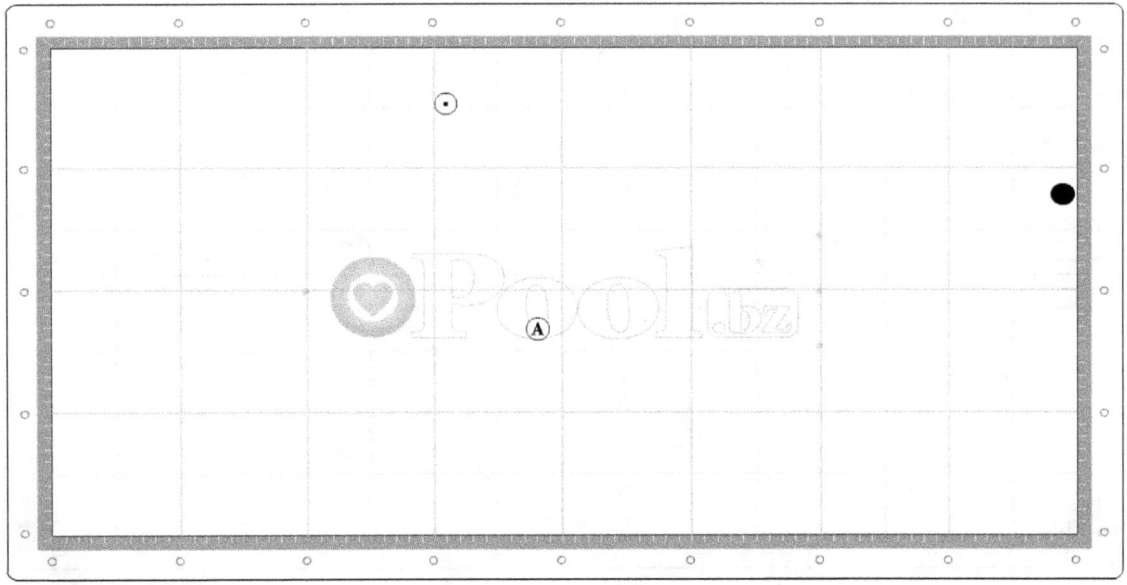

Opmerkingen en ideeën:

Schotpatroon

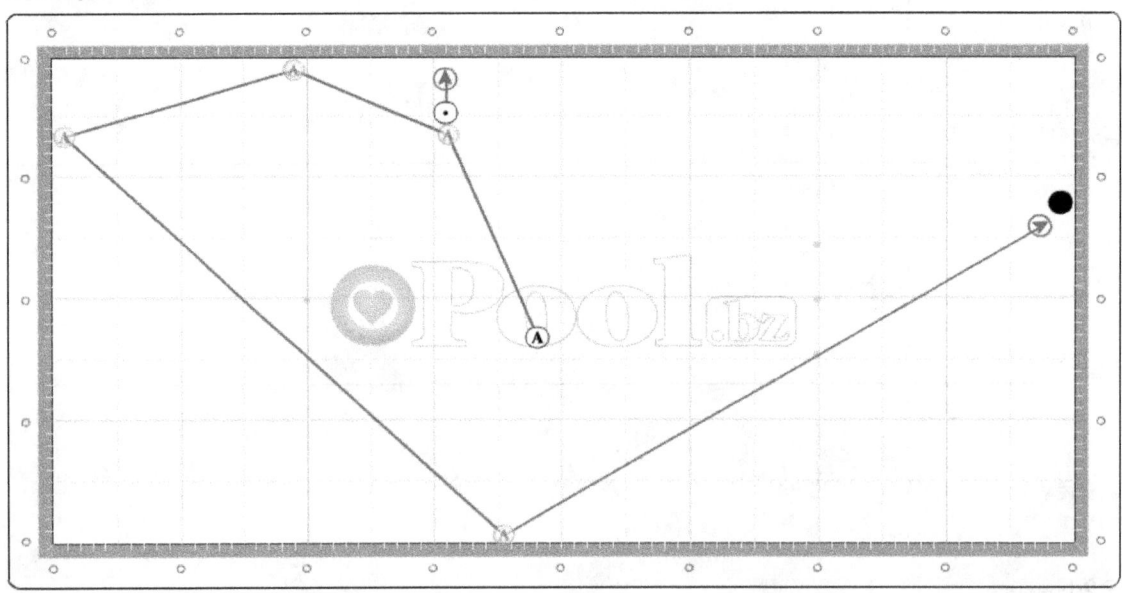

F:2b – Opstelling

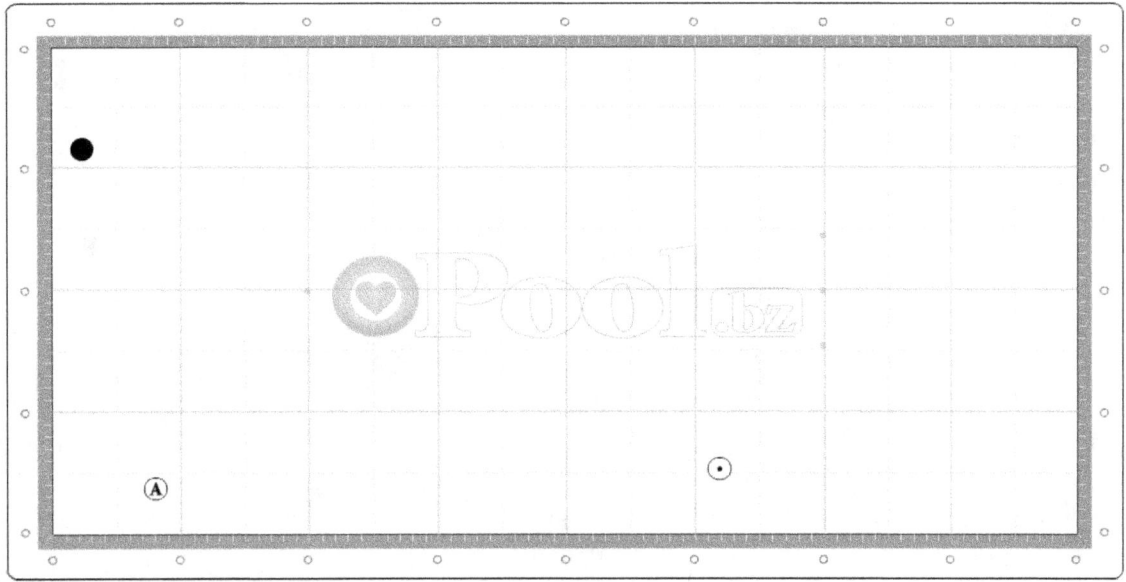

Opmerkingen en ideeën:

Schotpatroon

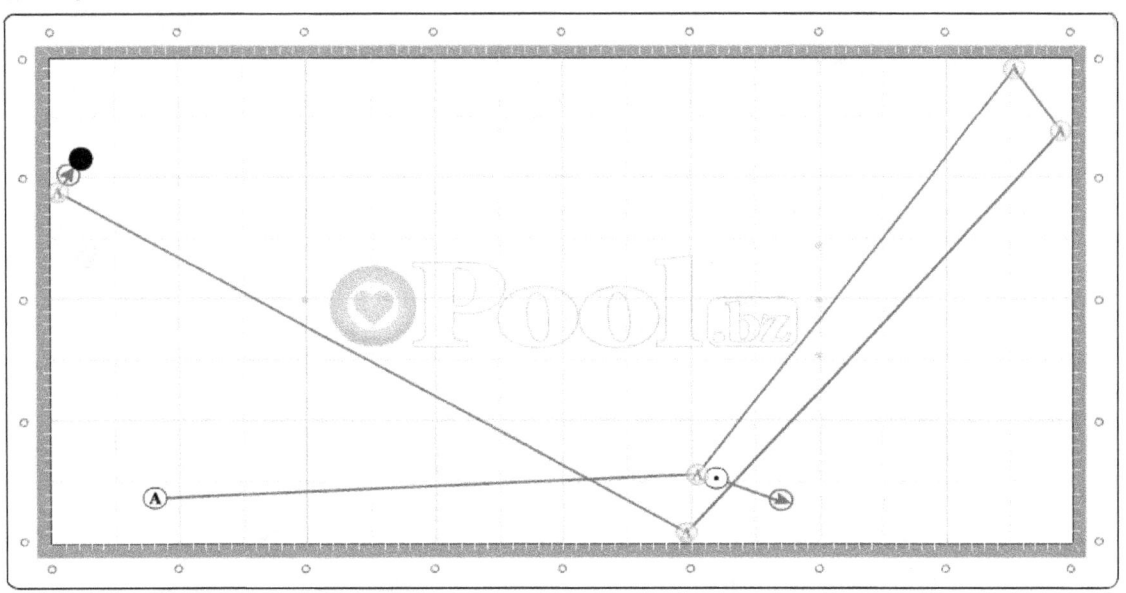

F:2c – Opstelling

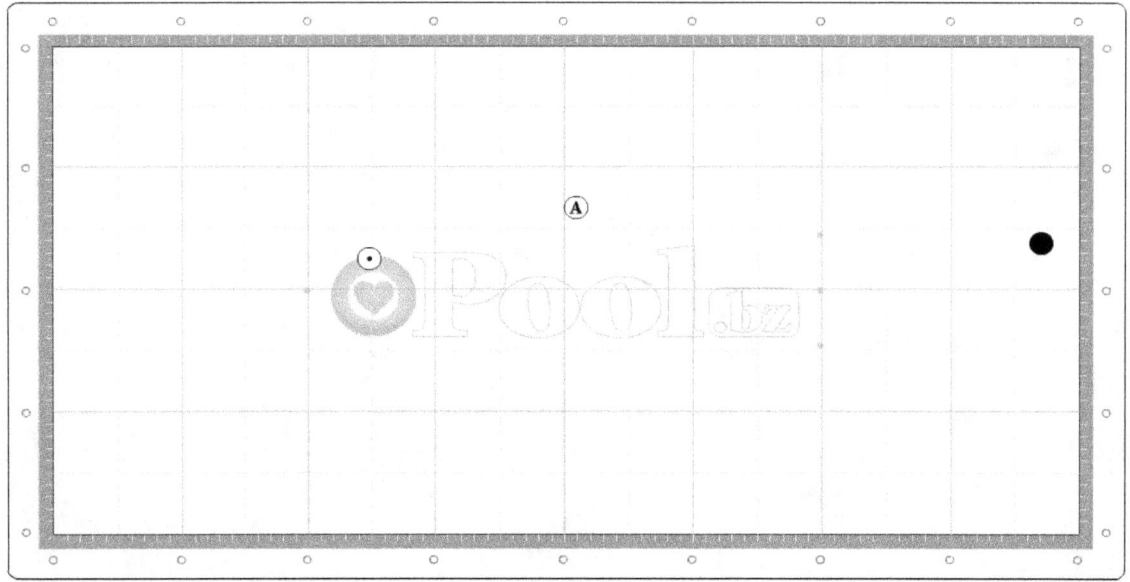

Opmerkingen en ideeën:

Schotpatroon

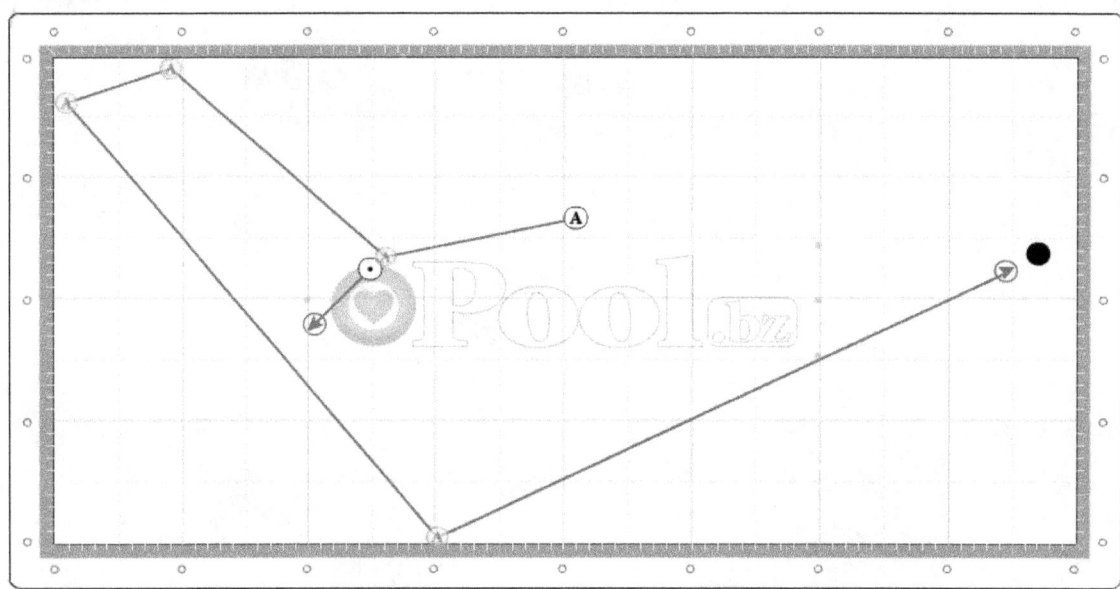

F:2d – Opstelling

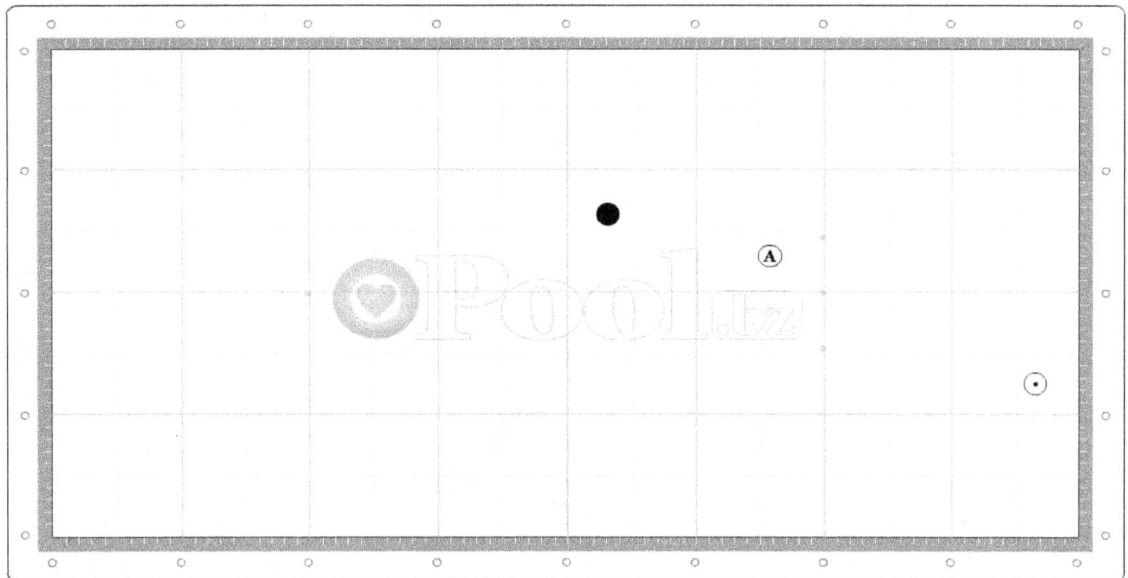

Opmerkingen en ideeën:

Schotpatroon

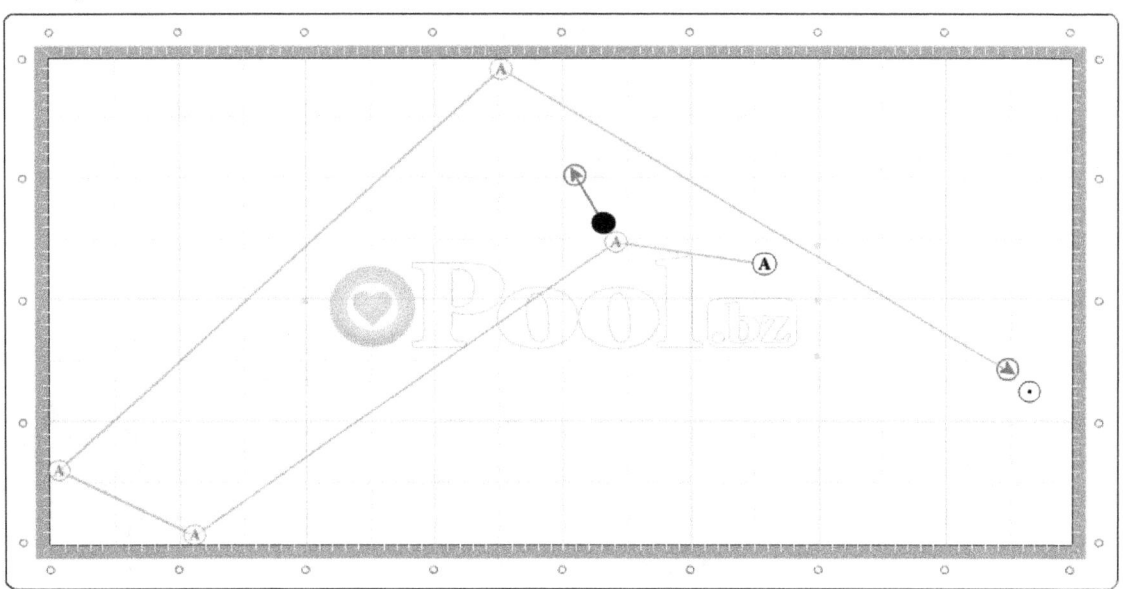

F: Groep 3

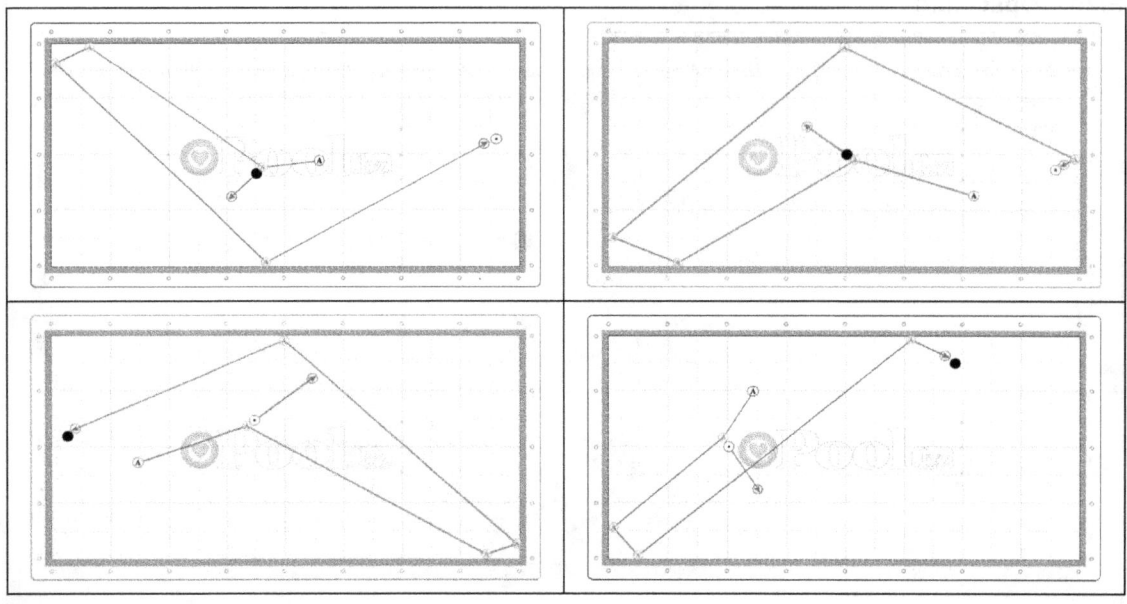

Analyse:

F:3a. _____

F:3b. _____

F:3c. _____

F:3d. _____

F:3a – Opstelling

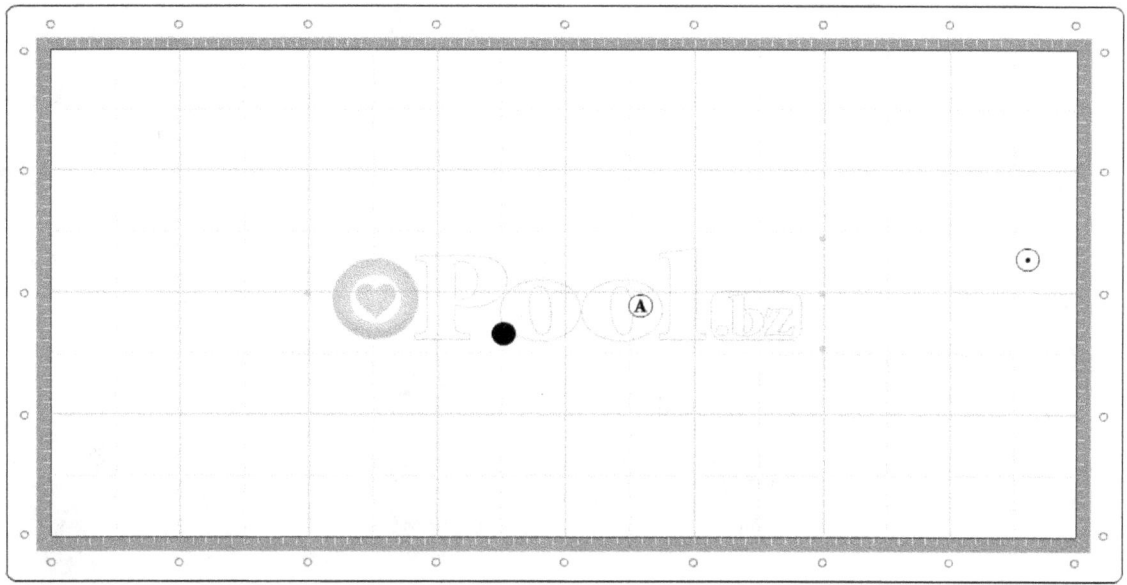

Opmerkingen en ideeën:

Schotpatroon

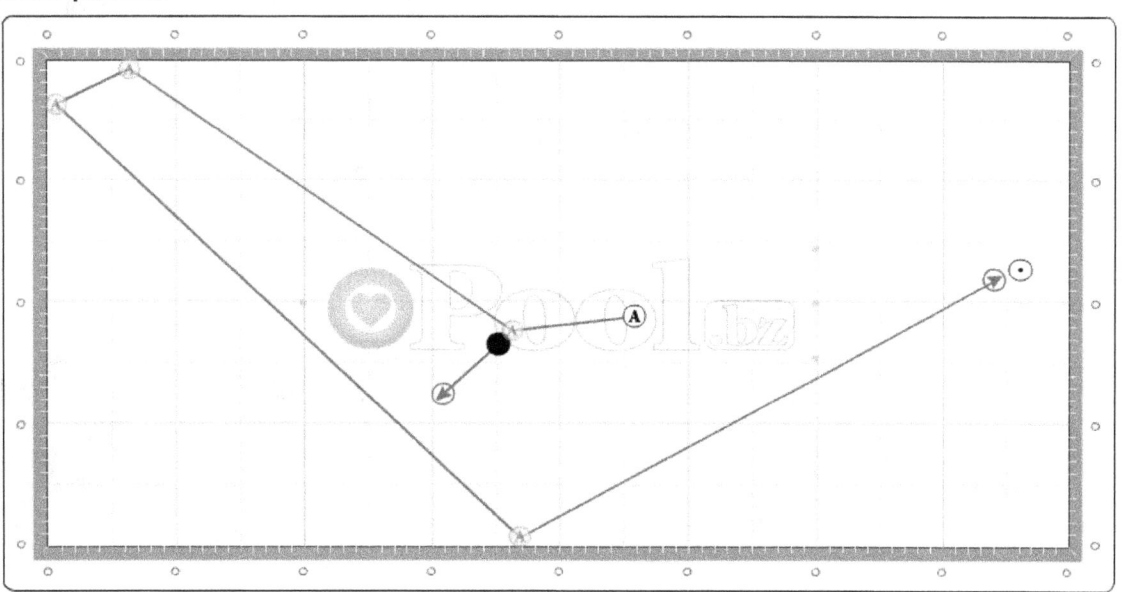

F:3b – Opstelling

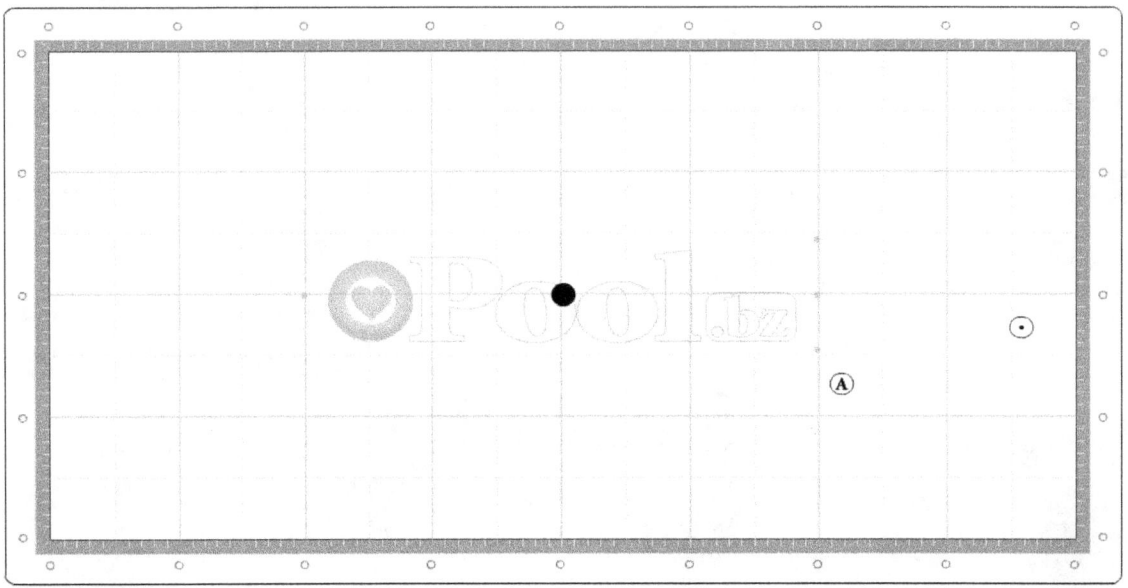

Opmerkingen en ideeën:

Schotpatroon

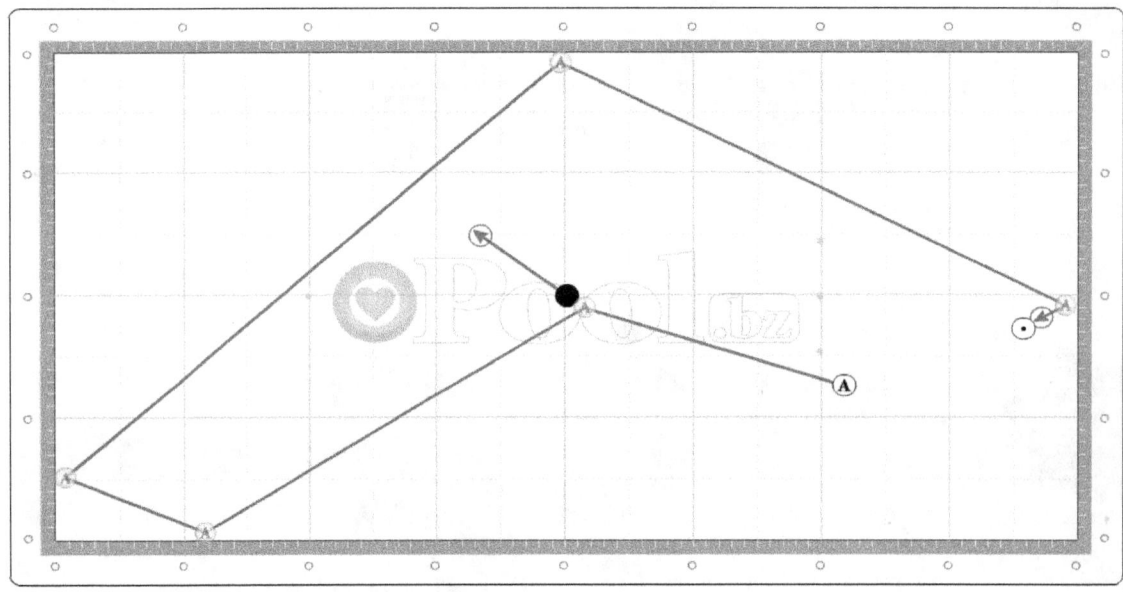

F:3c – Opstelling

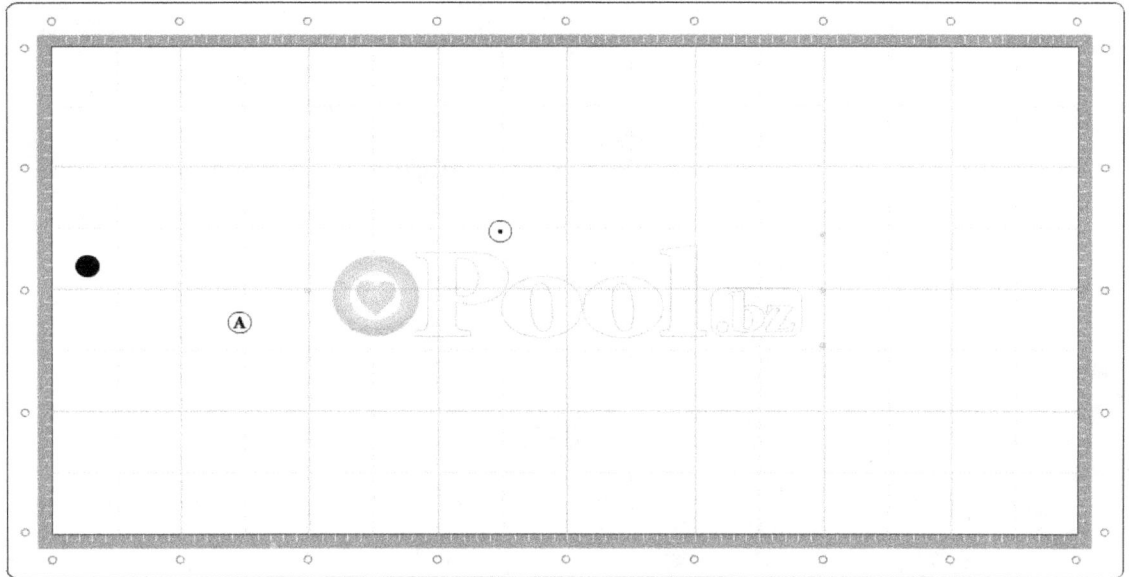

Opmerkingen en ideeën:

Schotpatroon

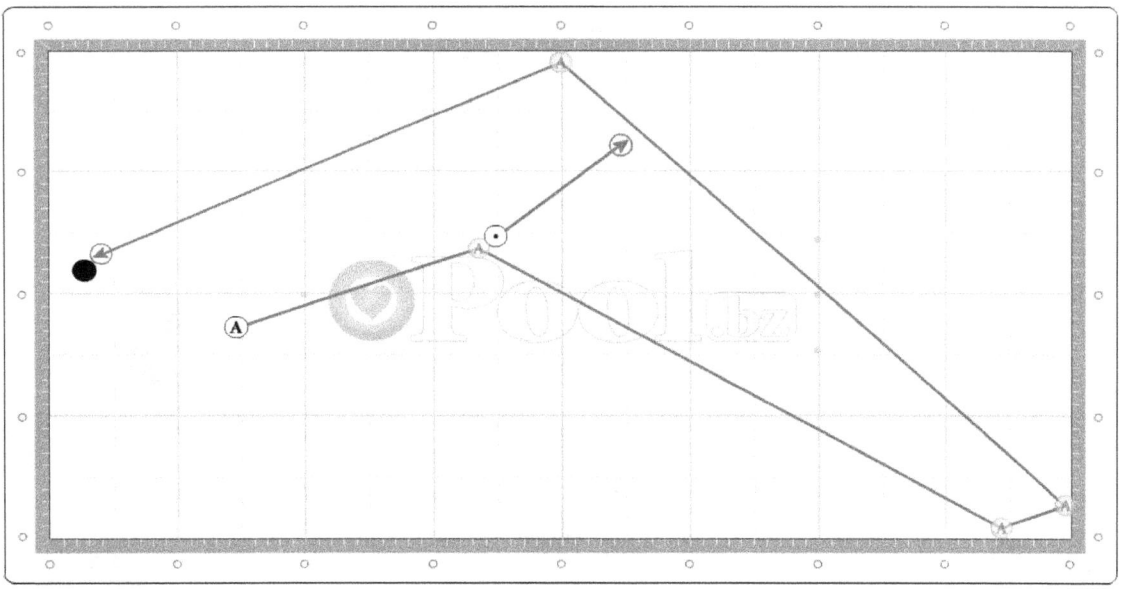

F:3d – Opstelling

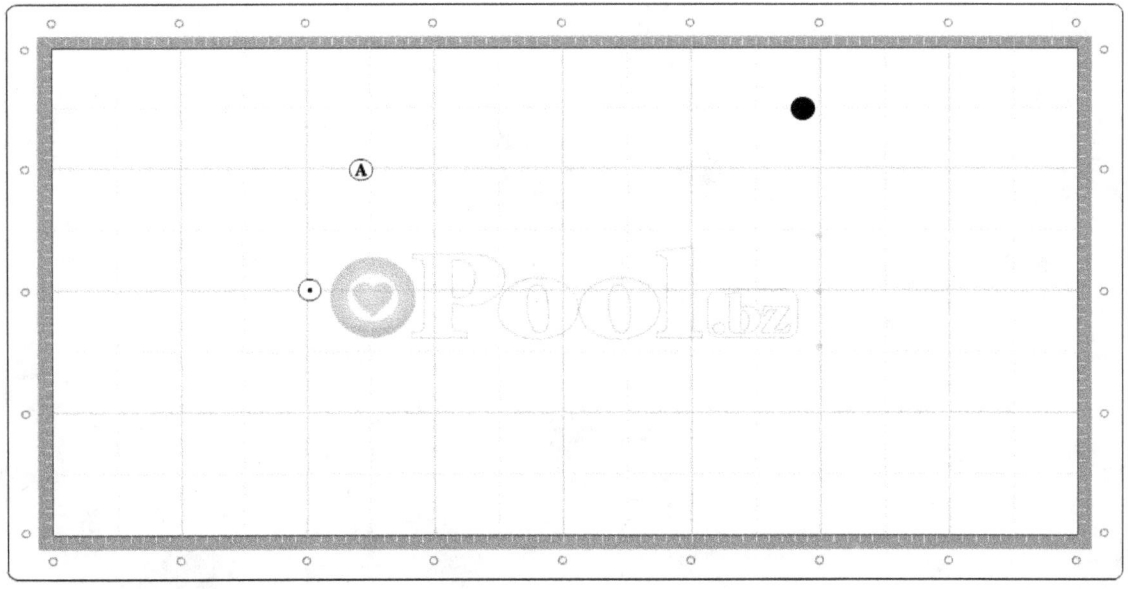

Opmerkingen en ideeën:

Schotpatroon

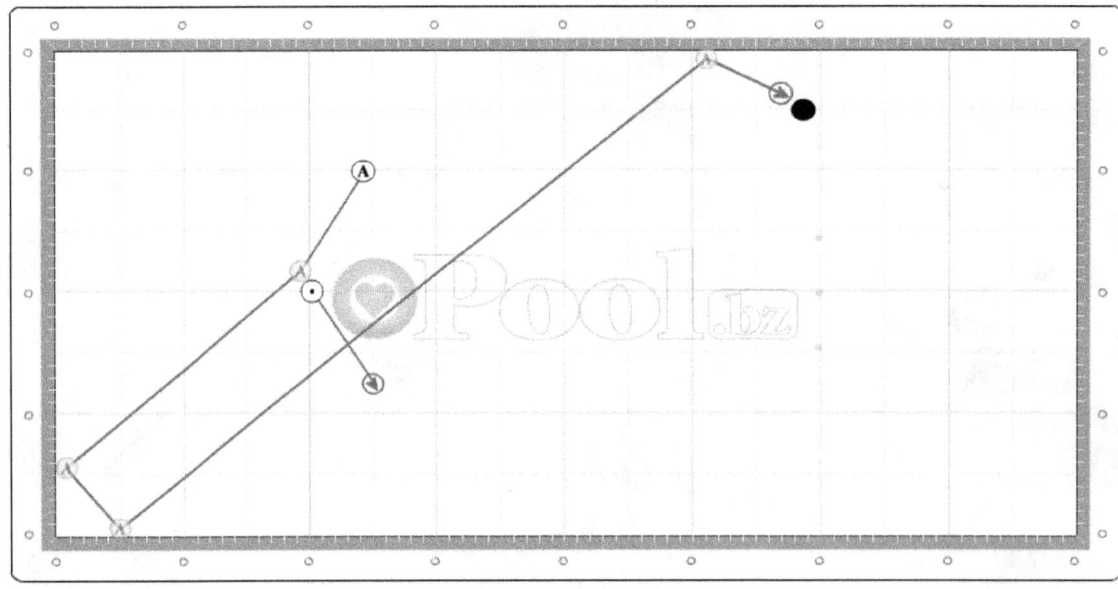

F: Groep 4

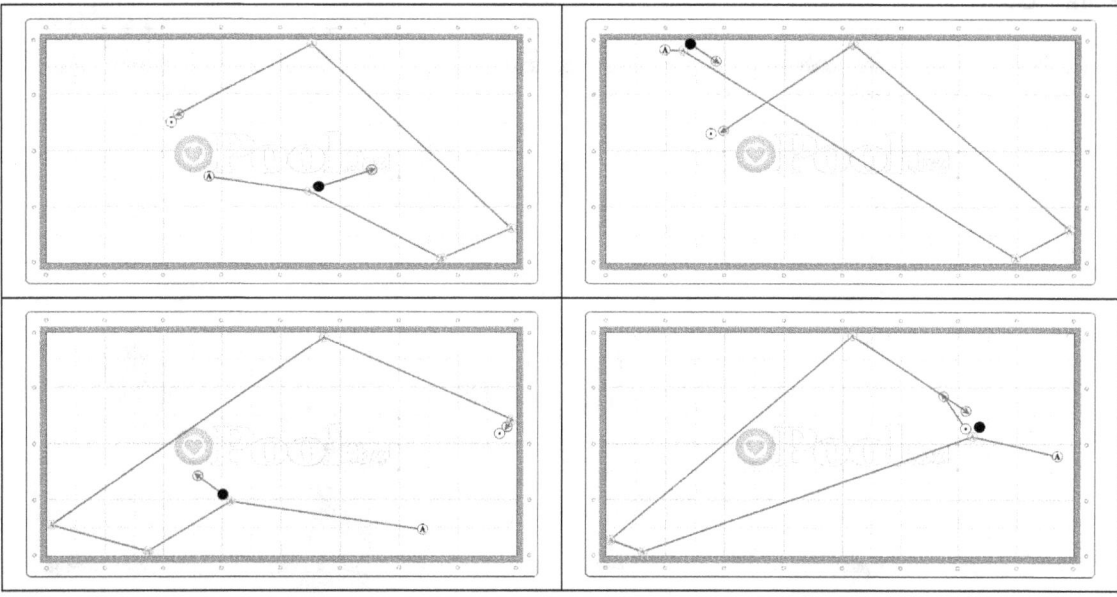

Analyse:

F:4a. _____

F:4b. _____

F:4c. _____

F:4d. _____

F:4a – Opstelling

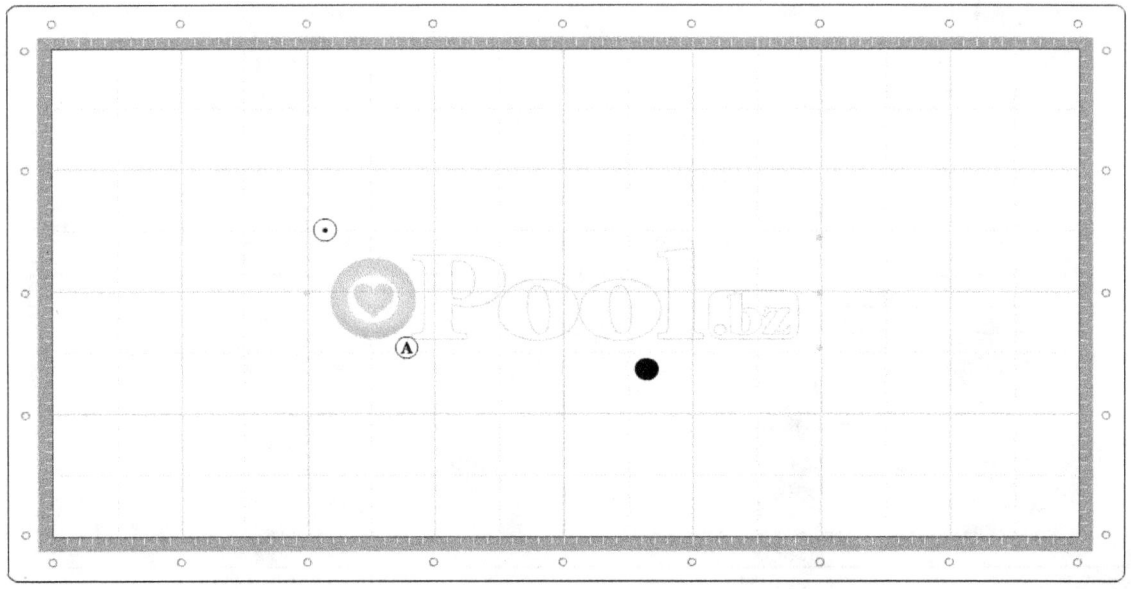

Opmerkingen en ideeën:

Schotpatroon

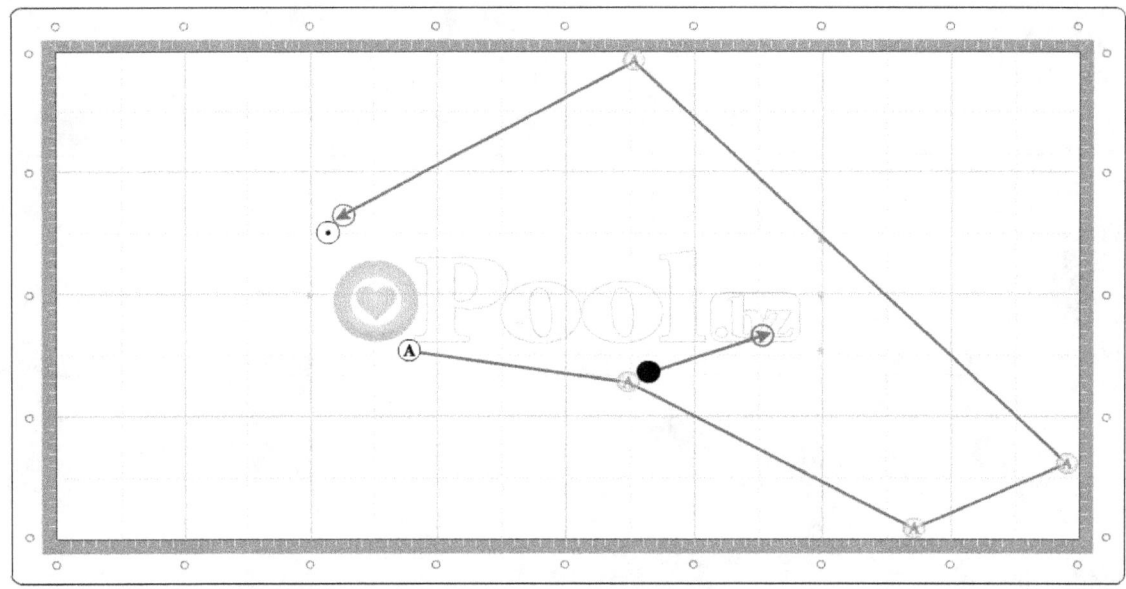

F:4b – Opstelling

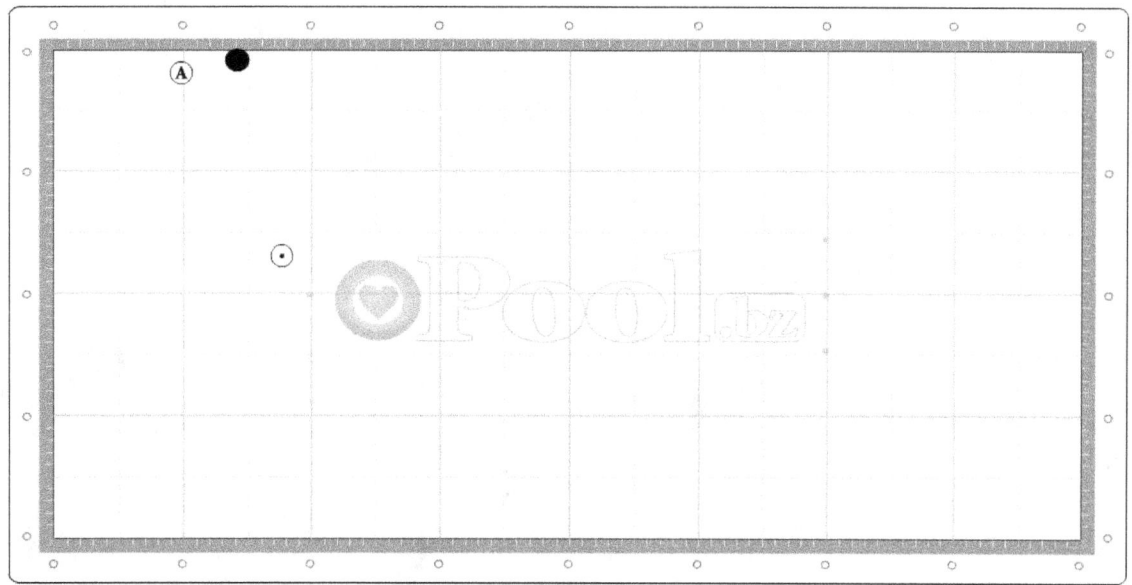

Opmerkingen en ideeën:

Schotpatroon

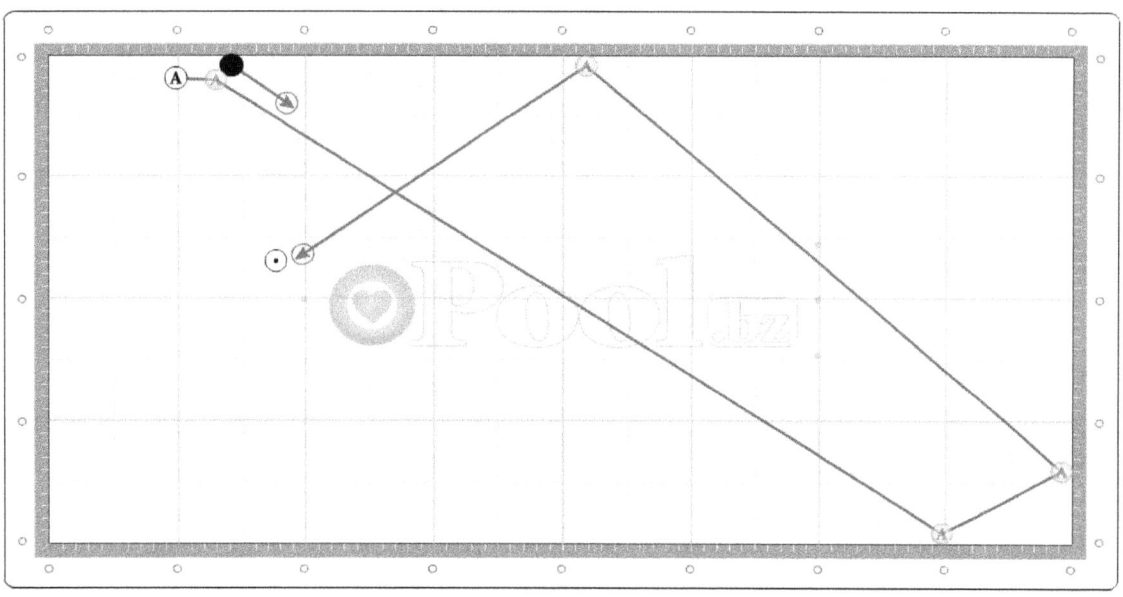

F:4c – Opstelling

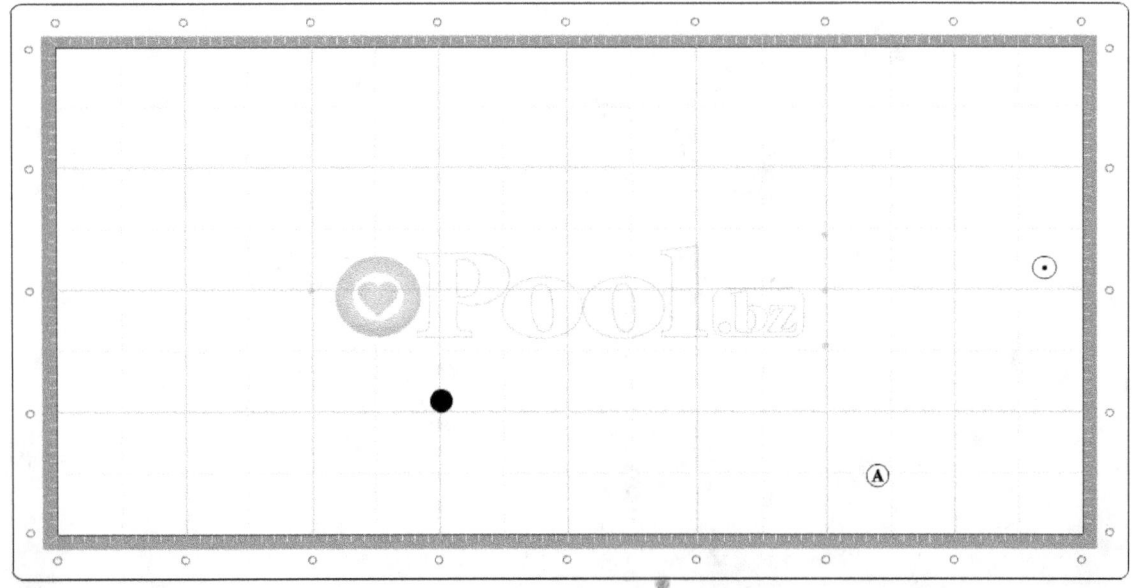

Opmerkingen en ideeën:

Schotpatroon

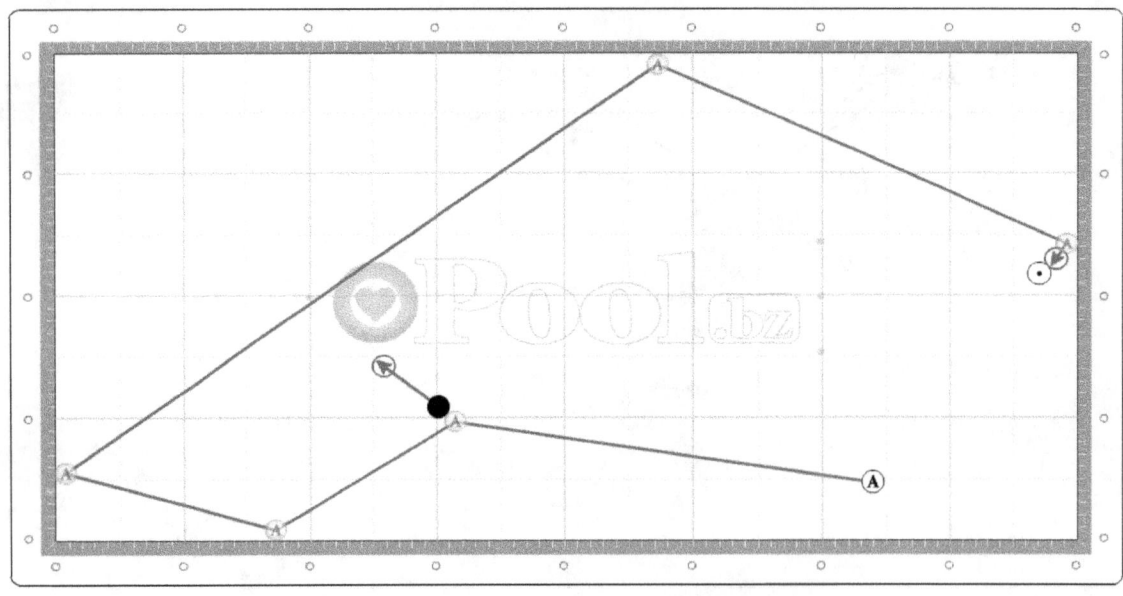

F:4d – Opstelling

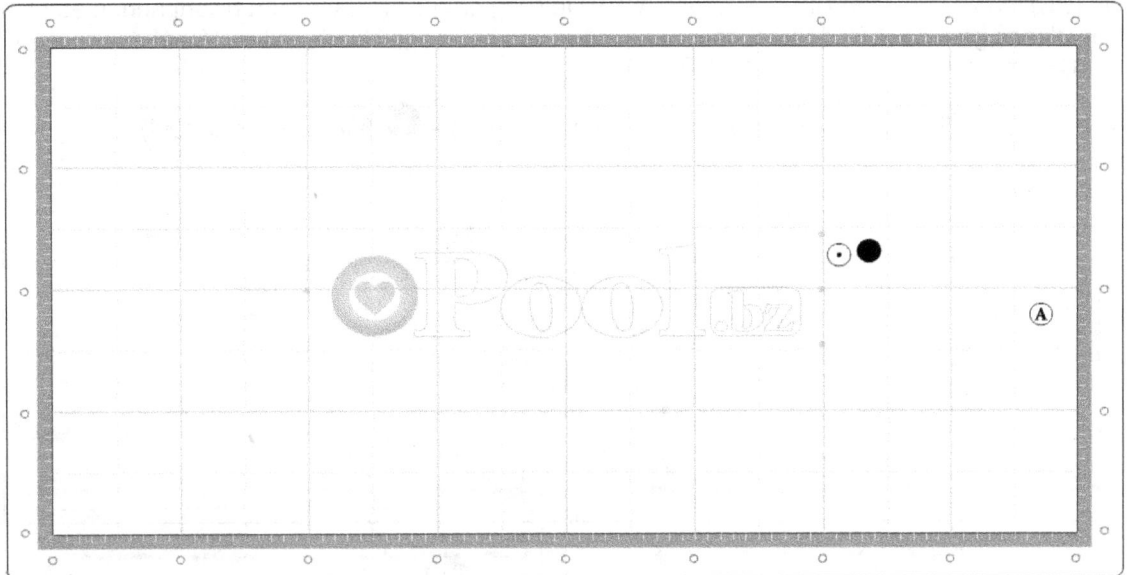

Opmerkingen en ideeën:

Schotpatroon

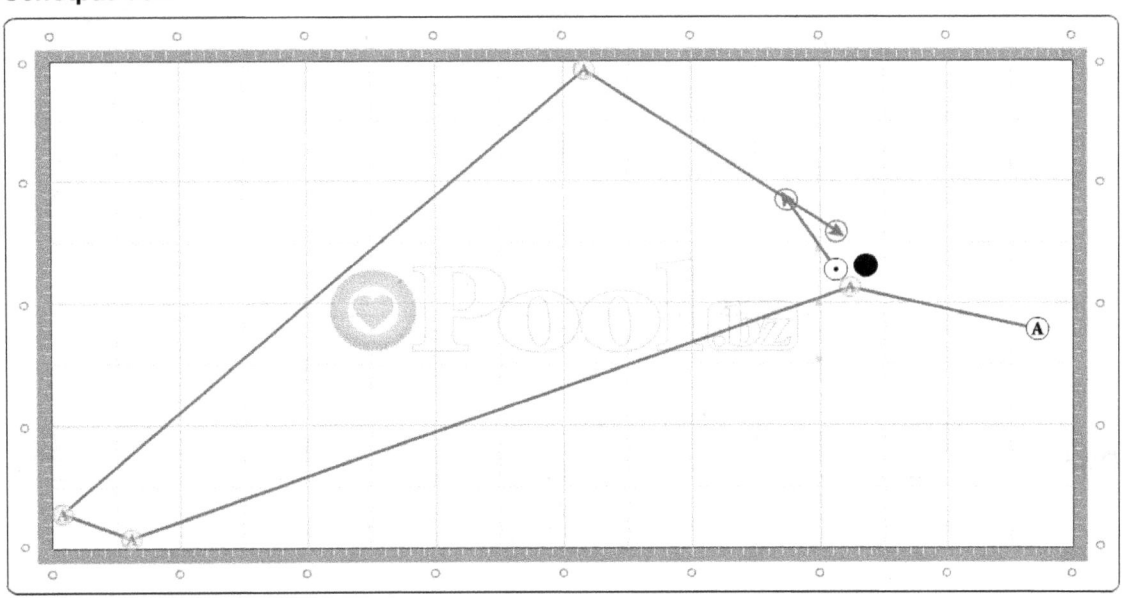

G: In de hoek (kort biljartbanden)

De (CB) maakt verbinding met de eerste (OB). De (CB) gaat de hoek in, kort biljartbanden eerst. Vervolgens gaat de (CB) de tafel naar het midden van het lange biljartbanden. Vanaf daar neemt de (CB) contact op met de tweede (OB).

Ⓐ (CB) (uw biljartbal) – ⊙ (OB) (tegenstander biljartbal) – ● (OB) (rode biljartbal)

G: Groep 1

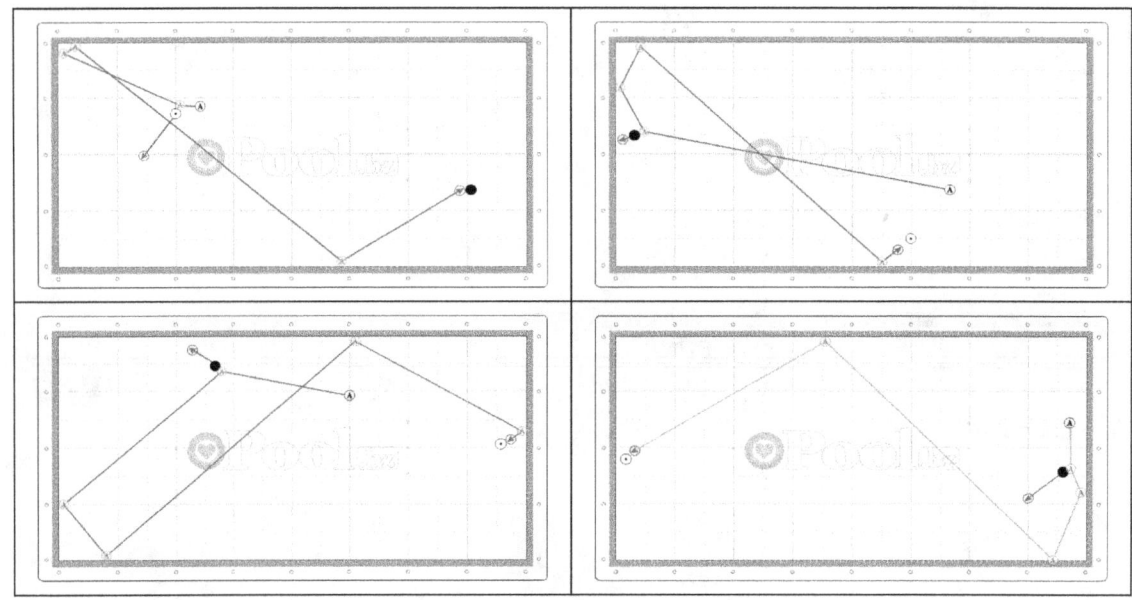

Analyse:

G:1a. _____

G:1b. _____

G:1c. _____

G:1d. _____

G:1a – Opstelling

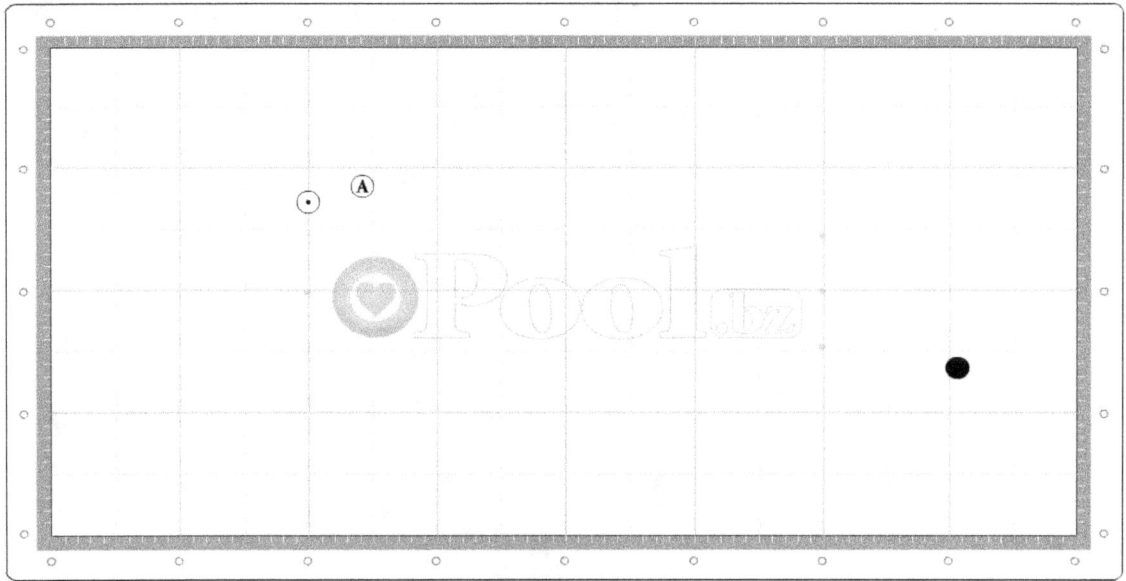

Opmerkingen en ideeën:

Schotpatroon

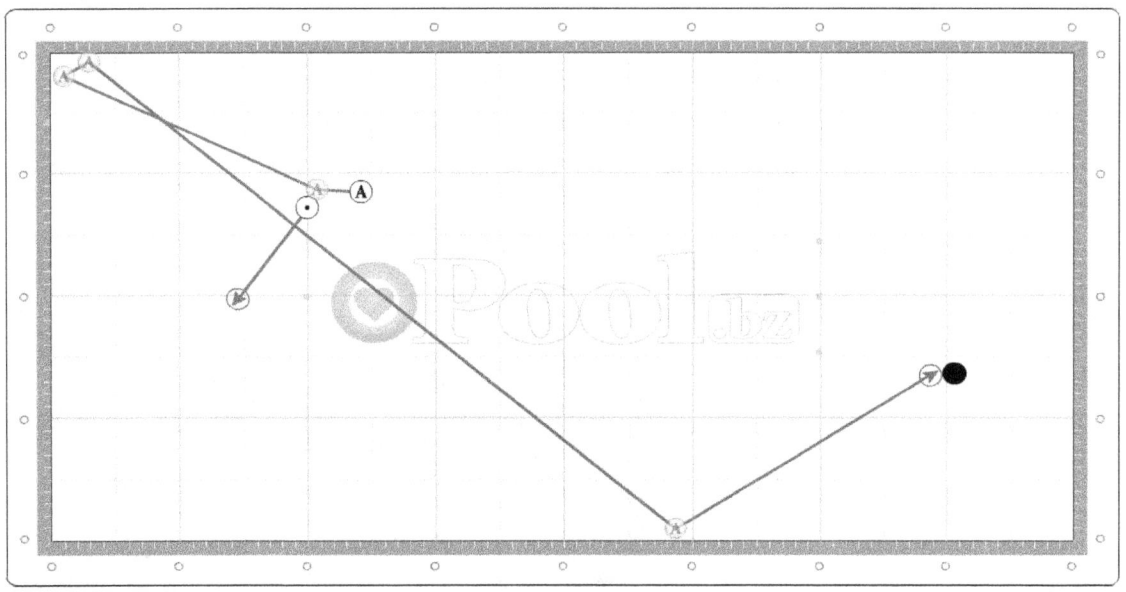

G:1b – Opstelling

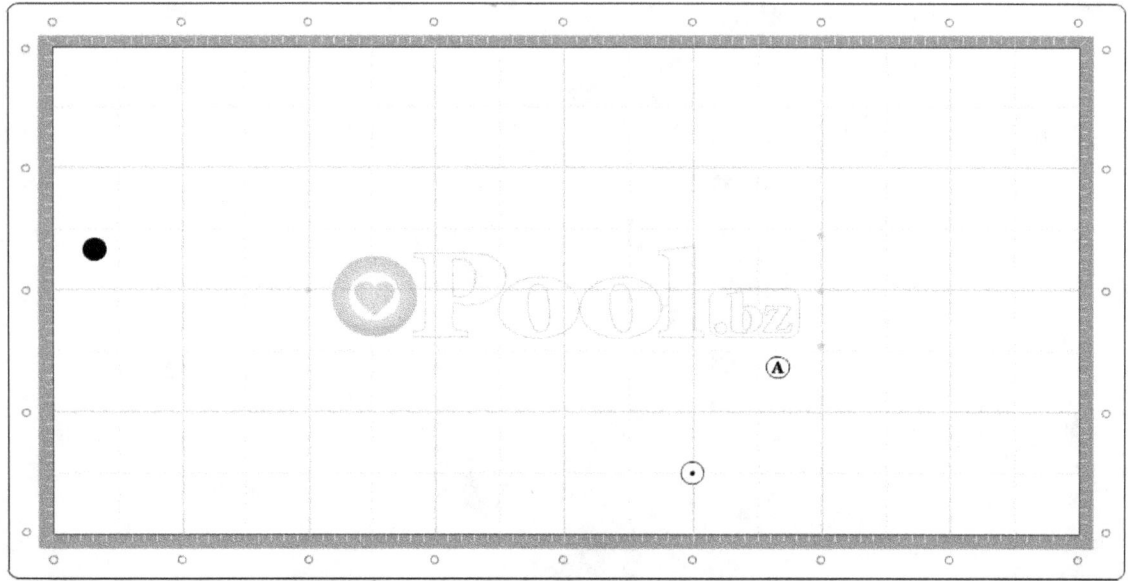

Opmerkingen en ideeën:

Schotpatroon

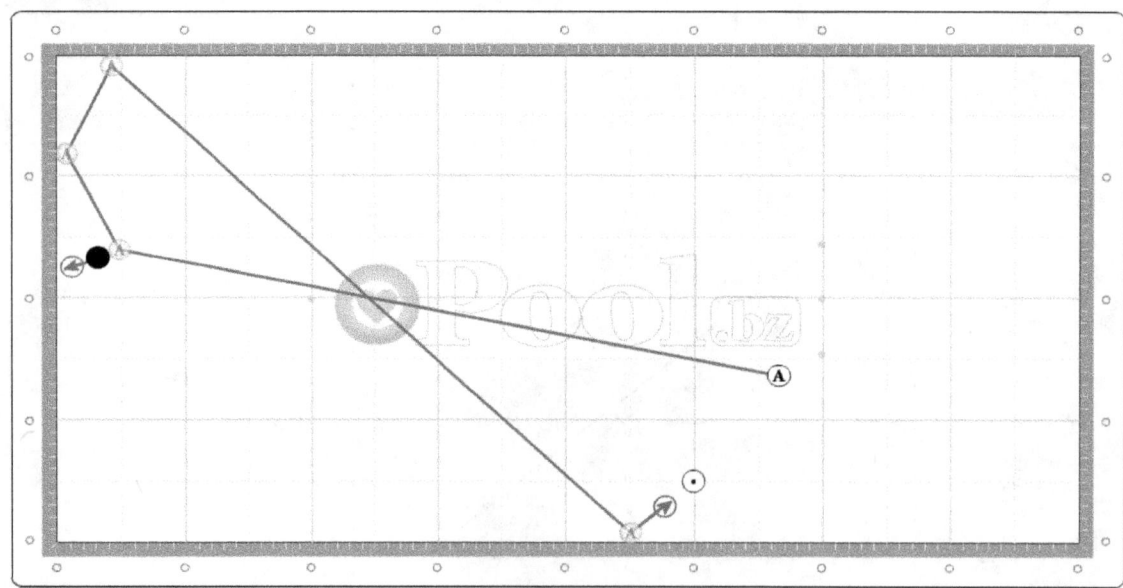

G:1c – Opstelling

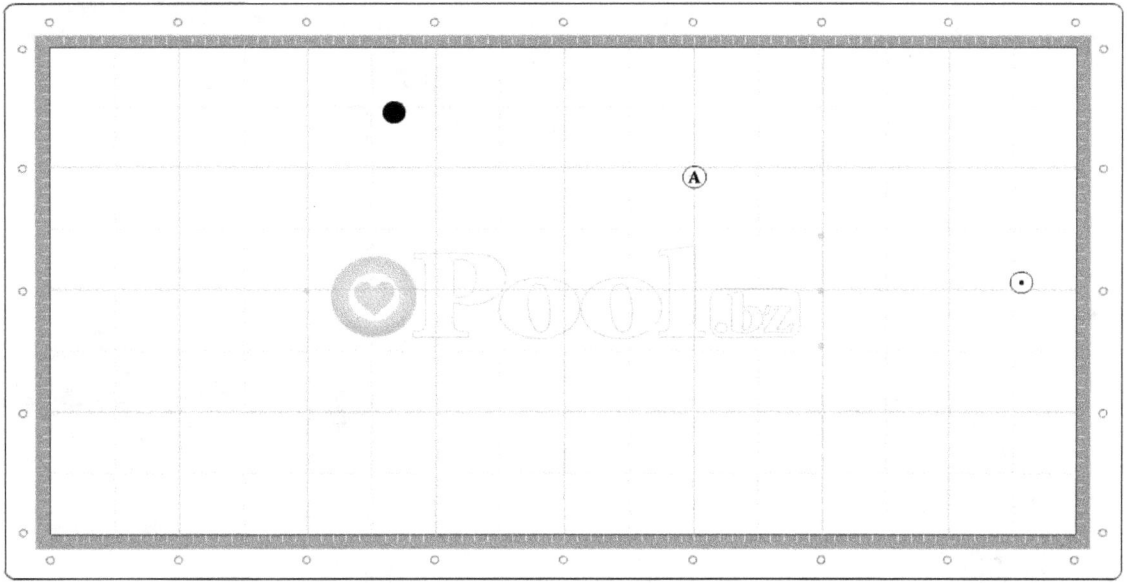

Opmerkingen en ideeën:

Schotpatroon

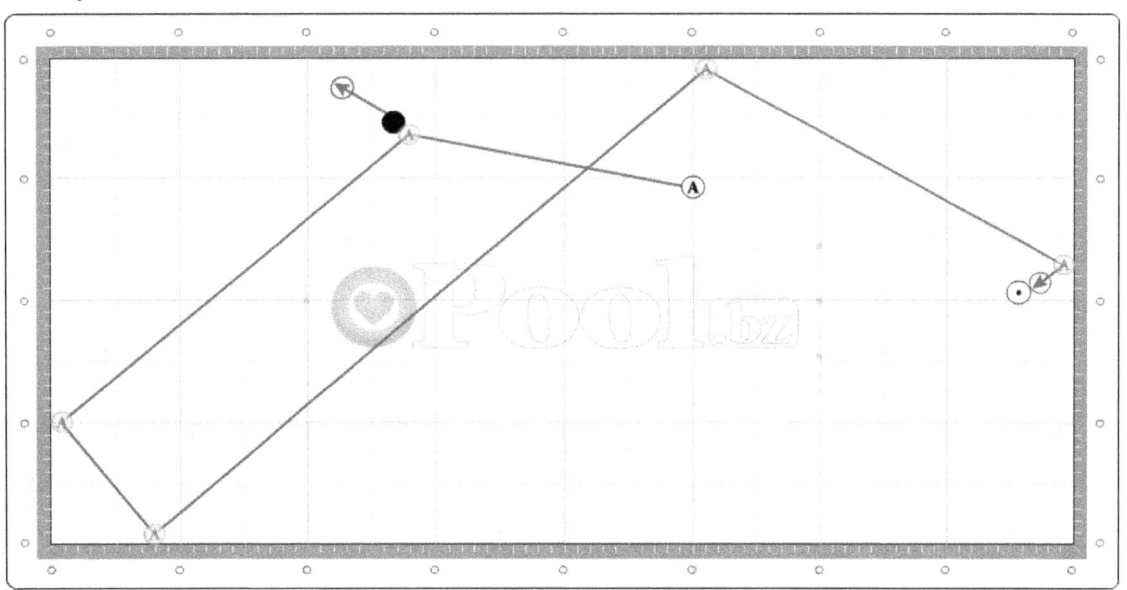

G:1d – Opstelling

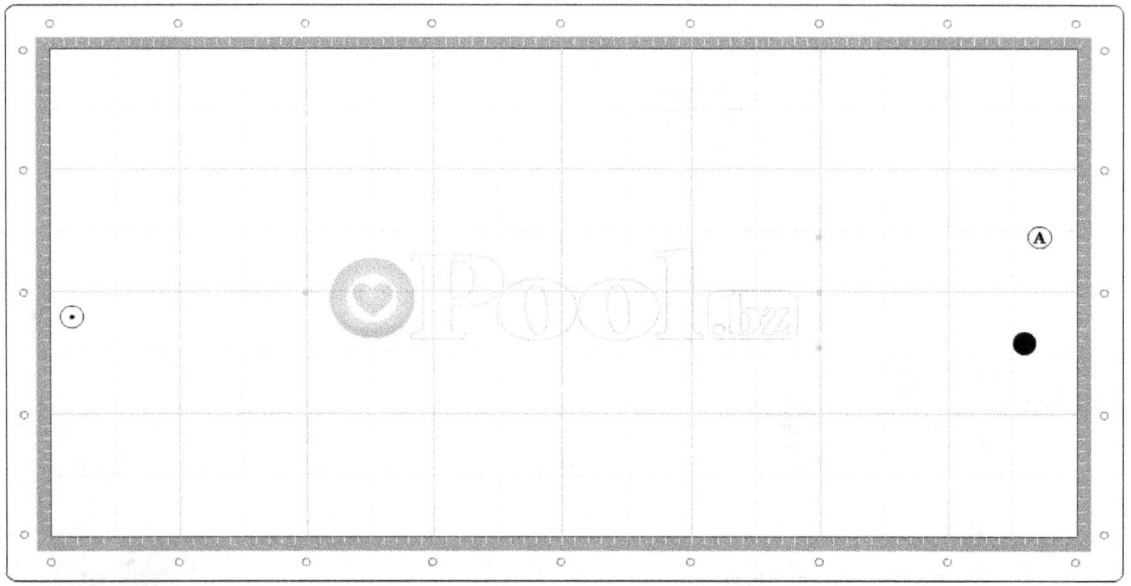

Opmerkingen en ideeën:

Schotpatroon

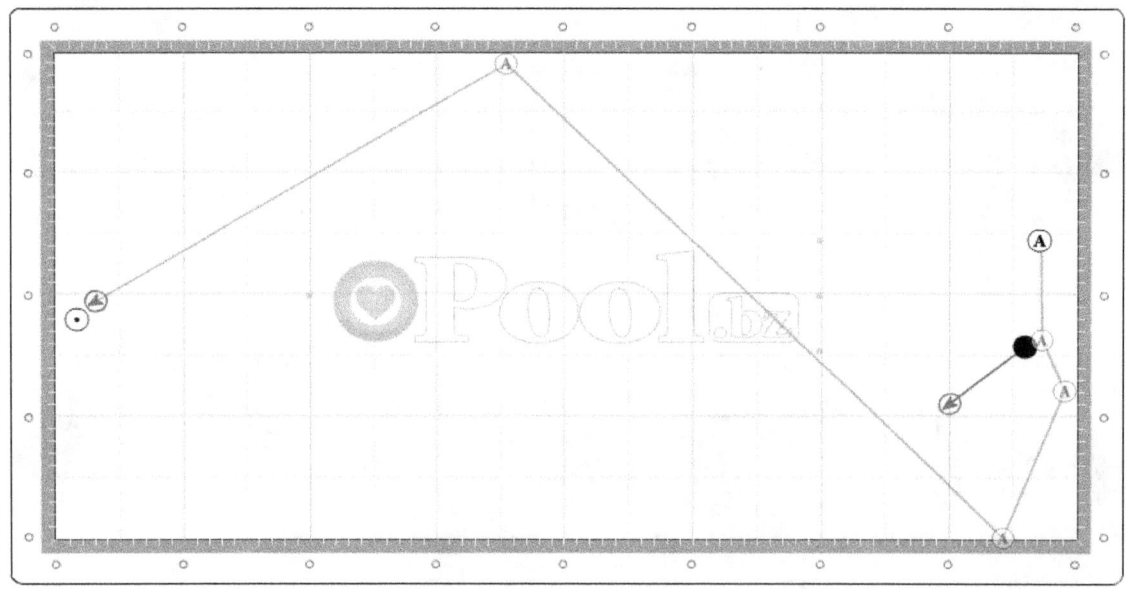

G: Groep 2

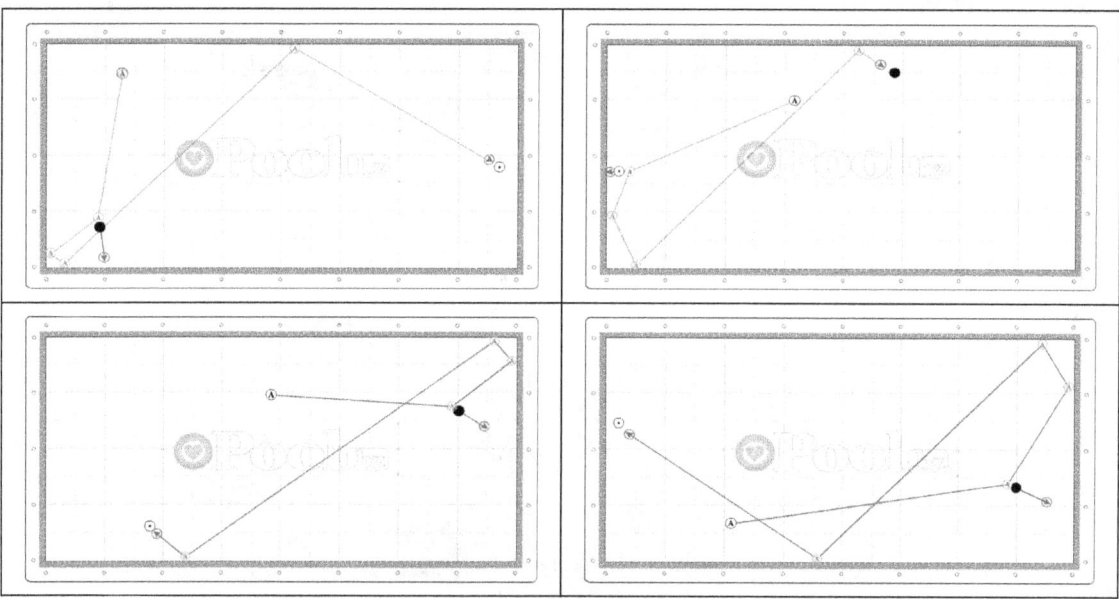

Analyse:

G:2a. _____

G:2b. _____

G:2c. _____

G:2d. _____

G:2a – Opstelling

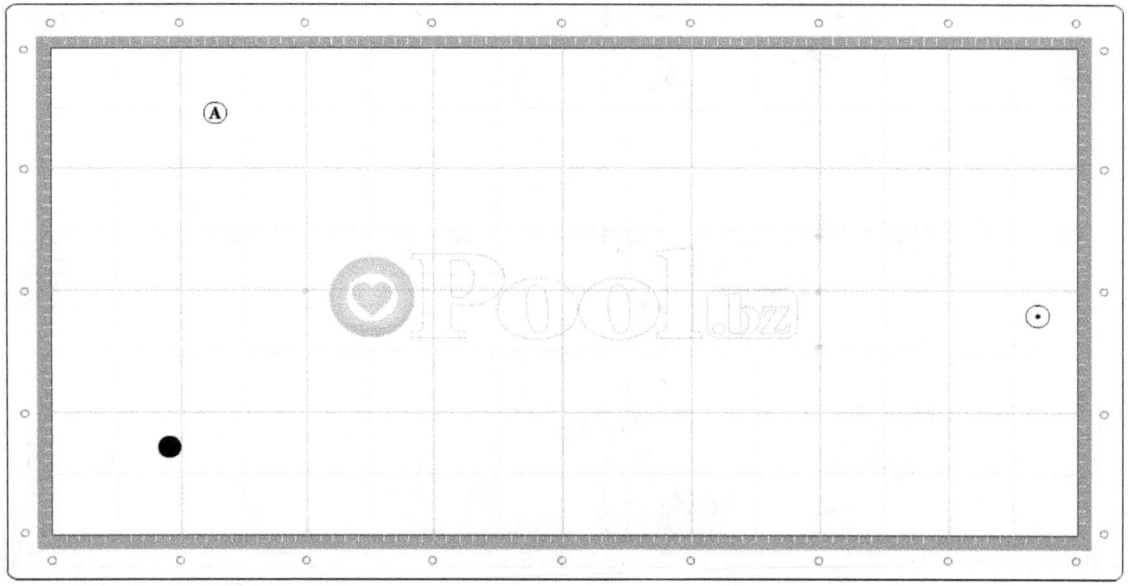

Opmerkingen en ideeën:

Schotpatroon

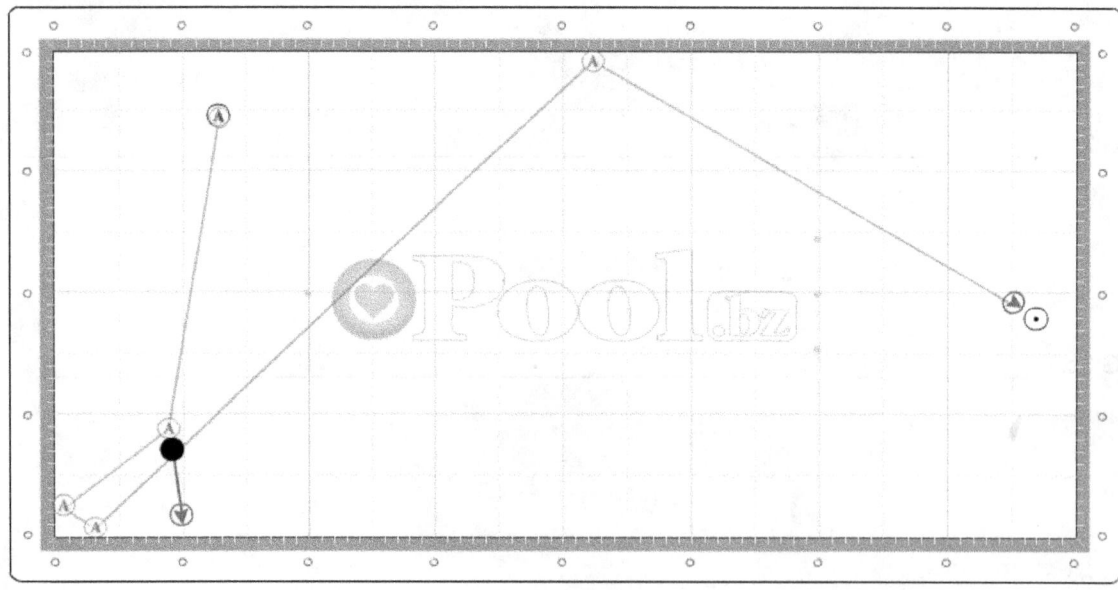

G:2b – Opstelling

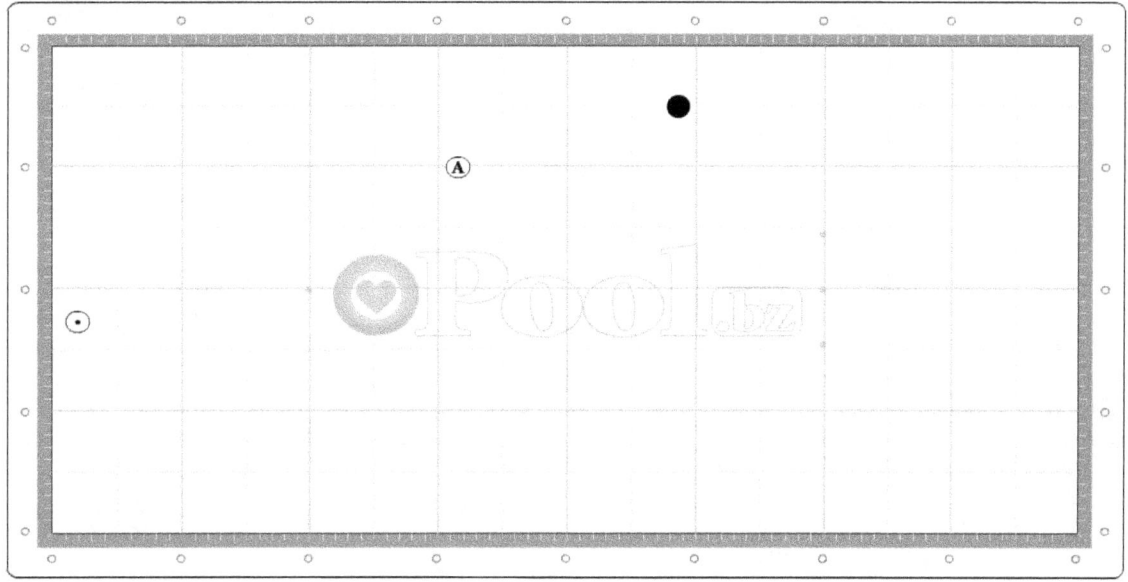

Opmerkingen en ideeën:

Schotpatroon

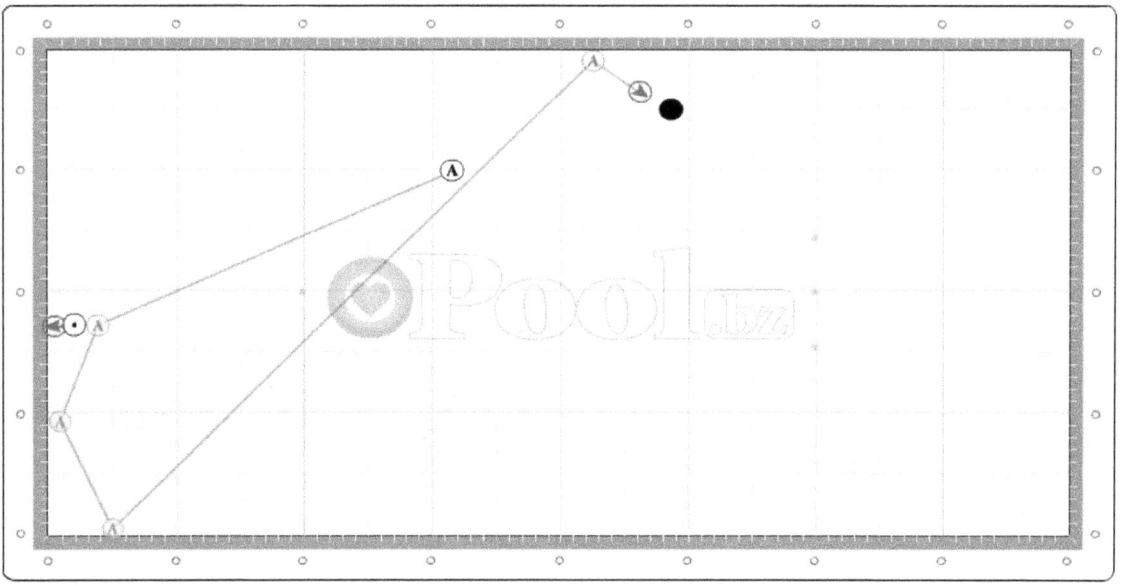

G:2c – Opstelling

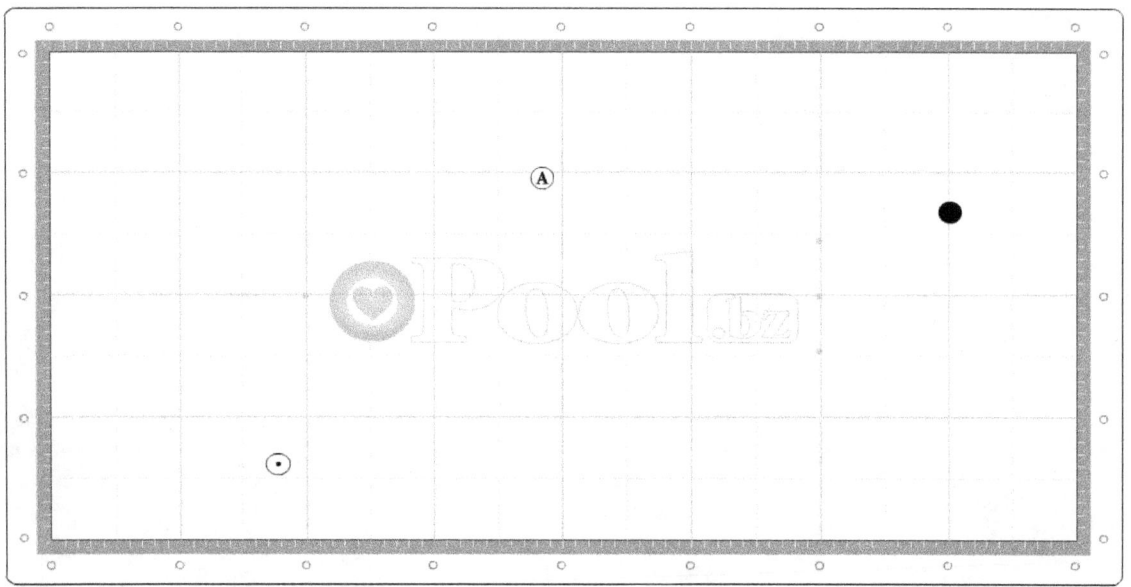

Opmerkingen en ideeën:

Schotpatroon

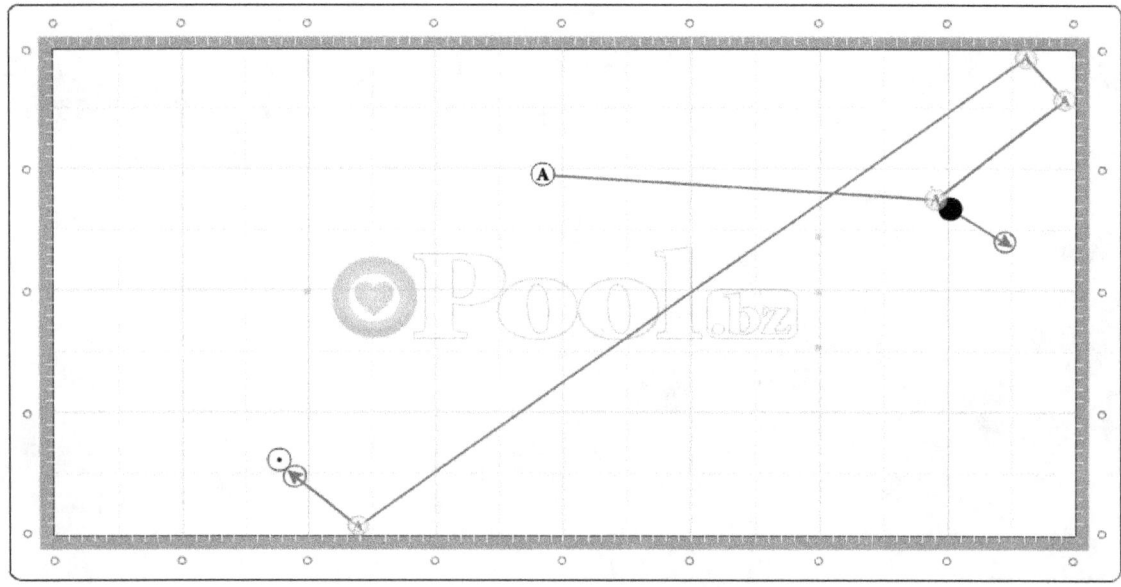

G:3d – Opstelling

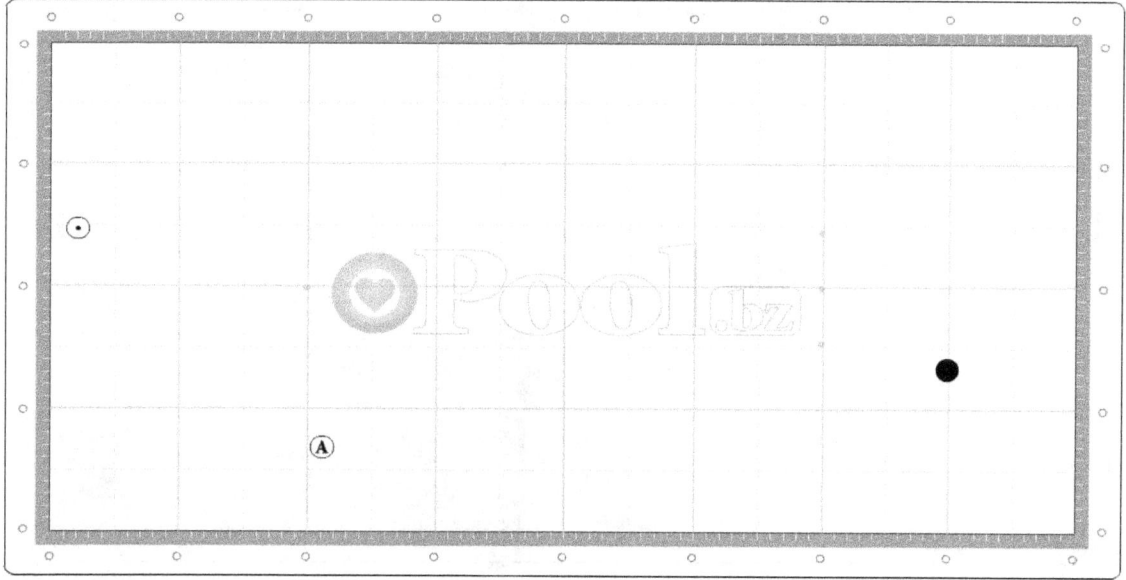

Opmerkingen en ideeën:

Schotpatroon

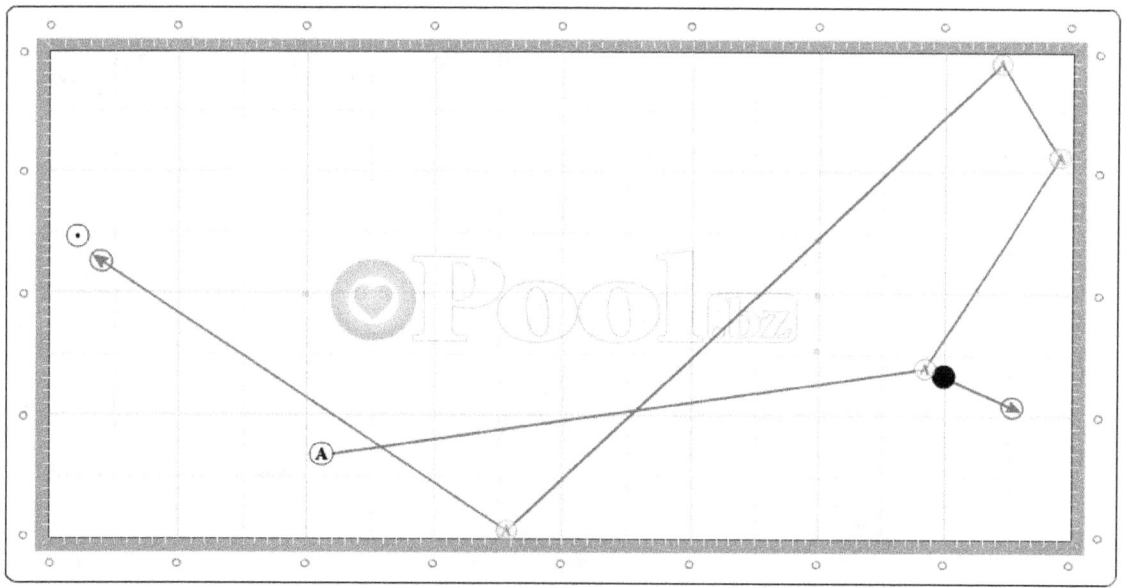

G: Groep 3

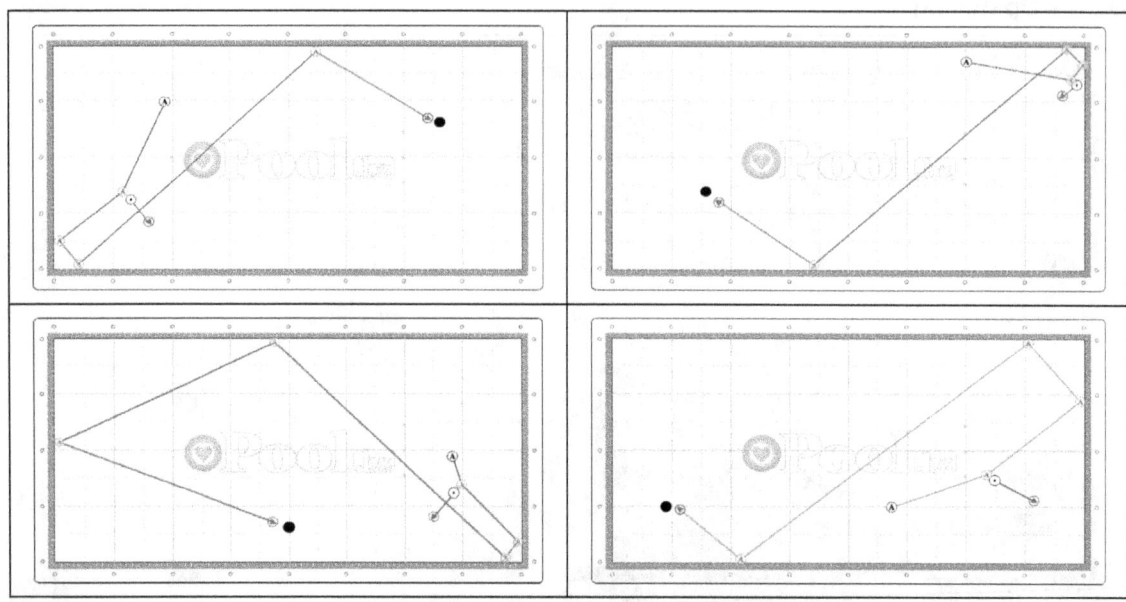

Analyse:

G:3a. _____

G:3b. _____

G:3c. _____

G:3d. _____

G:3a – Opstelling

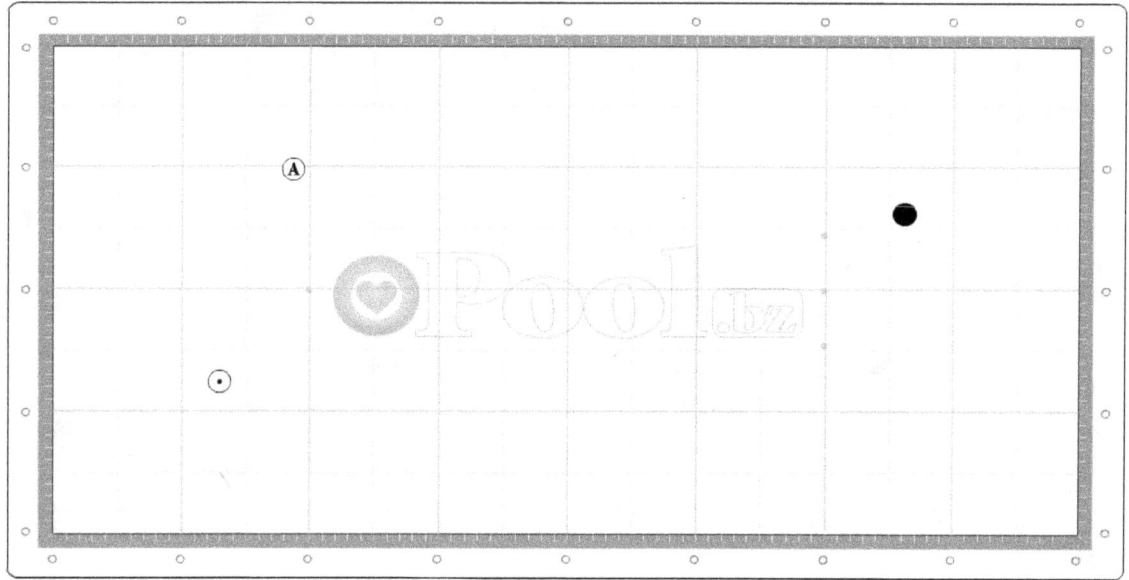

Opmerkingen en ideeën:

Schotpatroon

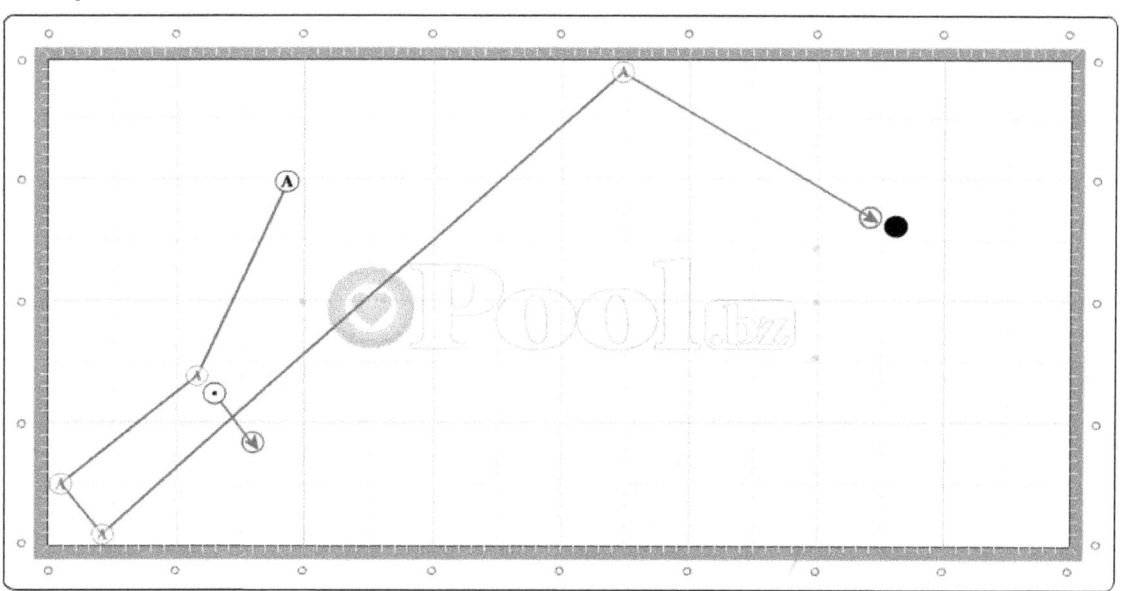

G:3b – Opstelling

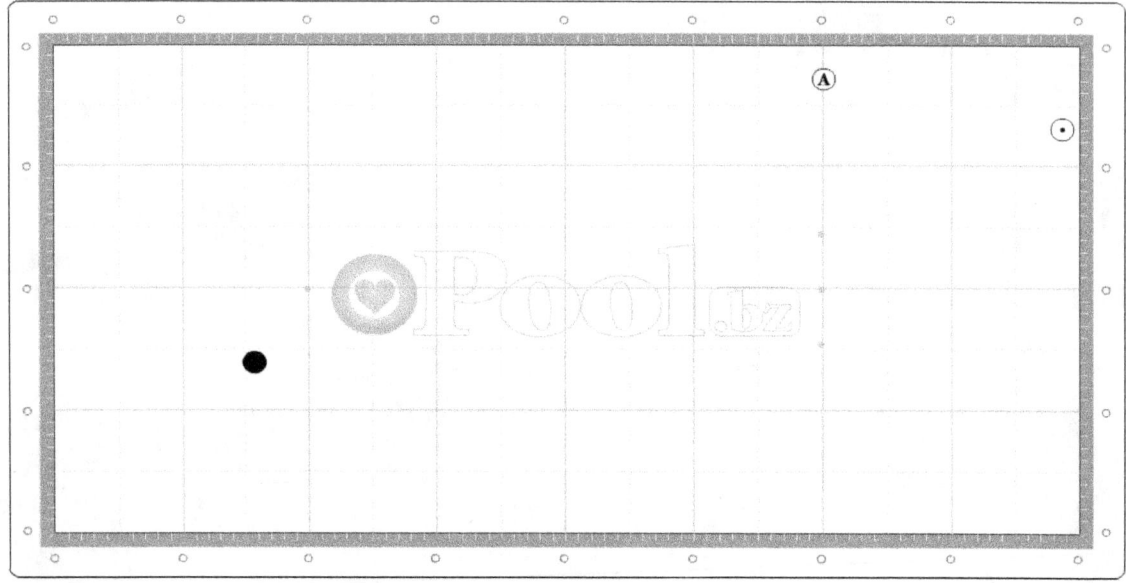

Opmerkingen en ideeën:

Schotpatroon

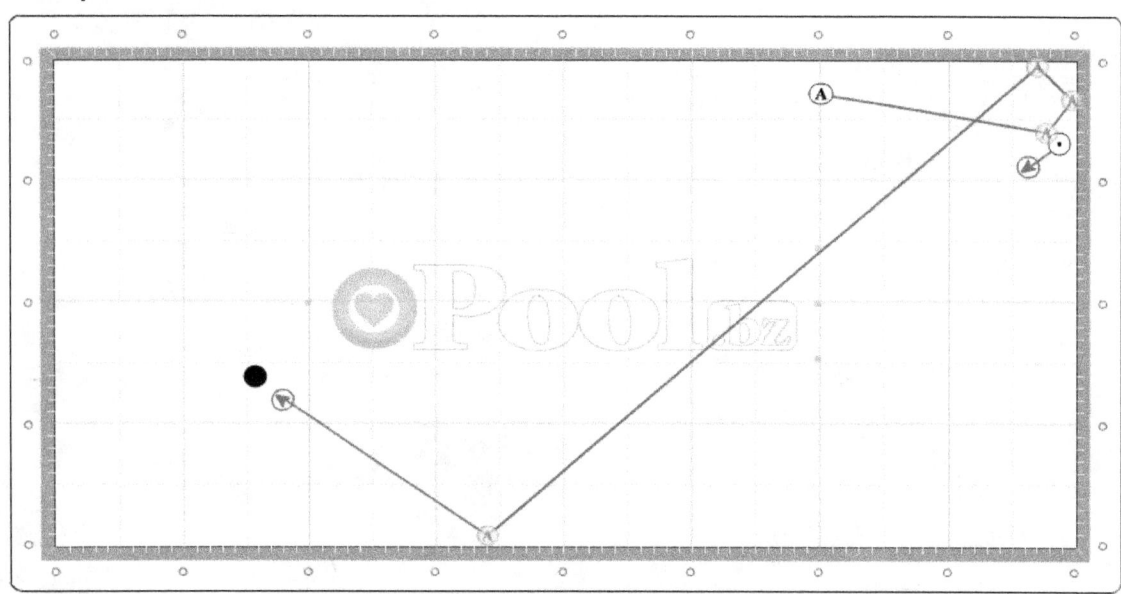

G:3c – Opstelling

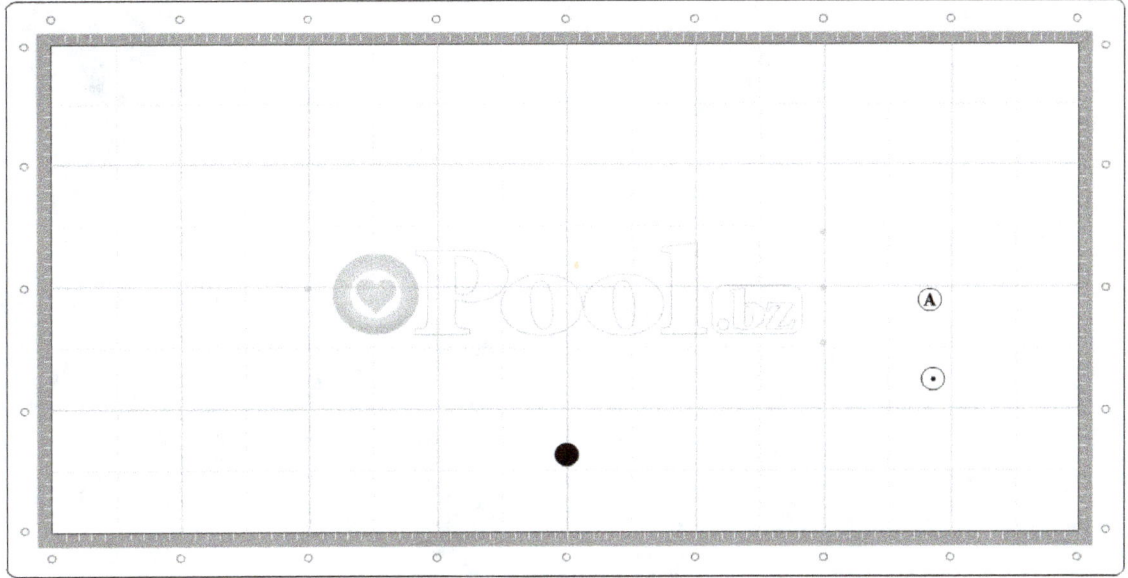

Opmerkingen en ideeën:

Schotpatroon

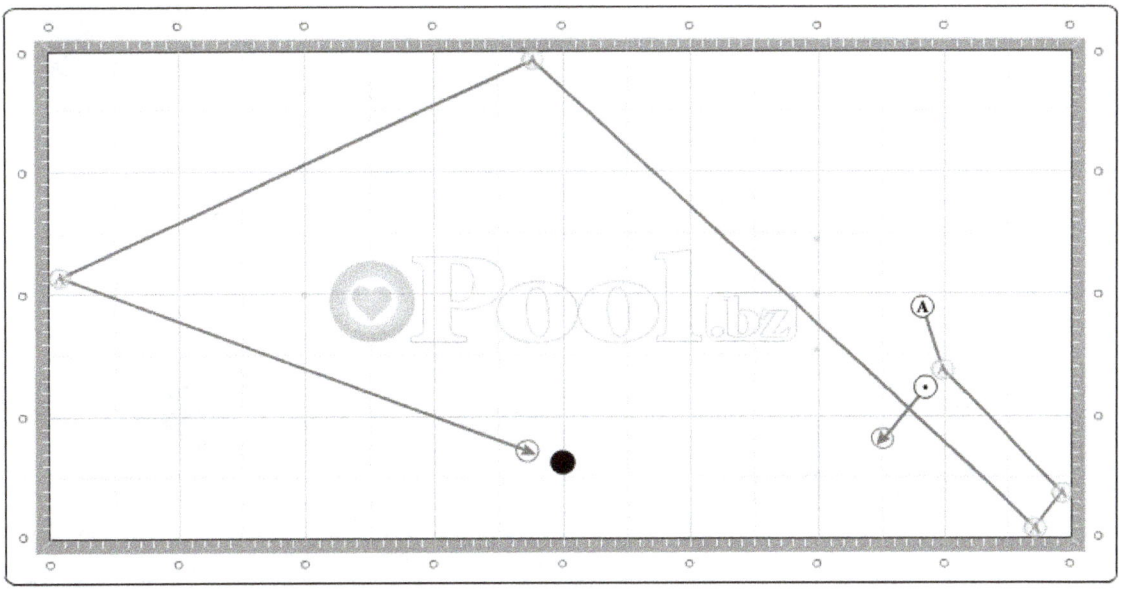

G:3d – Opstelling

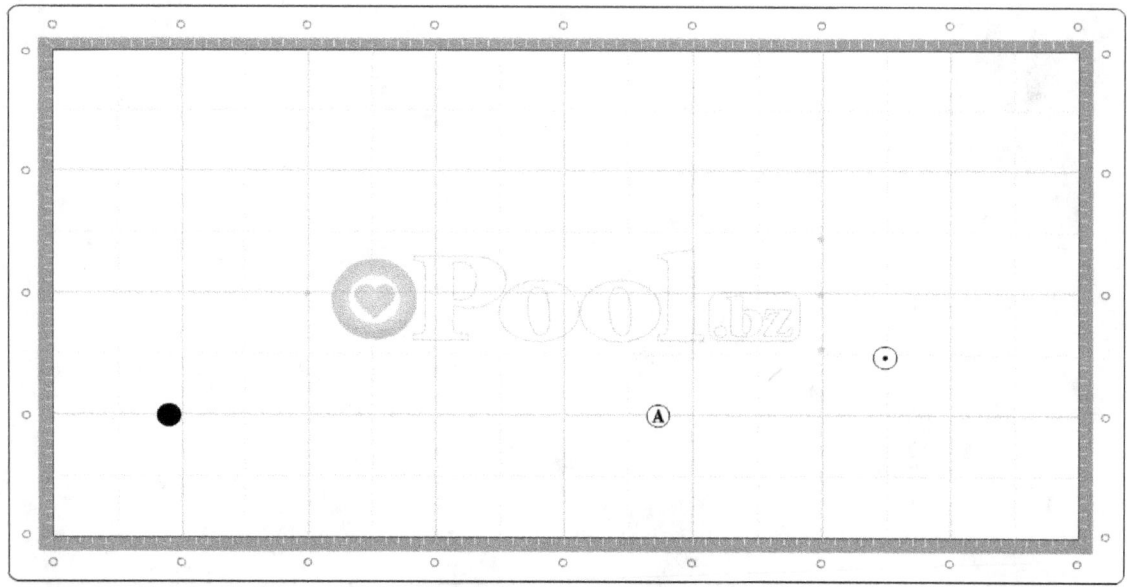

Opmerkingen en ideeën:

Schotpatroon

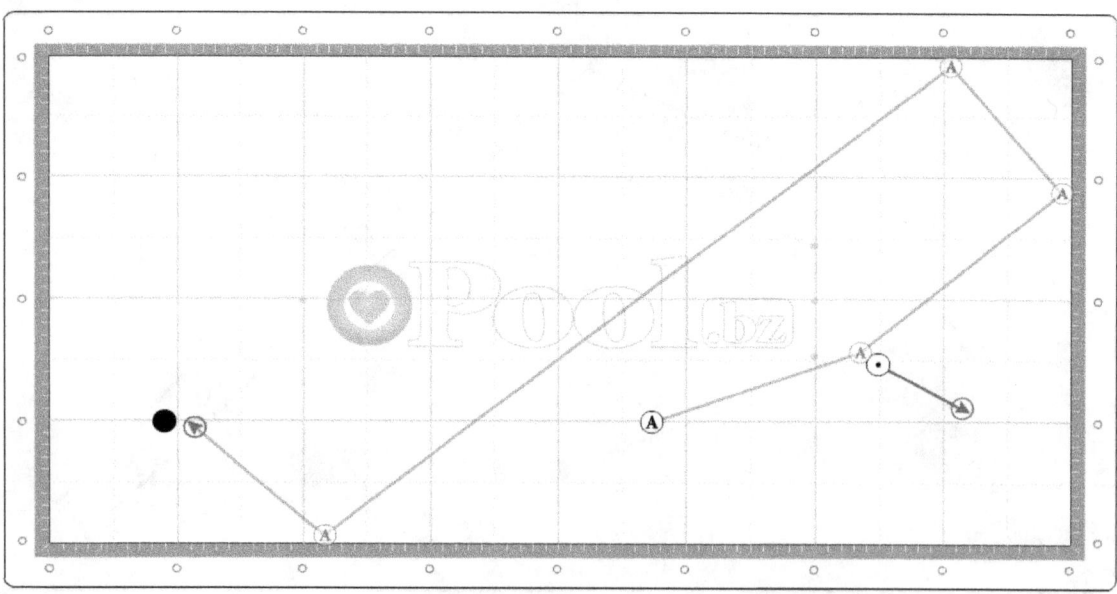

H: Elementaire dubbele haak

Op deze heuvelpatronen komt de (CB) van de eerste (OB) in de hoek - lang biljartbanden eerst en komt de heuvel op naar het midden van het lange ku biljartbandenssen. Aan de heuvelzijde gaat de (CB) in en uit de tegenovergestelde hoek - een situatie met vijf biljartbanden.

(A) (CB) (uw biljartbal) – (•) (OB) (tegenstander biljartbal) – ● (OB) (rode biljartbal)

H: Groep 1

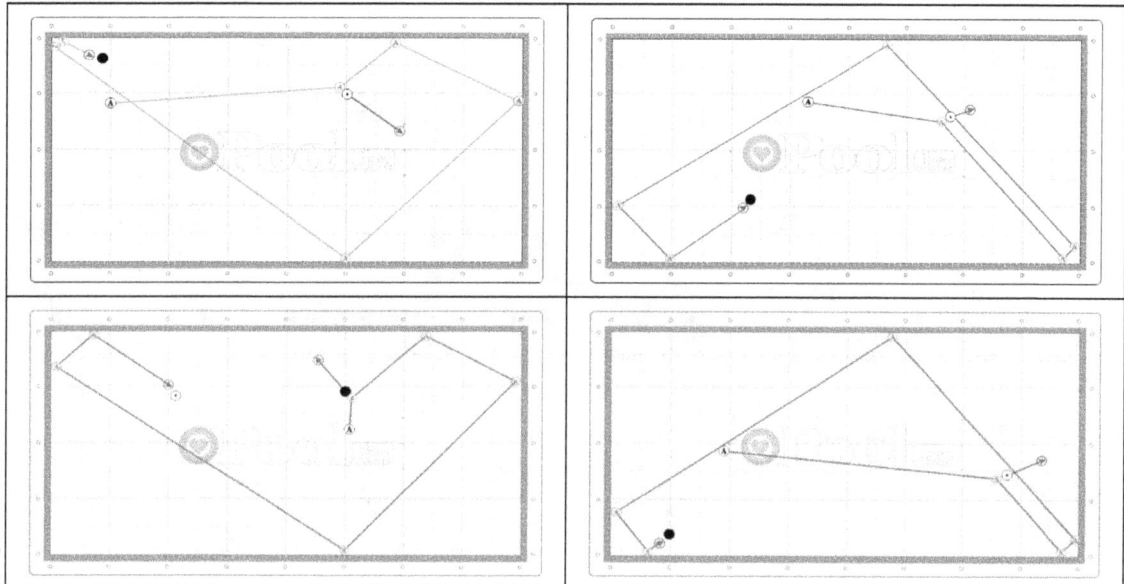

Analyse:

H:1a. _____

H:1b. _____

H:1c. _____

H:1d. _____

H:1a – Opstelling

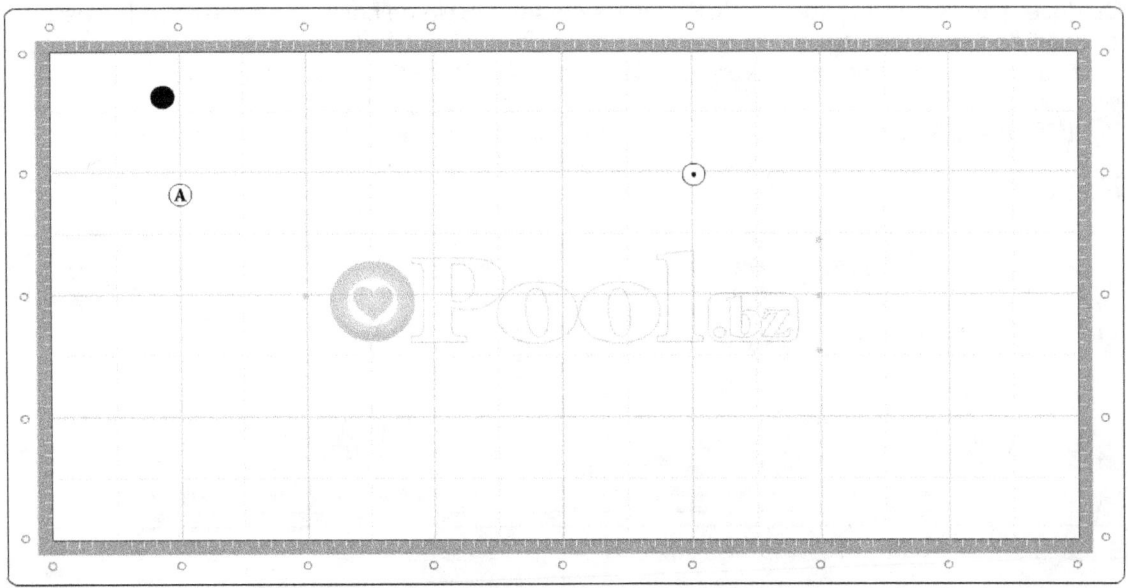

Opmerkingen en ideeën:

Schotpatroon

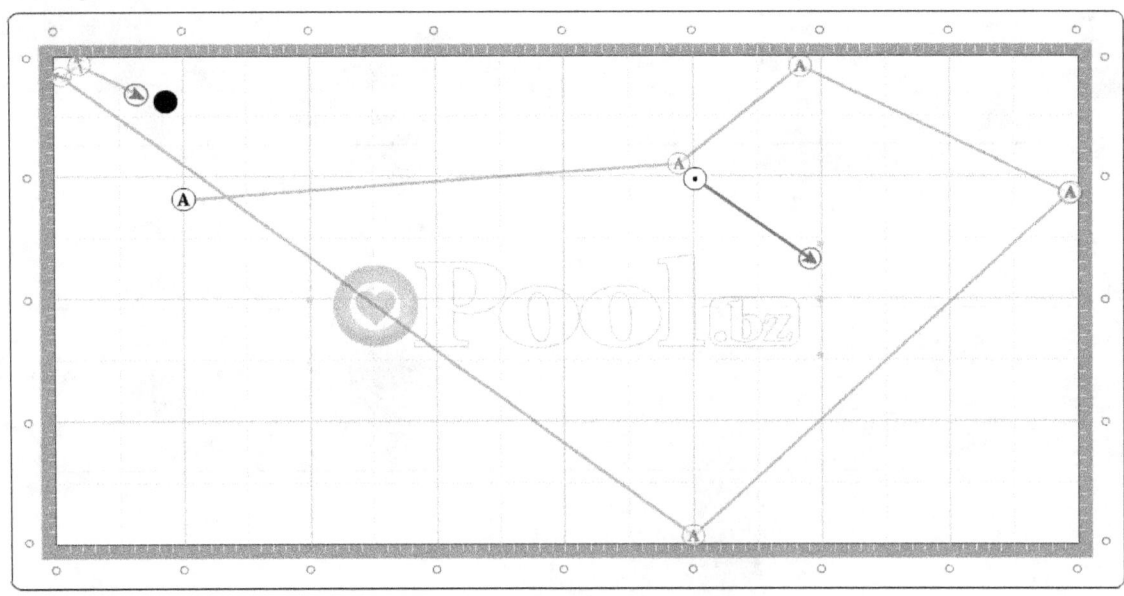

H:1b – Opstelling

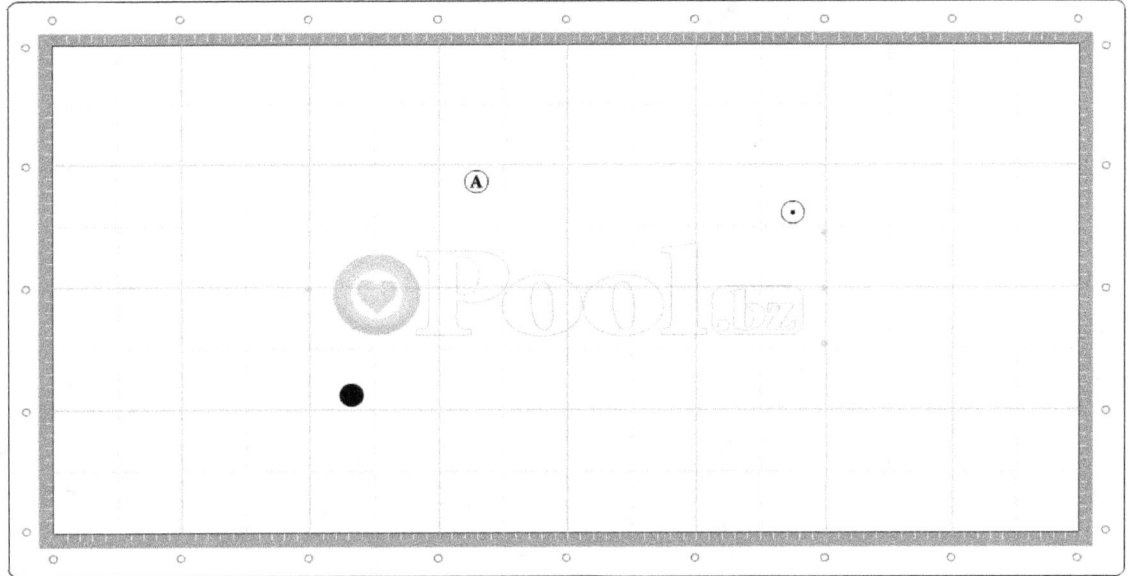

Opmerkingen en ideeën:

Schotpatroon

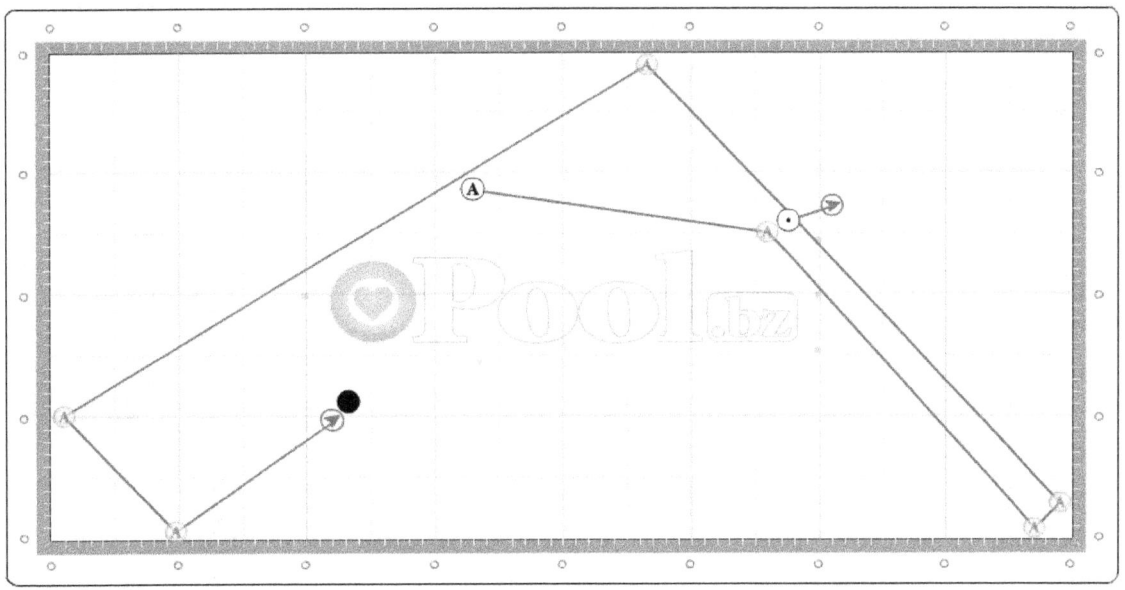

H:1c – Opstelling

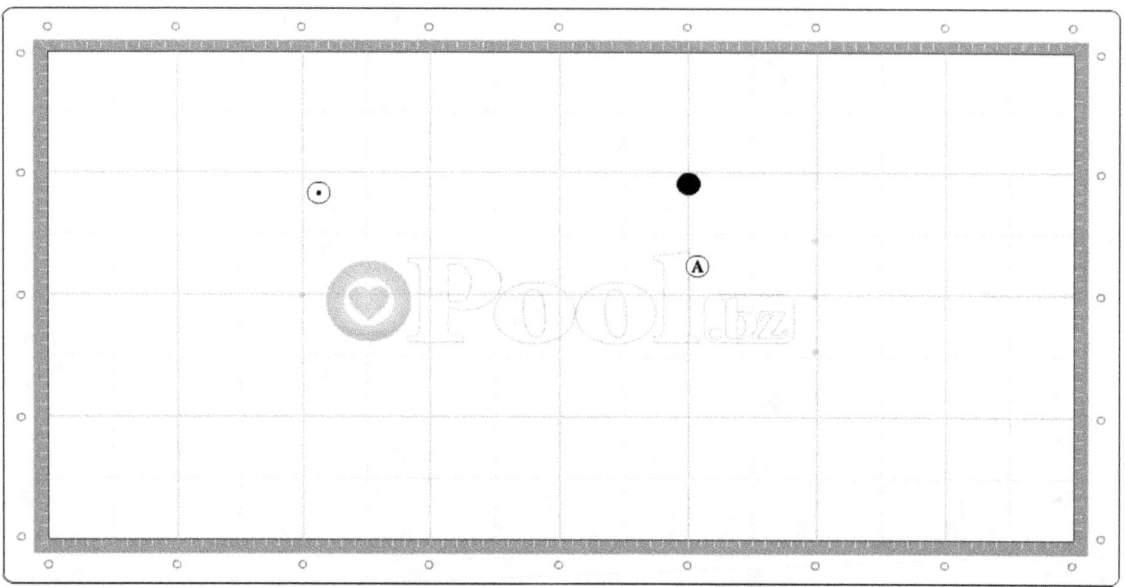

Opmerkingen en ideeën:

Schotpatroon

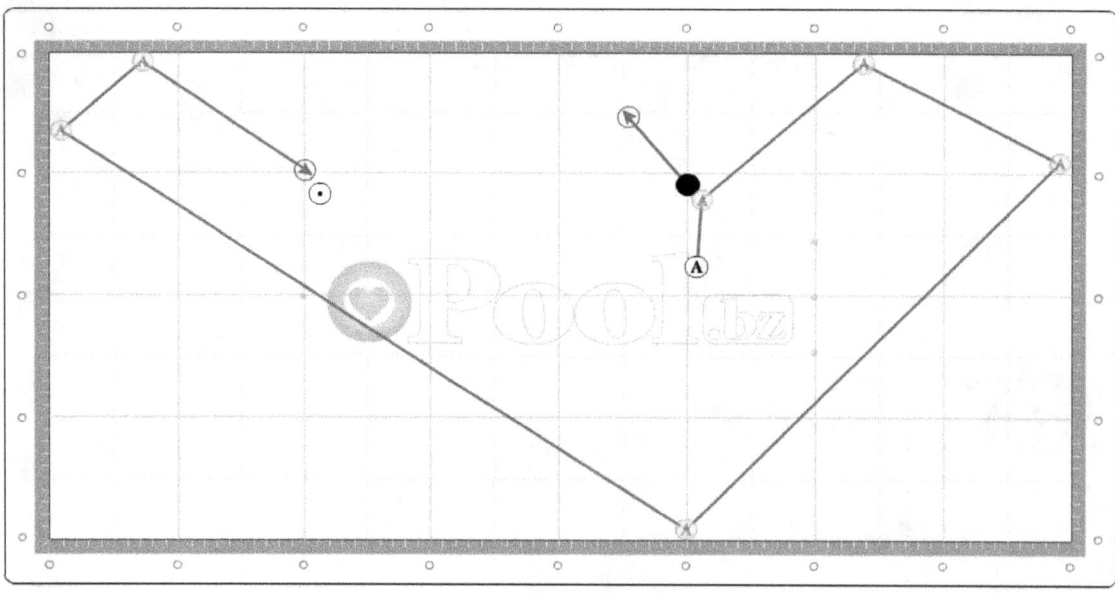

H:1d – Opstelling

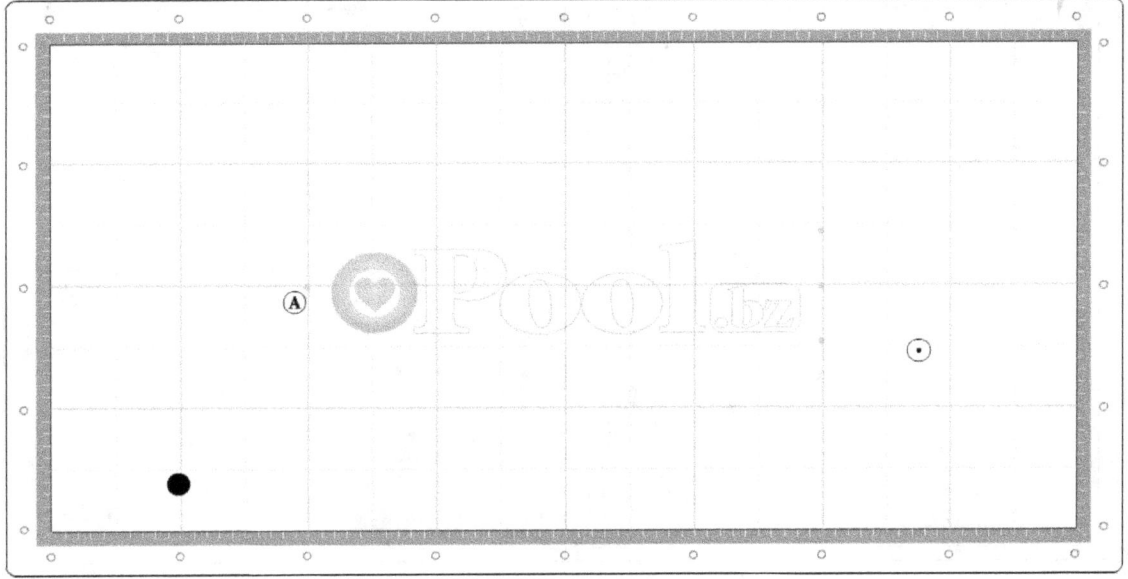

Opmerkingen en ideeën:

Schotpatroon

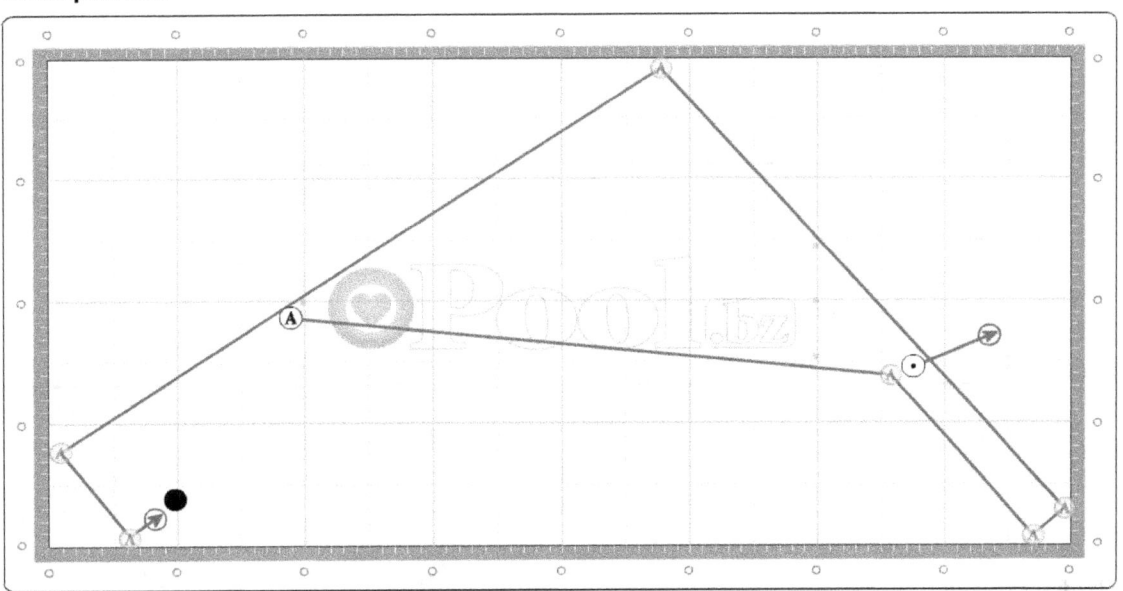

H: Groep 2

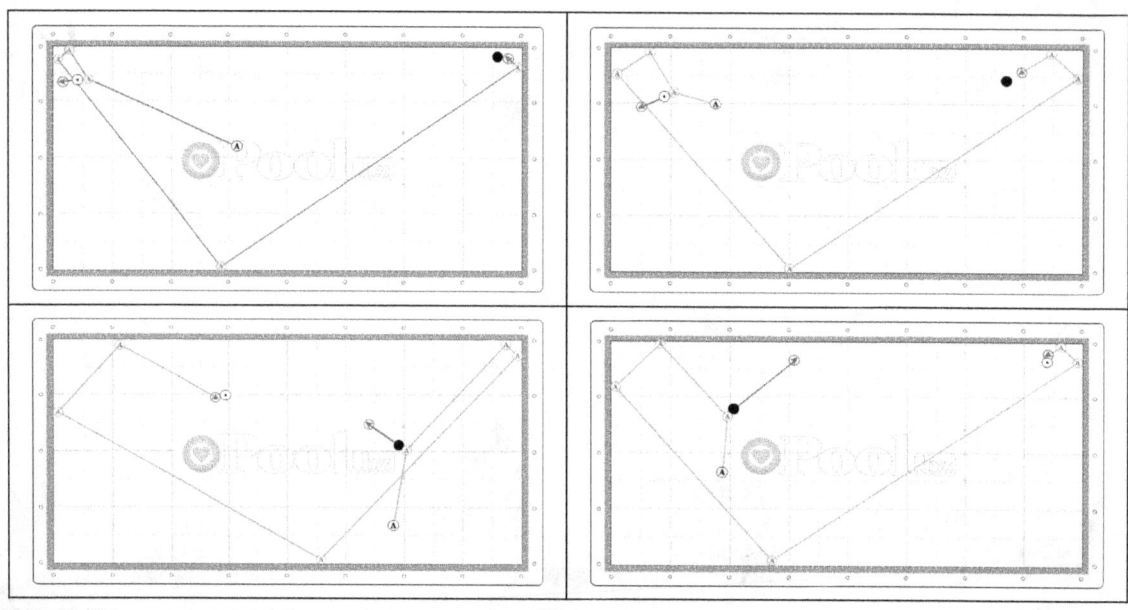

Analyse:

H:2a. _____

H:2b. _____

H:2c. _____

H:2d. _____

H:2a – Opstelling

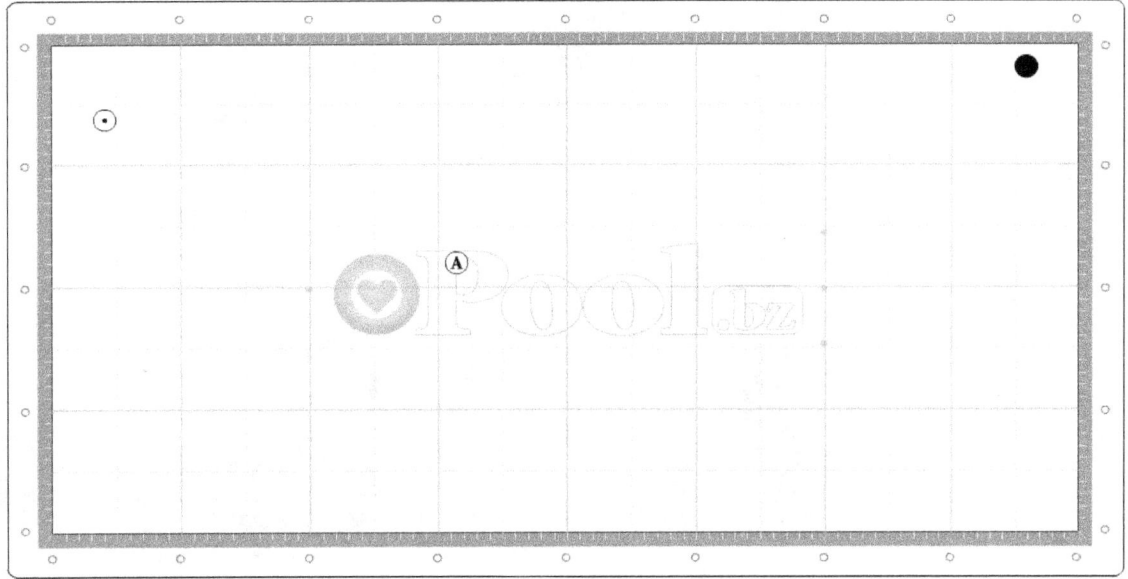

Opmerkingen en ideeën:

Schotpatroon

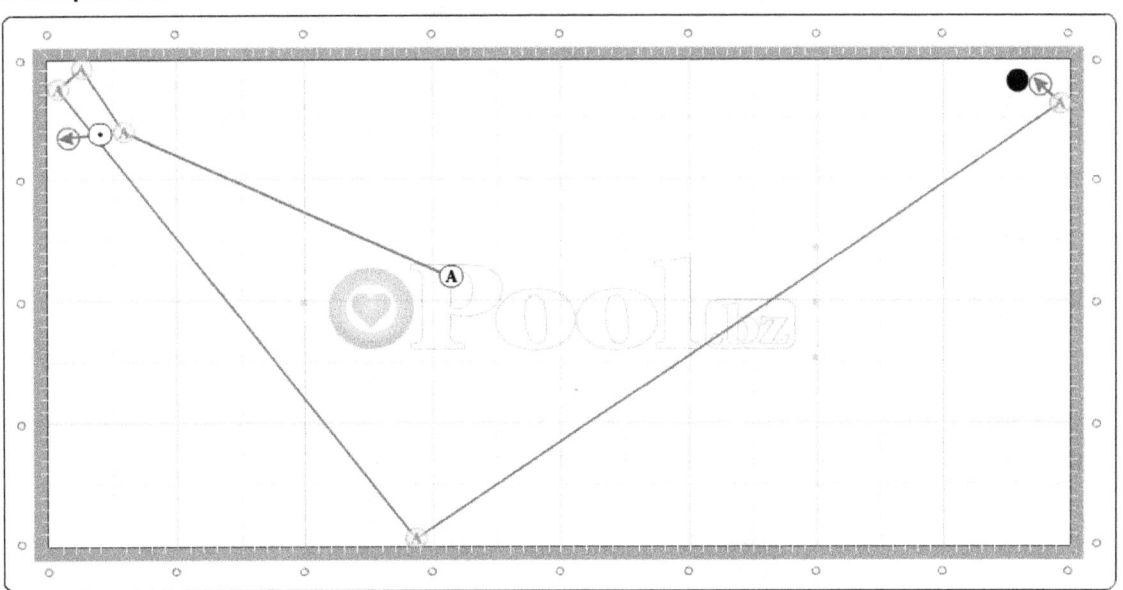

H:2b – Opstelling

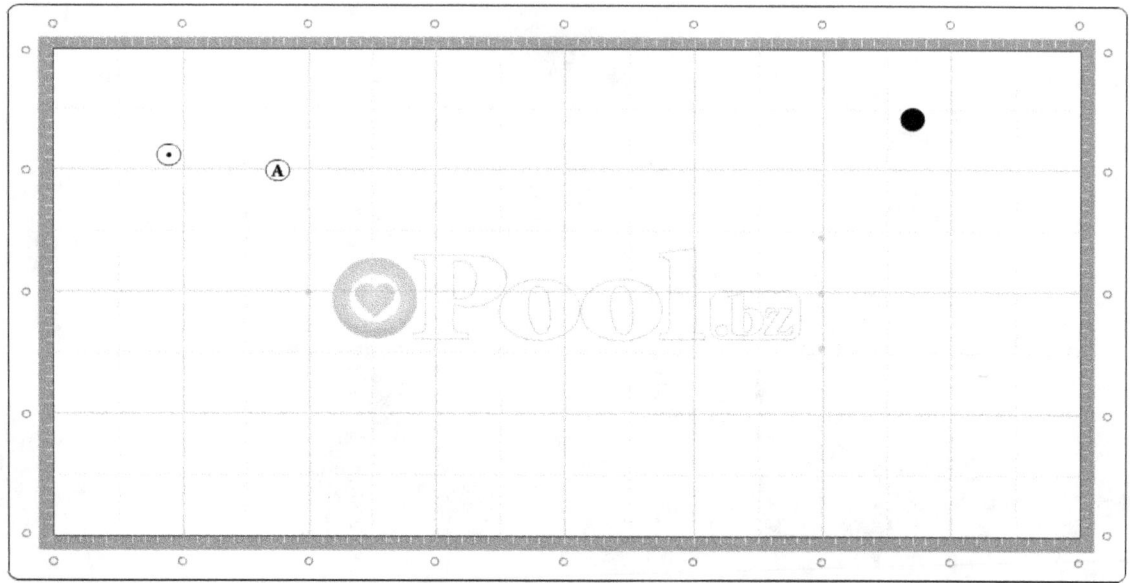

Opmerkingen en ideeën:

Schotpatroon

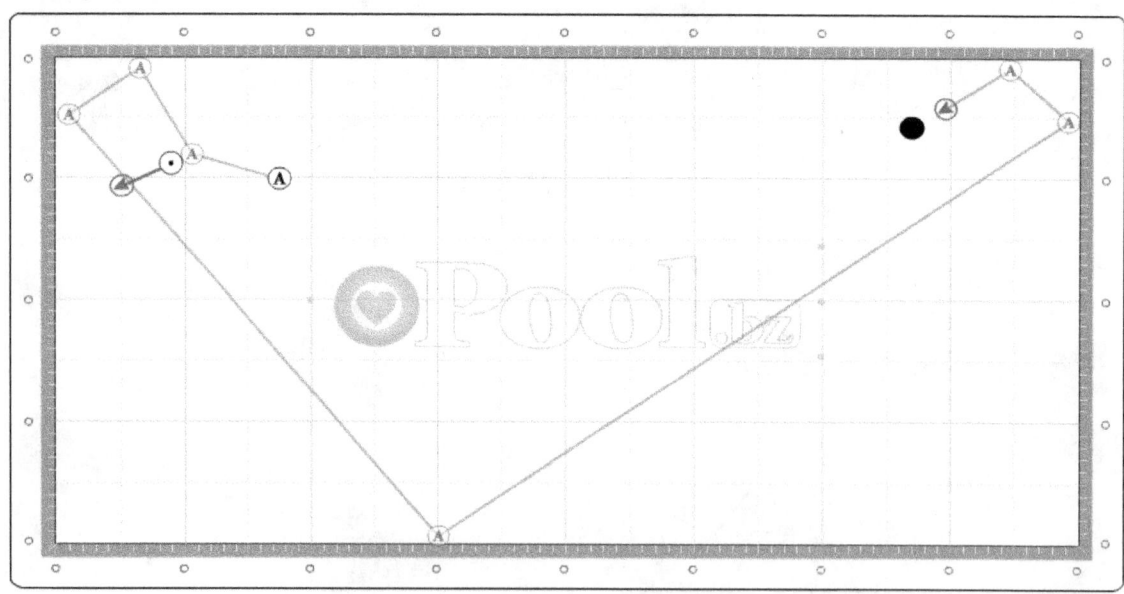

H:2c – Opstelling

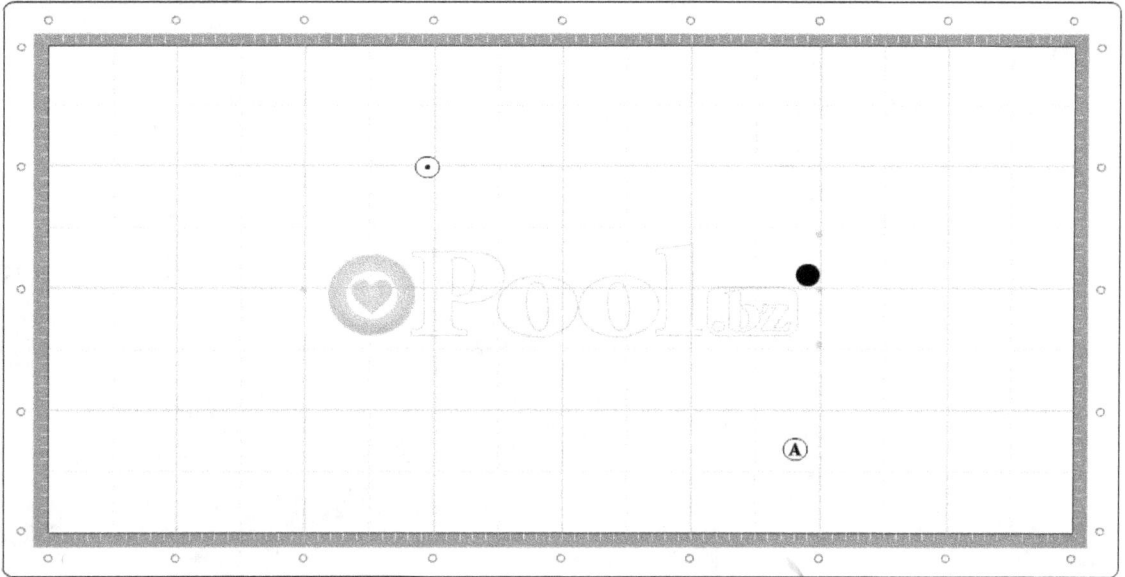

Opmerkingen en ideeën:

Schotpatroon

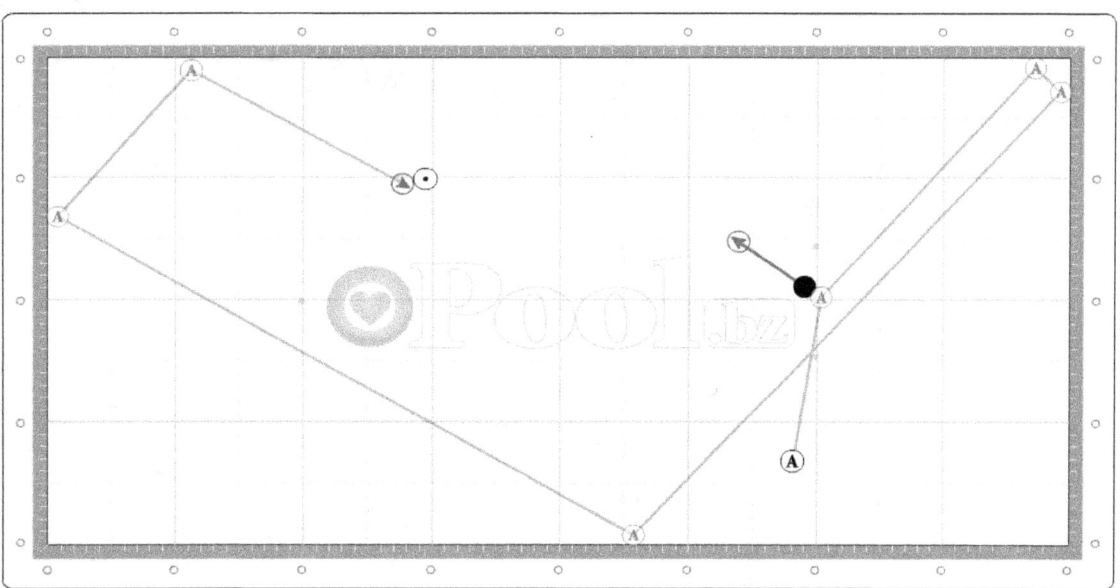

H:2d – Opstelling

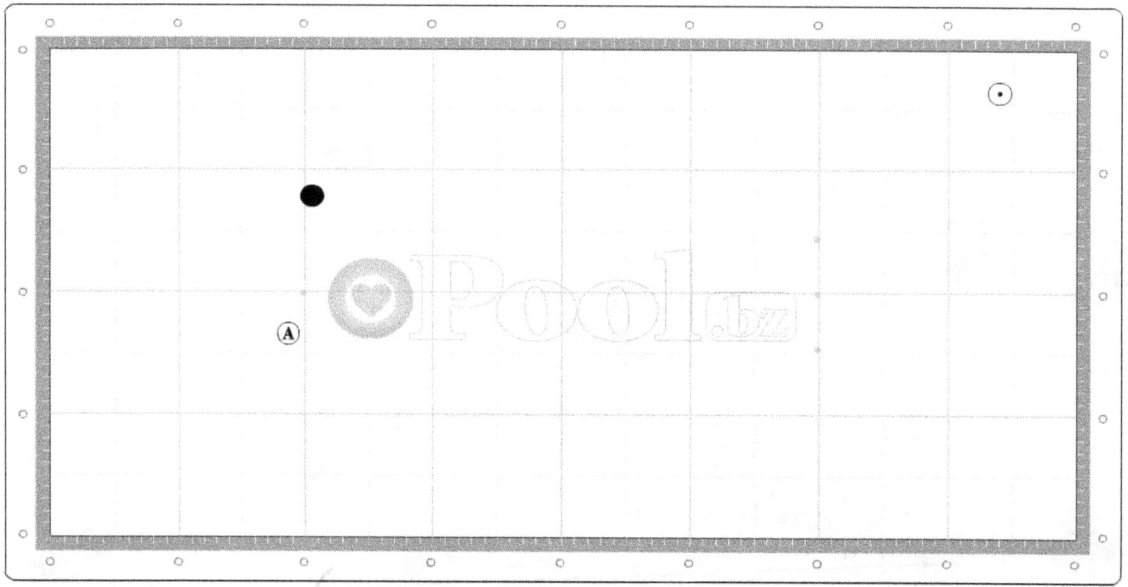

Opmerkingen en ideeën:

Schotpatroon

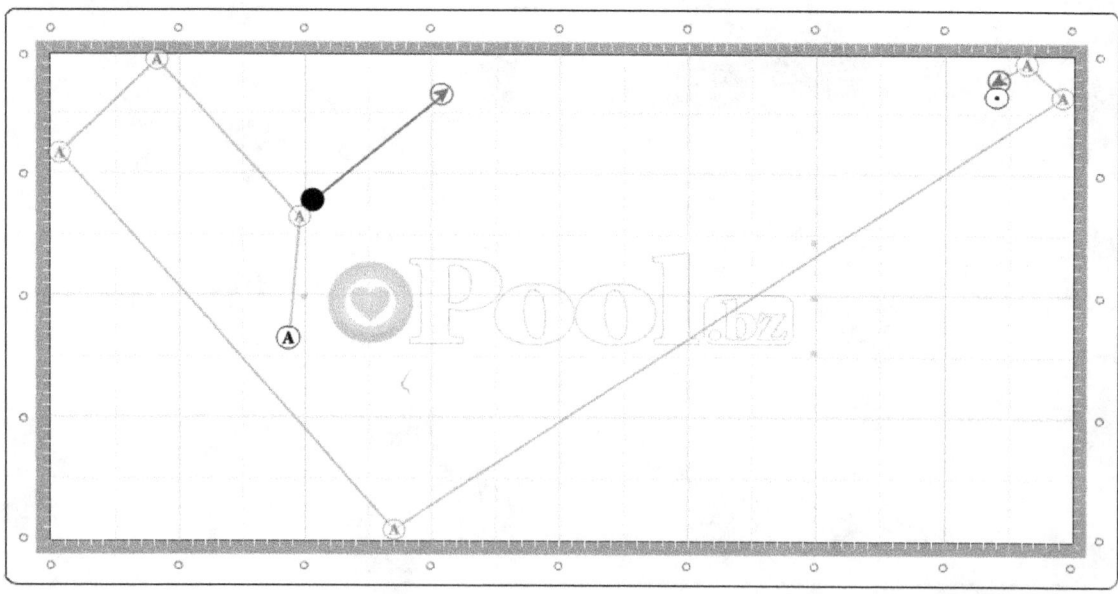

H: Groep 3

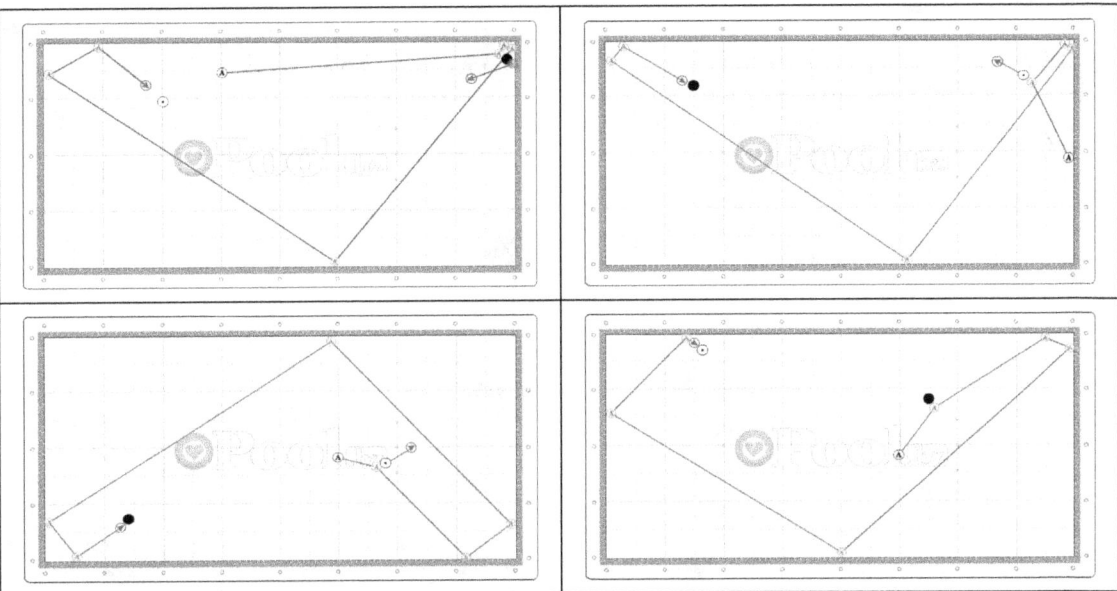

Analyse:

H:3a. _____

H:3b. _____

H:3c. _____

H:3d. _____

H:3a – Opstelling

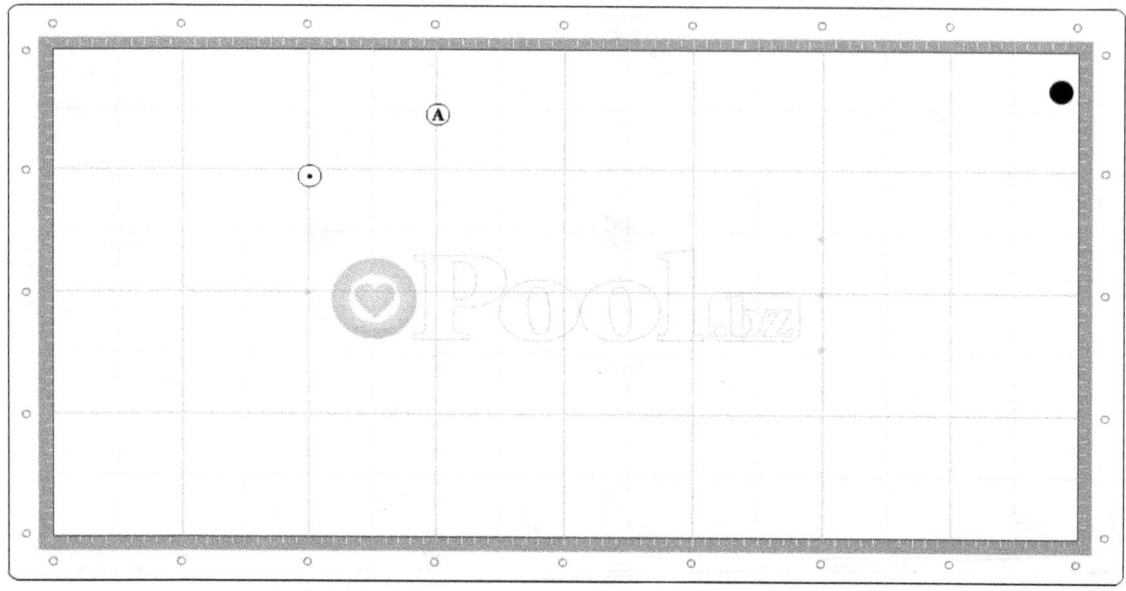

Opmerkingen en ideeën:

Schotpatroon

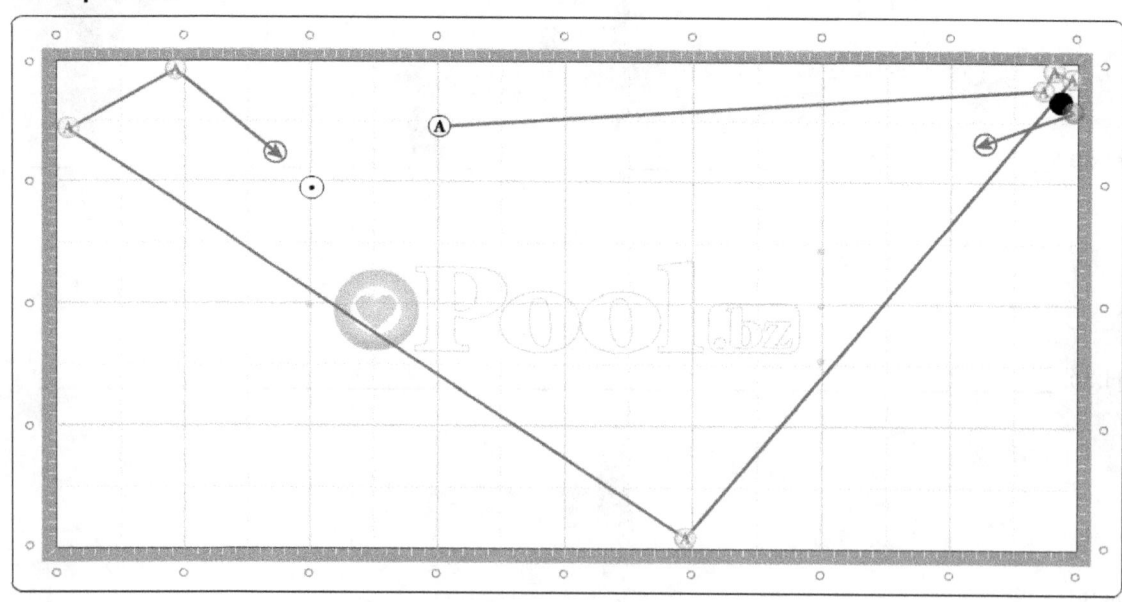

H:3b – Opstelling

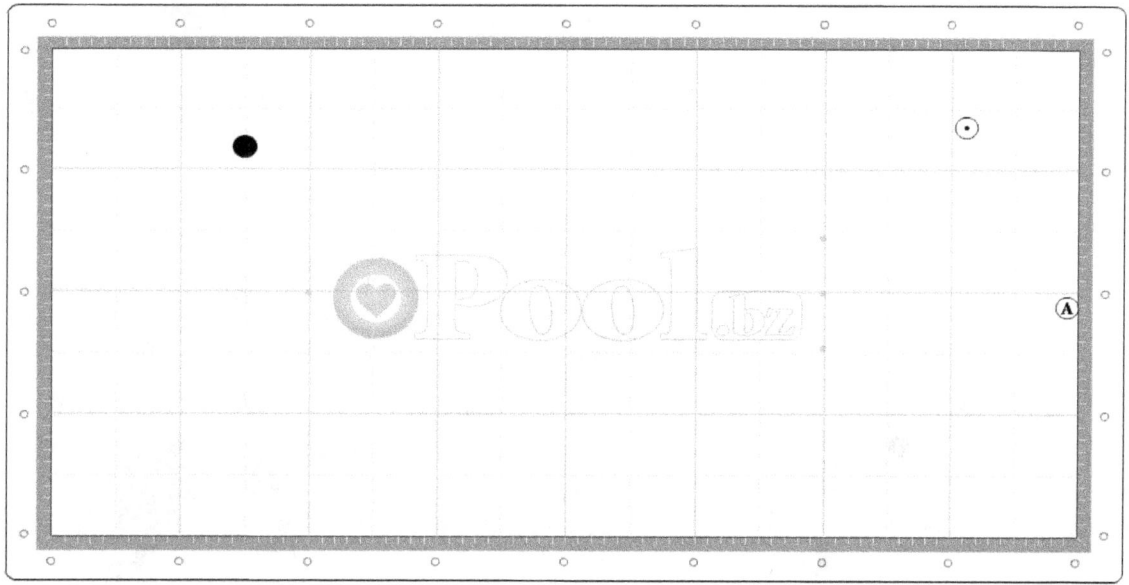

Opmerkingen en ideeën:

Schotpatroon

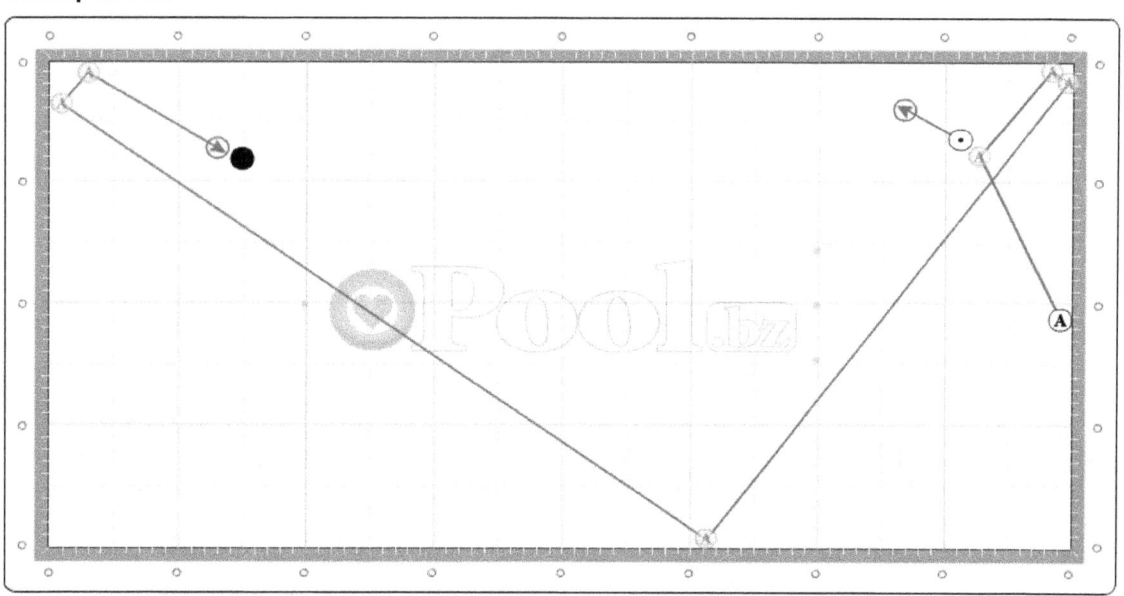

H:3c – Opstelling

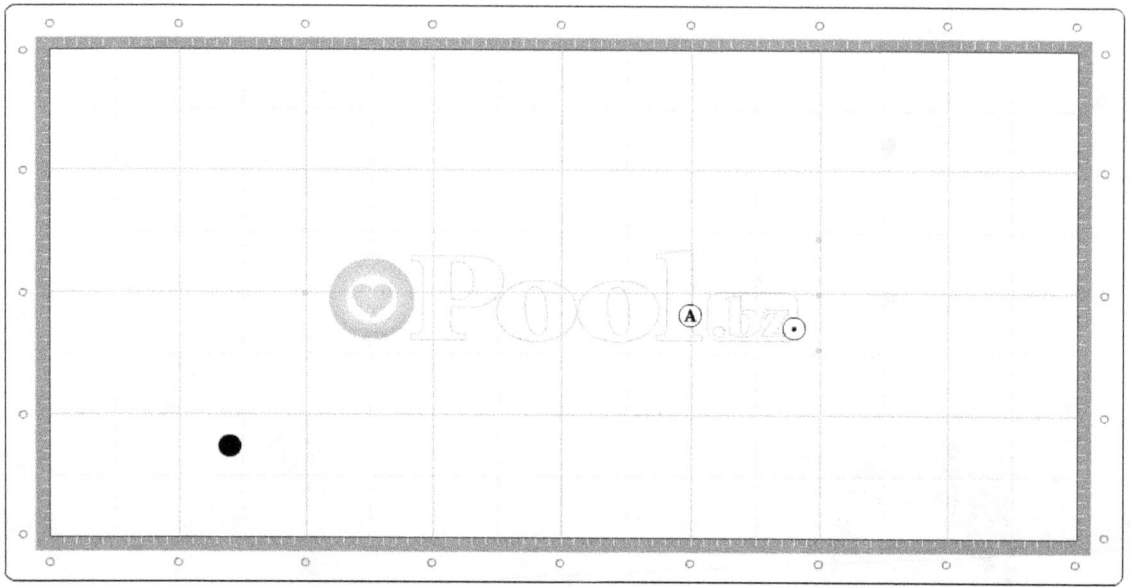

Opmerkingen en ideeën:

Schotpatroon

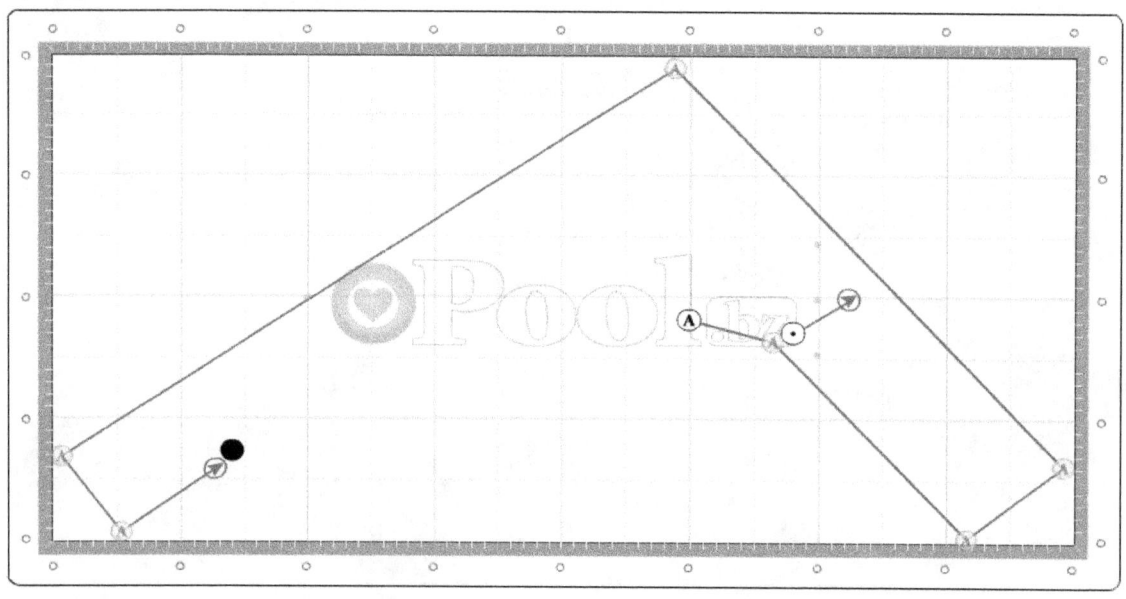

H:3d – Opstelling

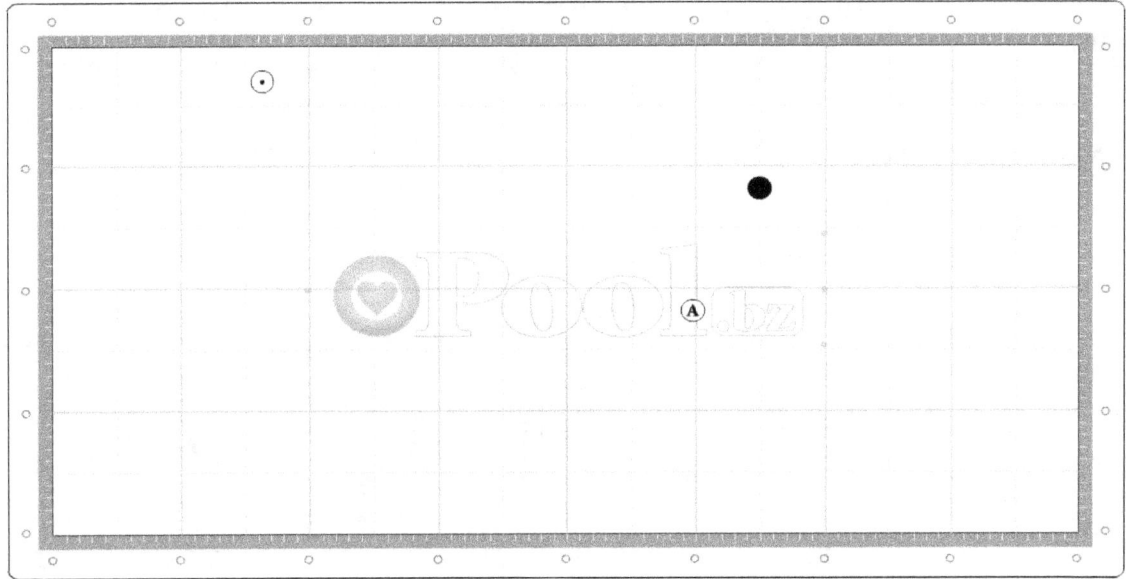

Opmerkingen en ideeën:

Schotpatroon

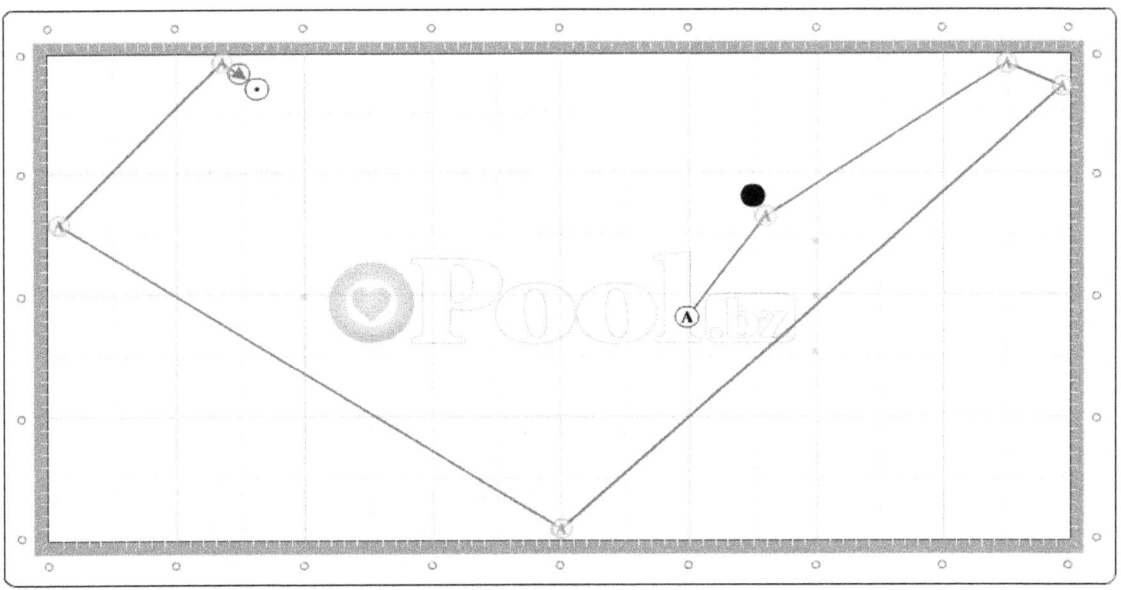

I: Verlengde dubbele haak

Op deze patronen komt de (CB) van de eerste (OB) in de hoek - het eerste lange biljartbanden. De (CB) gaat heuvelopwaarts naar het midden van het tegenoverliggende lange biljartbanden. Aan de heuvelzijde gaat de (CB) in en uit de tegenovergestelde hoek om contact te maken met de tweede (OB).

Ⓐ (CB) (uw biljartbal) – ⊙ (OB) (tegenstander biljartbal) – ● (OB) (rode biljartbal)

I: Groep 1

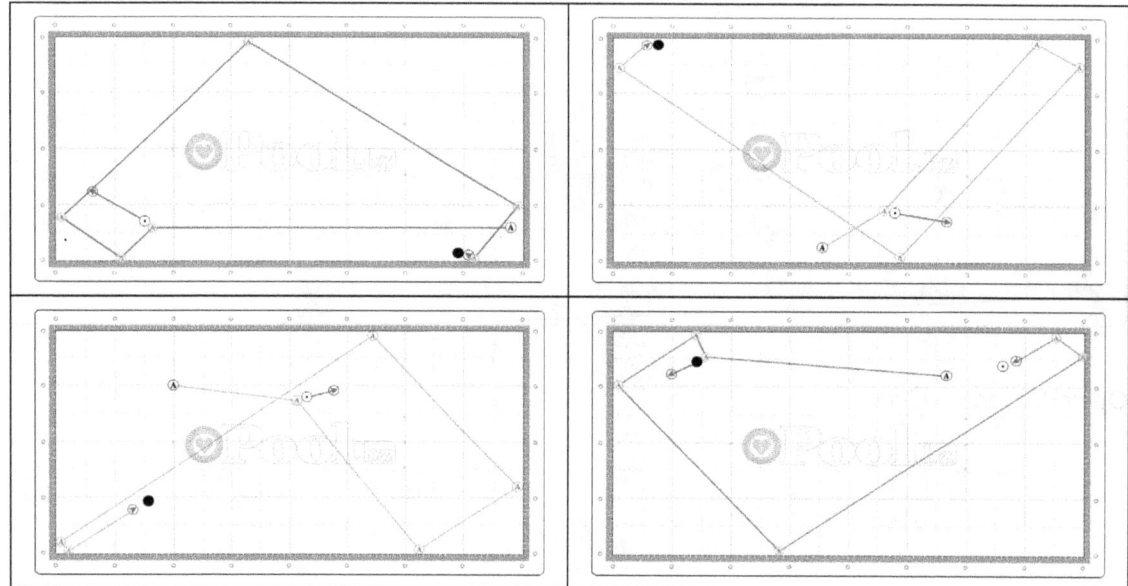

Analyse:

I:1a. _____

I:1b. _____

I:1c. _____

I:1d. _____

I:1a – Opstelling

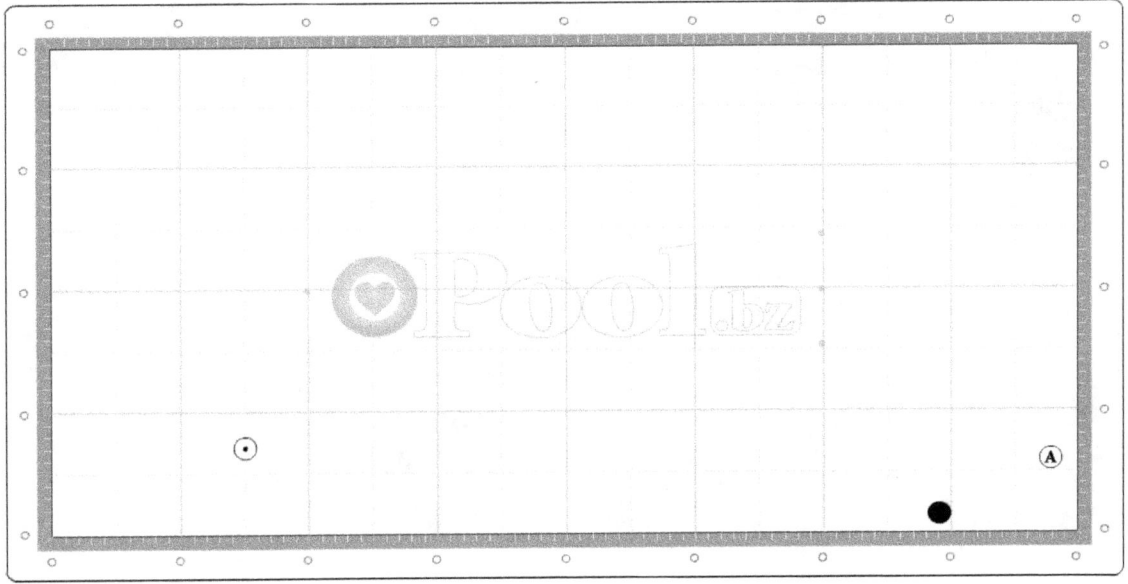

Opmerkingen en ideeën:

Schotpatroon

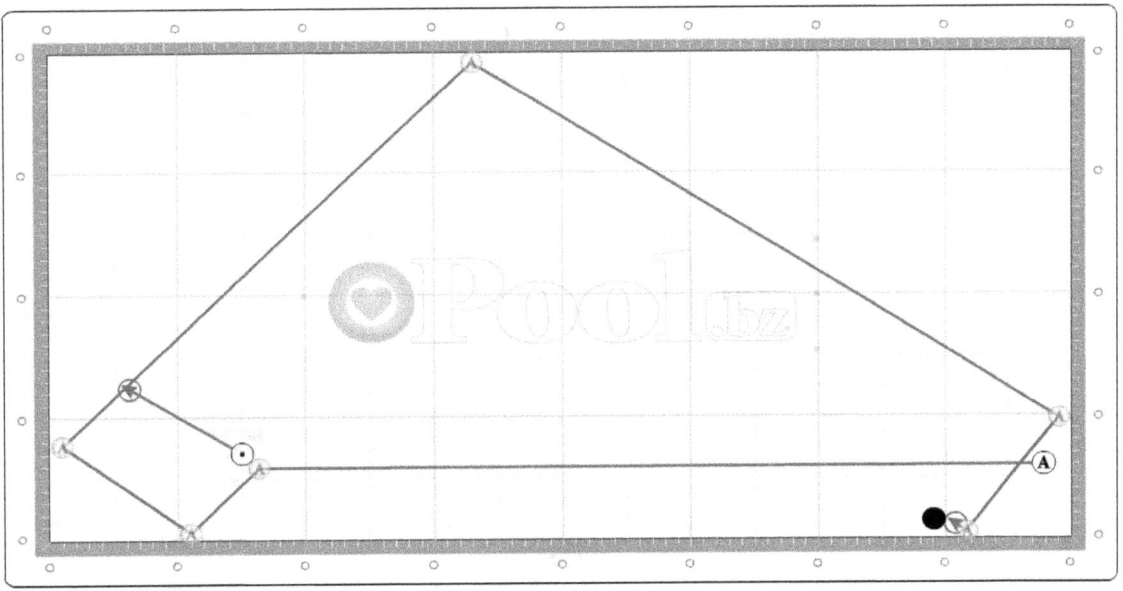

I:1b – Opstelling

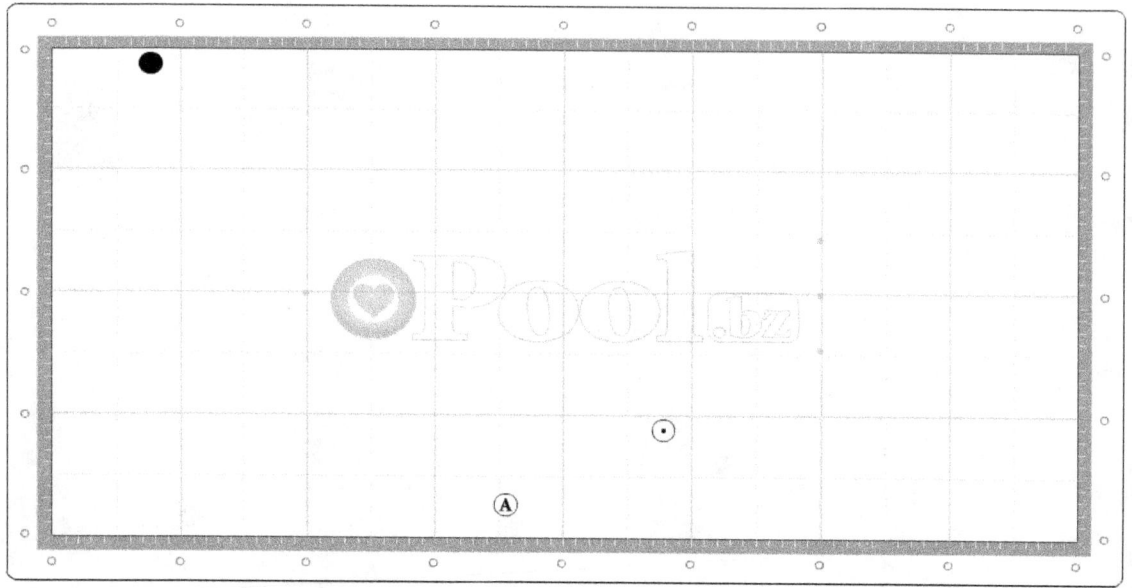

Opmerkingen en ideeën:

Schotpatroon

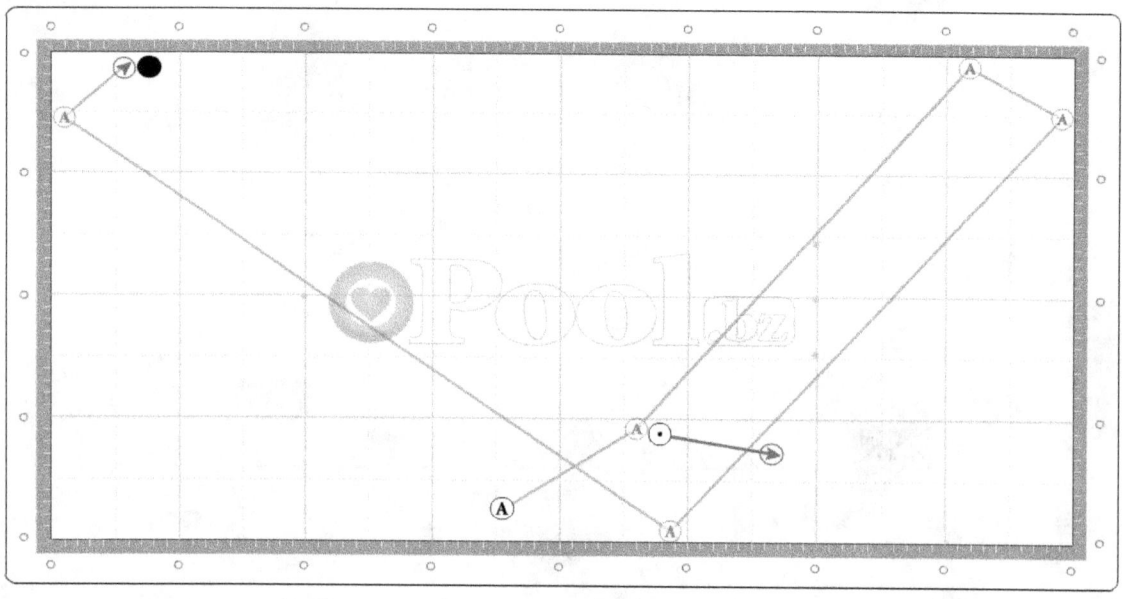

I:1c – Opstelling

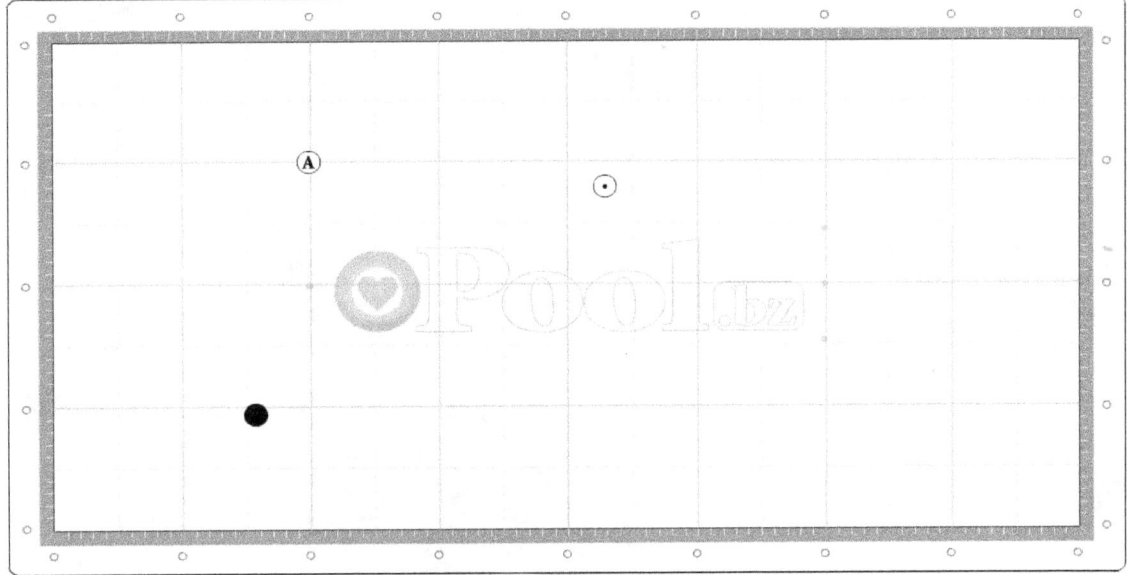

Opmerkingen en ideeën:

Schotpatroon

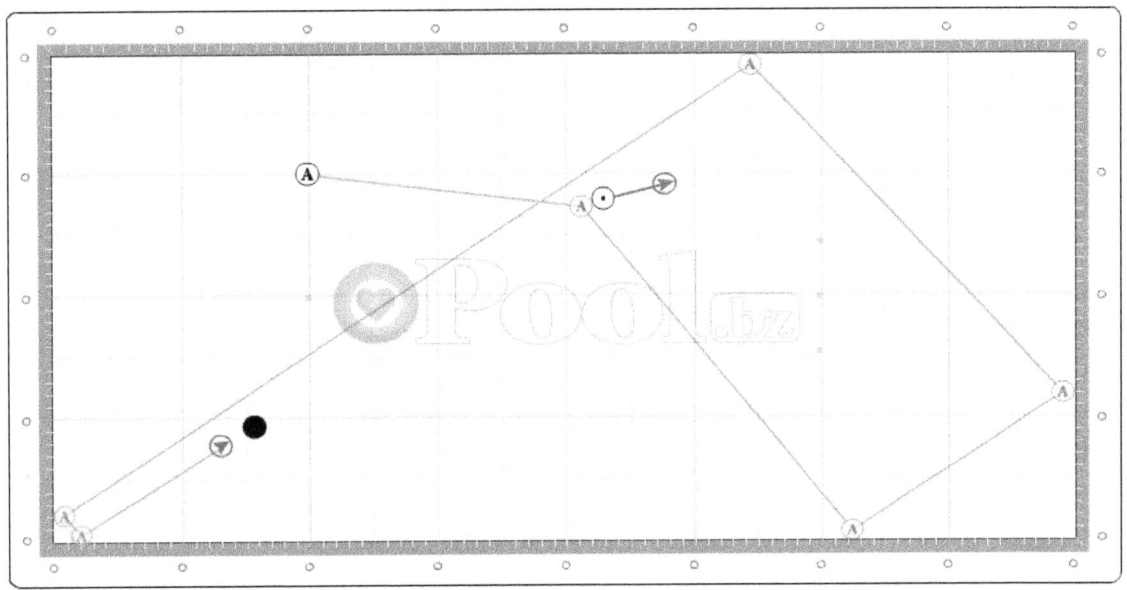

I:1d – Opstelling

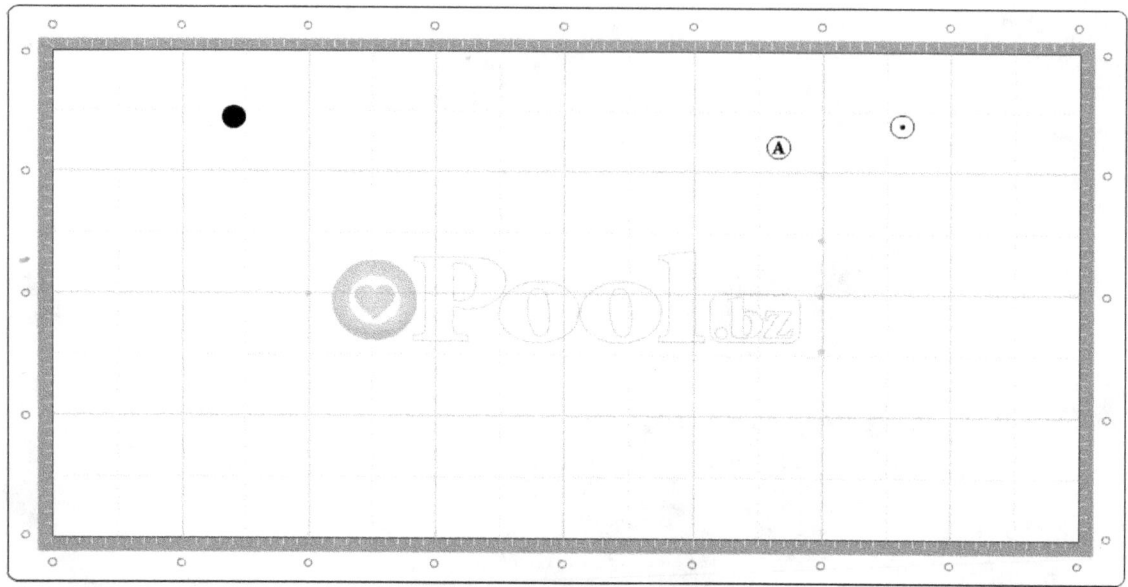

Opmerkingen en ideeën:

Schotpatroon

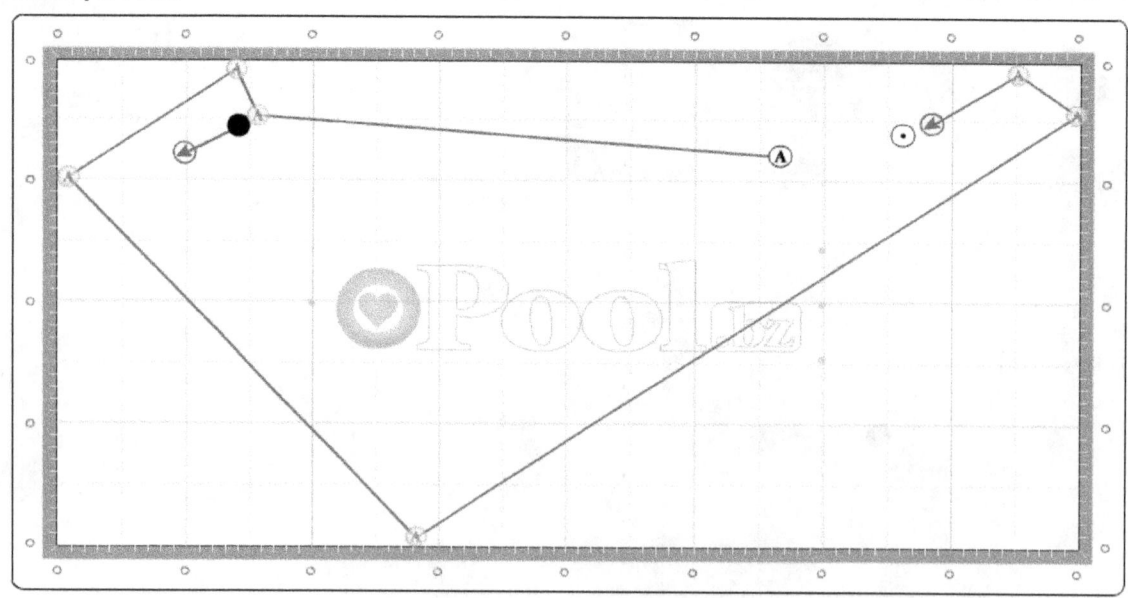

I: Groep 2

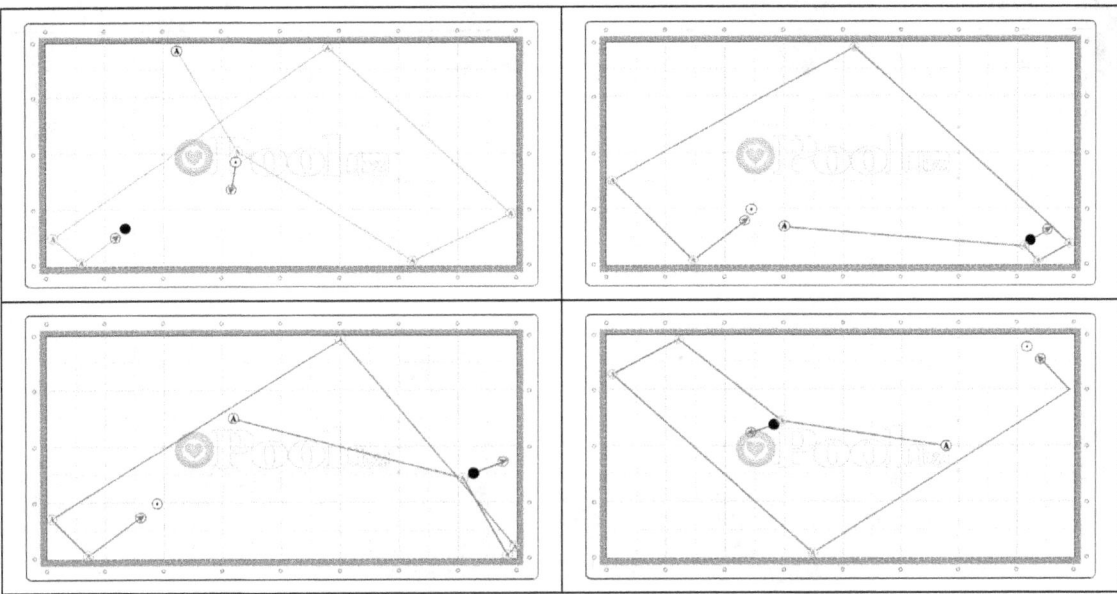

Analyse:

I:2a. _____

I:2b. _____

I:2c. _____

I:2d. _____

I:2a – Opstelling

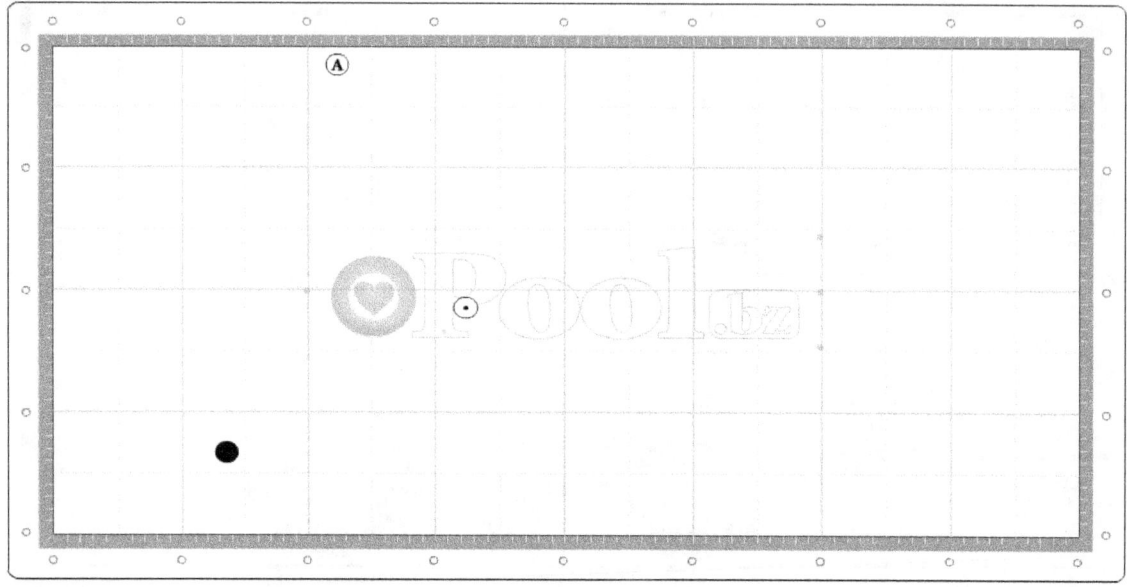

Opmerkingen en ideeën:

Schotpatroon

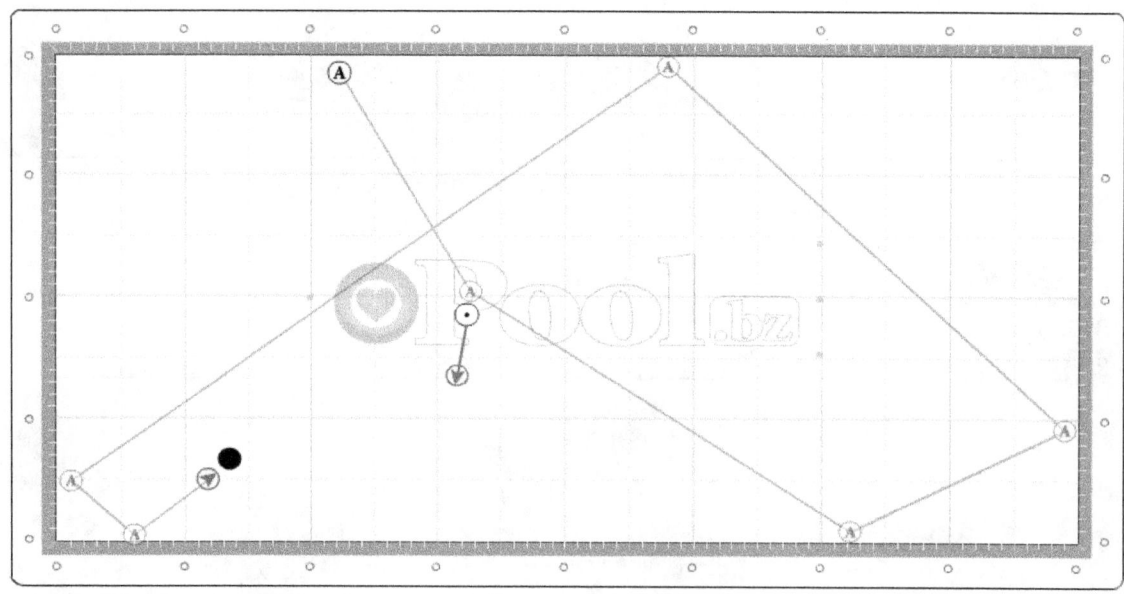

I:2b – Opstelling

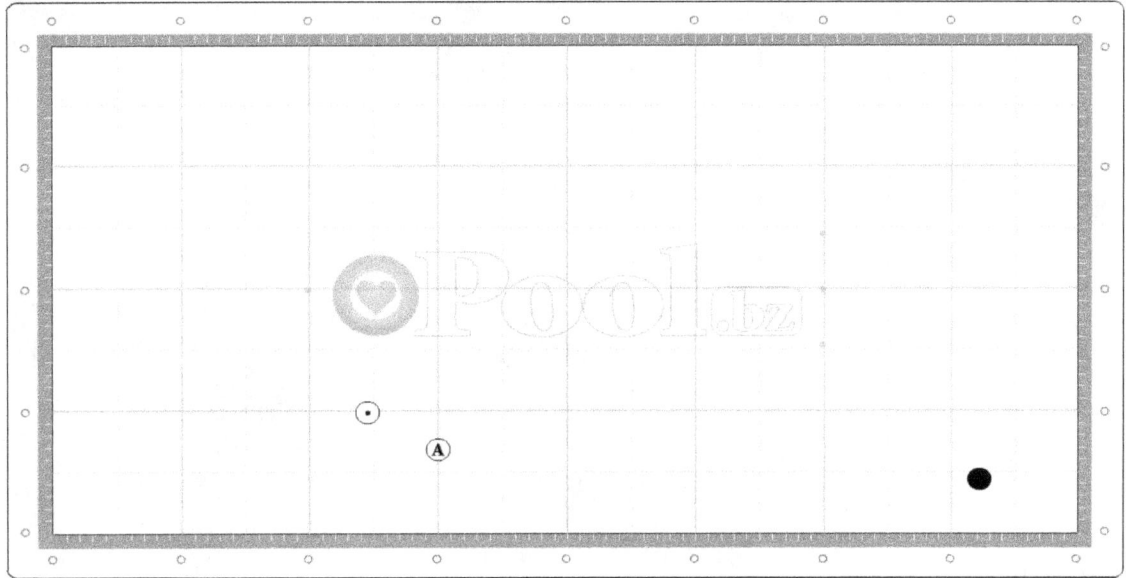

Opmerkingen en ideeën:

Schotpatroon

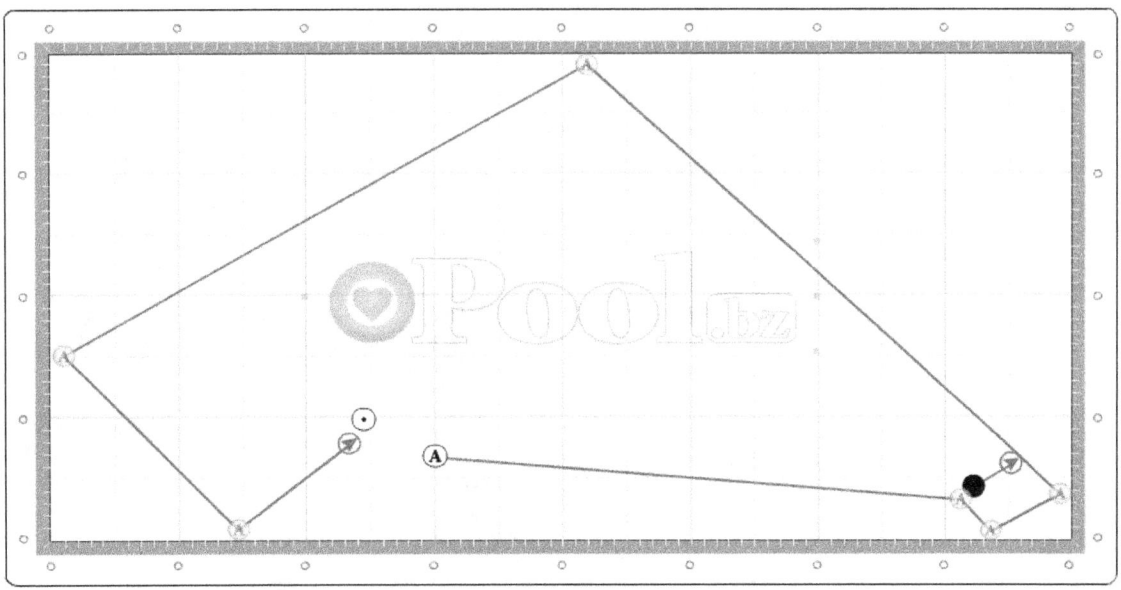

I:2c – Opstelling

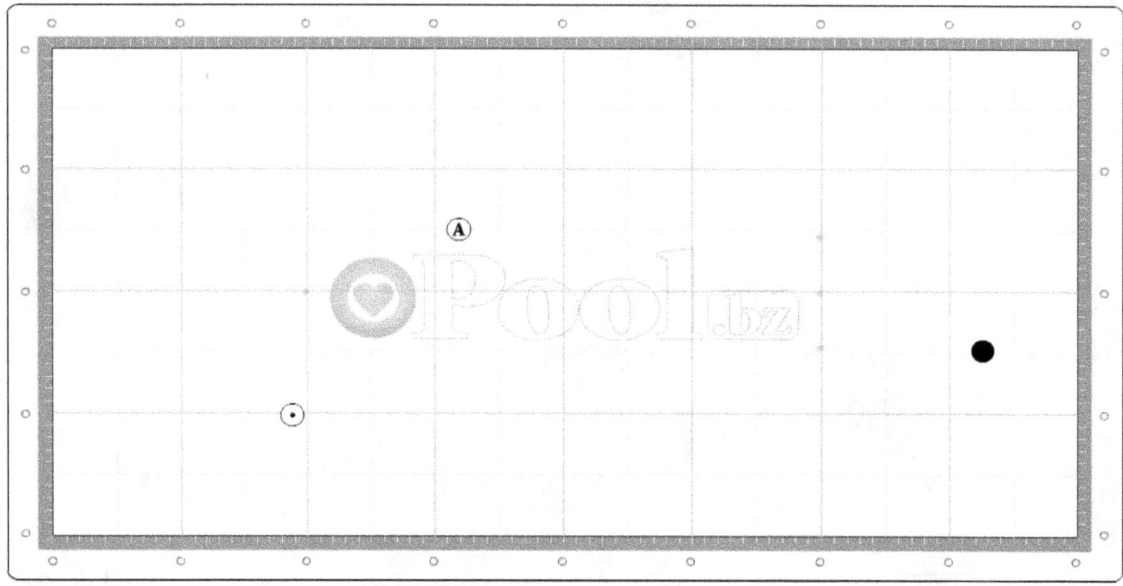

Opmerkingen en ideeën:

Schotpatroon

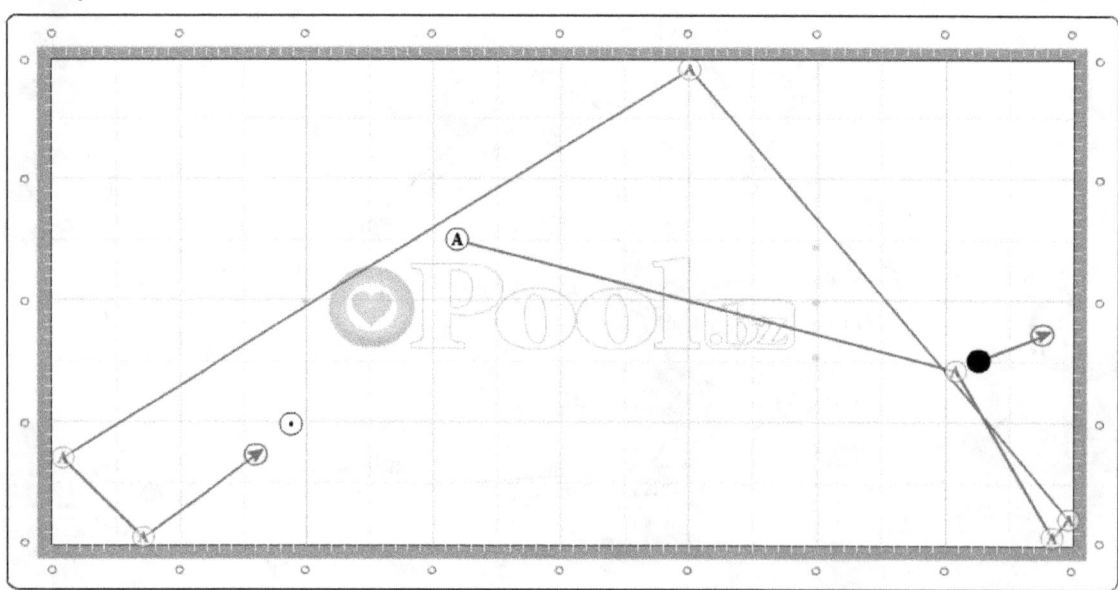

I:2d – Opstelling

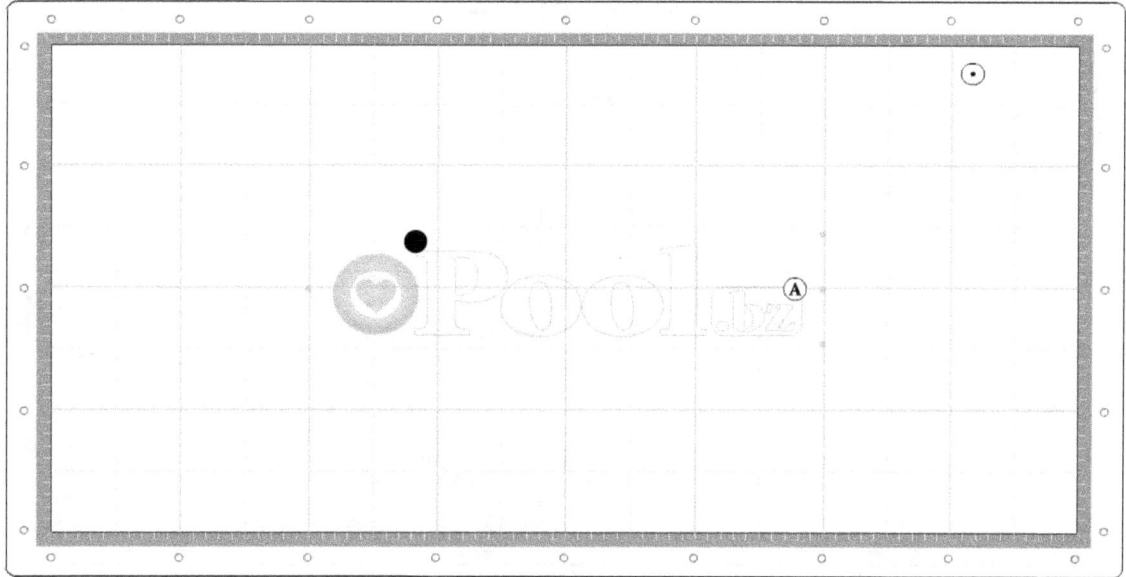

Opmerkingen en ideeën:

Schotpatroon

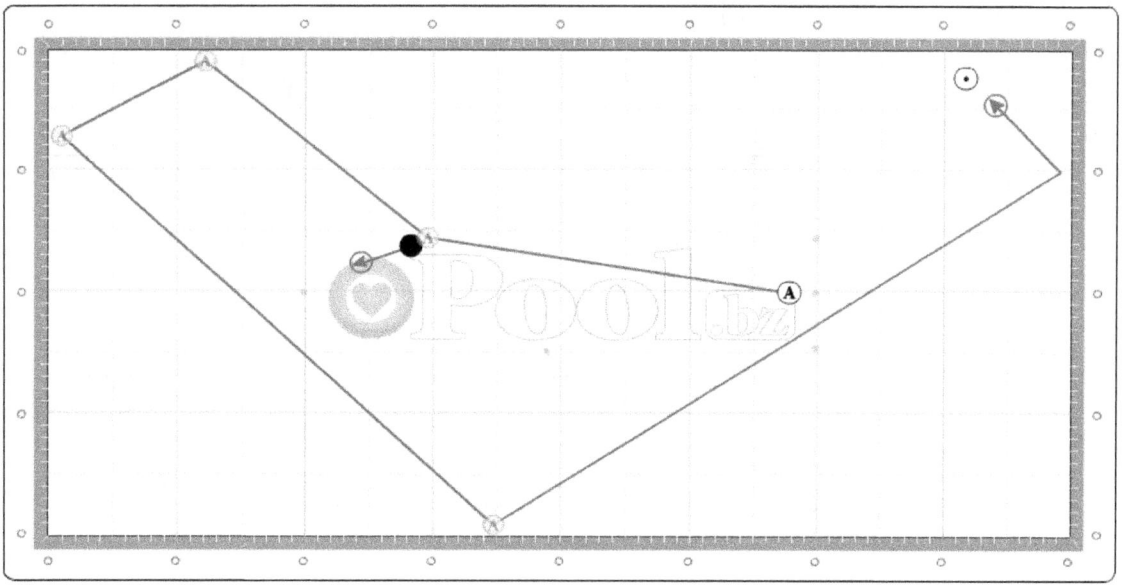

I: Groep 3

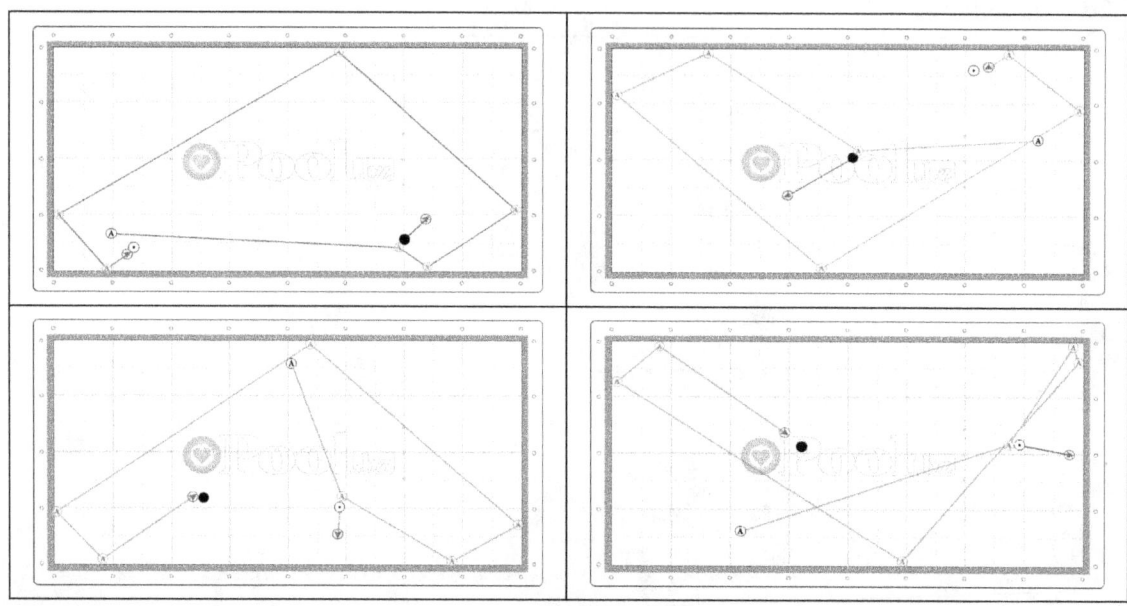

Analyse:

I:3a. _____

I:3b. _____

I:3c. _____

I:3d. _____

I:3a – Opstelling

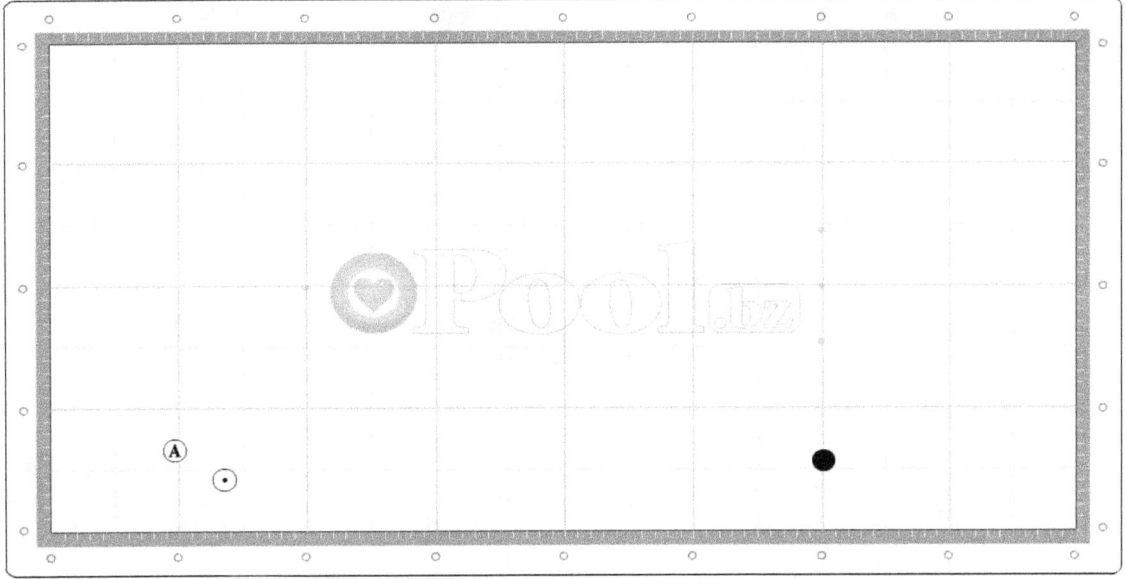

Opmerkingen en ideeën:

Schotpatroon

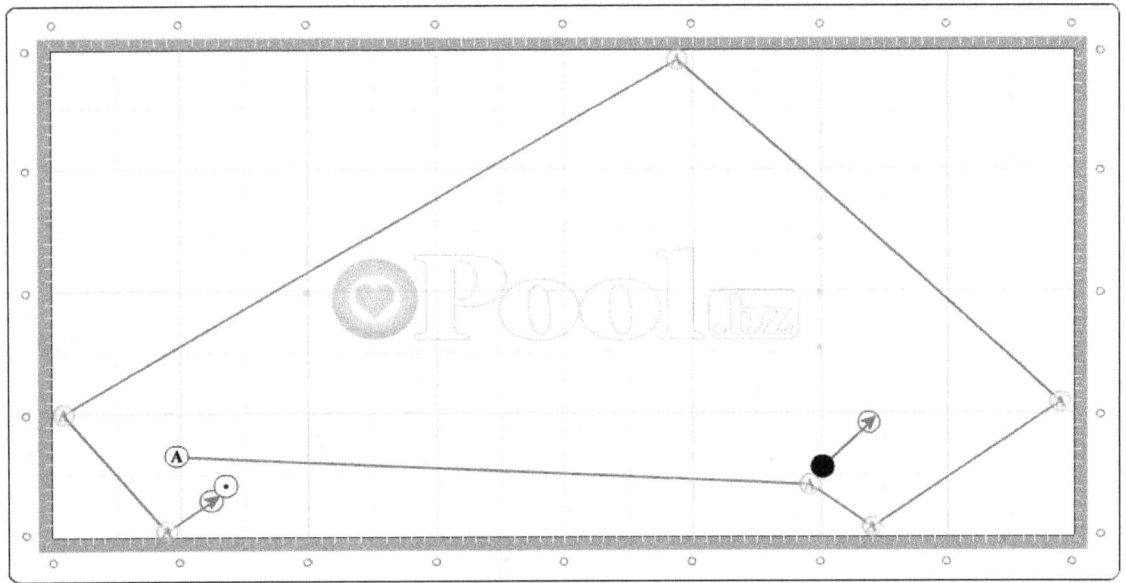

I:3b – Opstelling

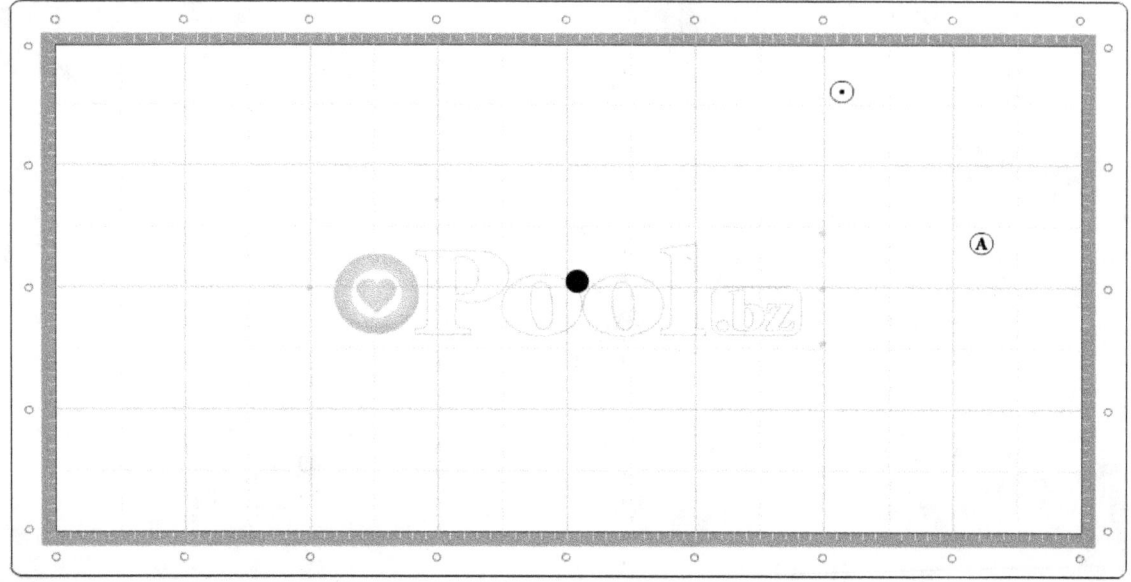

Opmerkingen en ideeën:

Schotpatroon

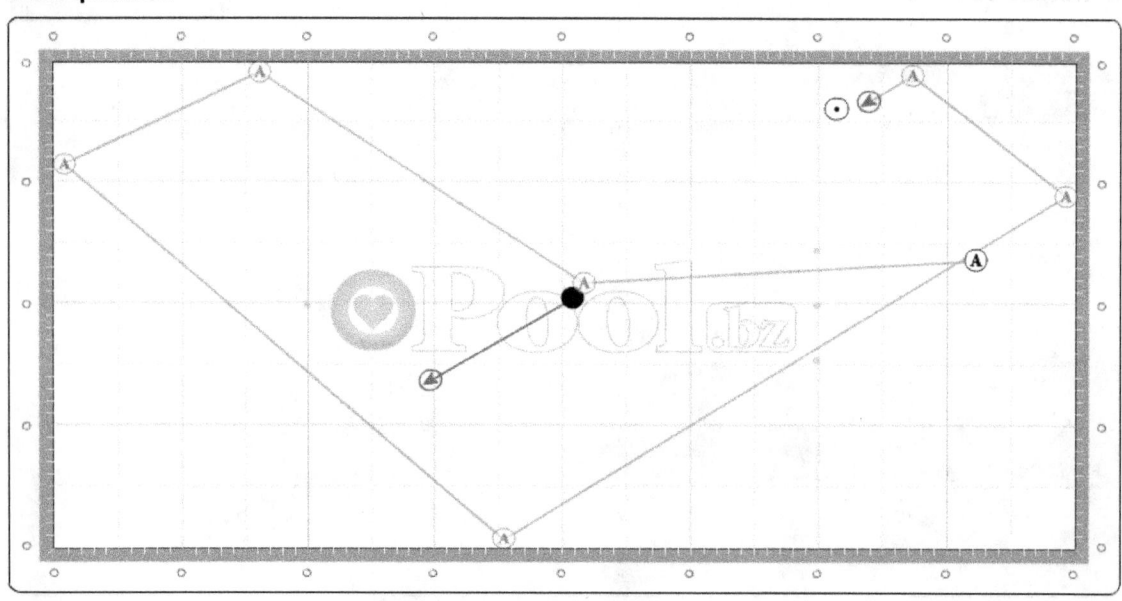

I:3c – Opstelling

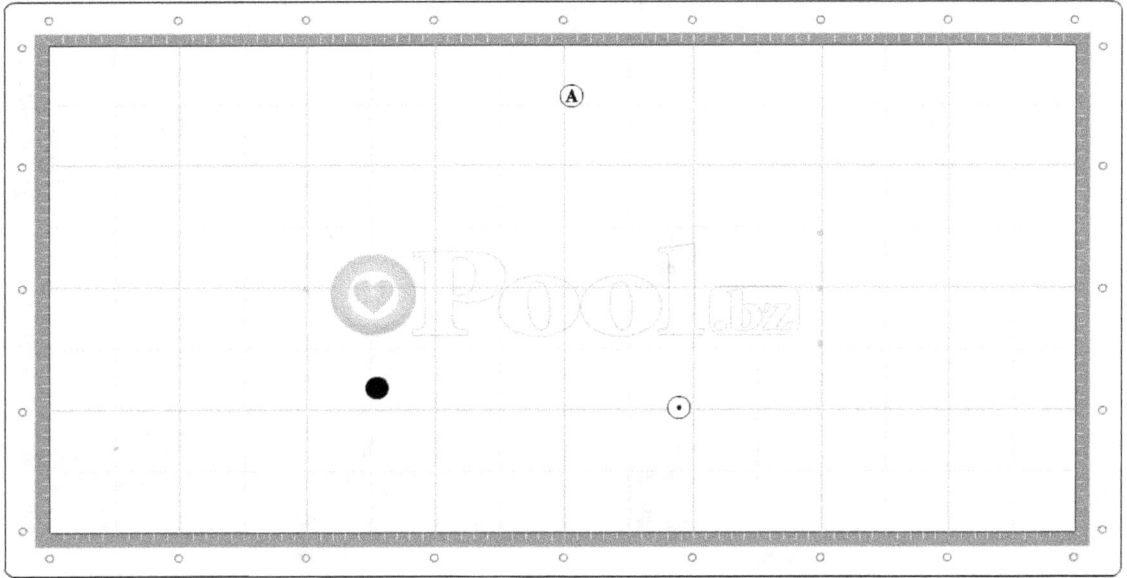

Opmerkingen en ideeën:

Schotpatroon

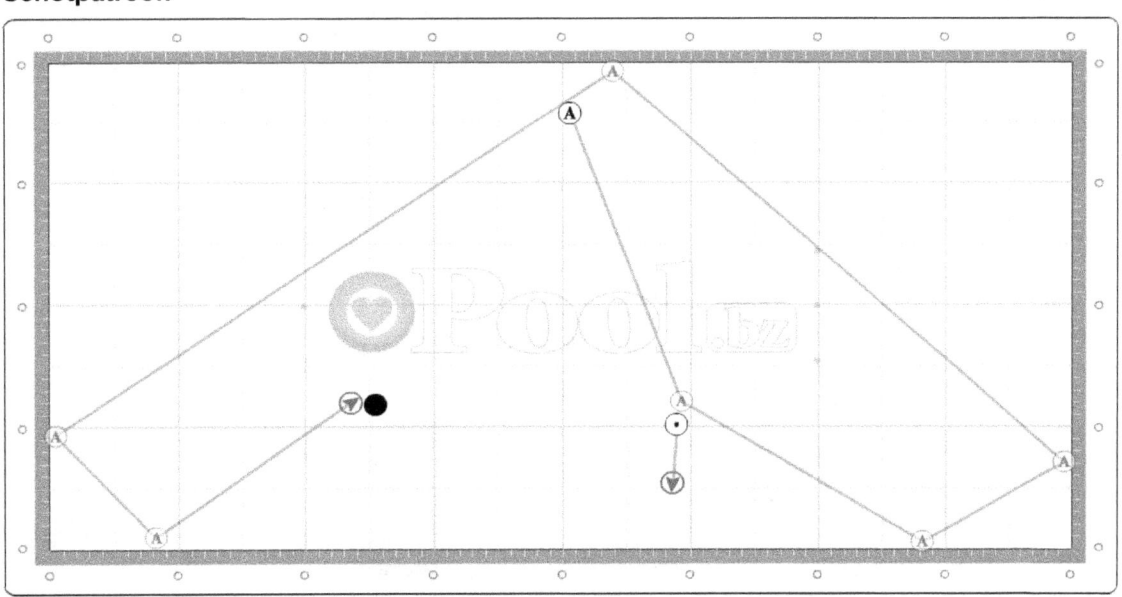

I:3d – Opstelling

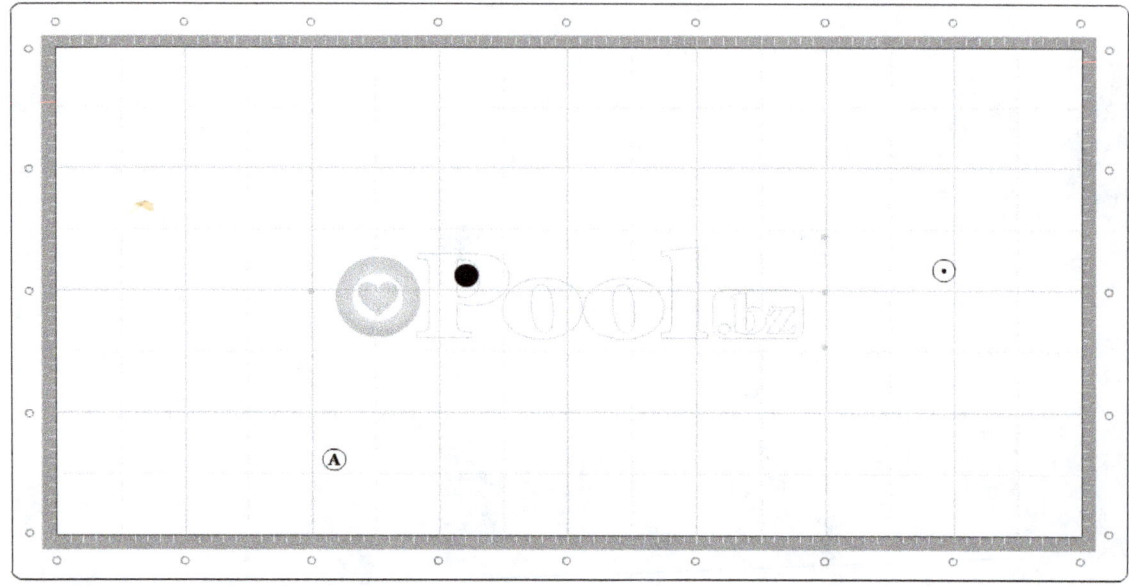

Opmerkingen en ideeën:

Schotpatroon

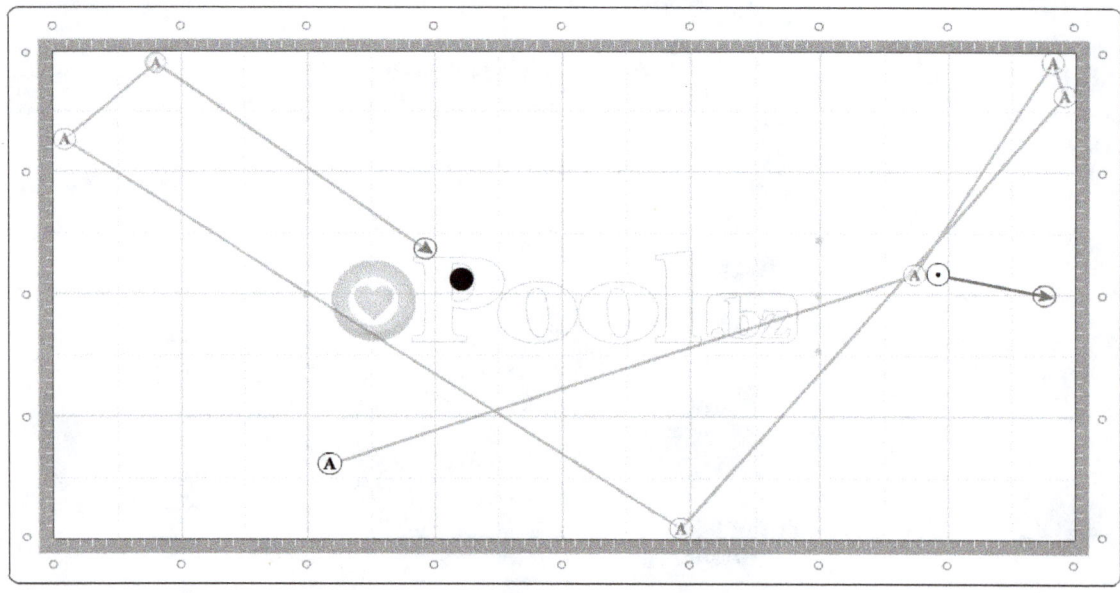

I: Groep 4

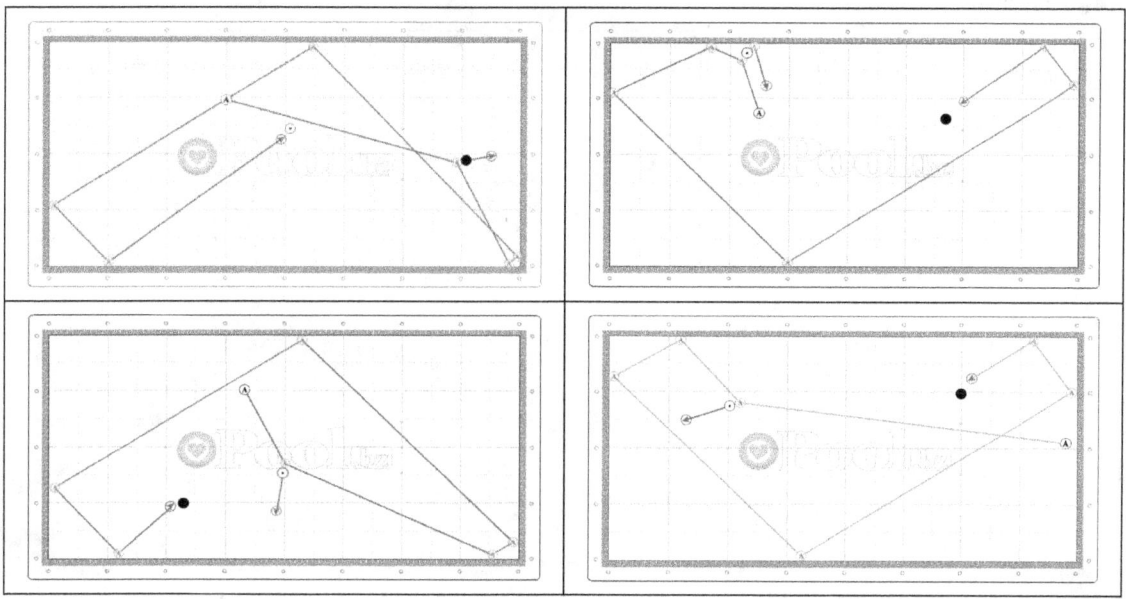

Analyse:

I:4a. _____

I:4b. _____

I:4c. _____

I:4d. _____

I:4a – Opstelling

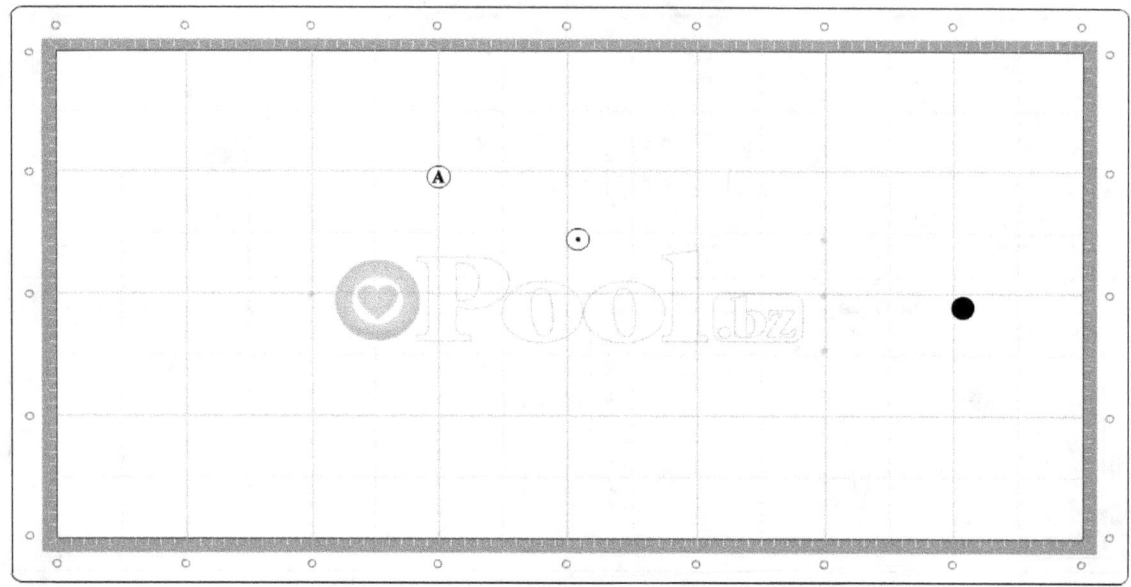

Opmerkingen en ideeën:

Schotpatroon

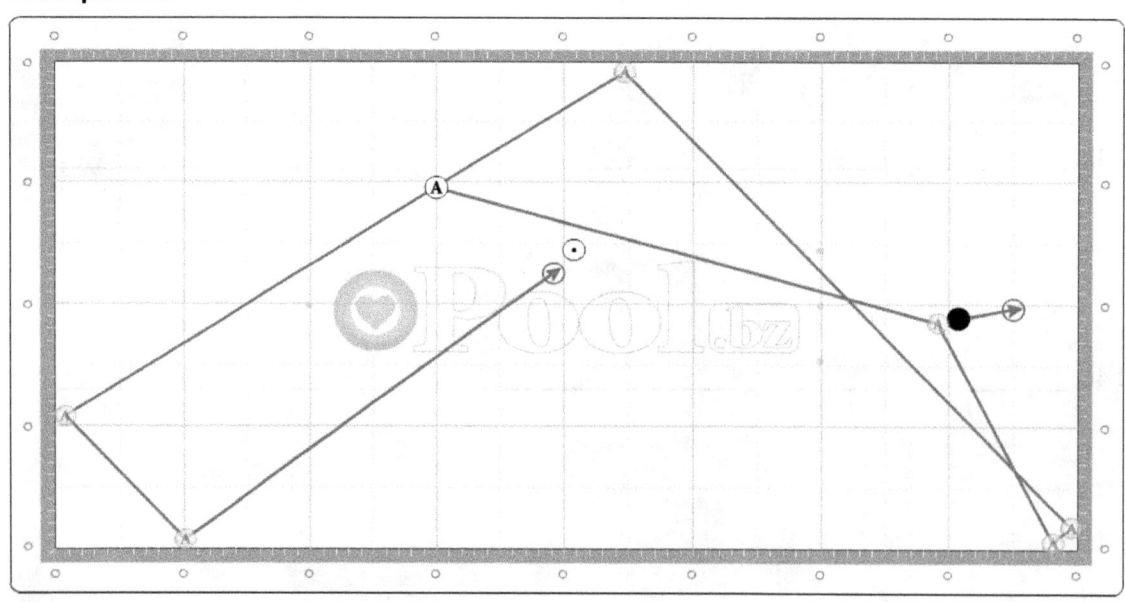

I:4b – Opstelling

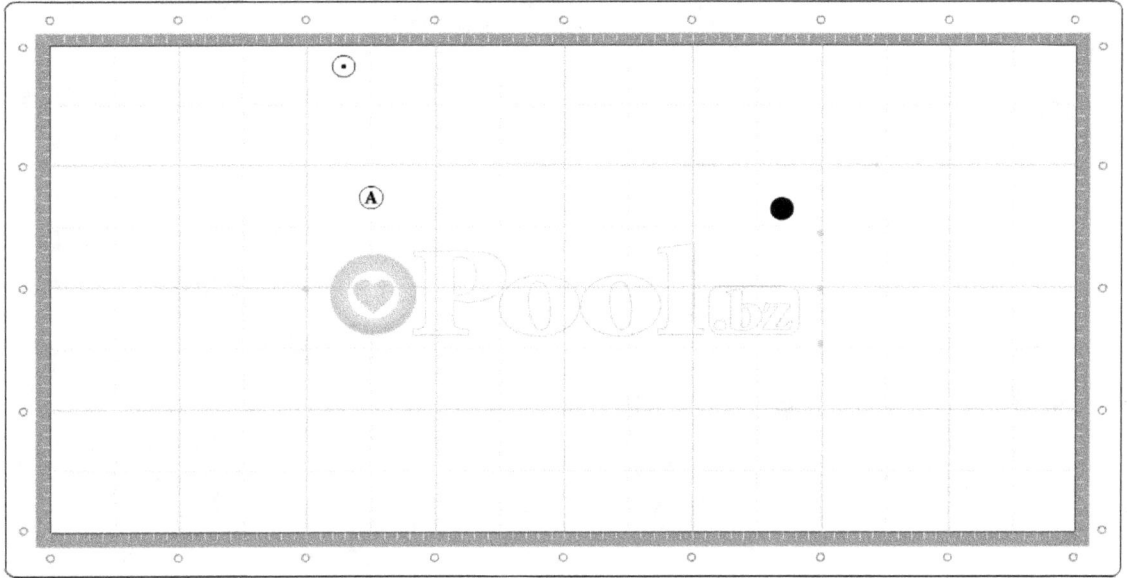

Opmerkingen en ideeën:

Schotpatroon

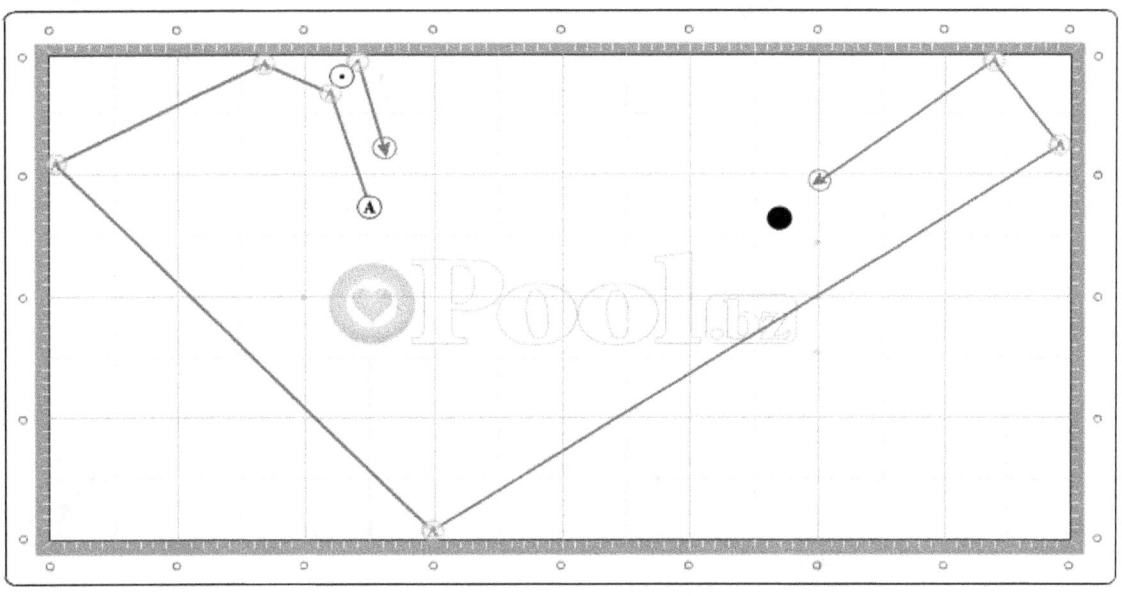

I:4c – Opstelling

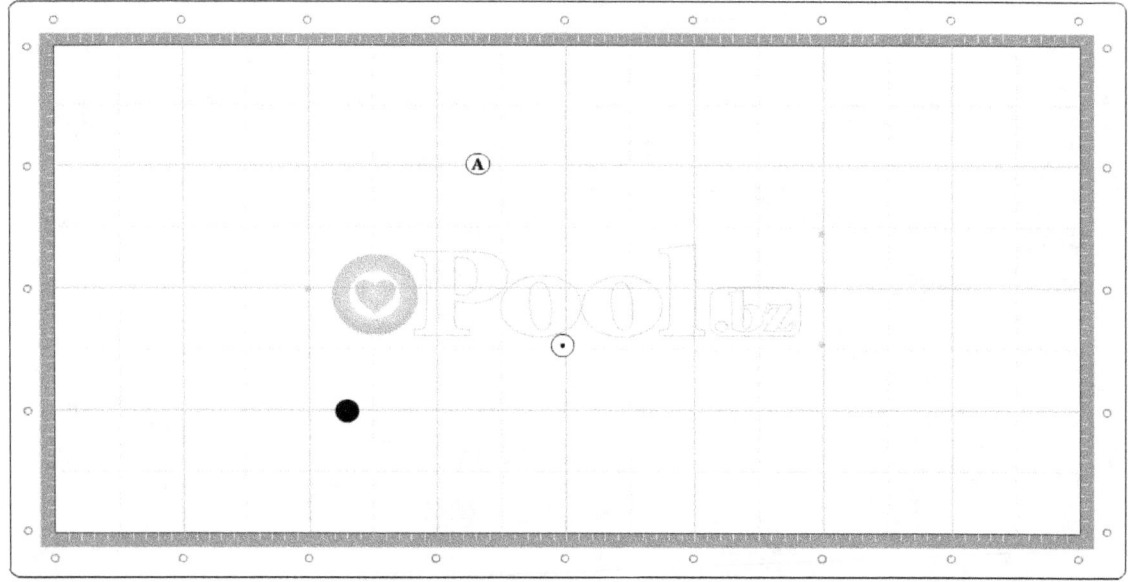

Opmerkingen en ideeën:

Schotpatroon

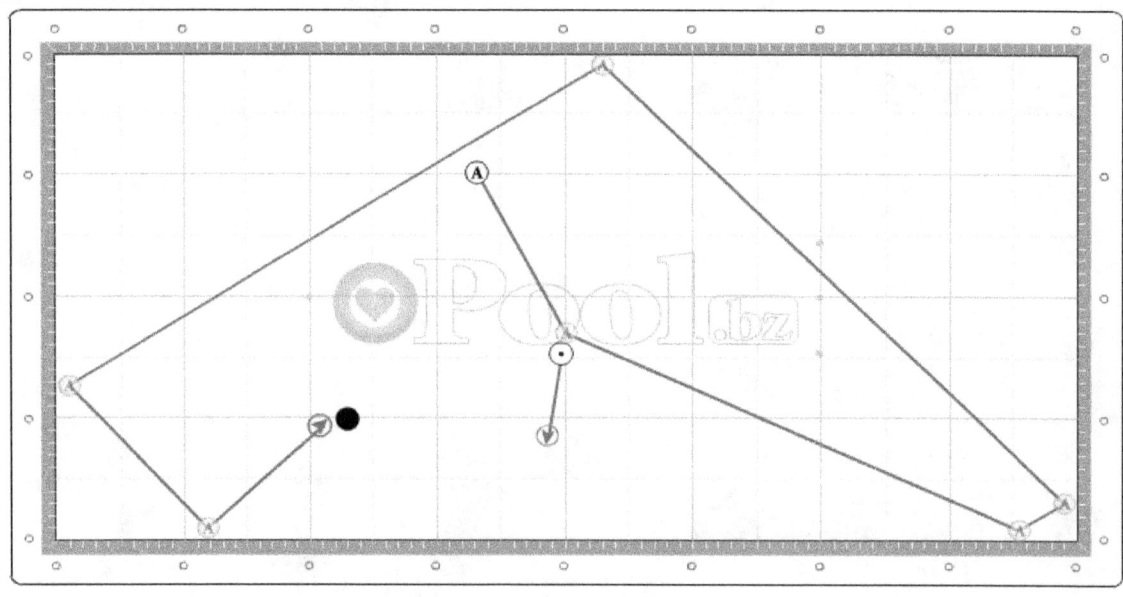

I:4d – Opstelling

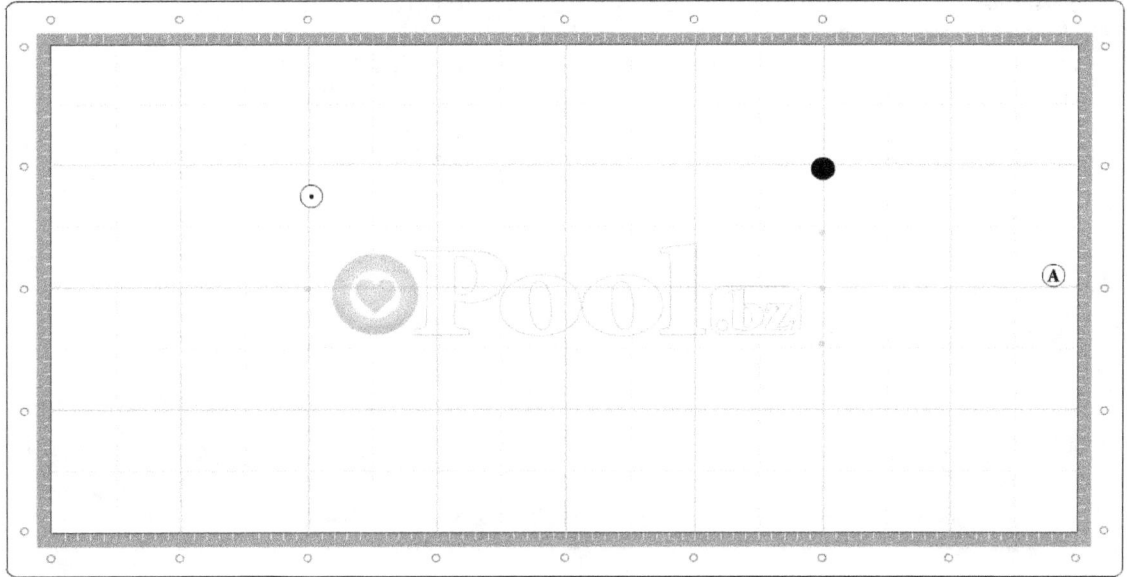

Opmerkingen en ideeën:

Schotpatroon

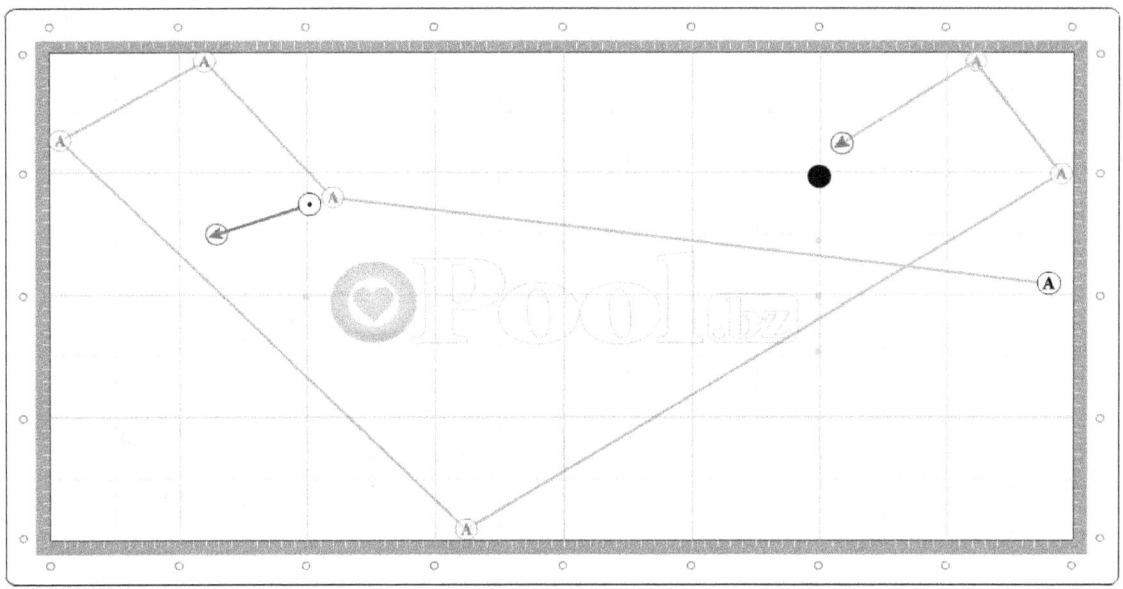

J: Dubbele haak (met diagonale retour)

Op deze over-de-heuvel patronen, de (CB) komt uit de eerste (OB) in de hoek - lang biljartbanden eerst. Het gaat de heuvel op naar het tegenoverliggende lange biljartbanden. Vervolgens gaat de (CB) de tegenovergestelde hoek in en uit. De (CB) reist diagonaal over de tafel naar de tweede (OB).

Ⓐ (CB) (uw biljartbal) – ⊙ (OB) (tegenstander biljartbal) – ● (OB) (rode biljartbal)

J: Groep 1

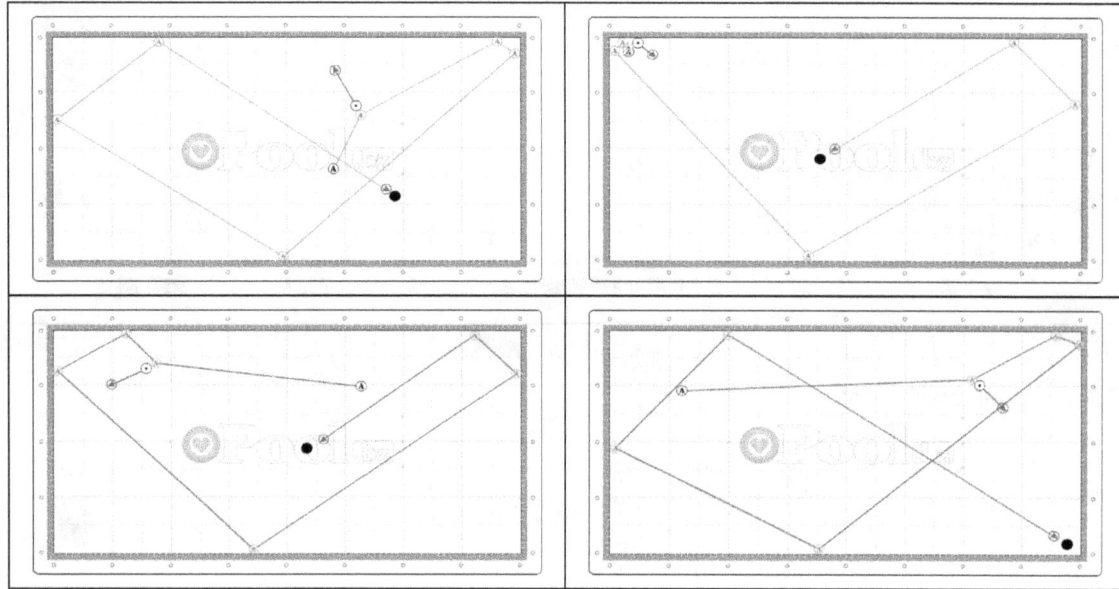

Analyse:

J:1a. _____

J:1b. _____

J:1c. _____

J:1d. _____

J:1a – Opstelling

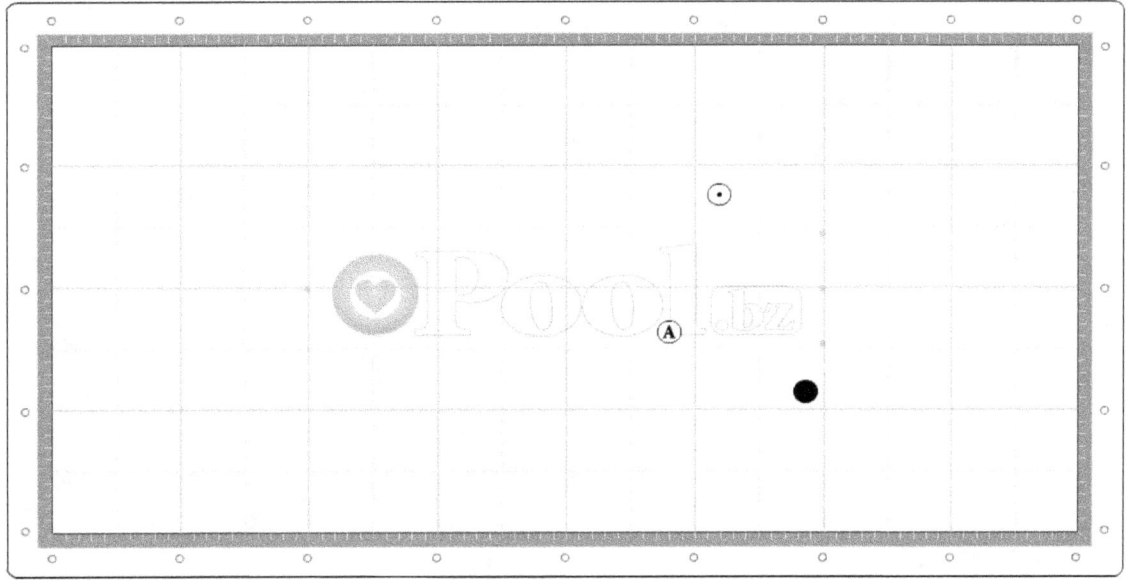

Opmerkingen en ideeën:

Schotpatroon

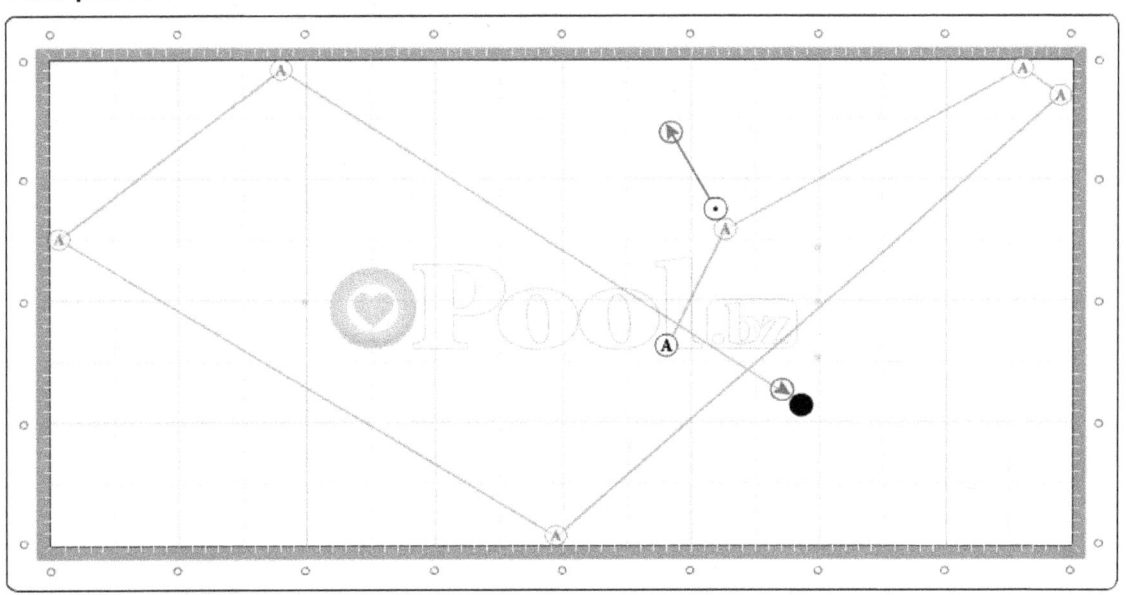

J:1b – Opstelling

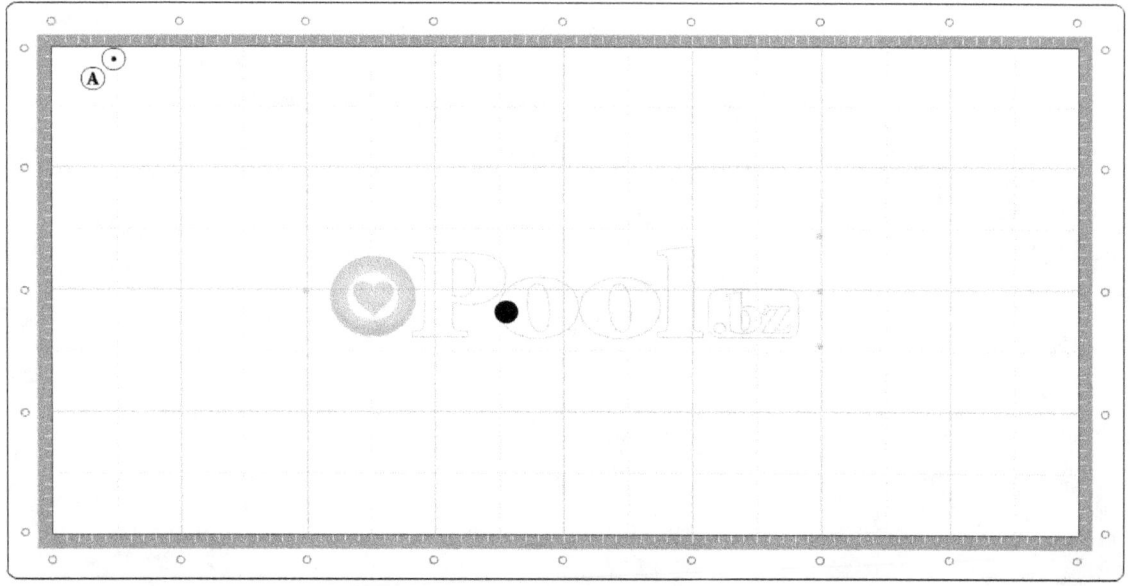

Opmerkingen en ideeën:

Schotpatroon

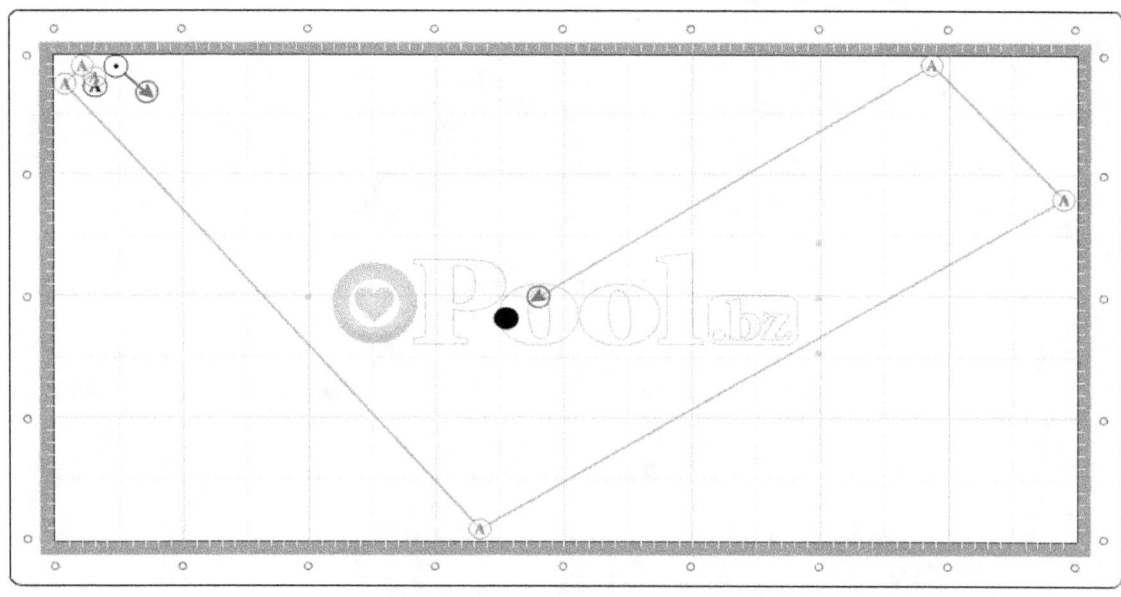

J:1c – Opstelling

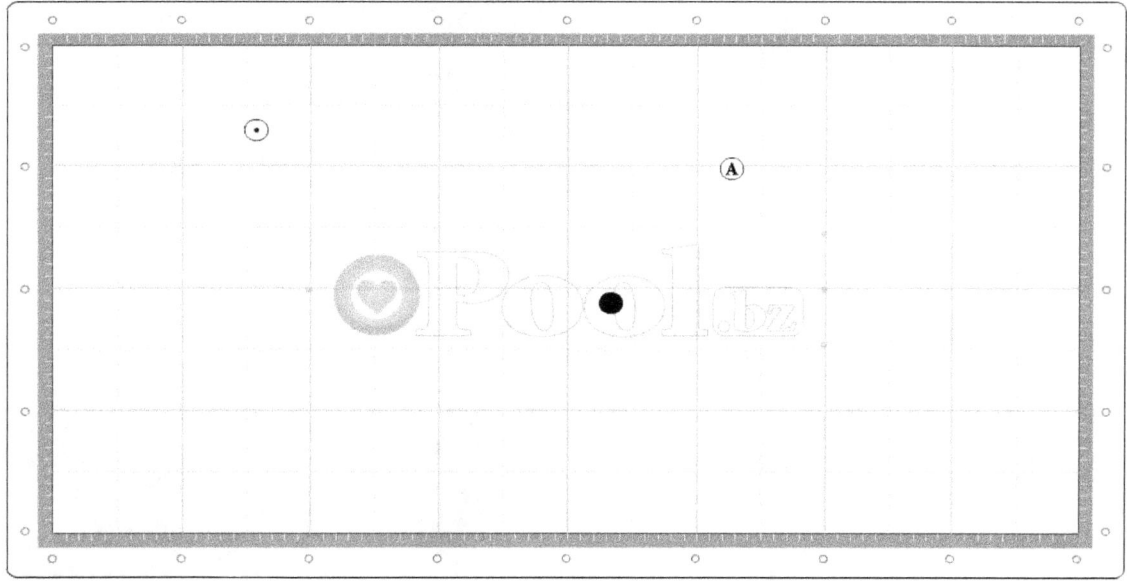

Opmerkingen en ideeën:

Schotpatroon

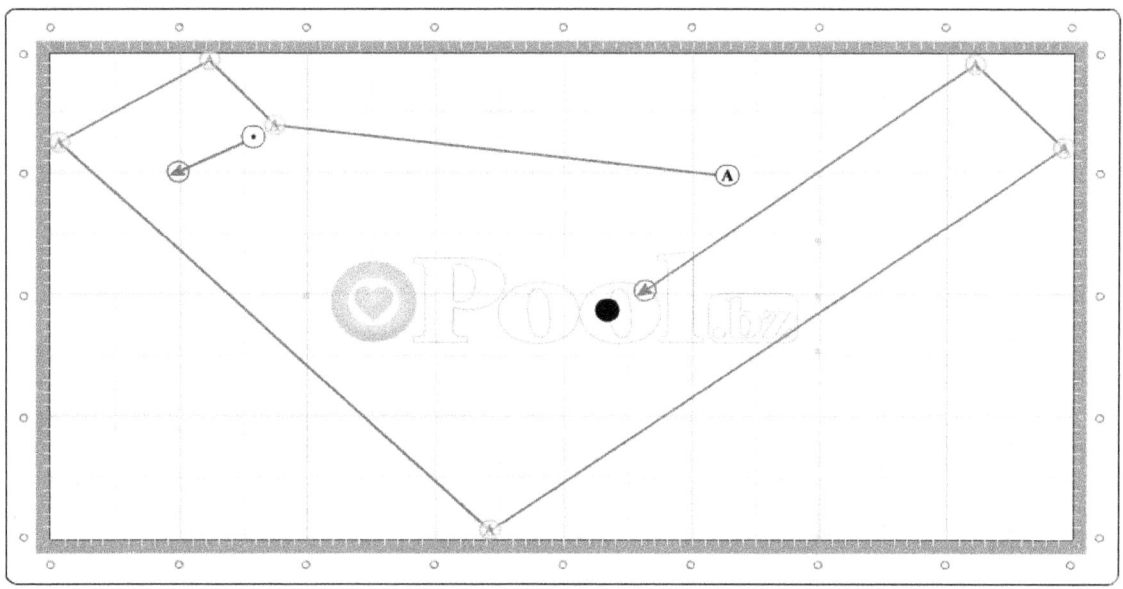

J:1d – Opstelling

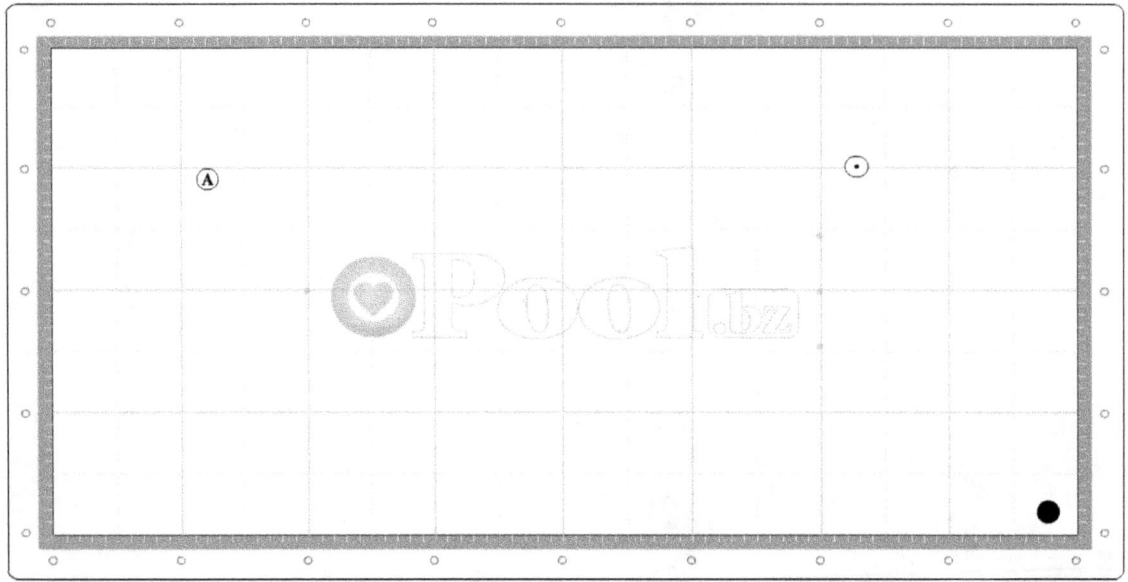

Opmerkingen en ideeën:

Schotpatroon

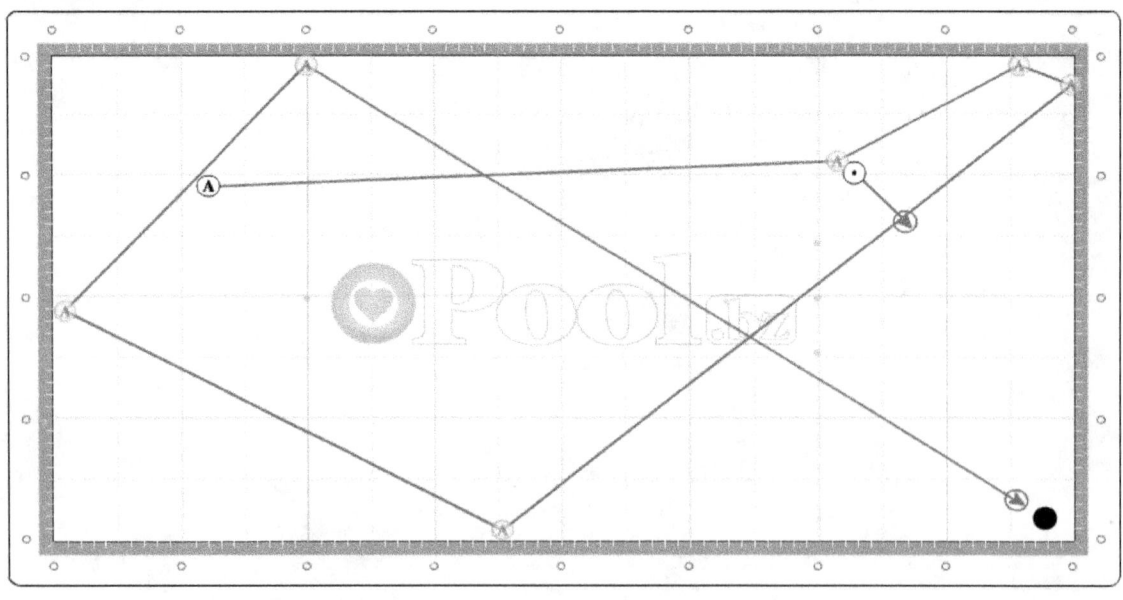

J: Groep 2

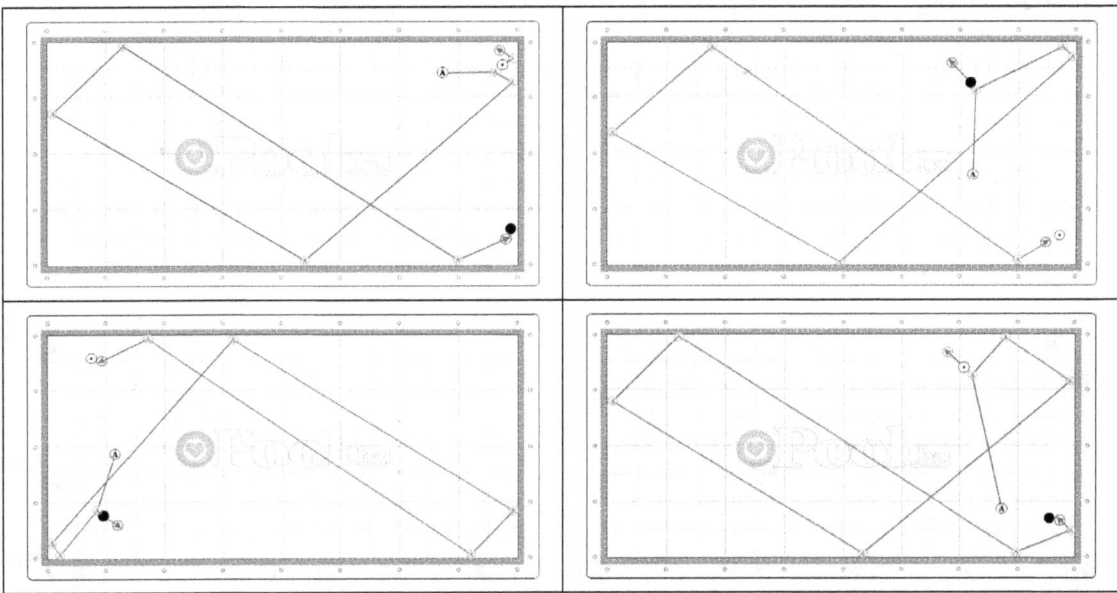

Analyse:

J:2a. _____

J:2b. _____

J:2c. _____

J:2d. _____

J:2a – Opstelling

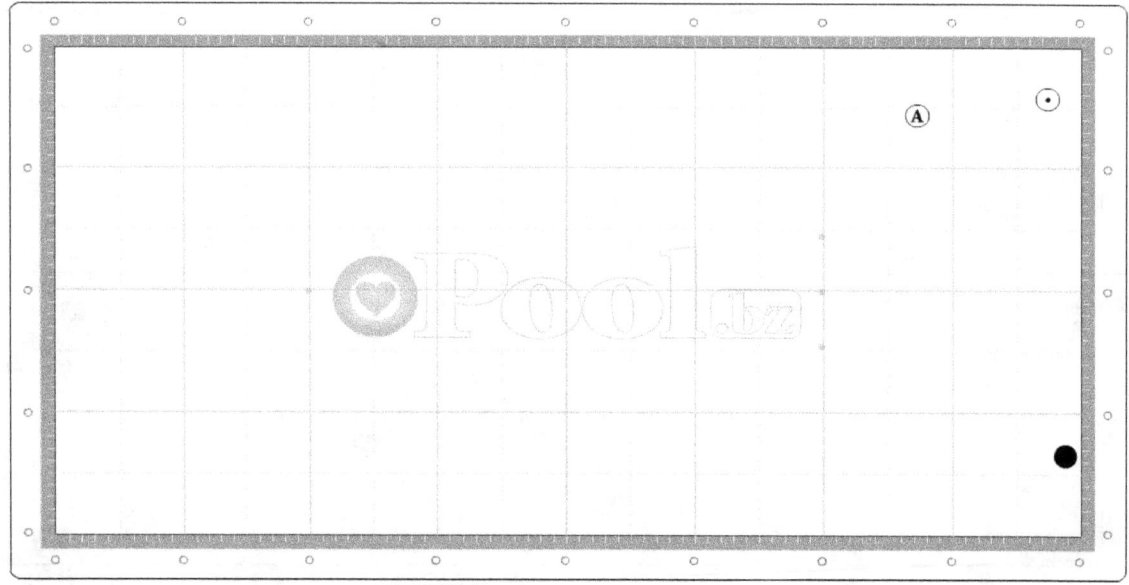

Opmerkingen en ideeën:

Schotpatroon

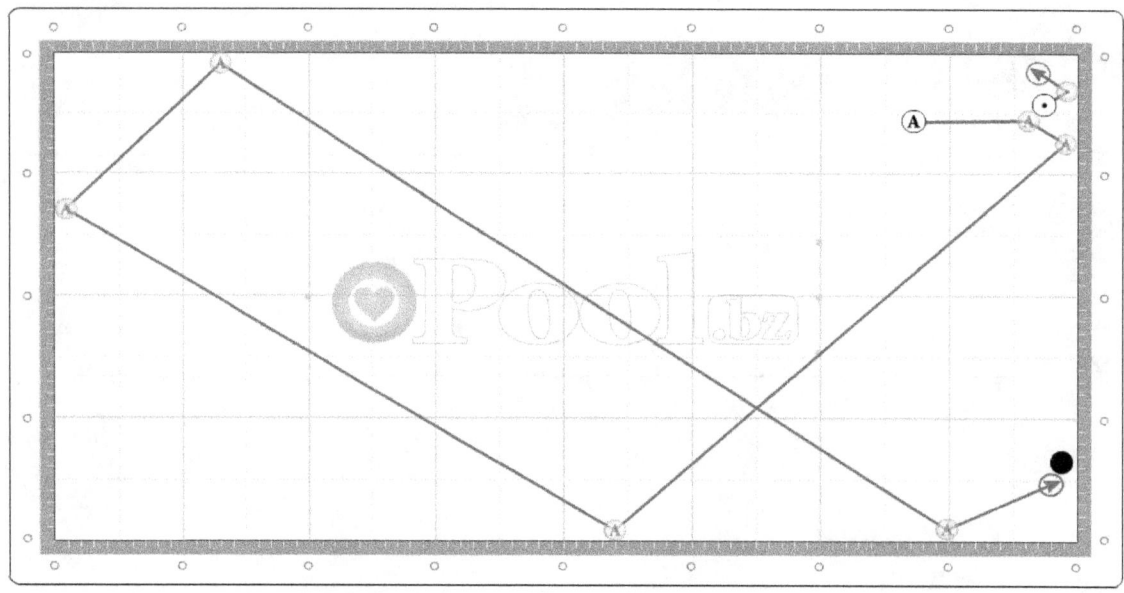

J:2b – Opstelling

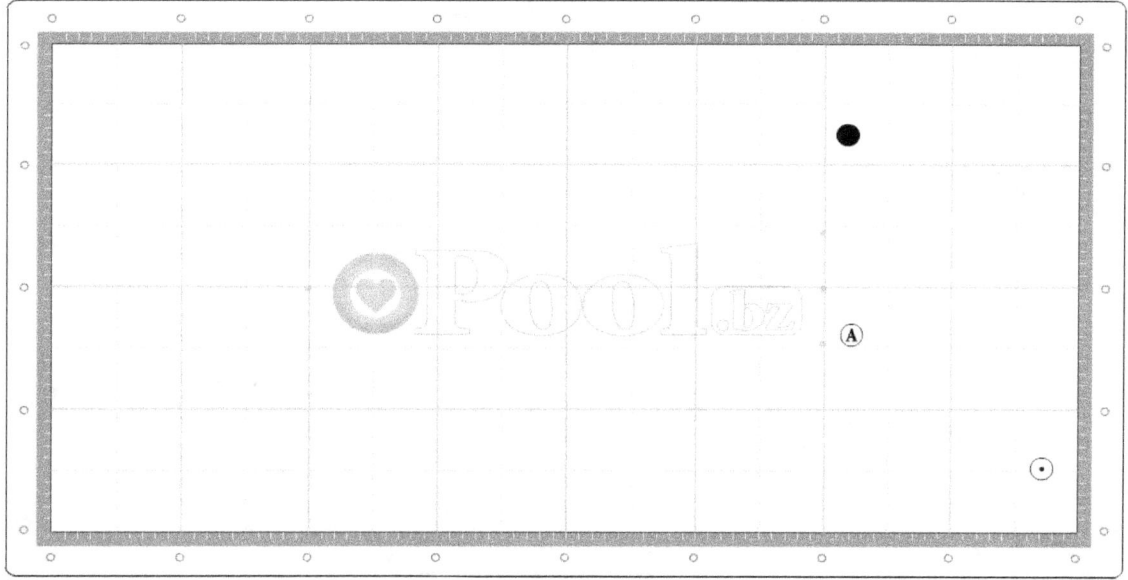

Opmerkingen en ideeën:

Schotpatroon

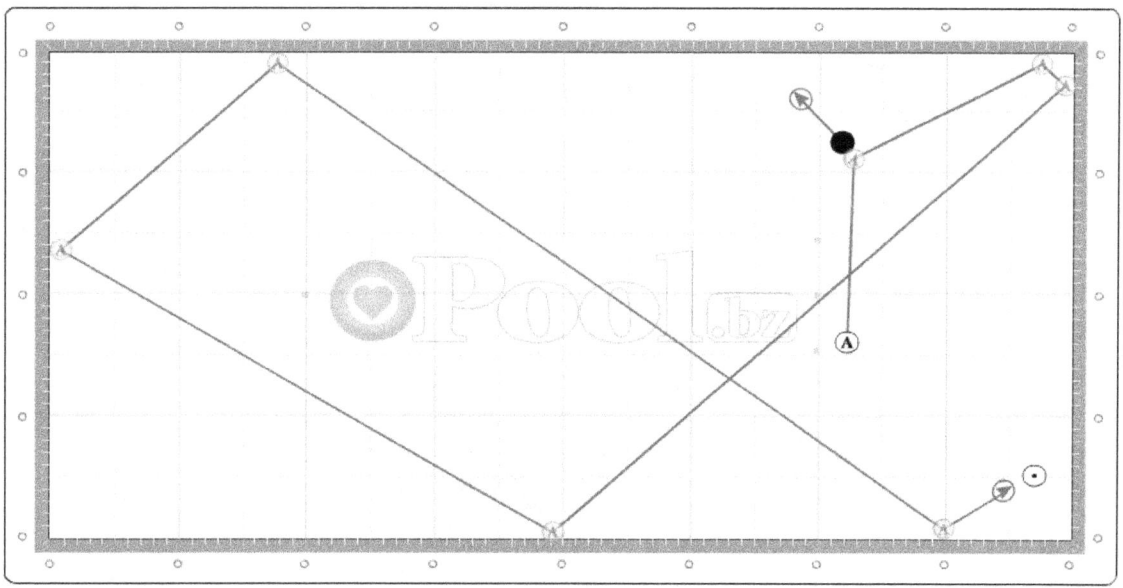

J:2c – Opstelling

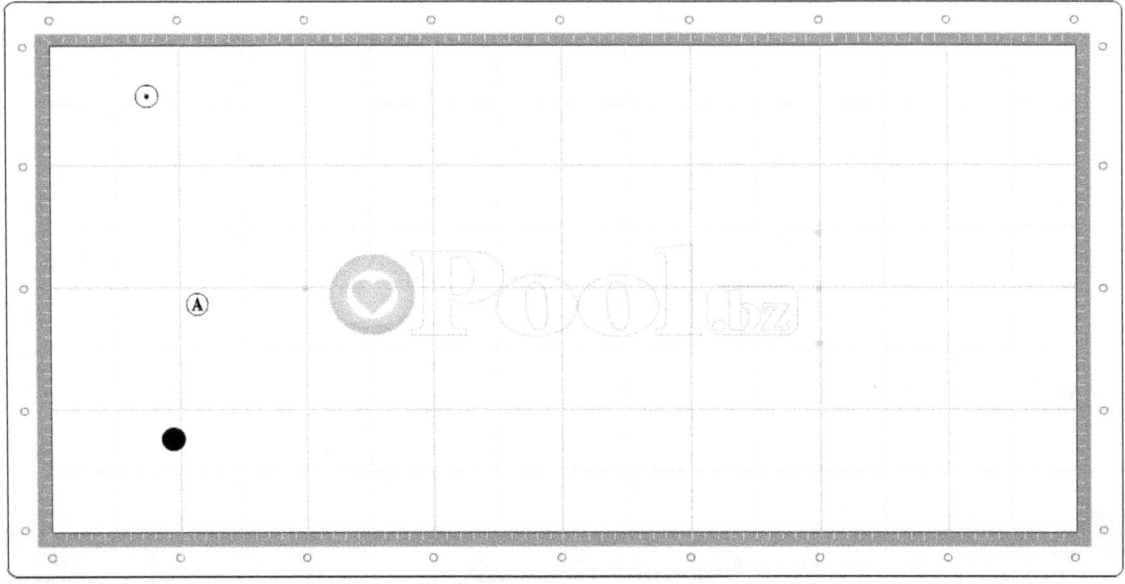

Opmerkingen en ideeën:

Schotpatroon

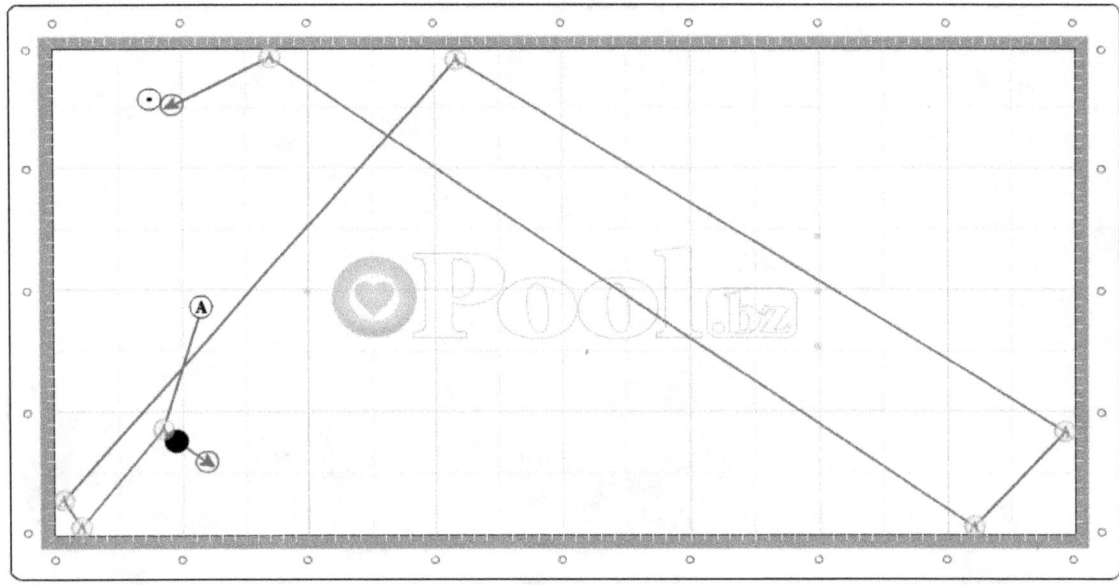

J:2d – Opstelling

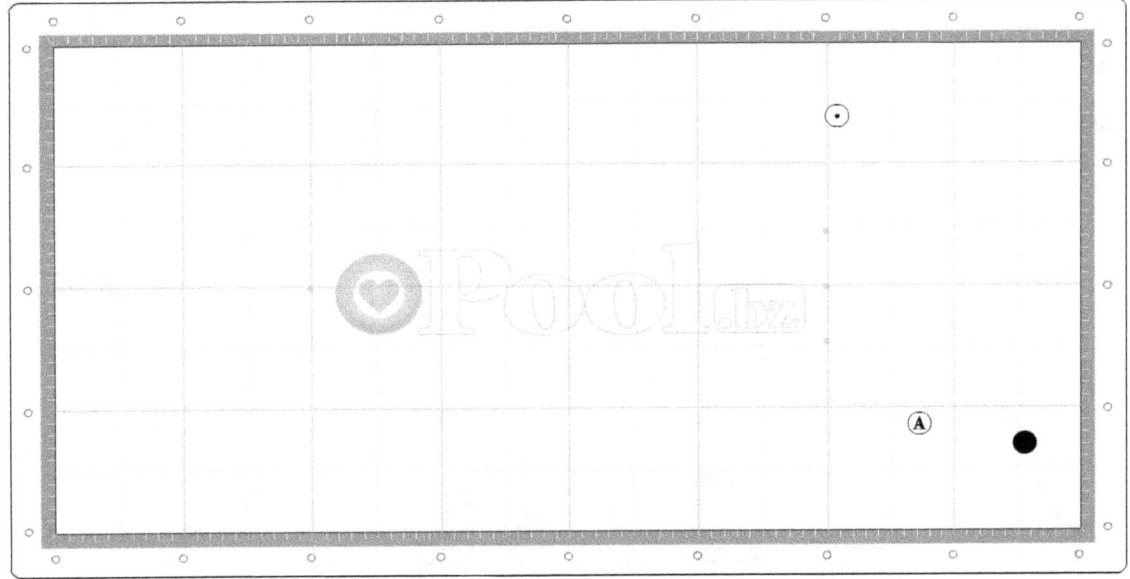

Opmerkingen en ideeën:

Schotpatroon

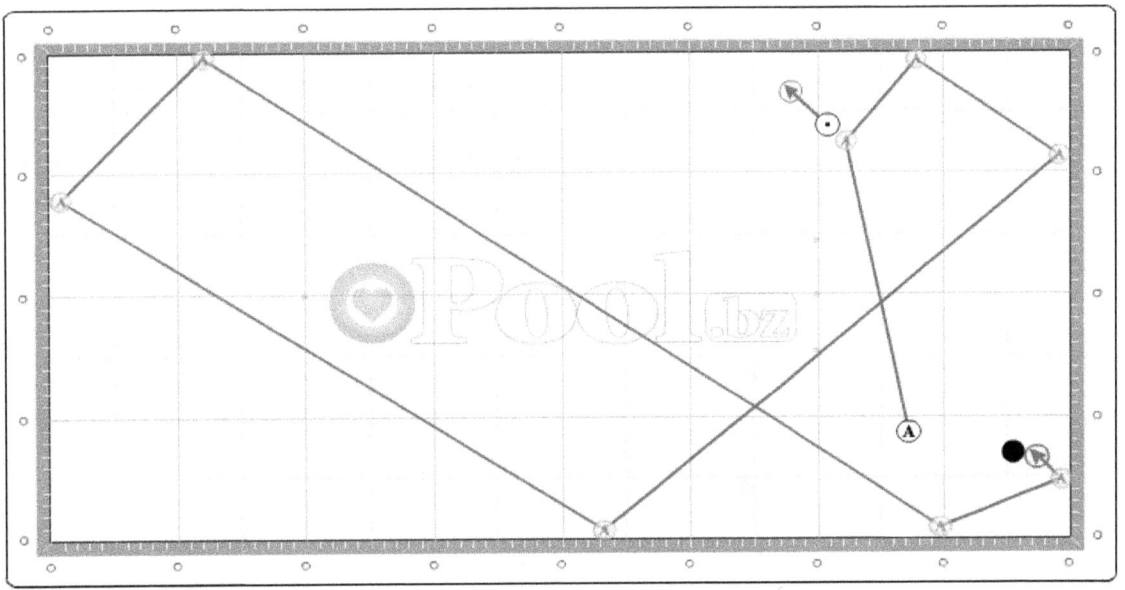

J: Groep 3

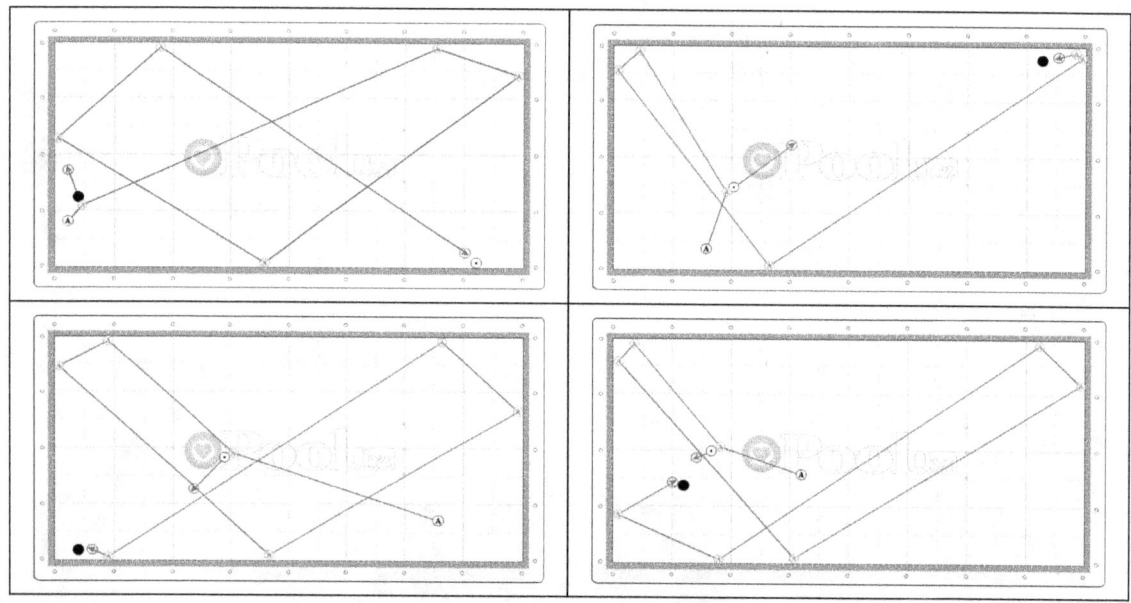

Analyse:

J:3a. _____

J:3b. _____

J:3c. _____

J:3d. _____

J:3a – Opstelling

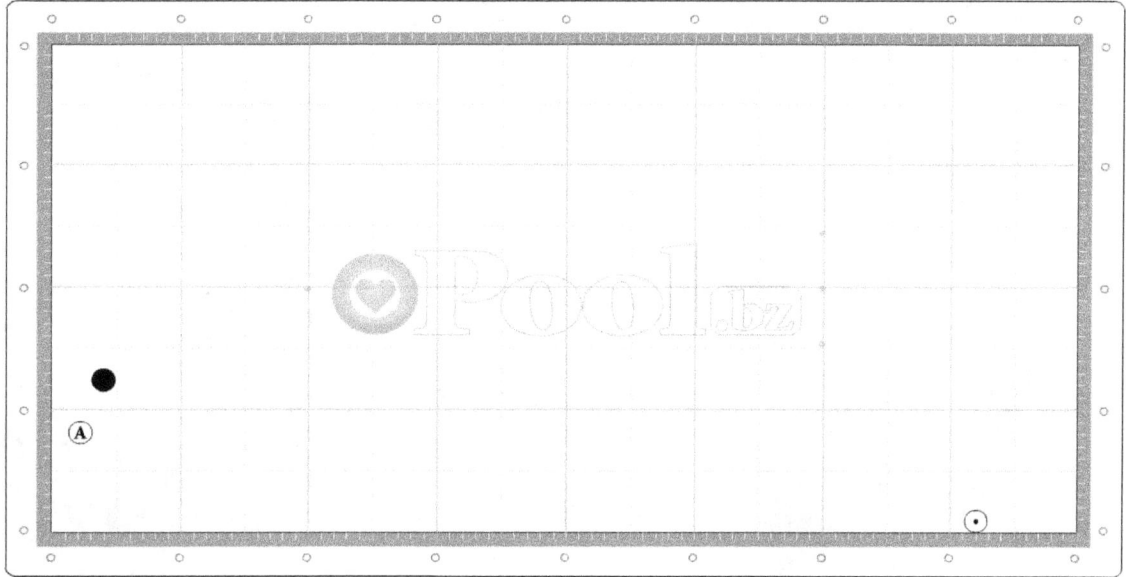

Opmerkingen en ideeën:

Schotpatroon

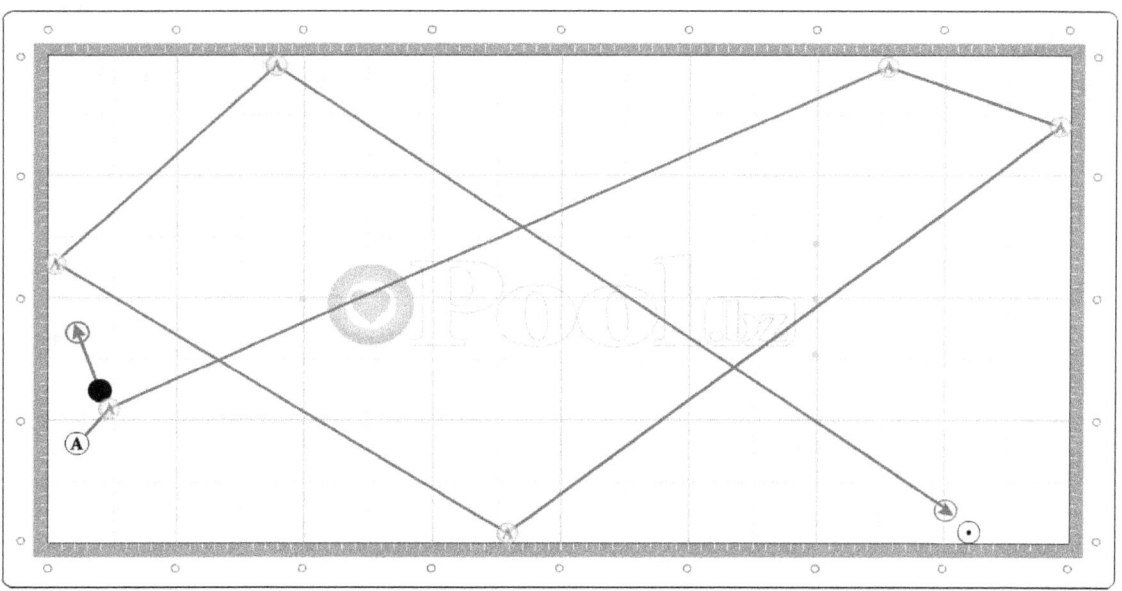

J:3b – Opstelling

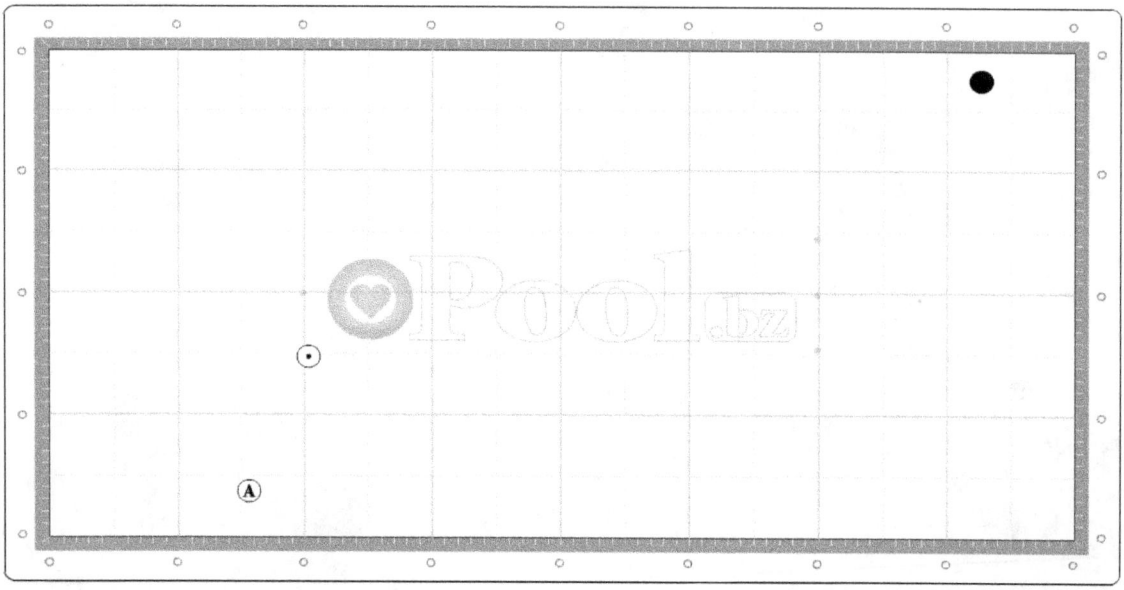

Opmerkingen en ideeën:

Schotpatroon

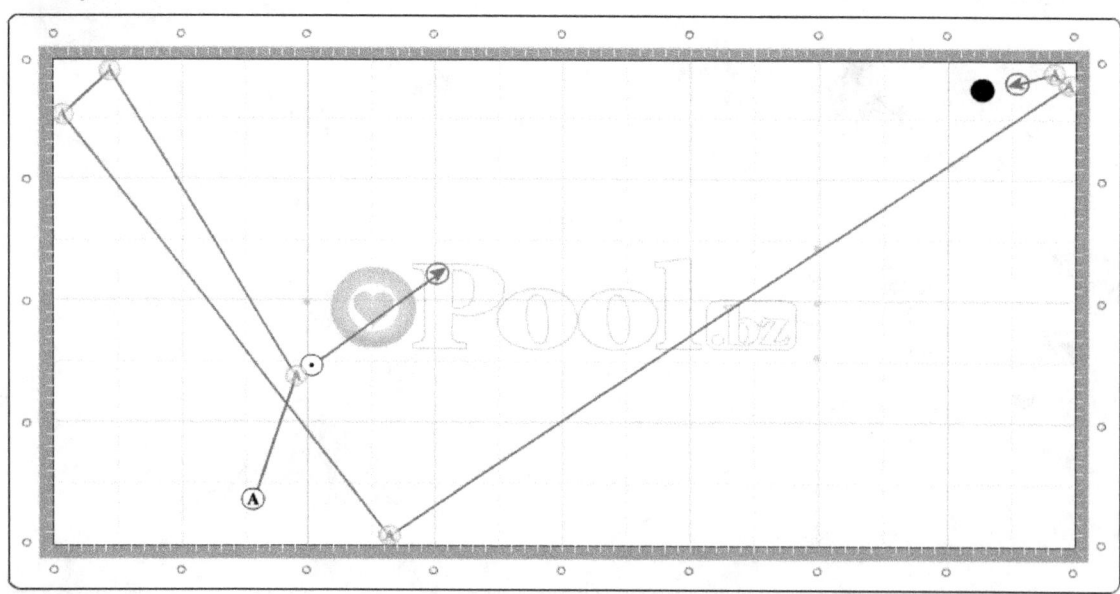

J:3c – Opstelling

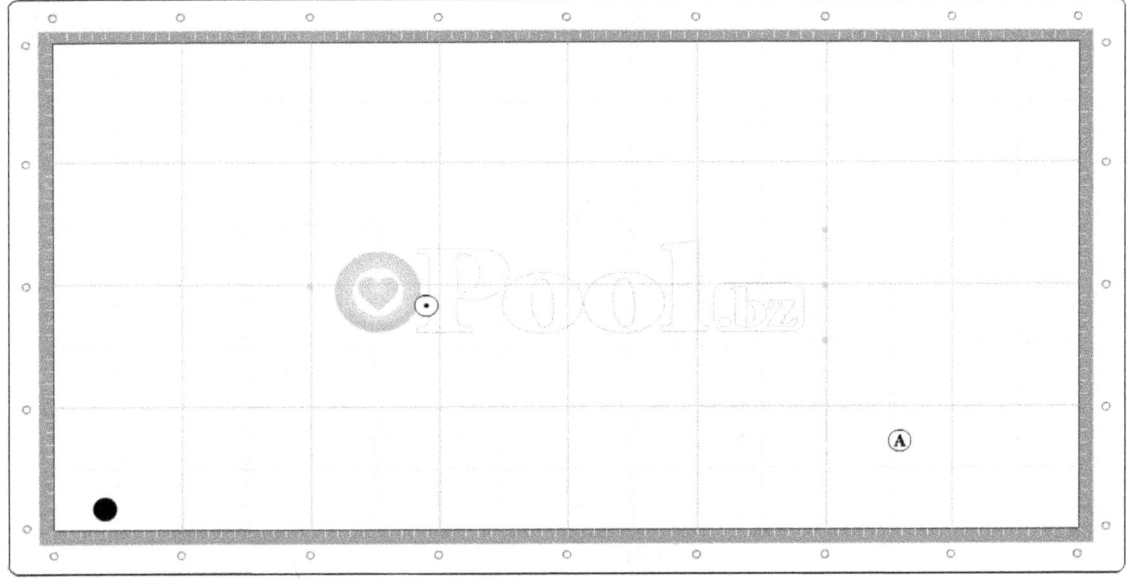

Opmerkingen en ideeën:

Schotpatroon

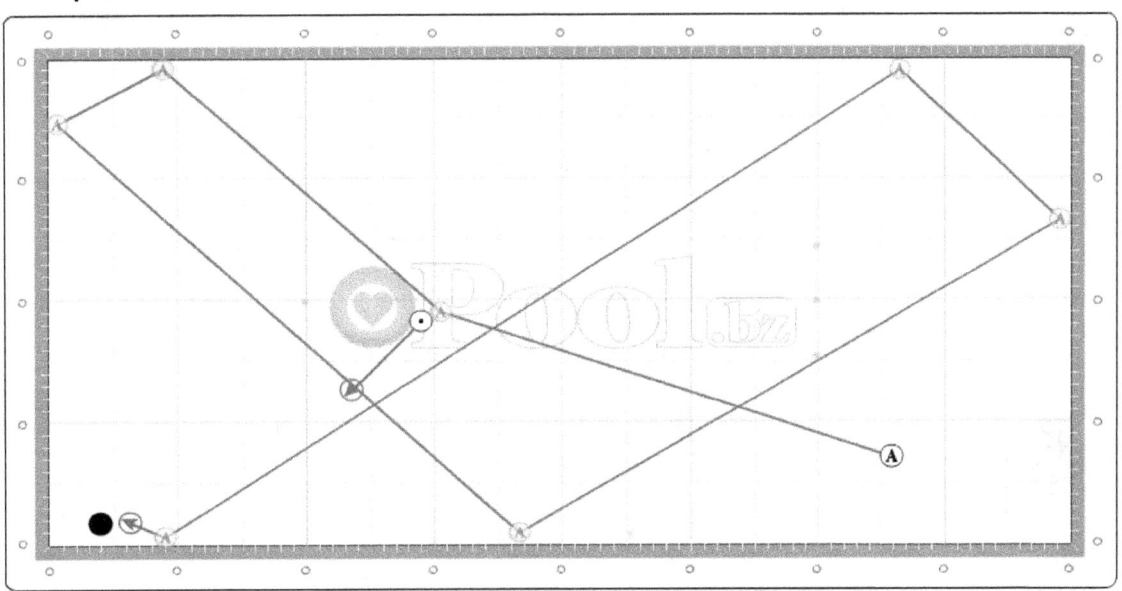

J:3d – Opstelling

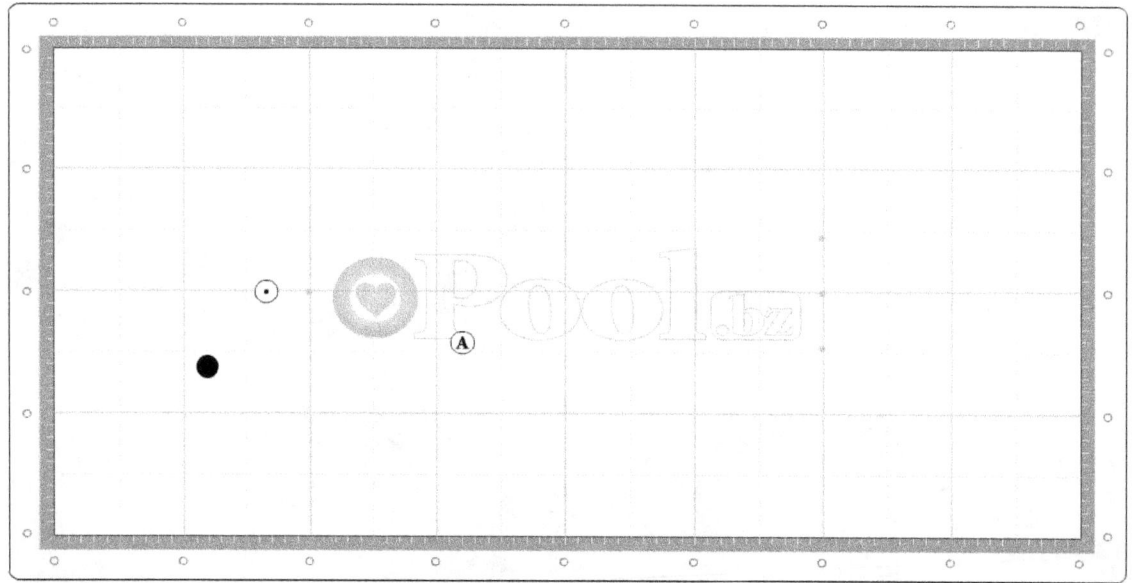

Opmerkingen en ideeën:

Schotpatroon

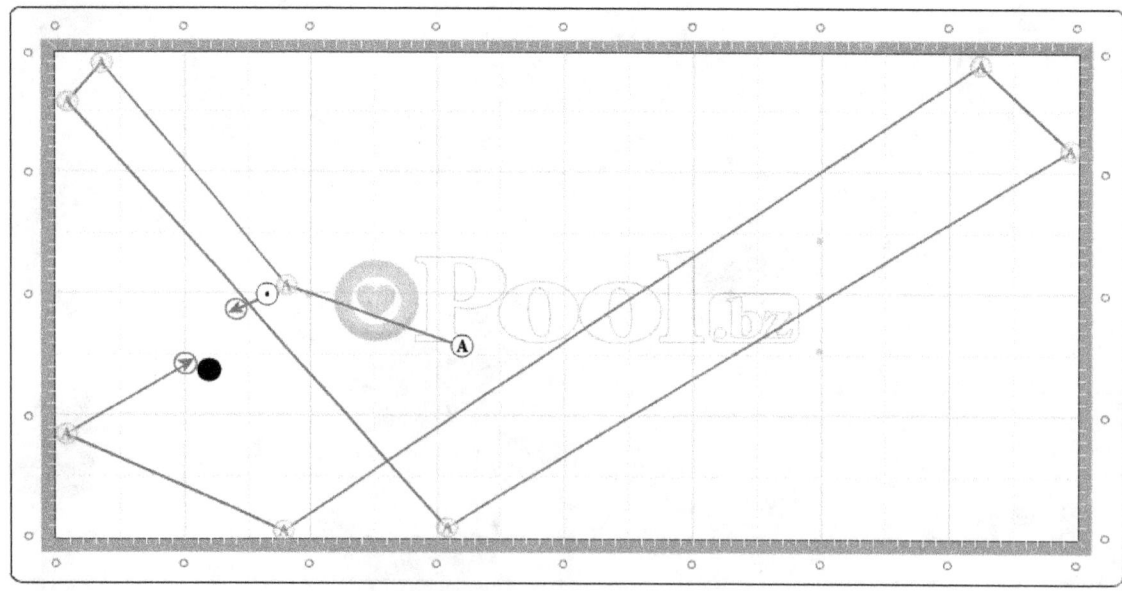

J: Groep 4

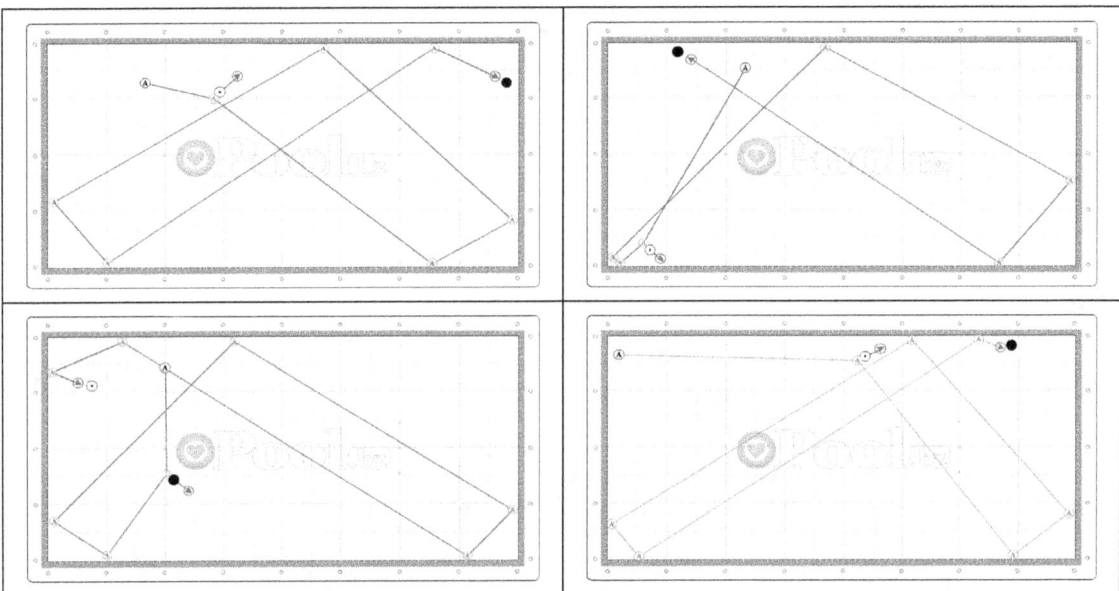

Analyse:

J:4a. _____

J:4b. _____

J:4c. _____

J:4d. _____

J:4a – Opstelling

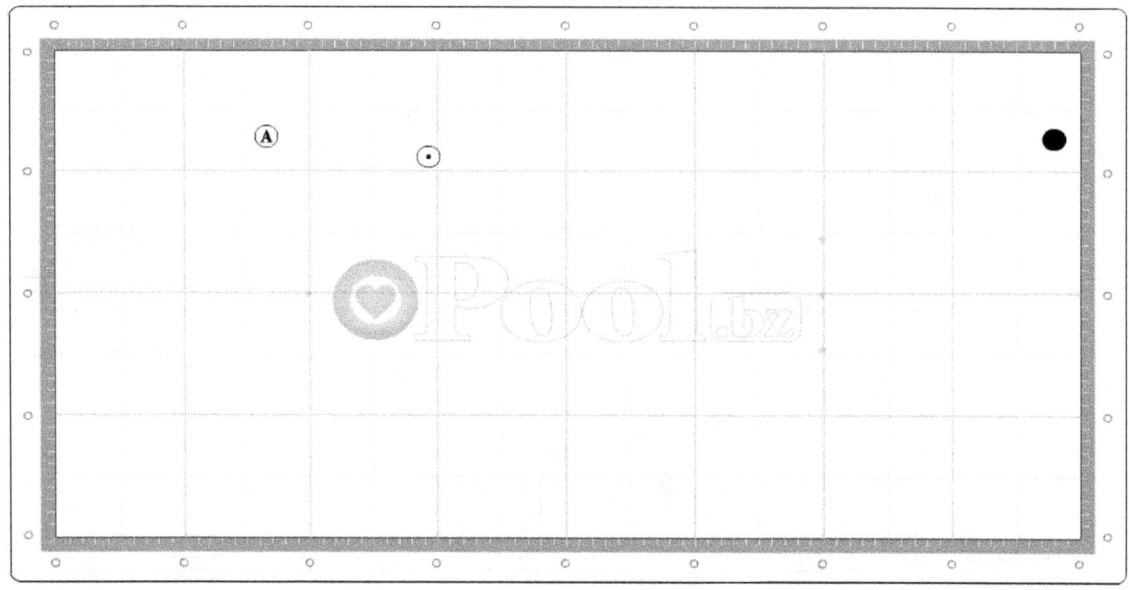

Opmerkingen en ideeën:

Schotpatroon

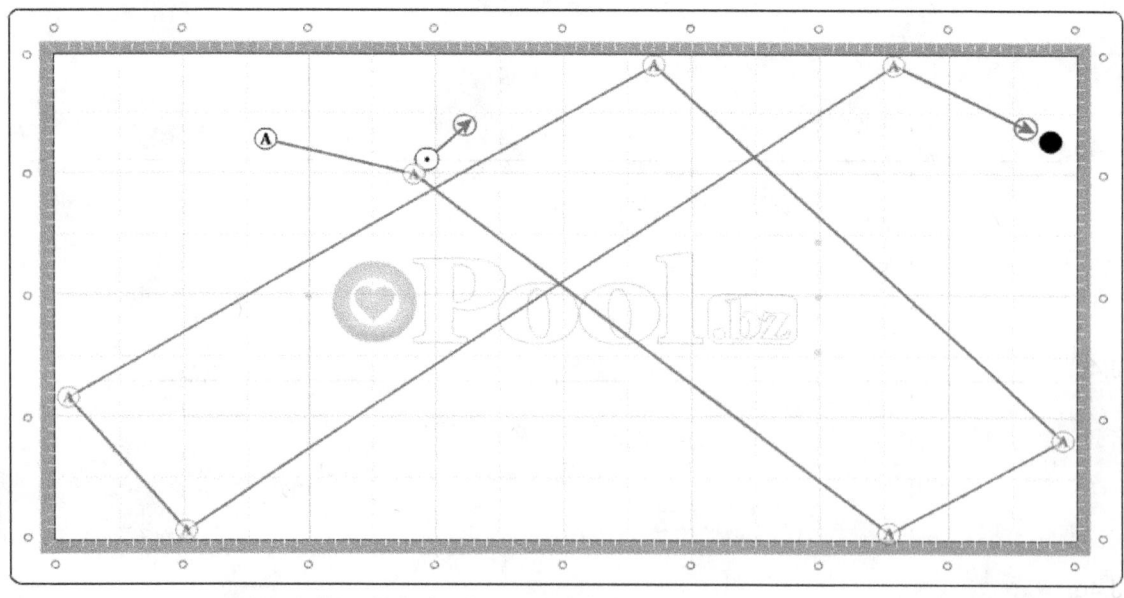

J:4b – Opstelling

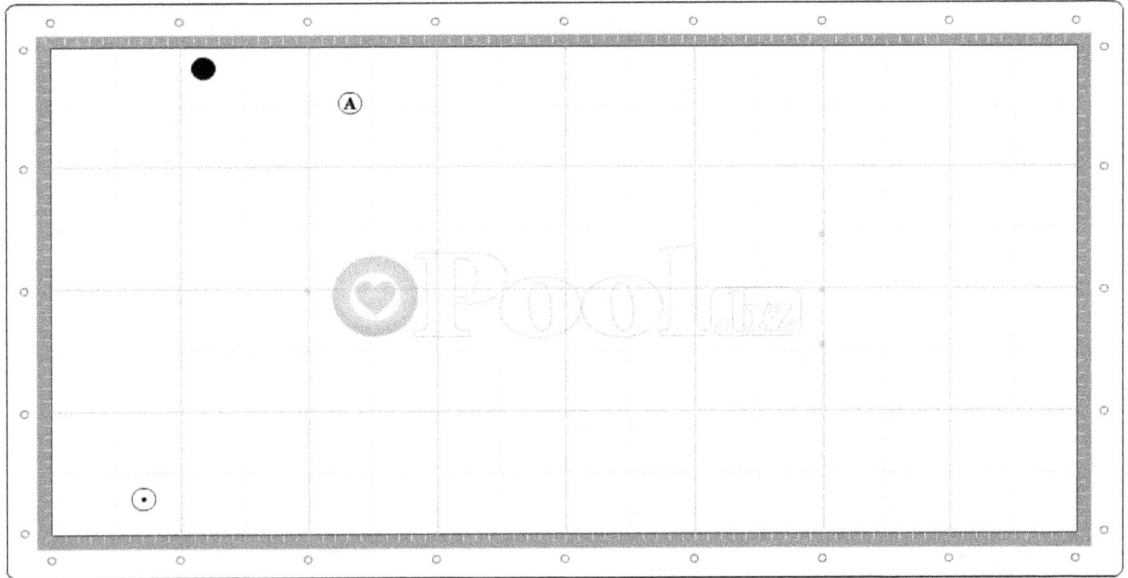

Opmerkingen en ideeën:

Schotpatroon

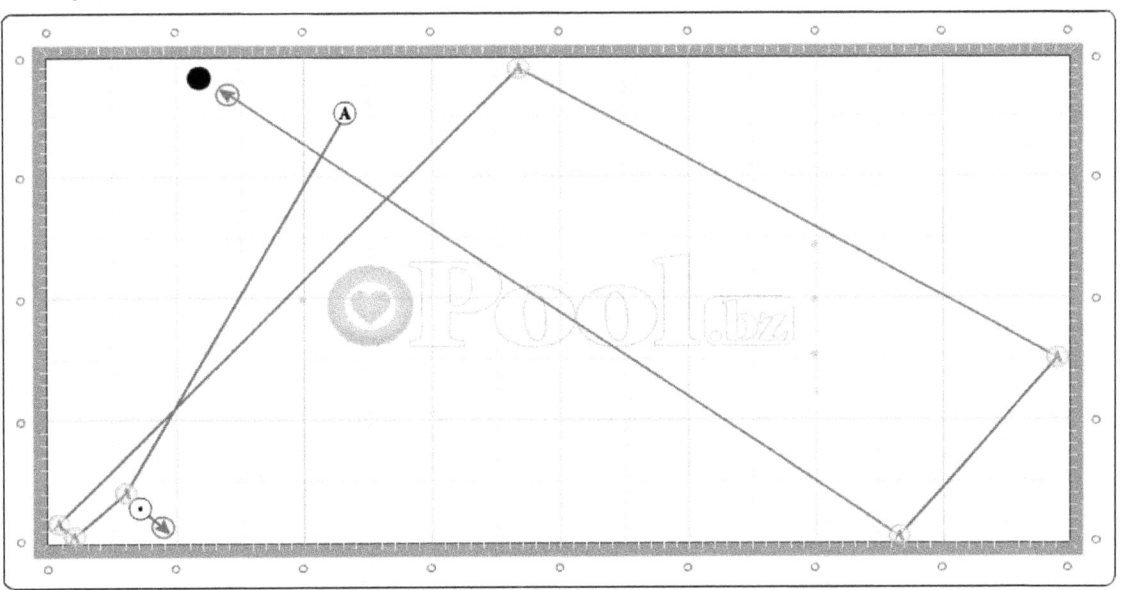

J:4c – Opstelling

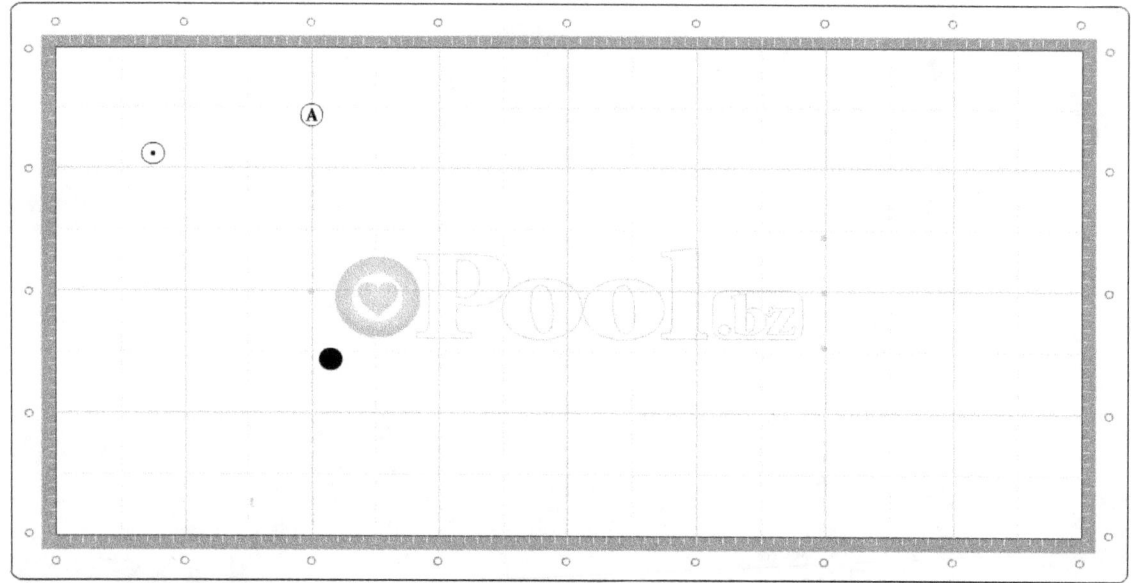

Opmerkingen en ideeën:

Schotpatroon

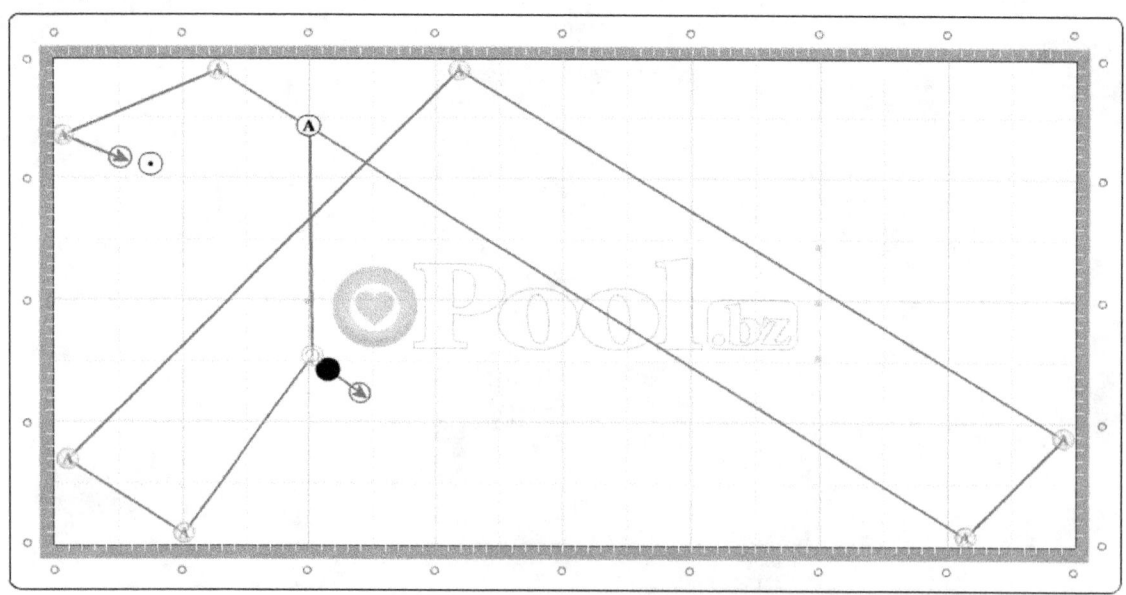

J:4d – Opstelling

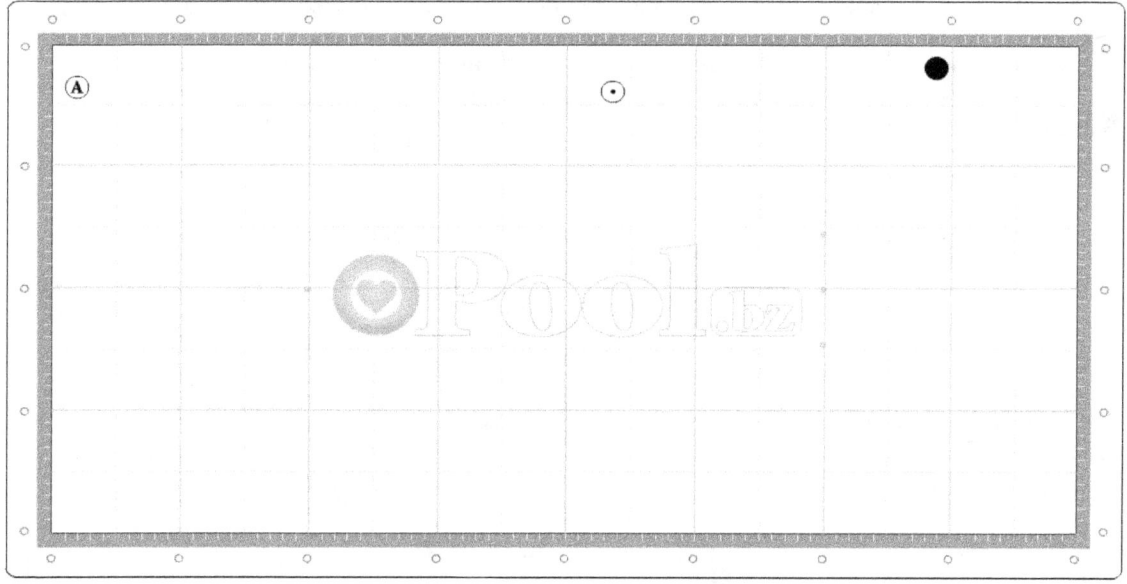

Opmerkingen en ideeën:

Schotpatroon

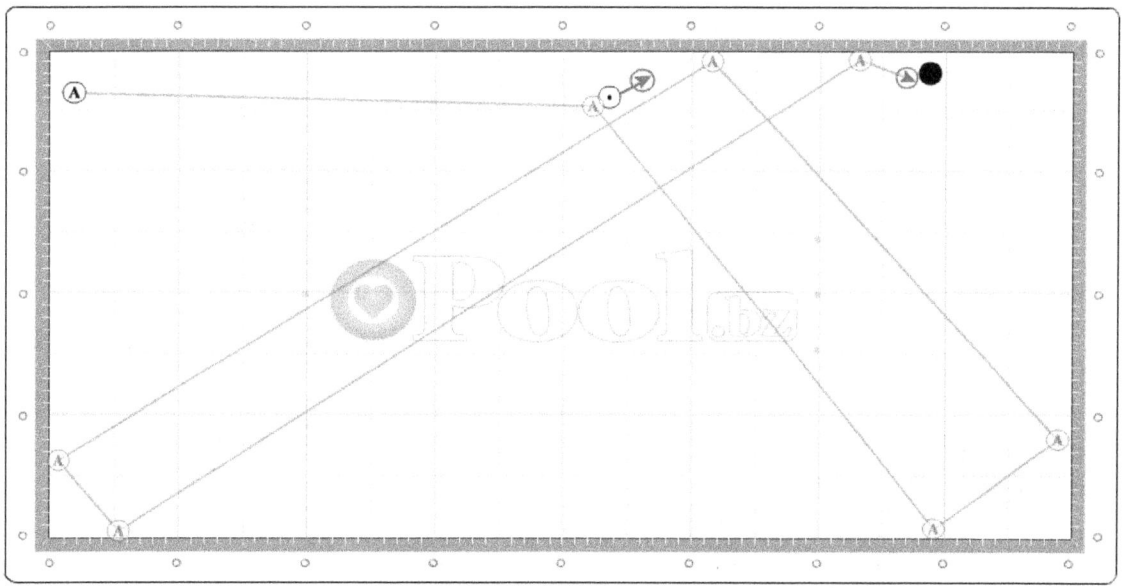

K: Dubbele top van de heuvel

Dit zijn interessante situaties. De (CB) doet een dubbel over het heuvelpatroon.

Ⓐ (CB) (uw biljartbal) – ⊙ (OB) (tegenstander biljartbal) – ● (OB) (rode biljartbal)

K: Groep 1

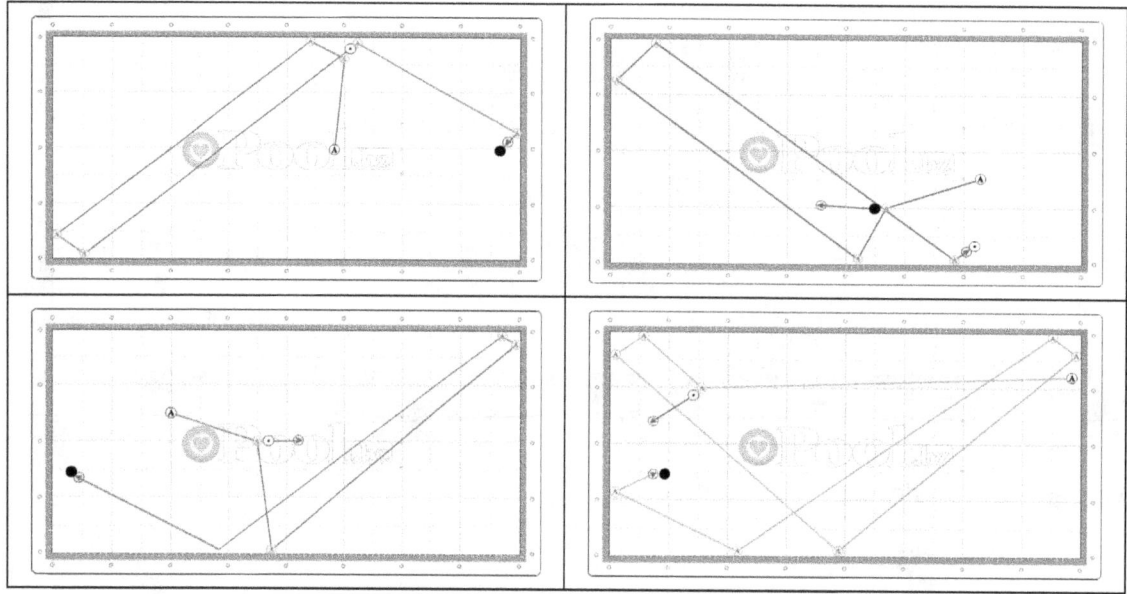

Analyse:

K:1a. _____

K:1b. _____

K:1c. _____

K:1d. _____

K:1a – Opstelling

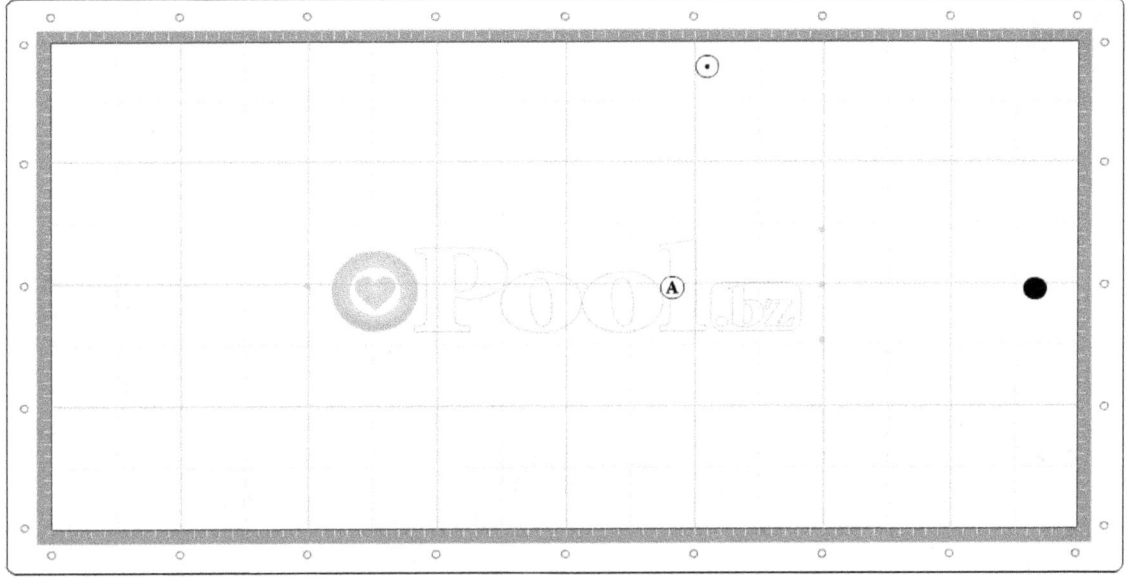

Opmerkingen en ideeën:

Schotpatroon

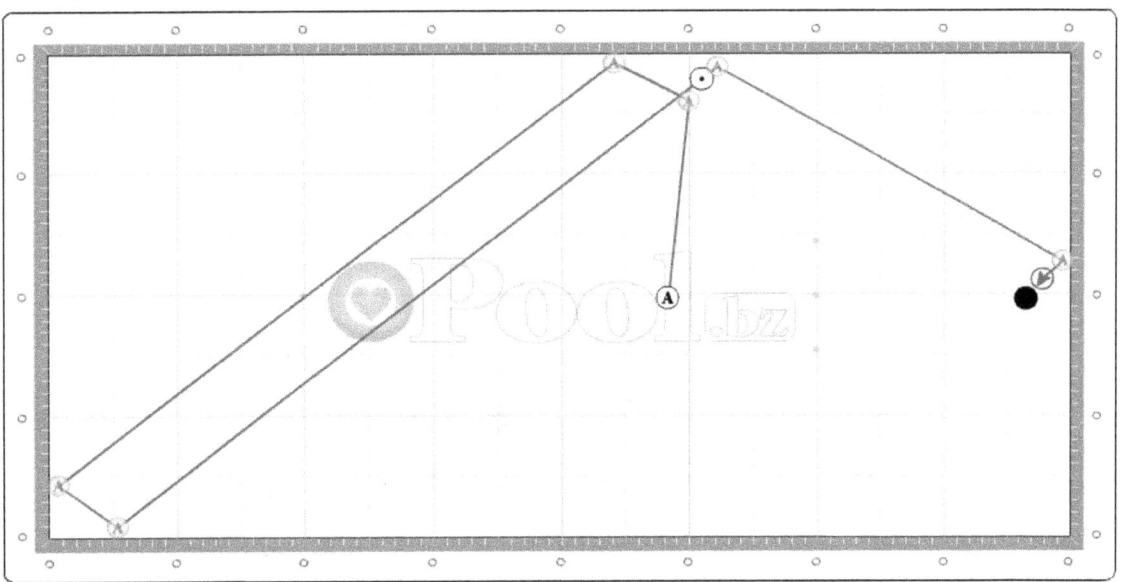

K:1b – Opstelling

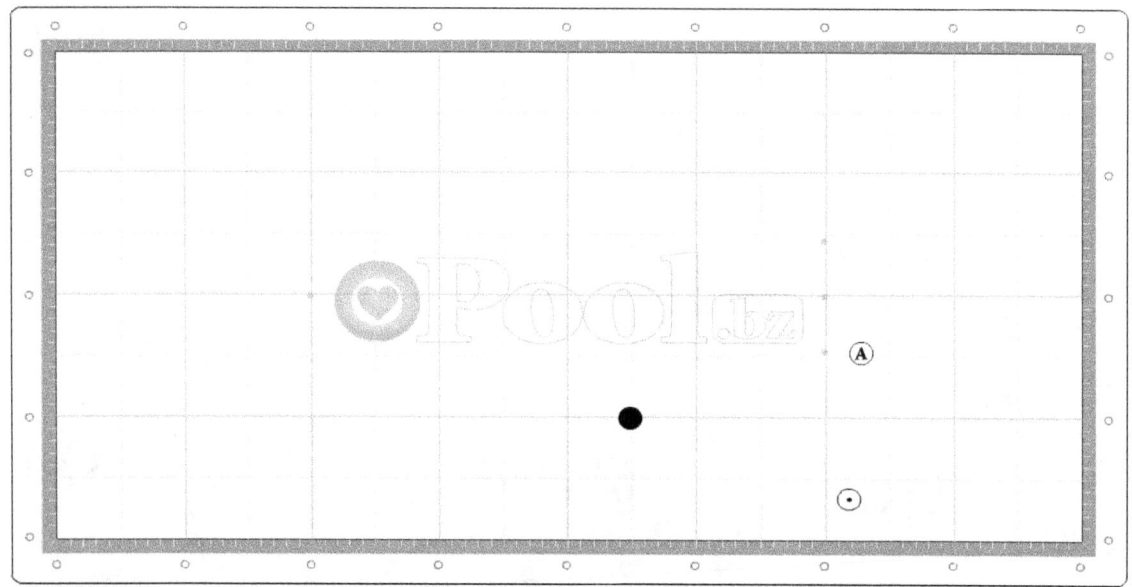

Opmerkingen en ideeën:

Schotpatroon

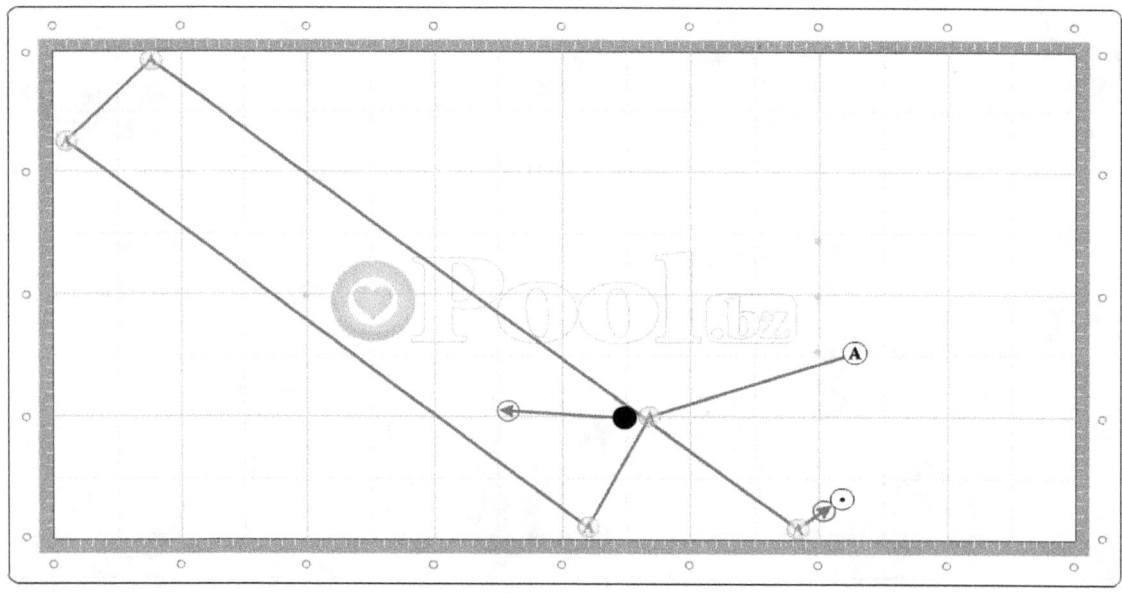

K:1c – Opstelling

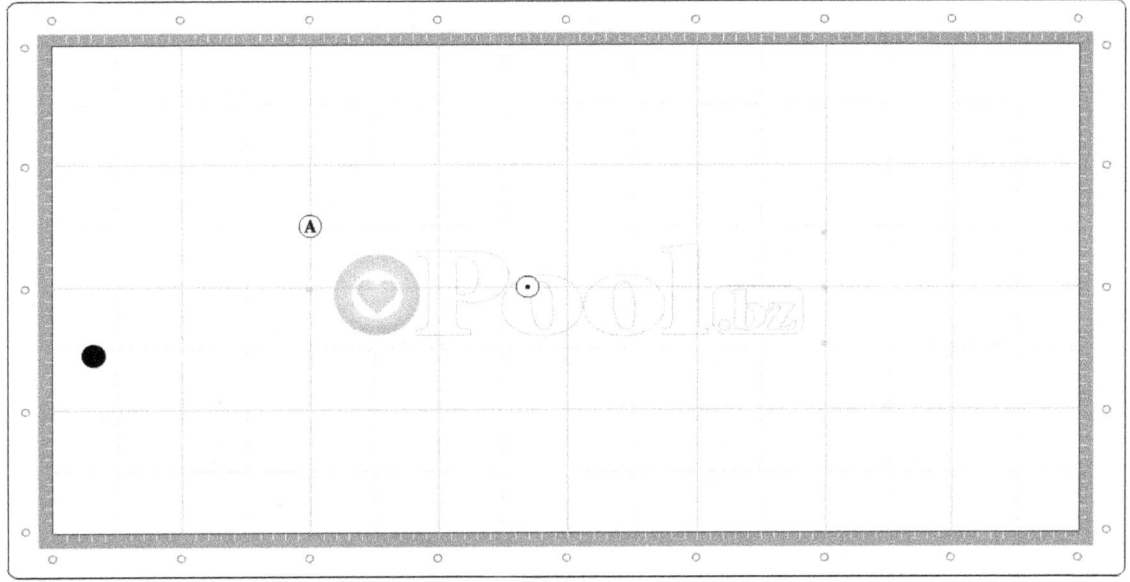

Opmerkingen en ideeën:

Schotpatroon

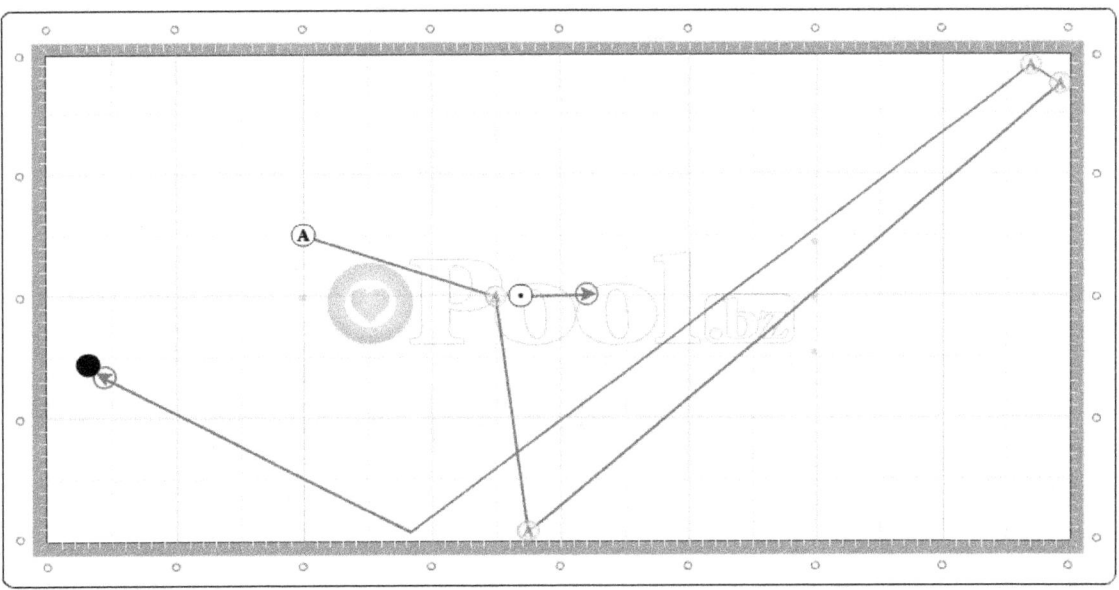

K:1d – Opstelling

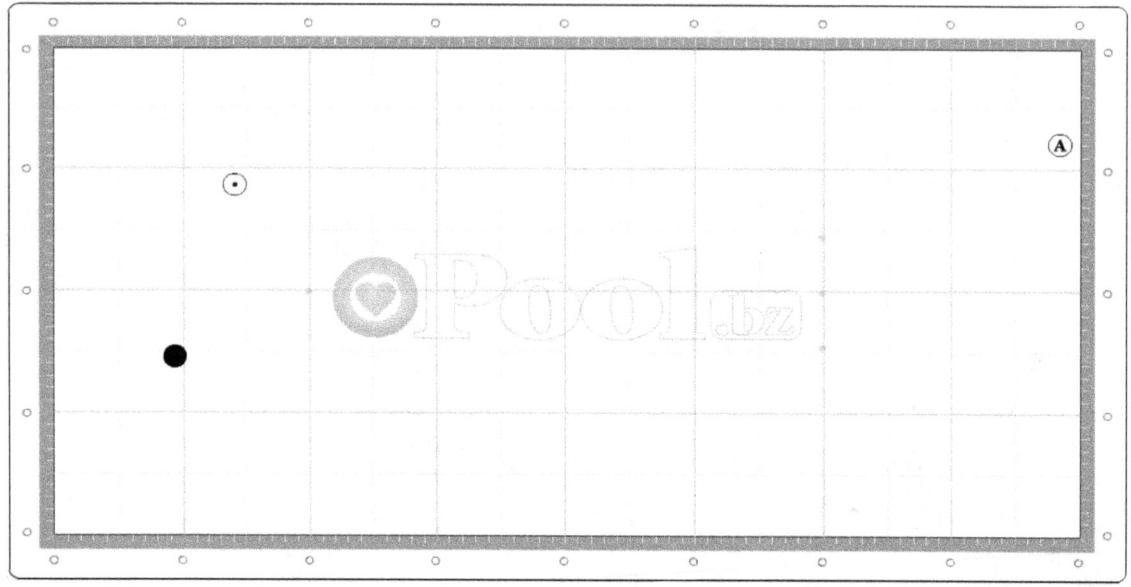

Opmerkingen en ideeën:

Schotpatroon

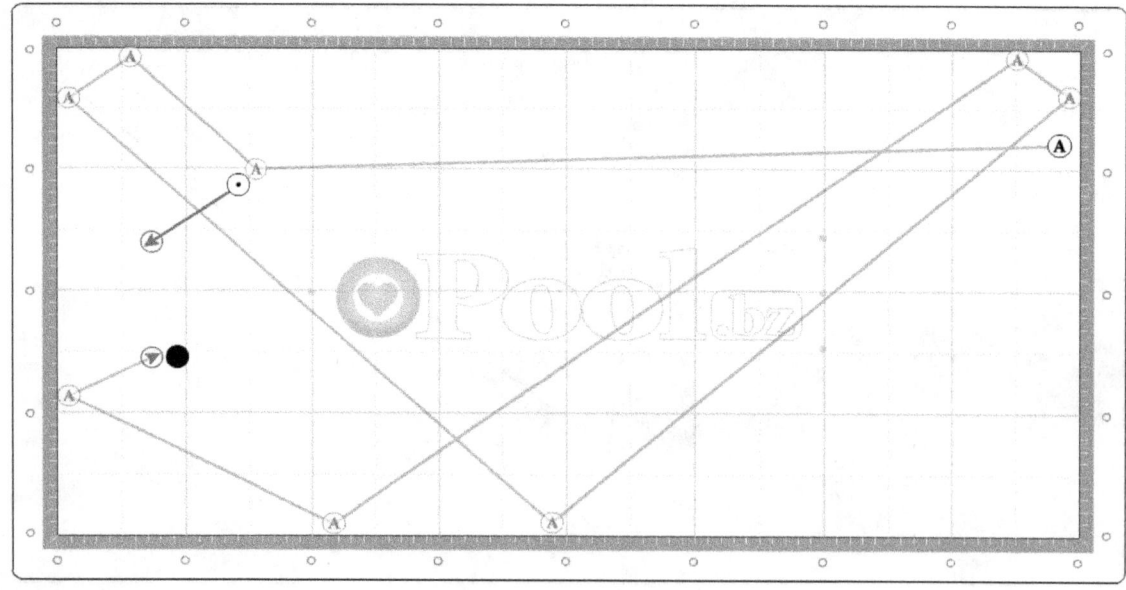

L: Buiten retourhaak

De (CB) maakt contact met de eerste (OB) en gaat in het midden van het lange biljartbanden. De (CB) reist vervolgens de hoek in, het lange biljartbanden als eerste. Vervolgens neemt de (CB) contact op met de tweede (OB).

Ⓐ (CB) (uw biljartbal) – ⊙ (OB) (tegenstander biljartbal) – ● (OB) (rode biljartbal)

L: Groep 1

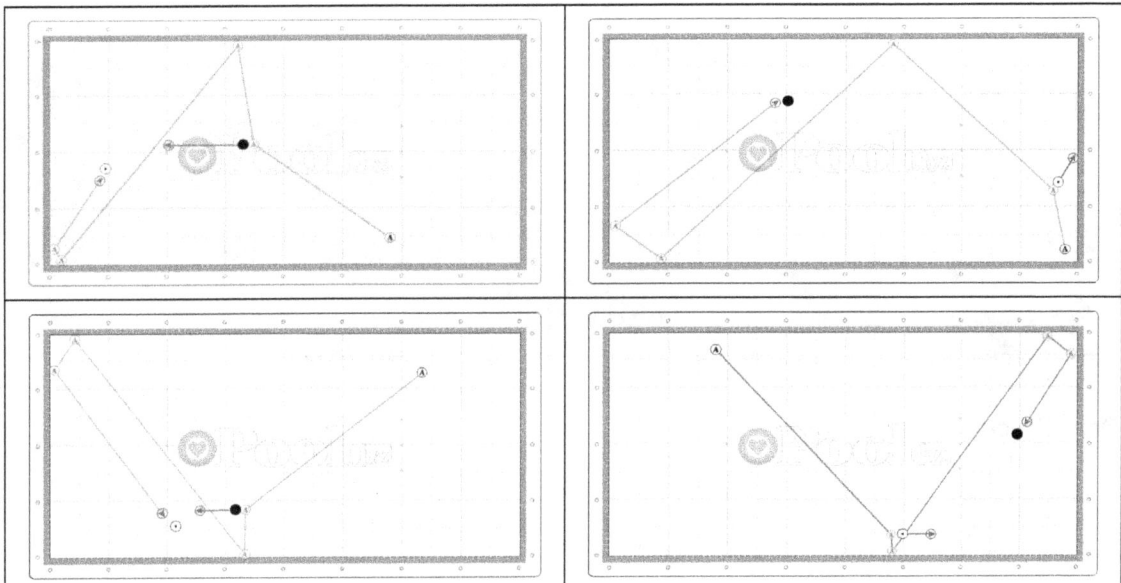

Analyse:

L:1a. _____

L:1b. _____

L:1c. _____

L:1d. _____

L:1a – Opstelling

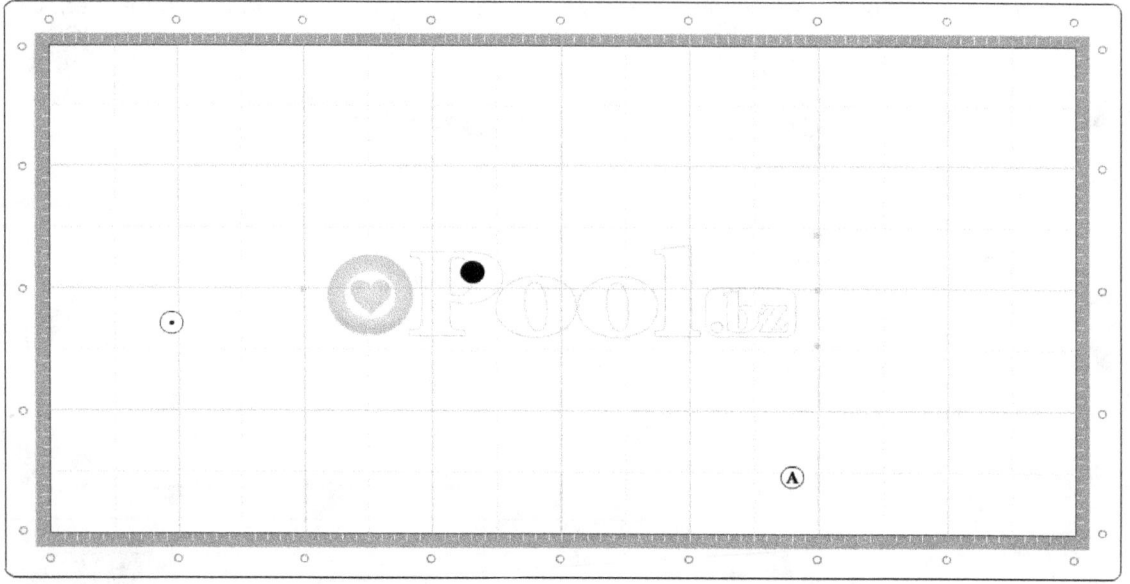

Opmerkingen en ideeën:

Schotpatroon

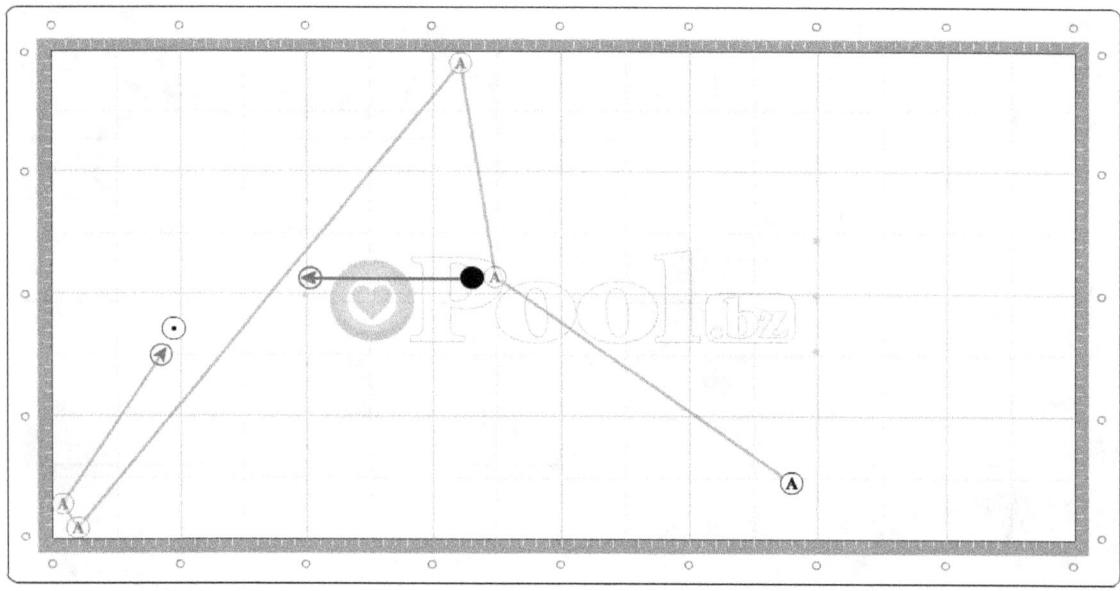

L:1b – Opstelling

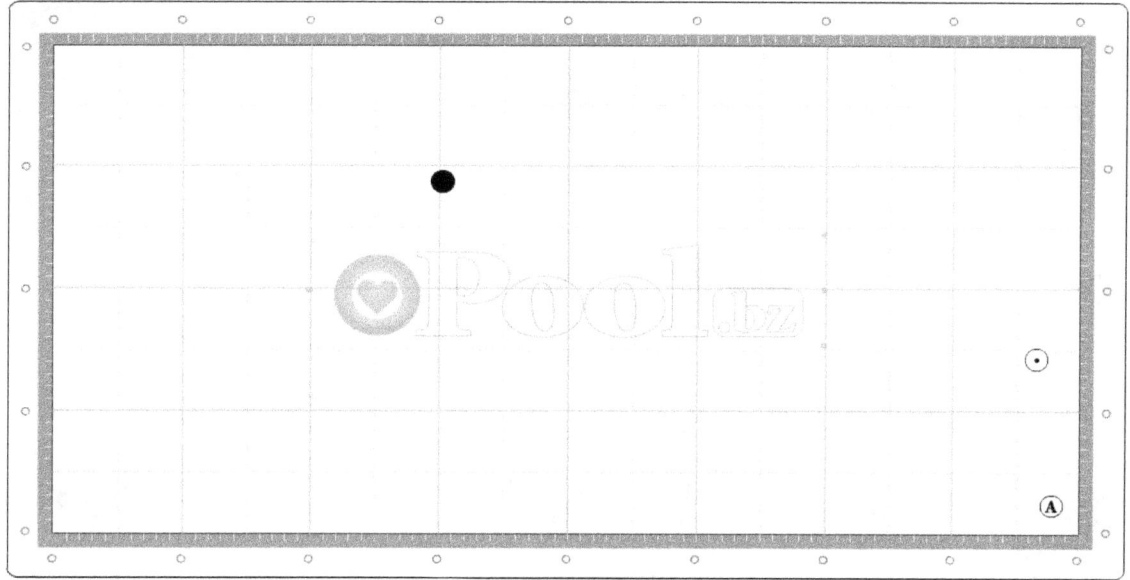

Opmerkingen en ideeën:

Schotpatroon

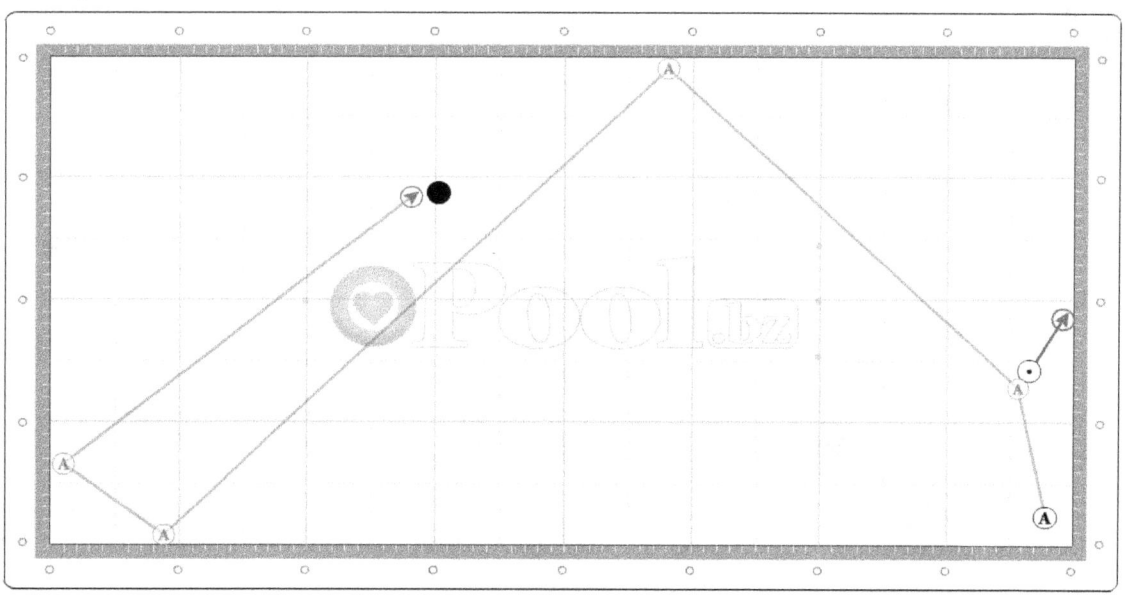

L:1c – Opstelling

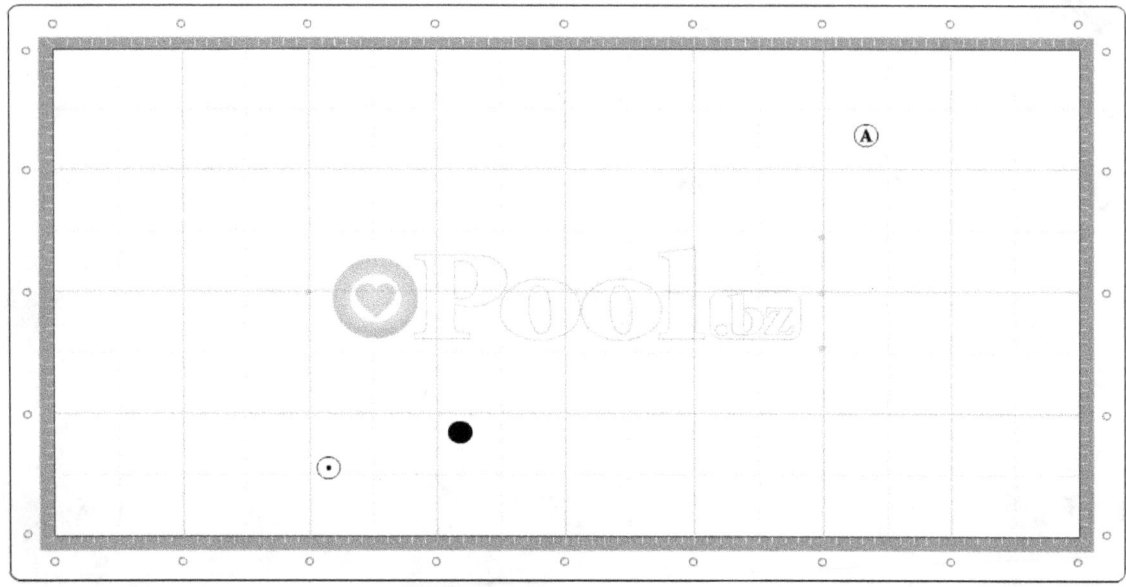

Opmerkingen en ideeën:

Schotpatroon

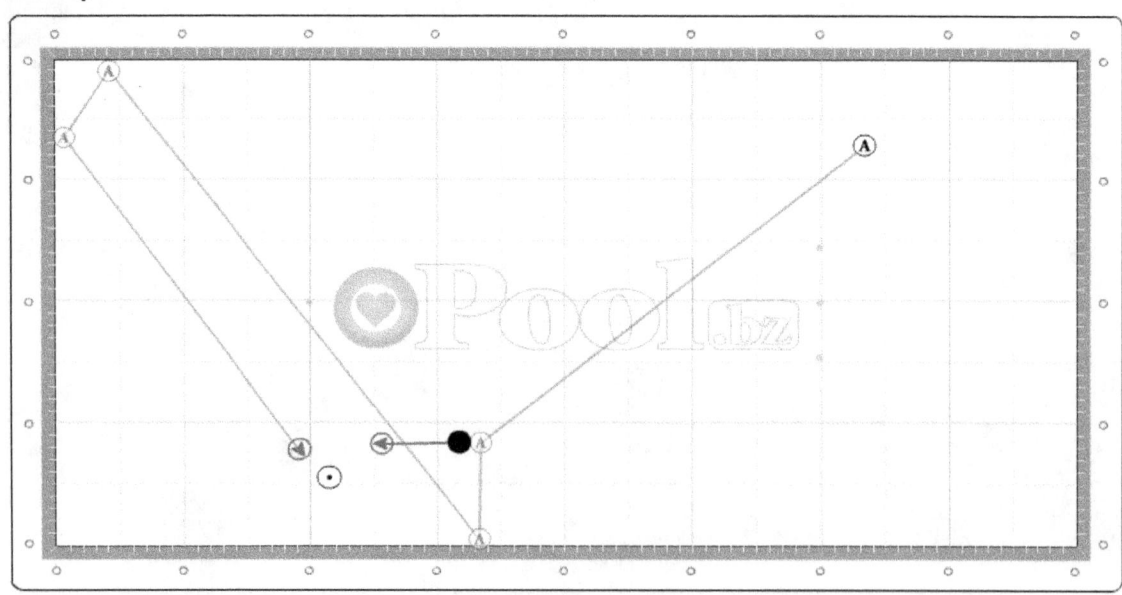

L:1d – Opstelling

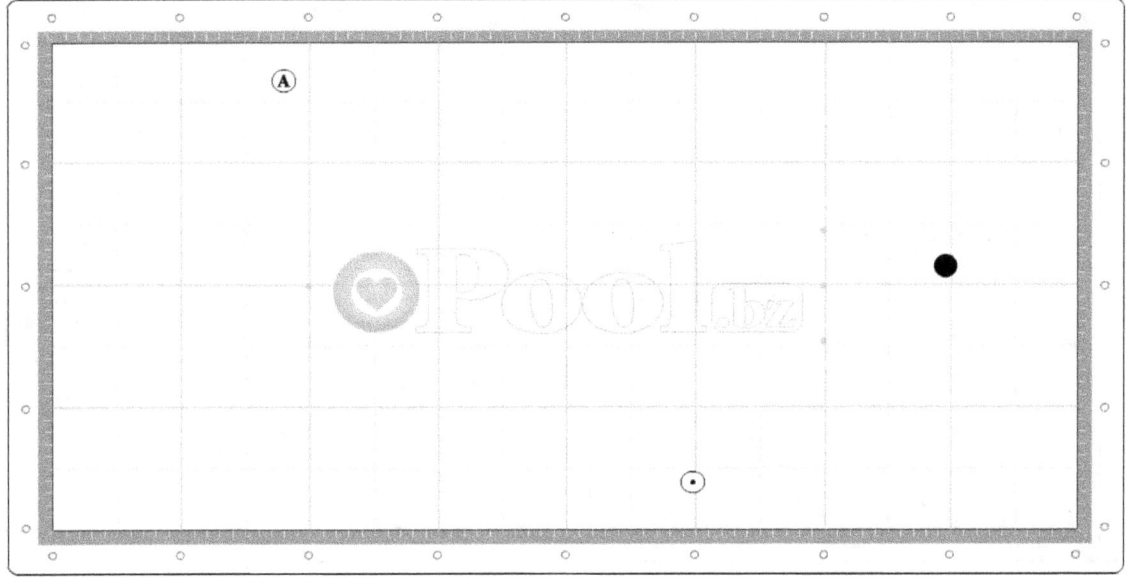

Opmerkingen en ideeën:

Schotpatroon

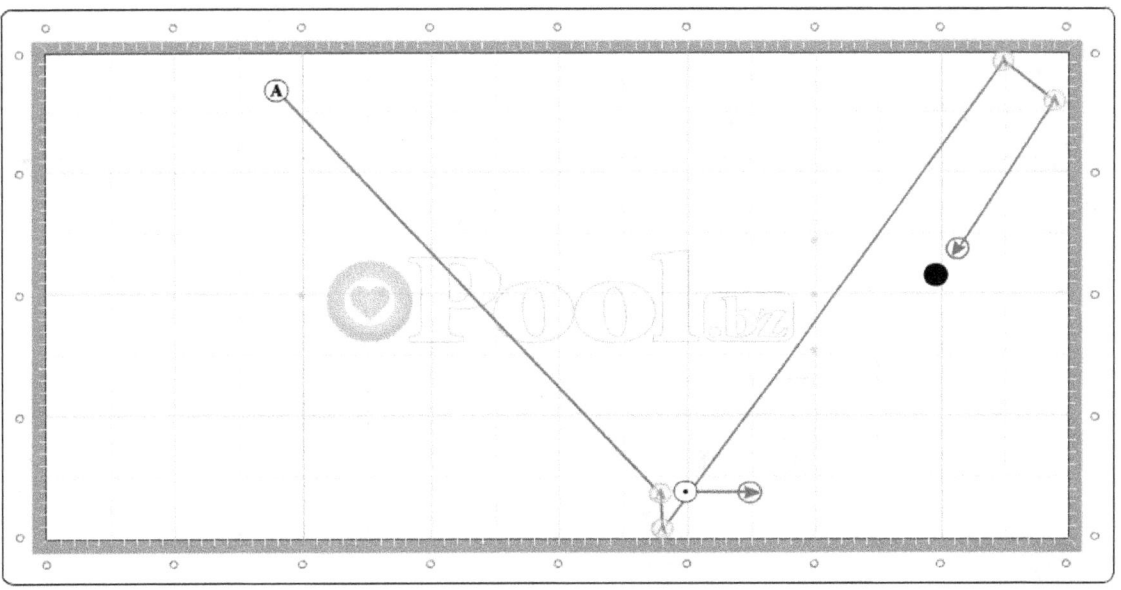

L: Groep 2

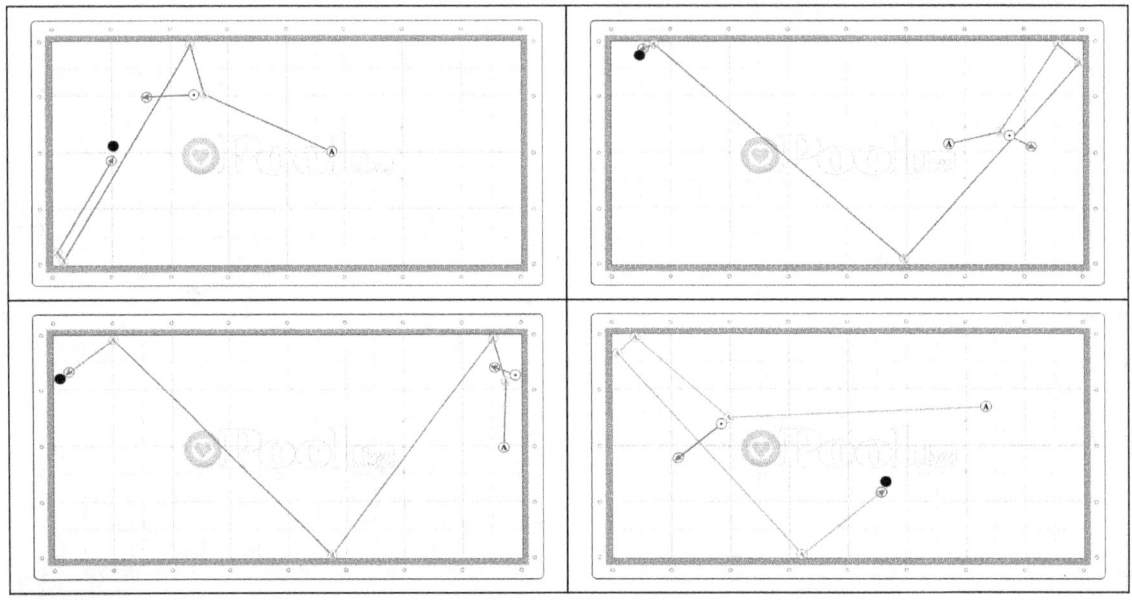

Analyse:

L:2a. _____

L:2b. _____

L:2c. _____

L:2d. _____

L:2a – Opstelling

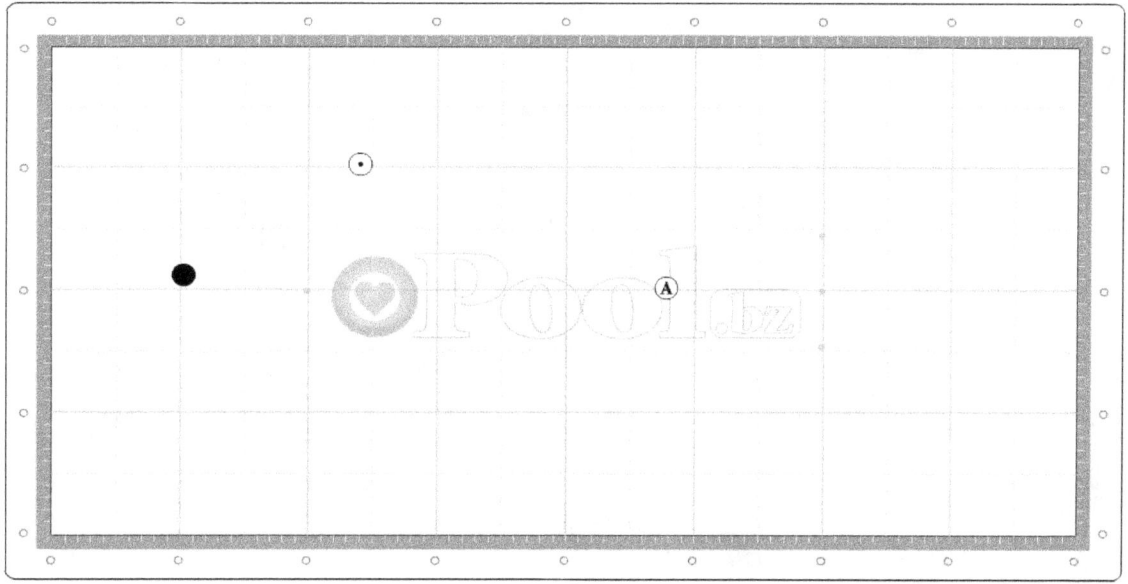

Opmerkingen en ideeën:

Schotpatroon

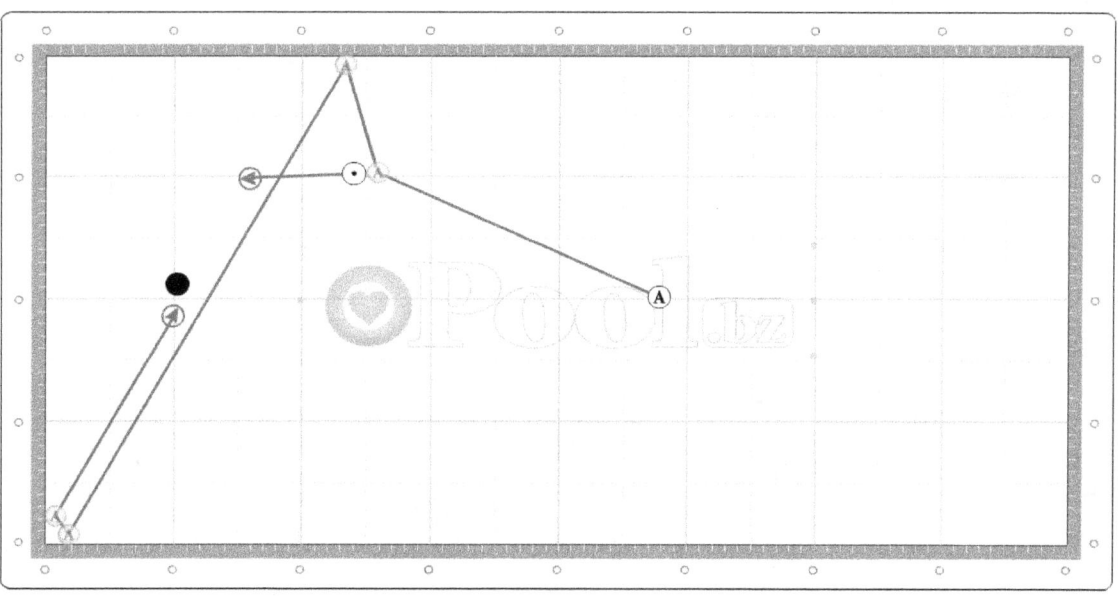

L:2b – Opstelling

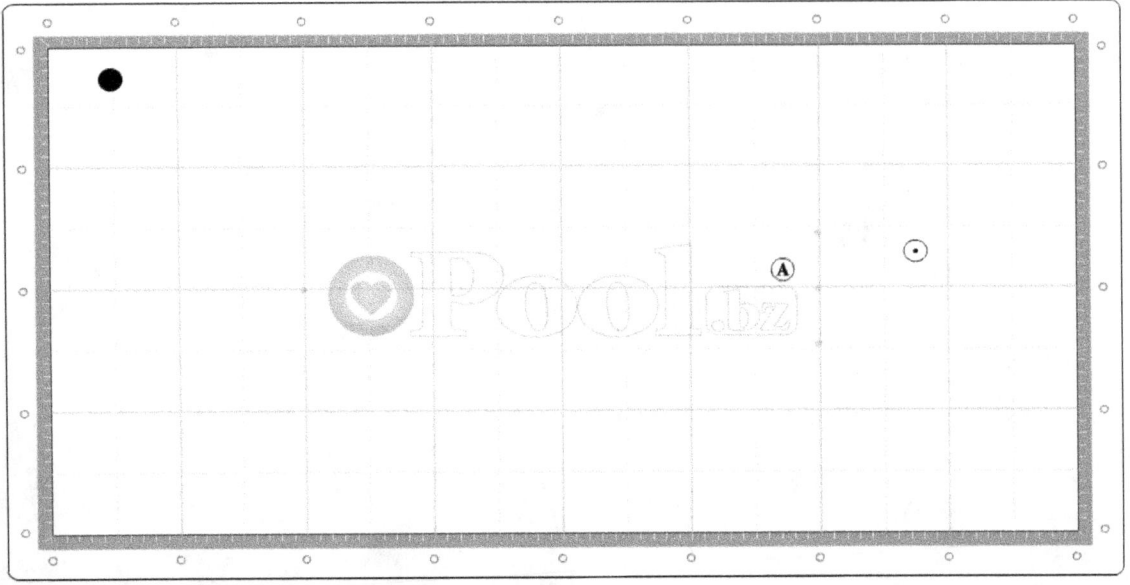

Opmerkingen en ideeën:

Schotpatroon

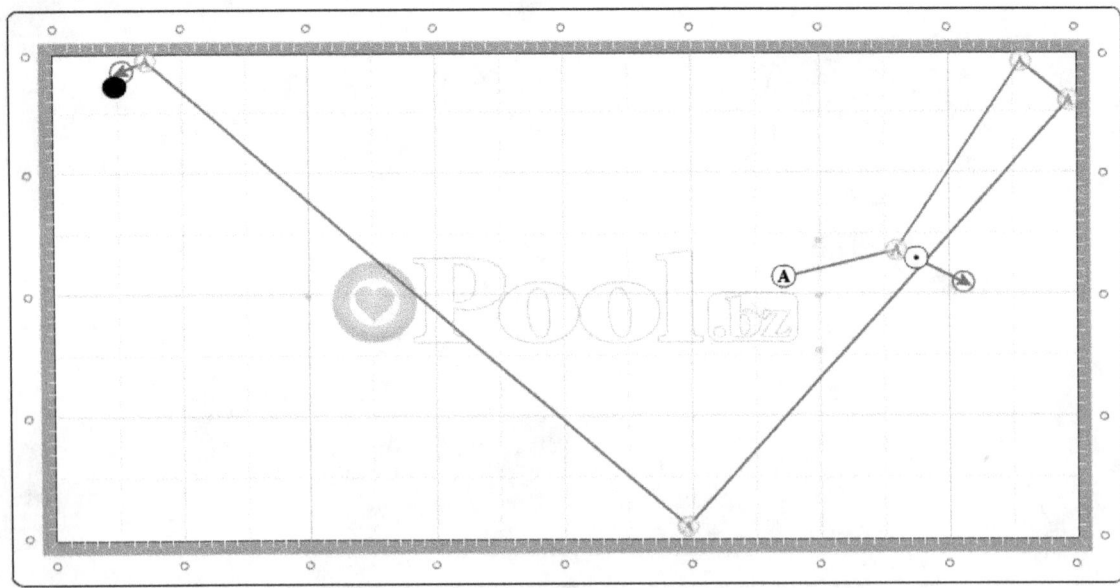

L:1c – Opstelling

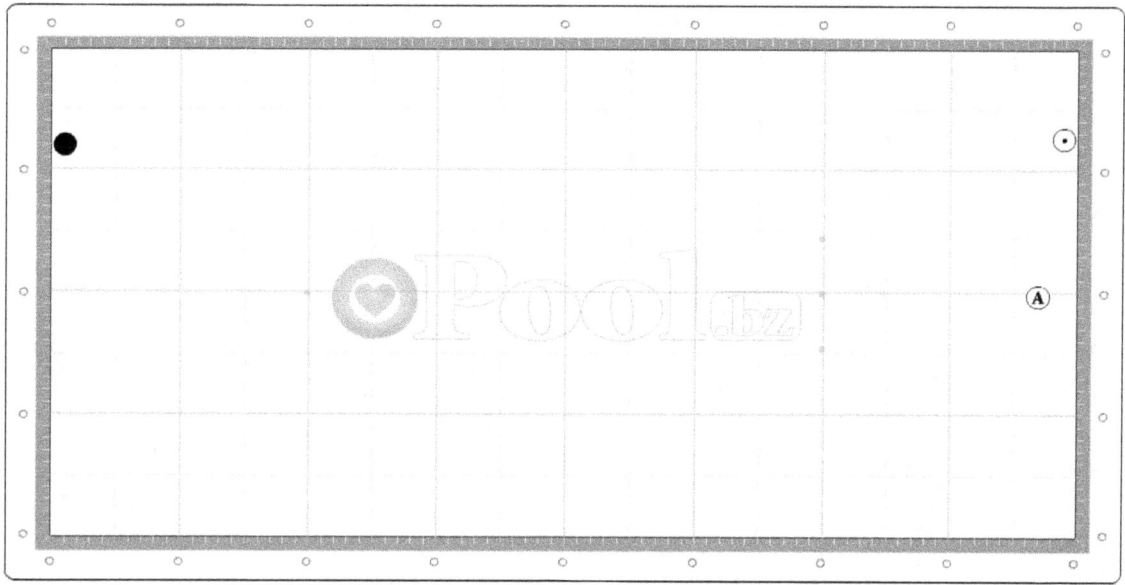

Opmerkingen en ideeën:

Schotpatroon

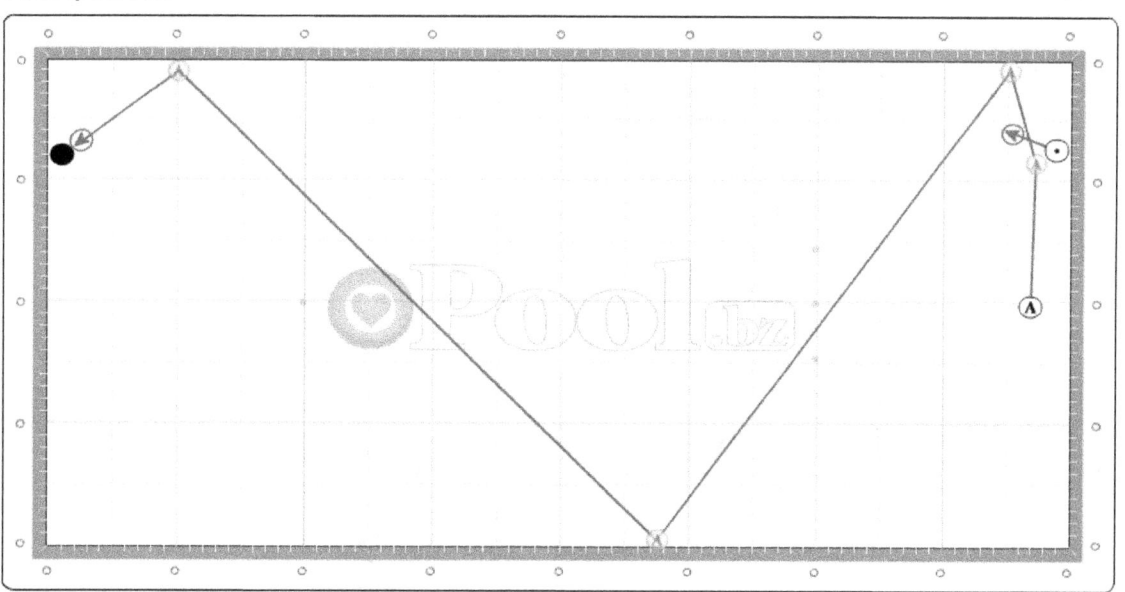

L:2d – Opstelling

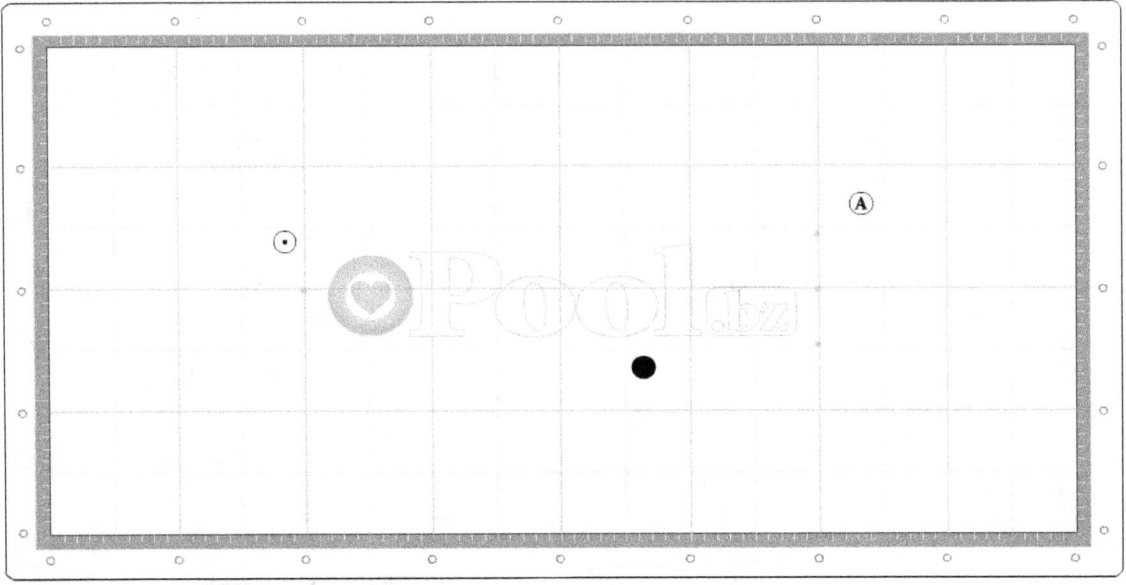

Opmerkingen en ideeën:

Schotpatroon

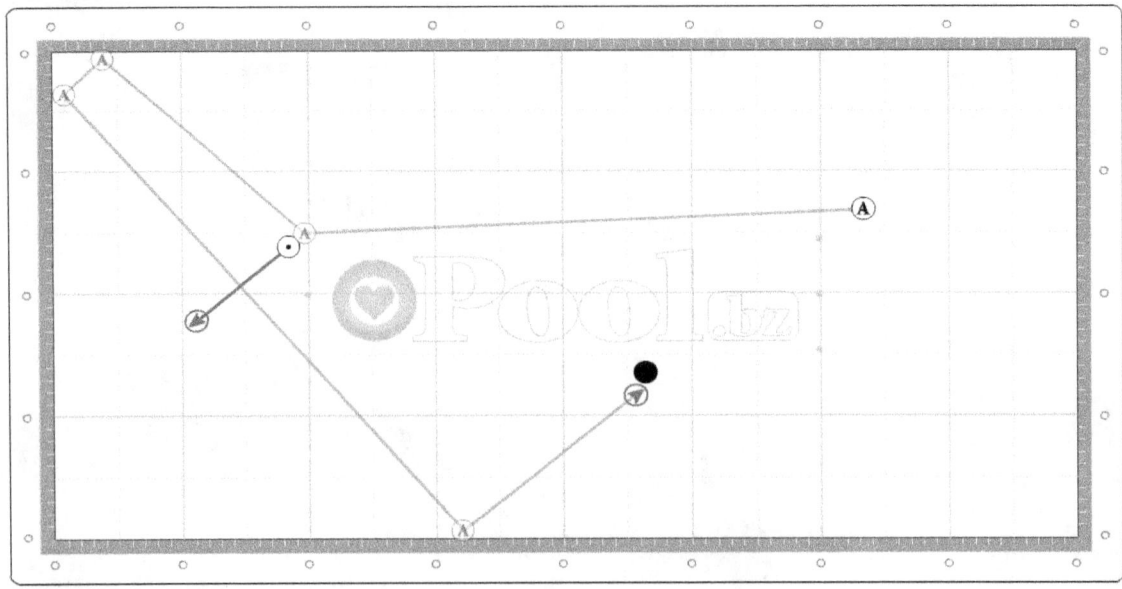

M: Buitenhoek retour (kort biljartbanden)

De (CB) komt van de eerste (OB) en vervolgens in de hoek, eerst een kort biljartbanden. De (CB) klimt de heuvel op. Aan de andere kant neemt de (CB) contact op met de tweede (OB).

(A) (CB) (uw biljartbal) – (•) (OB) (tegenstander biljartbal) – ● (OB) (rode biljartbal)

M: Groep 1

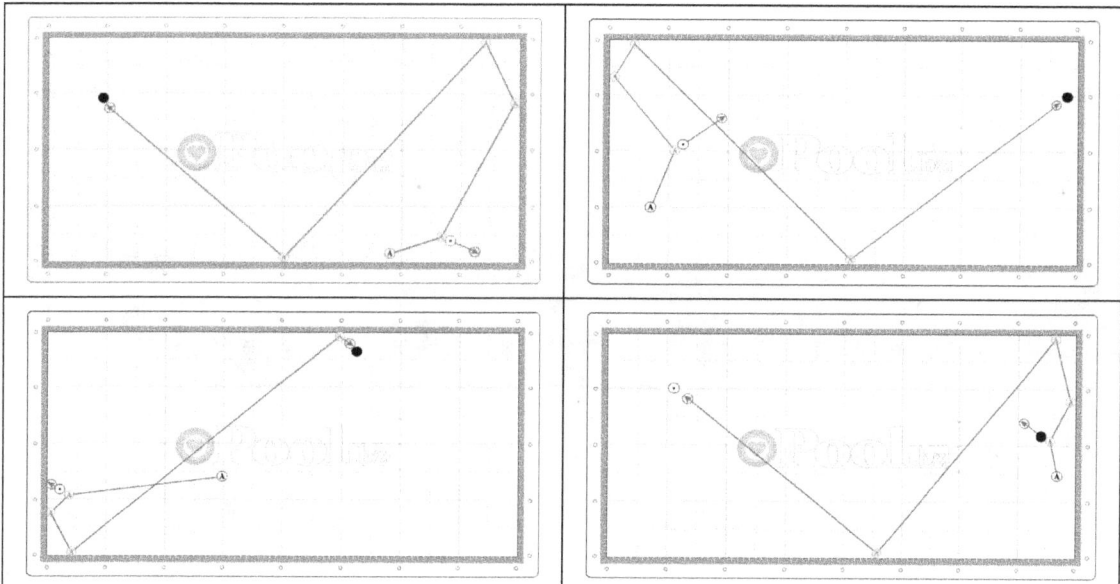

Analyse:

M:1a. _____

M:1b. _____

M:1c. _____

M:1d. _____

M:1a – Opstelling

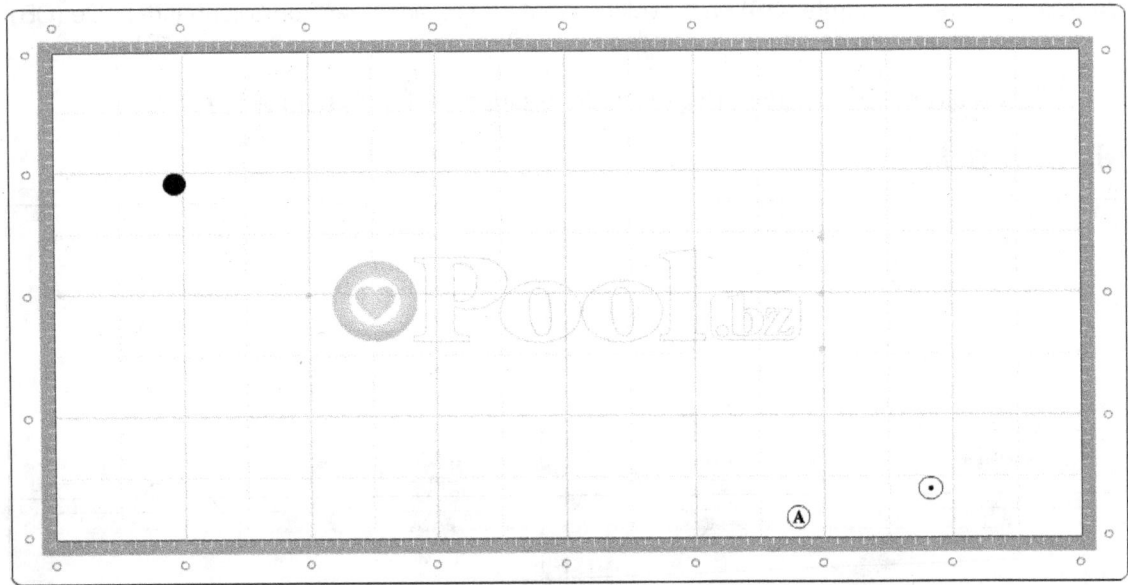

Opmerkingen en ideeën:

Schotpatroon

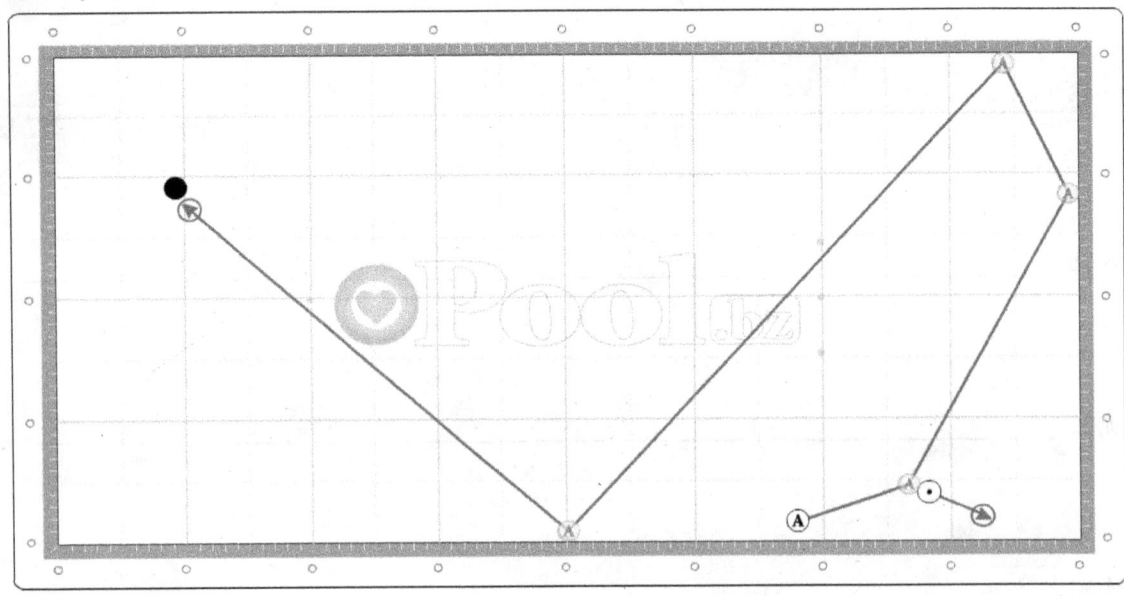

M:1b – Opstelling

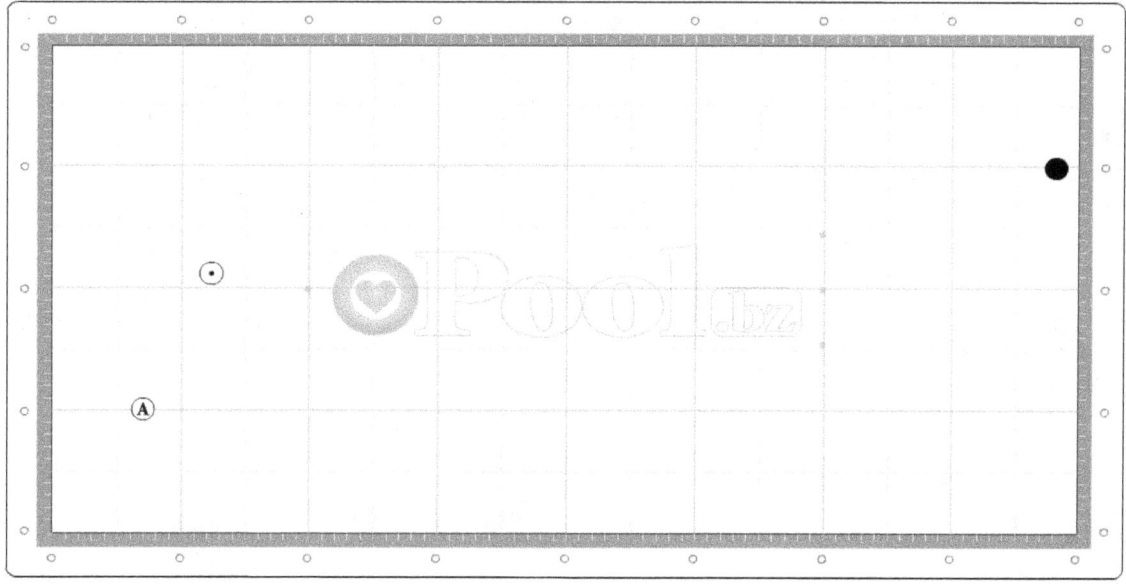

Opmerkingen en ideeën:

Schotpatroon

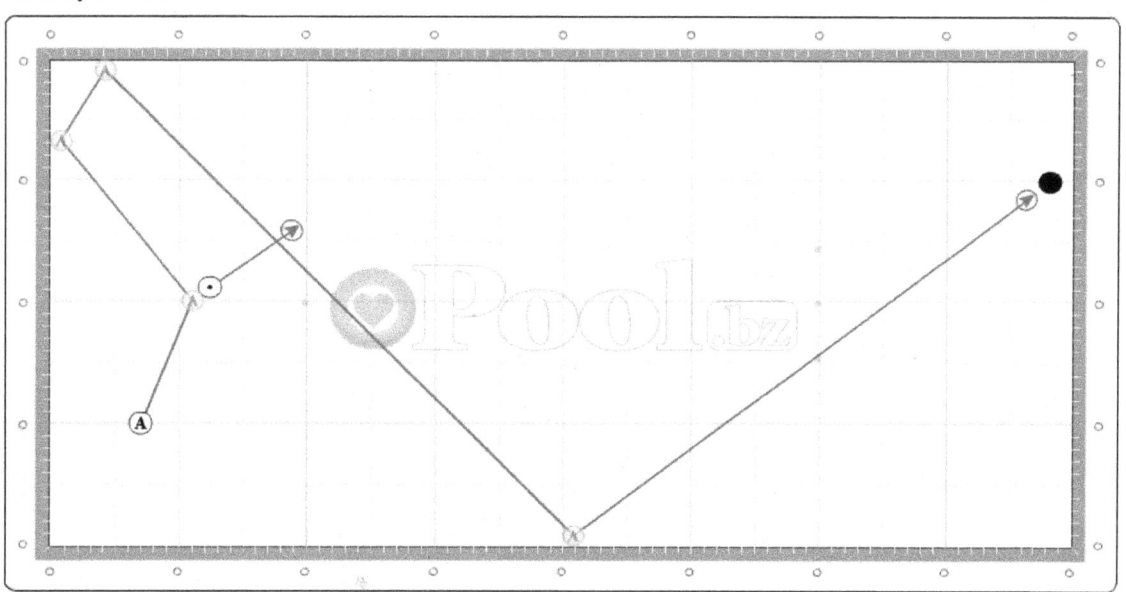

M:1c – Opstelling

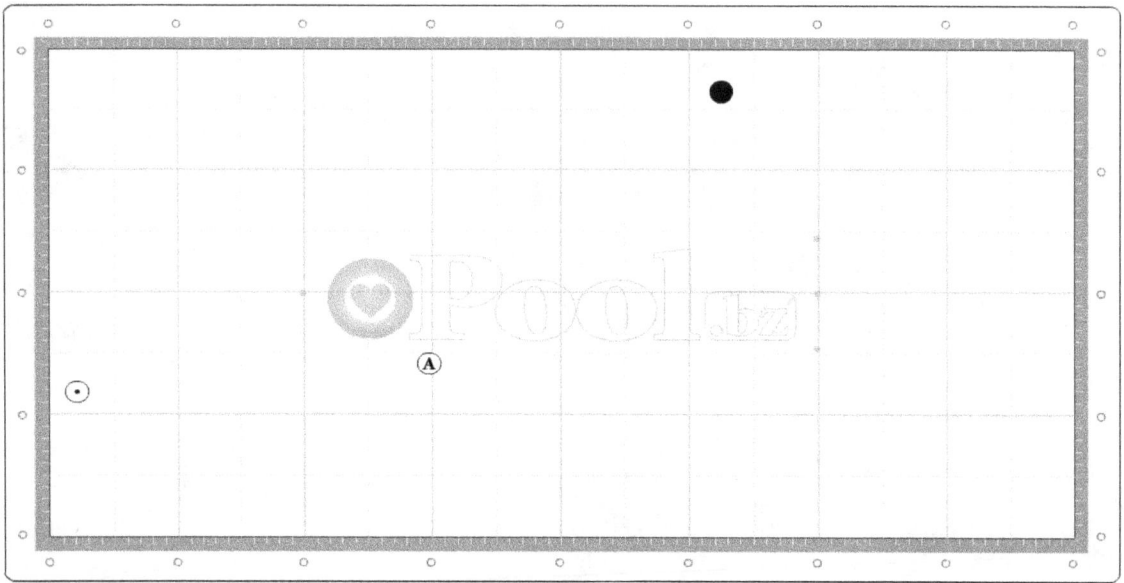

Opmerkingen en ideeën:

Schotpatroon

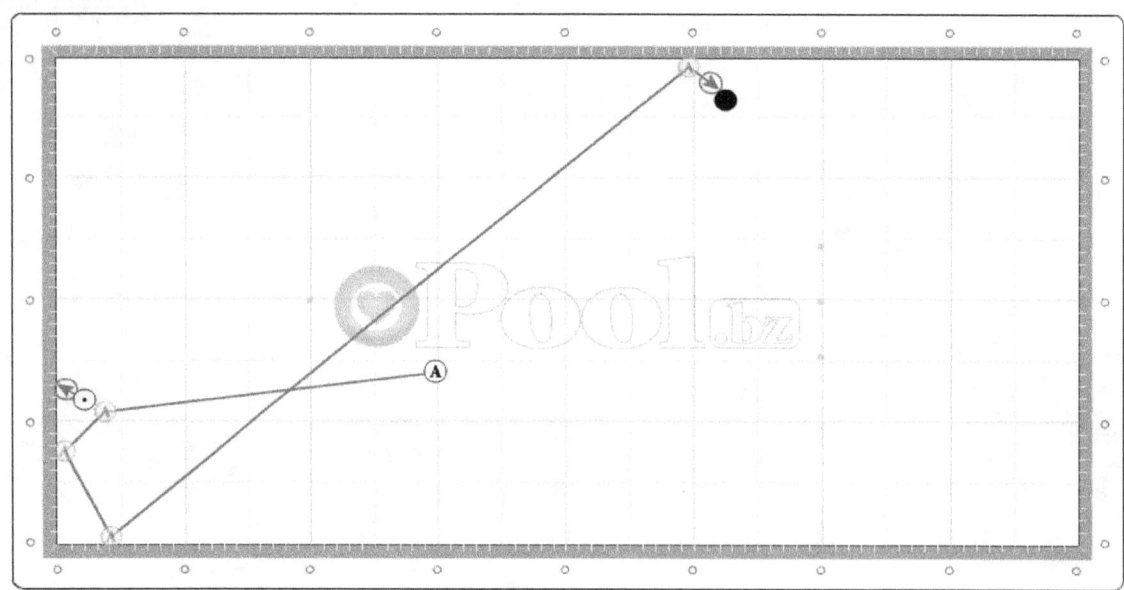

M:1d – Opstelling

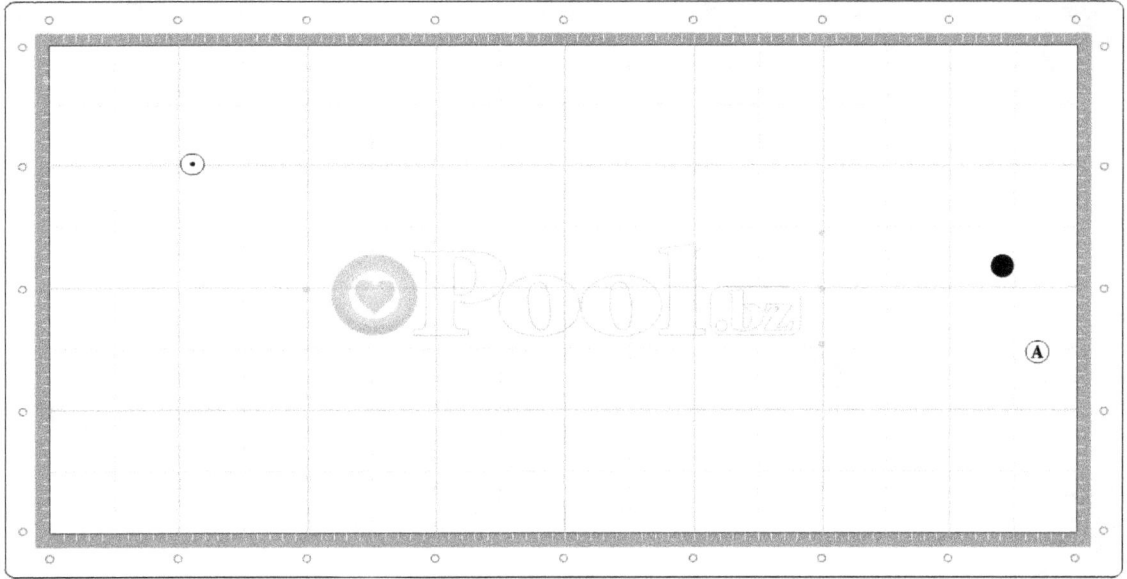

Opmerkingen en ideeën:

Schotpatroon

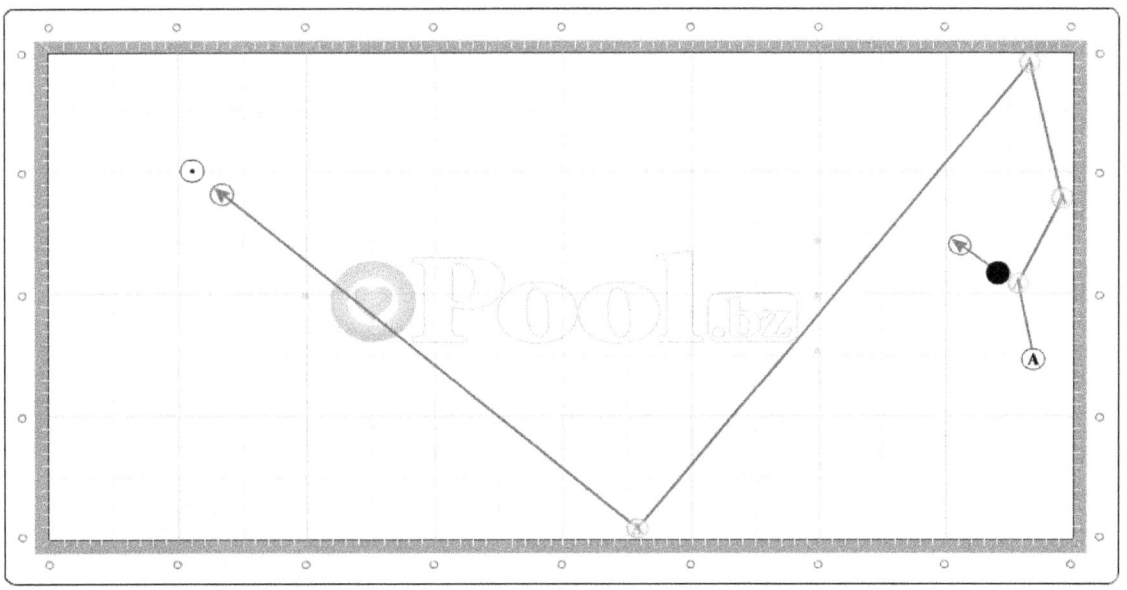

www.ingramcontent.com/pod-product-compliance
Lightning Source LLC
Chambersburg PA
CBHW080337170426

43194CB00014B/2599